문화사회학의 관점으로 본
질적 연구방법론

문화사회학의 관점으로 본

질적연구
방법론

최종렬·김성경·김귀옥·김은정 엮음
한국문화사회학회 기획

Humanist

문화사회학과 질적 연구방법론

양적 연구방법론이 지배하던 사회과학계에서 최근 질적 연구방법론이 빠르게 힘을 얻어 가고 있다. 하지만 사회과학의 토대라 자처하는 사회학은 이런 흐름을 주도하기는커녕 뒤꽁무니에 처져 있다. 왜 그럴까? 사회학자들이 사람을 만나지 않기 때문이다. 사회학이 일상을 살아가는 사람들의 상호작용을 탐구하는 학문으로 출발했는데도 한국 사회학자들은 사람 만나기를 이상하게 꺼린다. 사람을 만나지 않으니 사회학의 존립 자체가 흔들린다. 대부분의 사회학자들은 추상적인 거대 개념으로 이론적 논쟁을 벌이거나 수학 모델을 만들어 놓고 이를 경험적으로 검증하느라 바쁘다. 그나마 미시사회학을 한다는 사회학자들마저 연구 대상과 주제의 '작음'을 강조할 뿐 정작 일상을 살아가는 사람들을 직접 만나 이야기를 나누지는 않는다.

현재 한국 사회에서 사회학자의 입지는 매우 초라하다. 뜬구름 잡는 큰 이야기는 잘 하는 것 같은데, 일상의 세목에 들어가면 무지가 바로 드러난다. 통계치를 가지고 세상의 큰 흐름을 짚어 내는 것 같은데, 그것의 문화적 의미를 물으면 어물쩍 넘어간다. 전에는 사람들이 사회학 하면 운동권·데모·시민단체 같은 단어를 떠올렸는데, 최근에는 세상 물정에 어두운 백면서생의 현란한 문체와 언변을 꼽는다. 사회학자들끼리 만나면 가끔 우스갯소리 아닌 우스갯소리를 한다. 사회학자야말로 가장 사회성이 떨어지는 사람들이라고.

'사회성'을 핵심 주제로 삼은 사회학의 창건자라고 할 수 있는 지멜을 굳이 거론하지 않아도 이런 상황은 사회학의 기본 정신에 맞지 않는다. 교육학, 간호학, 사회복지학 같은 학문은 하루라도 사람을 만나지 않으면 존립 자체가 안 된다. 교육학은 학생을, 간호학은 환자를, 사회복지학은 클라이언트를 매일 만나야 한다. 그런데 사회학자들은 모든 새로운 힘이 사회적 상호작용에서 온다고 가르치면서도 정작 일상을 살아가는 사람들과는 만나지 않아 왔다. 그러다 보니 사람들이 겪는 문제 상황이 뭔지 제대로 파악하지도 못한다. 이런 상황에서 사회학자들이 내놓은 이야기는 사람들의 일상을 담아내지 못해 외면당하기 일쑤다.

한국문화사회학회는 한국 사회에서 사회학이 갈수록 변방으로 내몰리는 이유 중 하나가 바로 이것이라고 생각한다. 장사는 물론이고 시민단체 활동 그리고 정당 활동과 종교 사목에 이르기까지 어떤 영역이든 사람을 만나 상호작용하지 않으면 침체되며 결국 사라지게 되어 있다. 사회학이 바로 지금 그런 상태다. 이 책은 이렇게 뼈아픈 성찰을 바탕으로 한국문화사회학회가 몇 년 전부터 기획해서 펴내는 질적 연구방법론 교재다. 희망은 항상 새로 오는 자에게 있다. 이것이 새로 올 젊은 사회학도를 위해 질적 연구를 안내하는 교재를 펴내는 결정적인 이유다.

지금까지 선생들이 질적 연구방법론으로 연구하지 않고 제대로 가르치지도 않으니, 학생들은 질적 연구를 하고 싶어도 하기 어려웠다. 아쉬운 대로 여기저기 기웃거리며 귀동냥, 눈동냥으로 얻은 토막 지식에 기대 질적 연구를 하기는 한다. 그러나 막상 그들의 글을 보면 그렇게 고생하며 수집한 자료를 자신의 주장을 뒷받침하는 증거물 정도로만 쓴다. 양적 연구방법론에서 말하는 내용 분석과 별반 나를 것이 없다. 그럼 애초에 설문조사를 통해 양적 자료를 모으지 않고 왜 힘들게 사람을 만나 이야기를 듣고 녹취를 풀며 고생했는지 모를 일이다. 선생한테 배운 게 없는 학생을 어찌 탓하랴?

한국문화사회학회는 이렇게 열악한 상황을 반전시키기 위해 이 책을 펴낸다. 문화사회학이 바라보는 질적 연구방법론의 의미는 이렇다.

첫째, 사회학자가 일상을 살아가는 사람들과 '직접 상호작용'해서 얻은 자료를 1차 자료로 삼아 연구한다. 질적 연구자는 특정 시공간에서 연구 참여자와 직접 얼굴을 맞대고 대화하고 관찰하면서 자료를 수집한다. 그렇다고 꼭 대면적인 상호작용만을 자료 수집 방법으로 삼는 것은 아니다. 통신 기술이 발달한 요즈음 사실 일상의 대부분에 전통적 의미의 대면적 상호작용은 없다. 2차 자료를 거부하지도 않는다. 1차 자료를 해석하고 분석하려면 다양한 2차 자료들이 필요하다. 그럼에도 직접 만나 상호작용하면 그 어떤 상호작용보다 더 다양하고 풍부한 정보를 실시간으로 얻을 수 있다. 또한 대화하는 중에 애초에 의도하지 않은 새로운 상황이 생길 수 있다. 대면적 상호작용의 이런 속성은 연구자의 연구 질문을 새롭게 조망할 자원을 제공할 수 있다.

둘째, 이렇게 직접 얻은 1차 자료를 사회적 삶의 '문화적 의미'를 중심으로 기술·해석·분석·설명한다. 양적 연구방법론이 사회적 삶의 '통계적 의미'를 밝혀내는 데 주력한다면, 질적 연구방법론은 삶을 살아가는 행위자들이 자신들의 삶에 부여하는 문화적 의미에 우선 관심을 가진다. 이런 점에서 문화사회학적 질적 연구방법론은 일상을 살아가는 사람들을 상징적 행위자로 본다. 그들이 자극에 단순히 반응하거나, 보상은 받고 처벌은 피하기 위해 행동하거나, 기껏해야 자기 이익을 극대화하거나 손실을 최소화하기 위해 행동한다고 보지 않는다. 오히려 자신이 쓸 수 있는 문화 자원으로 상황을 정의하고, 그 정의에 따라 삶의 행로를 만들어 가는 상징적 행위자로 본다. 문화 자원은 행위자에게 가용 공적 상징체계로서 미시적인 세계뿐만 아니라 거시적인 세계도 모두 상징적 의미로 채울 수 있다. 공적 상징체계는 의심을 유보하는 습속에서부터 완전히 의식화된 이데올로기까지 스펙트럼이 넓게 분포되어 있다. 문화사회학적 질적 연구방법론은 일상의 사람들이 이런 공적 상징체계를 활용해 자신의 행위에 부여하는 다양한 문화적 의미를 기술·해석·분석·설명하려고 한다.

셋째, 그 자체로 가치 있는 인간의 조건이 무엇인지 묻는 '가치론적 질문'에 초점을 맞춘다. 질적 연구방법론은 실재를 있는 그대로 정확하게 반영하는 것을 진리로 보고 이를 어떻게 하면 잘 성취할 수 있을까 고민하는 데 머무르지 않는다. 이런 인식론적·방법론적 관심이 반드시 가치론적 질문을 통해 안내되어야 한다고 본다. 인간에게 그 자체로 가치 있는 것이 무엇인가를 묻는 데에는 주어진 현실이 인간이 살아가기에 가장 좋은 삶이 아니라는 가정이 깔려 있다. 그래서 주어진 현실을 넘어 더 나은 세계를 꿈꾸는 것이다. 이는 '마치 ~인 것 같은' 미학적 세계로 진입해 인간에게 무엇이 그 자체로 가치 있는지 묻는 것과 같다. 연구자와 연구 참여자가 만나는 과정은 단순히 정확한 정보를 수집하는 과정만은 아니다. 오히려 둘이 서로 '사람'으로 현상해 대화하는 과정에서 '마치 ~인 것 같은' 미학적 공론장으로 들어간다. 이 안에서 연구자와 연구 참여자는 서로 자아를 연출하고 성찰하고 재구성하며, 이 과정에서 더 낫고 새로운 공동의 세계에 대해 알아본다. 문화사회학적 질적 연구방법론은 바로 이런 과정을 세밀하게 보여 주려고 노력한다.

이 책은 '이론이 안내하는 질적 연구'를 지향한다. '방법론' 책이라고 해서 자료를 수집하고 해석하고 분석하고 글 쓰는 '방법'만 논의하지는 않는다. 무엇보다도 이론 또는 관점이 필요하다. 이론이나 관점은 많이 알면 알수록 좋다. 연구 질문의 형성에서부터 자료 선택과 해석을 거쳐 마지막 글쓰기에 이르는 모든 과정에서 엄청난 자원이 된다. 하지만 더욱 중요한 것은 가치를 담고 있는 세계관, 즉 패러다임이다. 이론이나 관점은 얼마든지 서로 오갈 수 있지만, 패러다임은 그렇지 않다. 연구자 자신이 어떤 패러다임 안에서 연구하고 있는지 정확히 알아야 한다. 그래야 자기 연구의 가치를 절대화하지 않고 다른 패러다임과 대화할 수 있다.

이 책은 I부 '패러다임, 이론, 관점'에서 시작한다. 질적 연구 패러다임을 실증주의적 패러다임·비판적 패러다임·구성주의적 패러다임·참여연구 패러다임으로 소개하고 이에 해당하는 대표적인 이론과 관점으로 근거 이론·현상학과 해석학의 방법론·페미니스트 질적 연구·참여연구 접근을 제시한다.

II부는 '연구 디자인과 윤리'로 짜여 있다. 질적 연구방법론 책에서는 대개 연구 디자인이 앞에 나오고 윤리는 맨 끝에 사족처럼 덧붙이는 경우가 많다. 우리는 질적 연구방법론이 연구를 디자인하는 초기 단계에서부터 마감하는 최종 단계에 이르기까지 윤리 문제로 점철된다는 것을 보여 주기 위해 둘을 함께 묶었다.

III부는 다양한 '질적 방법으로 자료를 수집하는 과정'에 대해 다룬다. 연구자가 자신의 연구 질문에 답할 수 있는 질적 자료를 수집하는 다양한 방법을 실제 연구 사례를 들어 설명했다.

마지막 IV부는 '분석과 글쓰기'를 다룬다. 다양한 질적 방법으로 수집한 자료를 어떻게 해석하고 분석하며 이를 바탕으로 어떻게 글을 쓸지 논의했다.

이 책은 지금까지 한국 사회학자들이 수행한 질적 연구의 결과물들을 최대한 많이 활용하려고 노력했다. 앞에서 사회학자가 사람을 만나지 않는다고 비판했지만, 그런 흐름 속에서도 사람을 만나 연구한 결과가 한편에 쌓였다. 우리는 이런 전통을 더욱 발전시키고 싶었다.

공동 작업은 항상 힘들다. 한국문화사회학회가 기획하고 문화사회학자 열네 명이 함께하며 모든 어려움을 이겨 내고 이렇게 책 한 권을 내놓을 수 있게 되어 무척 기쁘다. 무엇보다 우리 뜻을 흔쾌히 받아 준 휴머니스트에 고마움을 전한다. 아무쪼록 이 책을 계기로 젊은 사회학도 사이에서 사람을 만나 연구하는 풍토가 널리 퍼지기를 바란다.

2018년 3월

최종렬·김성경·김귀옥·김은정

II 연구 디자인과 윤리

III 자료 수집 방법

IV 분석과 글쓰기

I

패러다임, 이론, 관점

질적 연구 패러다임

최종렬

· 학습 내용

상징적 행위자로서 인간은 살아가는 동안 인지적 혼란, 정서적 고통, 윤리적 딜레마와 같은 문제 상황에 처한다. 그리고 인간은 이런 상황을 해결하는 데 도움이 되며 쓸 수 있는 모든 공적 상징체계를 활용하는 '브리콜뢰르'다. 상징적 행위자인 인간의 문화적 실천을 탐구하는 질적 연구자도 브리콜뢰르다. 질적 연구자는 사회적 삶을 인위적인 연구 세팅에 넣는 대신 그것을 일상생활에서 자연스럽게 진행되는 과정 자체로 보고 그 의미를 탐구한다. 이 의미는 구체적인 상황마다 배태된 습속에서부터 전략적이고 도구적인 합리적 행위뿐만 아니라 더 나아가 궁극적 실재에 대한 실존적 지식까지 매우 복합적이고도 다층적으로 얽혀 있다. 질적 연구자 또한 동료 인간을 탐구하는 과정에서 인지적 혼란, 정서적 고통, 윤리적 딜레마와 같은 문제 상황에 처한다. 질적 연구자는 이를 해소하기 위해 자신이 쓸 수 있는 온갖 도구를 활용한다. 이런 도구들의 묶음이 패러다임이다.

브리콜뢰르로서 질적 연구자는 다양한 패러다임(실증주의적 패러다임, 비판적 패러다임, 구성주의적 패러다임, 참여연구 패러다임 등)에 대해 잘 알고, 이것들을 특정한 문제 상황에 끌어들여 능숙하게 활용한다. 각 패러다임은 그 나름대로 존재론, 인식론, 방법론, 가치론에 대한 철학적 신념이 있다. 존재론은 실재의 본질과 형식이 무엇인지를 묻는다. 인식론은 알려는 자와 알려지는 것의 관계에 관심을 둔다. 방법론은 알려는 자가 알려질 수 있는 것을 어떻게 발견할 수 있는지를 묻는다. 존재론·인식론·방법론이 모두 진리와 관련된다면, 가치론은 인간의 삶에 내재적 가치가 있다고 보고 어떤 지식이 내재적으로 가치 있는지를 묻는다. 질적 연구에는 모든 패러다임을 아우르는 초월적이고 보편적인 단 한 가지 거대 패러다임이 존재하지 않는다. 이는 약점이 아니라 질적 연구를 더욱 역동적으로 만드는 긍정적인 힘이다.

질적 연구자는 대개 한 가지 패러다임을 선호하지만, 그 안에 갇히지 않고 다양한 이론·관점·방법을 오가며 작업한다. 단 한 가지 객관적 진리의 자리에서 발화하는 것이 불가능함을 잘 알기 때문이다. 질적 연구도 일종의 발화라고 한다면, 특정한 사회적 자리에 있을 수밖에 없다. 이 자리는 객관적으로 주어지고 고착된 하나의 사회구조적 실체가 아니다. 질적 연구자 자신의 생애사, 젠더, 섹슈얼리티, 사회계급, 인종, 에스니시티, 연구 세팅, 권력, 연구 참여자 등 다양한 사회적 범주의 상호작용에 따라 만들어지는 것이다. 따라서 질적 연구자는 자신의 연구 과정을 이렇게 다양한 사회적 범주들이 상호작용하는 역동적 과정이라고 여긴다. 어떤 이론, 관점, 방법을 학제적으로 사용할지가 사전에 결정된다기보다는 질적 연구자의 연구 목적에 달려 있다. 연구 목적은 근본적으로 가치론의 질문에서 추동되고, 질적 연구자는 이런 질문에 답할 자료를 수집할 수 있도록 연구 질문을 던진다. 연구 질문은 자료의 해석과 분석, 최종적으로는 글쓰기에 막강한 영향력을 휘두른다.

브리콜뢰르로서 질적 연구자

언젠가 한 방송사에서 침팬지와 인간의 유사성을 드러내는 다큐멘터리를 방영했는데, 인간과 침팬지의 DNA 중 98.77퍼센트가 같고 차이는 겨우 1.23퍼센트밖에 안 된다고 했다. 침팬지는 인간처럼 도구를 쓴다. 생존을 위협하는 갖가지 문제 상황에 처할 때마다 그에 맞는 여러 도구를 써서 해결한다. 예를 들어, 우기에 먹을 과일이 부족해지면 주변에 널려 있는 견과류를 먹으면서 버틴다. 견과류는 껍질이 너무 딱딱한데, 이런 문제 상황에서 침팬지는 주변에 흔한 돌 가운데 모루와 망치를 구한다. 아무 돌이나 되는 것이 아니다. 모루돌은 넓적하고 커야 하며 망치돌은 날카로워야 한다. 침팬지는 이를 별 탈 없이 잘도 고른다. 하지만 돌을 잘 골랐다고 해서 바로 견과류를 깨어 먹을 수 있는 것은 아니다. 정확한 각도로 알맞게 내리쳐야 하는데, 이는 모루돌과 견과류와 망치돌의 역학 관계를 잘 알아야만 가능하다. 안다고 해서 바로 실행할 수 있는 것도 아니다. 연습을 거쳐 몸으로 익힐 필요가 있다. 어린 침팬지는 시행착오를 거듭하면서 견과류를 깨어 먹지만, 어른 침팬지는 이미 능숙하다.

또한 침팬지는 개미를 잡아먹기 위해 나뭇가지를 일종의 낚싯대로 쓴다. 서식지를 건드리는 침입자에게 달라붙는 개미의 습성을 이용하는 것인데, 장소에 따라 나뭇가지 낚싯대의 길이가 결정된다. 아프리카 개미가 비록 작지만 떼로 물면 침팬지라도 견디기 힘들다. 이를 피하기 위해 침팬지는 이동 중인 개미를 잡을 때는 짧은 나뭇가지를 쓰고 개미집에 있는 개미를 잡을 때는 긴 나뭇가지를 쓴다. 개미집에 있는 개미는 이동하는 개미보다 더 공격적이며 적극적으로 개미집을 지키려고 하기 때문이다. 침팬지의 나뭇가지 낚싯대는 개미의 습성을 정확히 파악한

데다 상황에 따라 알맞게 선택한 도구다.

이렇게 침팬지는 생존을 위협하는 문제 상황에 처할 때마다 자신이 쓸 수 있는 도구로 그 상황을 해소한다. 도구의 원재료(돌, 나뭇가지)는 특정 침팬지가 직접 만들지 않아도 모든 침팬지가 쓸 수 있는 공적 자원이다. 이 자원을 활용할지 말지, 활용한다면 어떻게 활용할지는 각 침팬지의 몫이다. 대개 침팬지는 동료 침팬지와 마찬가지로 자신이 쓸 수 있는 도구를 비슷한 방식으로 쓰면서 특유의 문제 상황을 잘도 해소한다. 침팬지들에게 세대를 통해 이어지는 적극적 교육과정은 없지만, 모방을 통해 서로 비슷한 행동 양식을 익히기 때문이다.

인류학자 레비스트로스는《야생의 사고》에서 소위 원시인이 하는 '신화적 사고'의 특징으로 '브리콜뢰르bricoleur'(손재주꾼)를 들었다. "오늘날 '브리콜뢰르'는 아무것이나 주어진 도구를 써서 자기 손으로 무엇을 만드는 사람을 장인에 대비해서 가리키는 말이다. 신화적 사고의 특징은 그 구성이 잡다하며 광범하고 그러면서도 한정된 재료로 스스로를 표현한다는 것이다. 무슨 과제가 주어지든 신화적 사고는 주어진 재료를 활용해야 한다. 왜냐하면 달리 이용할 수 있는 것이 아무것도 없기 때문이다. 그러므로 신화적 사고는 일종의 지적인 '손재주(브리콜라주)'인 셈이다."(레비스트로스, 1999: 70)

이렇게 보면 침팬지는 뛰어난 브리콜뢰르다. 침팬지는 평평한 돌을 보고 견과류를 올려놓을 모루를 떠올리고, 모루를 보고 망치돌을 떠올린다. 이런 조합 능력 때문에 침팬지는 실제로 모루돌 위에 견과류를 올려놓고 망치돌로 그것을 깨서 알맹이를 먹을 수 있다. 침팬지도 서사 능력이 있는 것이다. 하지만 앞에 말한 방송은 곧 침팬지에게 있는 서사 능력의 한계를 보여 준다. 침팬지가 수없이 반복된 훈련을 통해 '렉시그램lexigram'이라는 문자와 숫자를 알게 되지만, 이를 조합하는 능력은 절대적으로 부족하다. 인간처럼 20~30가지 소리로 온갖 문자를 무한대에 가깝게 조합해 내는 능력이 없는 것이다. 기껏해야 배고플 때 사과를 먹고 싶다는 의사를 표시하는 두어 가지 문자를 조합해 낸다. 침팬지에게 렉시그램은 '실재'(배고픈 상태)를 직접적으로 '지시'하거나 '반영'하는 신호에 불과하다.

왜 그럴까? 침팬지는 생존과 관련된 문제 상황에만 처하기 때문이다. 생존에 위협을 주는 '인지적 혼란'을 극복하는 지시적 상징만 있으면 족하다. 이 점은 인간도 비슷하다. 인간도 생존을 위협하는 문제 상황에 처하며 이를 해소하기 위해 다양한 도구를 활용한다. 인간도 주어진 원재료를 문제 상황을 해결할 수 있는 도구로 만들기 위해 순차적으로 조합하는 능력을 갖추고 있다. 이 능력 덕분에 사물 간 연관을 인지적으로 파악할 수 있다. 환경이 생존을 위협하면 인지적 혼란이 오고, 서사능력을 통해 이를 극복하는 것이다. 여기에서 참과 거짓을 구분하는 것, 즉 진리 문제를 인지적으로 따지는 것이 가장 중요하다. 인간은 인지적 지식을 통해 인지적 혼란이라는 문제 상황을 해소하려고 한다.

인간은 인지적 혼란 외에 '정서적 고통'이라는 문제 상황에도 처한다. 인간에게 정서적 고통은 피할 수 없는 문제 상황이다. 나이 들고 병들면서 겪는 육체적 상실은 물론이고 살면서 겪는 실패와 좌절, 타자로부터 받는 인간적 모멸감, 타자의 고통을 멍하니 바라볼 수밖에 없는 무력감, 사랑하는 사람의 상실 등 인간을 고통에 빠트리는 문제 상황은 헤아릴 수 없이 많다. 인간에게 이런 고통의 문제는, 어떻게 고통을 회피할까가 아니라 어떻게 고통을 당해야 할까 하는 문제다. 고통을 고통받을 만한 것으로 만드는 문제다. 예컨대 인간은 예술을 통해 고통을 표현하고 이를 감당할 만한 문제로 만든다.(기어츠, 2009)

인간은 '윤리적 딜레마'에도 처한다. 윤리적 문제는 악의 문제와 관런된다. 왜 악한 자가 흥하는가? 현재 있는 것과 반드시 있어야 할 것의 간극은 인간을 윤리적 딜레마에 빠트린다. 존재와 당위의 간극이 가하는 극한의 고통이 바로 악의 문제다. 이 문제를 풀기 위해 인간은 자신의 행위를 통제하는 일련의 작용 가능한 윤리적 기준과 규범적 지침을 제공하는 상징체계를 마련한다. 강력한 악에 맞서 싸울 수 있는 것은 바로 이런 상징체계를 통해 좋은 삶이 무엇인지 가늠할 수 있기 때문이다.(기어츠, 2009; 최종렬, 2016) 인간은 좋은 삶에 대한 지향을 통해서만 윤리적 삶을 살 수 있다.(테일러, 2015)

동물과 달리 인지적 혼란뿐만 아니라 정서적 고통과 윤리적 딜레마라는 문제 상황에 처하는 인간이 이 상황을 해소하려면 반드시 도구가 필요한데, 그것이 바로 문화다. 문화는 공적으로 가용한 상징체계로서 '사회적으로 설정된 의미 구조들'로 이루어져 있다.(기어츠, 2009) 의미는 이런 의미 구조 안에서 형성된다. 그 외부에 있는 더 근본적인 실재에 따라 결정되는 것이 아니다. 의미 구조들은 상징들의 관계, 즉 체계로 이루어져 있다.(소쉬르, 2006) 인간은 체계 안에 존재하는 상징들의 유사성과 차이의 관계를 임의로 구성해서 자기 문제를 해결하기 위해 의미를 만든다. 인간은 다양한 문제 상황에 처하기 때문에 이를 해소하는 데 쓰는 문화 자원도 다양하다. 인간에게 상징체계가 인지적 차원으로만 그치지 않은 이유다. 인간에게는 오히려 정서적·윤리적 차원의 상징체계가 더 핵심적인 도구다. 인간은 이런 도구를 써서 인지적 혼란, 정서적 고통, 윤리적 딜레마를 해소하는 상징적 행위자다.

질적 연구자는 상징적 행위자인 인간이 어떤 문제 상황에 처해 어떤 문화 자원을 어떤 방식으로 활용하는지 탐구한다. 이를 위해 실험실같이 인위적인 세팅보다는 자연스러운 삶의 현장에서 살아가는 행위자들을 탐구한다. 특히 구체적인 삶의 현장에서 행위자들이 함께 만들어 나가는 사회질서에 주목한다. 행위자들은 여러 구체적인 세팅에서 다른 사람들과 상호작용하면서 살아간다. 그러다 보면 세팅별로 문제 상황에 직면할 수 있다. 이를 혼자서는 결코 해결할 수 없다. 행위자들 사이의 조정된 행위가 필요하다. 이는 사회질서를 만들어야 가능한 일이다.

행위자들은 상호작용 과정에 출현하는 의미를 중심으로 사회질서를 만들어 나간다. 모든 세팅에는 문화적 기대, 즉 상황 예절이 배태되어 있다. 행위자들은 이 상황 예절을 활용해 다른 행위자들과 사회질서를 만들어 나간다. 상황 예절은 그 상황에 있는 행위자들이 모두 사용할 수 있는 공적 상징체계다. 공적 상징체계를 활용하는 과정에 새로운 의미가 출현하고, 이 의미를 중심으로 새로운 사회질서가 만들어질 수 있다.(Goffman, 1963)

질적 연구자는, 행위자들이 세팅에 있는 상황 예절을 어떻게 활용하며 사회질서를 만들어 나가는지에 대해 우선적으로 탐구한다. 여기에는 그들이 상황 예절과 관련해 어떤 의미를 부여하고 서로 교환하는지를 이해하기 위한 해석적 접근이 필요하다. 하지만 행위자들이 자신이 살아가는 세팅에 매몰되어 있다고 가정하지는 않는다. 행위자들은 1차적으로 세팅에 있는 상황 예절에 대한 이해를 바탕으로 행위를 구성한다. 대개 상황 예절은 상식·습속·관습처럼 제도화되어 있기 때문에 행위자들은 이것이 마치 자연적으로 주어진 듯 당연하게 활용해서 공동질서를 만들어 간다.

하지만 문제 상황에 처하면 행위자들이 더 일반화된 상징체계에 준거해 자기 행위의 의미를 구성하기 시작한다. 이 일반화된 상징체계는 대개 오랜 역사를 통해 공적으로 존재하는 일종의 배경 상징이다.(Alexander, 2006) 상식·습속·관습과 같이 특정 세팅에 배태되어 있는 공적 상징체계는 대개 일상을 살아가면서 겪는 실제 문제를 해결하는 데 도움을 준다. 이와 달리 특정 세팅을 초월해 존재하는 일반화된 상징 체계는 실제 삶의 목적을 더 근원적이고 실존적인 의미로 만드는 경향이 있다. 이런 점에서 실제 삶을 살아가는 행위자들 삶의 의미는 도구적이고 실제적인 차원에서부터 궁극적이고 실존적 차원에 이르기까지 켜켜이 싸여 있다.

질적 연구자는 바로 이렇게 다차원적인 삶의 의미를 해석하고 분석하려고 한다. 구체적인 세팅 속에서 살아가는 행위자들이 브리콜뢰르라면, 이를 탐구하는 질적 연구자는 또 다른 의미에서 브리콜뢰르다.(Denzin · Lincoln, 1994) 질적 연구자는 행위자들이 실제로 살아가는 삶의 현장에 직접 들어간다. 자연스럽게 연구 주제에 접근해서 그 의미를 파악하려고 한다. 이 의미는 구체적인 상황마다 배태된 습속에서부터 전략적이고 도구적인 합리적 행위까지 그리고 더 나아가 궁극적 실재에 대한 실존적 지식까지 매우 복합적이고도 다층적으로 얽혀 있다. 그래서 질적 연구자가 의미를 파악하는 데 어려움을 겪을 수 있다. 인지적으로 혼란스러울 수 있고, 정서적으로 고통스러울 수도 있으며, 윤리적으로 딜레마에 빠질 수도 있다.

패러다임

질적 연구자는 연구 과정에 처한 문제 상황을 해결하는 데 도움이 되며 쓸 수 있는 도구는 다 활용한다. 이런 도구의 묶음이 패러다임이다. 질적 연구자는 질적 연구 안에 실증주의적 패러다임, 비판적 패러다임, 구성주의적 패러다임, 참여연구 패러다임이 존재한다는 것을 잘 알고 이를 사용한다. 패러다임은 그 나름의 존재론, 인식론, 방법론, 가치론을

패러다임

쿤은 《과학혁명의 구조》에서 과학은 그 자체로 과학이 되는 것이 아니라, 특정 패러다임 안에서 과학으로 인정받아야 과학이 된다고 주장했다. 패러다임은 우선 과학자 집단의 구성원들이 공유하는 믿음, 가치, 기술력 등의 구성체다. 따라서 패러다임은 궁극적 실재나 제1원리에 대한 일련의 기본적 믿음이나 형이상학으로 볼 수 있다. 사람들에게 그들이 살아가는 세계의 본질이 무엇인지 정의해 주는 세계관이 대표적이다. 종류는 달라도 이런 세계관에 대한 믿음 없이 살아가는 사람은 없다. 이런 점에서 기본적 믿음이라고 할 수 있다. 단지 믿는 사람에게 의문의 여지 없이 그 자체로 받아들여진다는 점에서 형이상학적이다. 특정 패러다임을 따르는 과학자들의 공동체도 이런 형이상학적 믿음을 공유한다.

또한 패러다임은 문제 상황을 해결하는 데 안내자 구실을 하는 모델이나 범례를 말한다. 모든 과학은 그 자체로 해결해야 할 문제를 설정할 뿐만 아니라, 이를 해결하는 모범적인 전례가 있다. 이 전례를 따라 연구하고 결과를 발표하면 그 과학 공동체에서 인정받는다. 이 과정에 과학 공동체는 정상상태로 접어들고 장기적으로 안정된다. 쿤은 이런 시기의 과학을 정상과학이라고 불렀다. 이때 과학자들은 패러다임의 형이상학적 전제에 대해 의심하지 않고, 좁은 의미의 패러다임을 따라 구체적인 퍼즐 풀이에 몰두한다. 하지만 모범적인 전례를 따라 연구해도 설명되지 않는 너무나 많은 변이들이 나타날 경우 패러다임은 위기에 빠질 수도 있다.(쿤, 2013)

현재 사회과학은 하나의 패러다임이 전적으로 지배하지는 않는다. 어떤 현상을 진리라고 판단할 수 있는 최종적이며 궁극적인 기준이 존재하지 않는다. 이런 기준은 특정 시공간에서 연구자들이 실천을 통해 협상하고 만들어야 한다. 이런 점에서 사회과학은 항상적인 위기 상태라고 할 수 있다. 특히 사회학은 여러 패러다임이 경합하고 있는 역동적인 사회과학이다. 이는 단점이 아니라, 오히려 사회학을 꿈틀꿈틀 살아 숨 쉬게 하는 긍정적인 힘이다. 문제 상황으로 점철된 사회적 삶의 의미를 탐구하는 사회학의 질적 연구에서 이런 모습은 더욱 극명하게 나타난다.

담고 있다.(Lincoln 외, 2011)

　'존재론'은 실재의 본질과 형식이 무엇인지를 묻는다. 핵심은 알려는 자의 인지, 감정, 실천과 상관없이 실재가 진짜 존재하는지를 묻는 것이다. 만약 존재한다면 어떤 형식으로 존재하는지, 즉 물질의 형식으로 존재하는지 또는 관념의 형식으로 존재하는지 또는 둘이 조합된 형식으로 존재하는지를 묻는다. 더 나아가, 실재가 실제로 어떻게 작용하는지를 묻는다.

　'인식론'은 알려는 자와 알려지는 것의 관계가 무엇인지를 묻는다. 실재에 대한 진리의 본성이 무엇인지를 묻는 것이다. 언어가 실재를 단순히 반영하는지 또는 지시하는지 또는 구성하는지를 묻는 언어의 문제가 등장한 이래 인식론은 존재론과 명확히 분리되기 어려워졌다. 이때부터 인식론은 보편적 진리를 말할 수 있는 메타언어의 존재 여부, 실재에 대한 표상에서 저자가 차지하는 자리의 성격, 지식과 권력이 맺는 관계 등 여러 문제로 나타난다.

　'방법론'은 탐구자가 자신에게 알려질 수 있다고 여기는 것을 어떻게 발견할 수 있는지를 묻는다. 어떤 방법으로 진리에 도달할 수 있는지 묻는 것이다. 이런 질문은 탐구자가 어떤 존재론과 인식론을 취하느냐에 따라 다르게 나타난다. 만약 실재가 탐구자의 인지·감정·실천과 상관없이 객관적으로 존재한다고 여긴다면, 탐구자는 이에 대한 접근을 방해하는 원인들을 엄밀하게 통제할 것이다. 만약 실재가 특정 상황에 놓인 인간의 실천에 따라 구성된다고 여긴다면, 탐구자는 그 실재로 들어가 직접 체험하는 길을 선택할 것이다.

　존재론·인식론·방법론이 모두 진리와 관련되는 질문이라고 할 때 '가치론'은 인간의 삶에서 무엇이 내재적으로 가치 있는가, 즉 어떤 종류의 지식이 내재적으로 가치 있는가를 묻는다. 이런 가치론적 질문을 명시적으로 하지 않는 탐구자도 실제 탐구 과정에서 가치에 따른 선택을 이어 갈 수밖에 없다. 사실 무엇이 탐구할 가치가 있는지, 어떤 패러다임에 기대어 연구 주제를 탐구해야 할지, 어떤 이론적 틀을 선택해야 할지, 자료를 수집하고 분석할 때 어떤 방법을 써야 할지, 자료를 해석할 맥락을 어떤 차원에서 설정해야 할지, 어떤 독자를 염두에 두고 글을 써야 할지 등 연구의 모든 과정에 가치가 개입된다. 가치론은 이를 연구에 가치가 개입된다는 정도로 여기지 않고, 내재적 가치가 인간의 삶에서 결코 소거될 수 없는 영적 차원의 문제라고 여긴다.

질적 연구 패러다임의 종류

	실증주의적 패러다임	비판적 패러다임	구성주의적 패러다임	참여연구 패러다임
존재론	실재론	역사적 실재론	구성론	참여적 실재론
인식론	이원론적	실천적	상호주관적	상호 참여적
방법론	관찰, 실험, 조작	변증법적	해석학적	협동적
가치론	지적 탁월성	해방적 지식	이해적 지식	인간의 조건

* Guba · Licoln(1994)과 Lincoln 외(2011)를 참조해 재구성했다.

실증주의적 패러다임

실증주의적 패러다임은 실재가 연구자의 인지, 실천, 감정과 상관없이 그 나름대로 '저기 어딘가'에 객관적으로 존재한다고 가정한다. 실증주의는 자연과학을 모델로 삼아 실재를 본다. 물리학을 모델로 하는 초기 실증주의는, 실재가 우연성을 배제하는 엄격한 물리법칙에 따라 스스로 존재한다고 본다. 반면에, 통계학을 모델로 하는 후기 실증주의는 실재가 우연성을 허용하는 비교적 느슨한 통계 법칙에 따라 스스로 존재한다고 본다. 통계학이 도입된 1930년대 이후 초기의 강력한 실증주의를 주장하는 학자들은 거의 없고, 오히려 실재가 개연성 있는 통계 법칙에 따라 존재한다고 보는 후기 실증주의가 대세다.

인식론 차원에서 실증주의적 패러다임은 실재에 반복되고 지속되는 동일한 유형이 있으며 이것을 경험적으로 관찰할 수 있다고 믿는다. 따라서 연구자와 연구 대상 사이에 엄격한 이분법을 강조한다. 초기 실증주의는 객관적으로 존재하는 실재의 전모를 파악할 수 있다고 믿지만, 후기 실증주의는 인간의 한계 때문에 실재의 전모를 완전히 파악하는 것은 불가능하다고 보면서 이를 이상으로 삼는다. 실증주의는 언어가 실재를 반영하거나 아무런 왜곡 없이 전달하는 도구라고 여긴다. 언어는 실재를 지시하거나 반영한다. 연구자는 자신에게서 주관적 요소를 철저히 제거해야 한다. 그래야 실재의 언어를 완전히 '알고' 말할 수 있다. 수학이 언어의 전범이다. 여기에서 말하는 주체(계급, 지위, 젠더, 섹슈얼리티, 에스니시티 등 특정한 사회적 속성이 있는 구체적 존재)는 아예 사라지고, 문장의 주어(사회적 속성이 전혀 없는 문장 형식상의 추상적 존재)가 전면에 나선다. 수학적 진리처럼 누구나 참과 거짓을 가늠할 수 있는 메타언어가 가능해진다. 메타언어로 실재에 대한 보편 진리를 탐구하는 과정에 권력이 끼어들 여지는 없다.

방법론 차원에서 실증주의적 패러다임은 실재의 법칙이나 유형을 파악하기 위해 관찰, 실험, 조작적 방법을 주로 쓴다. 출력을 극대화하고 입력을 극소화하는 효율성에 관심을 두며 지식은 수행성을 증대하는 한에서만 가치가 있다. 가설을 명제 형식으로 제시하고, 경험 자료를 활용해 이를 검증하거나 반증하는 데 주력한다. 이런 검증이나 반증 과정에 끼어들 수 있는 온갖 변수들을 통제하고 조절한다. 실재에 대한 경험적 발견을 엄청나게 축적해 결국 통일된 지식체계를 구축하려고 한다.

가치론 차원에서 실증주의는 내재적으로 가치 있는 것은 존재하지 않는다고 본다. 명제적 진리를 아는 것이 유일하게 내재적으로 가치 있으며 지적 탁월성을 추구하는 것이야말로 그 자체로 가치가 있다. 따라서 제1가치인 지적 탁월성 추구에 도움이 된다면 모든 탐구 방식을 허용할 수 있다. 학문적 가치 추구의 규범과 방식이 긴밀하게 짜인 학문의 장에 놓인 연구자는 다른 연구자들보다 뛰어난 지적 탁월성을 추구하기 위해 치열하게 경합한다.

비판적 패러다임

비판적 패러다임은 실재를 인간이 역사적으로 구성한 산물이라고 본다. 지금 눈앞의 실재는 당연히 주어진, 변화할 수 없는 물화된 실체처럼 보일지도 모른다. 하지만 이 실재는 인간이 사회적, 문화적, 정치적, 경제적 실천을 통해 역사적으로 구성한 것이다. 비판적 패러다임은 이 실재가 계급, 젠더, 섹슈얼리티, 인종, 에스니시티, 종교, 교육, 지역 등 여러 사회적 범주의 차원에서 불평등하게 구성되어 있다고 본다. 예를 들어, 가부장제는 공적인 삶에서 여성을 체계적으로 배제하고 주변화하는 역사적 실재다. 이런 역사적 실재 속에 태어나고 자라나고 교육받은 사람들은 이것이 마치 원래 존재하는 자연적 실재인 것처럼 느낀다. 계급 불평등을 정당화하는 실재도 마찬가지다. 이런 실재는 역사적으로 형성된 내적 모순이 있다. 그리고 이 내적 모순 때문에 변증법적으로 역동적인 모습을 띤다.

인식론적으로 비판적 패러다임은 불평등한 역사적 실재를 온전히 파악할 수 있다고 믿는다. 이미 존재하는 현실을 반영하거나 표상하려고 하지 않는다. 그 대신 현실이 특정 시대 특정 사회에서 담론적으로 형성되는 과정을 탐구한다. 지식의 타당성을 재는 주요 기준은 논리적 정합성이나 수행성보다는 실제 효과다. 지식은 불평등하게 구조화된 실재를 해체하고 더 평등한 실재를 구성하는 실제 효과를 낳아야 한다. 탐구자는 물론이고, 탐구되는 타자도 구체적인 사회와 문화 속에 살고 있는 육화된 존재다. 이들의 발화는 항상 구체적인 자리에서 행해지는 가치로 가득 차 있다. 따라서 연구는 가치를 통해 매개될 수밖에 없다. 모든 시공간을 초월하는 메타언어는 존재하지 않는다. 그럼에도 특정한 역사적 국면에서 모든 발화는 메타언어의 자리를 차지하려고 투쟁한다. 당연히 권력은 언어 내부에 있다.

방법론적으로 비판적 패러다임은 불평등한 역사적 실재의 기원을 파고드는 연구를 주장한다. 연구자는 주어진 실재를 자연적인 것으로 알고 살아가는 연구 대상의 무지를 깨트리고 싶어 한다. 사람들은 대개 어떤 사회적·문화적 관계를 참이라고 생각한다. 심지어 참이 아니라는 것을 알면서도 오인을 선택한다. 예컨대 국가권력이 존재하는 것은 오로지 우리가 그 규칙에 복종하기 때문이다. 사람들이 이런 오인을 반드시 포기하고 싶어 하지는 않는다. 어떤 집단은 오인 때문에 지배 집단이 될 수 있다. 종속 집단은 오인이 그들에게 자유롭다는 환상을 주기 때문에 이를 선택한다. 연구자는 연구 대상과 변증법적 관계를 맺고, 실재가 역사적으로 구성된다는 것을 밝히면서 이런 무지와 오해를 변형하려고 한다. 진리로 여겨지는 것의 뿌리를 파고들어, 그 역사적 기원을 폭로하는 계보학적 방법이 좋은 예다.

가치론적으로 비판적 패러다임은, 해방적 기획에 복무하는 지식이 가치 있다고 믿는다. 해방적 행위의 원천은 지배 문화가 자연적·필연적인 것으로 받아들이게 하는 현상의 모순을 폭로하는 연구자의 능력에 있다. 이런 현상은 사회관계의 불평등과 부정의를 은닉한다. 예컨대 학교폭력을 병리적 개인이 저지르는 무작위적이거나 우발적 사건이 아니라 저항의 서사로 읽게 되면, 교실의 일상에 감춰져 있는 '정치적 무의식'이 인종·계급·젠더 억압 문제와 무관하지 않다는 점을 깨닫는다.

구성주의적 패러다임

구성주의적 패러다임은 다원적 존재론을 전제한다. 세계는 인간이 자기 운명을 선택하도록 허용할 만큼 덜 결정되어 있다. 따라서 인간은 자신이 처한 특정 시대와 사회에서 말과 행위로 실재를 구성할 수 있다. 인간의 실재는 다양한 시공간에서 인간이 말과 행위, 즉 담론적 실천을 통해 구성한 상대적 실재다. 인간의 실재는 형태가 다양하며 지역적이고 특수하다. 이 다양한 실재는 그 자체가 고유한 의미를 담고 있다.

인식론적으로 구성주의적 패러다임은 지식이 인간의 상호작용 과정에 만들어진다고 본다. 실재는 분명 존재하지만 사회적 공동체에서 그 타당성이 결정된다. 독립적으로 정의되는 것은 존재하지 않는다. 실제 세계는 다양한 요소들이 접합되는 것이다. 또한 구성주의적 패러다임은 언어만이 우리가 알고 있는 유일한 실체라고 주장한다. 특정한 생활세계에서 살아가는 사람들을 이해하려면 그들이 쓰는 언어를 이해해야 한다. 특정한 장소, 특정한 시간에 있는 특정한 행위자들은 역사, 언어, 행위를 포괄하는 장기적이고 복합적인 사회적 상호작용 과정을 통해 사건과 현상으로부터 의미를 구성한다. 연구자는 그 내부에 들어가서 내부자의 관점으로 의미를 이해해야 한다. 메타언어는 존재하지 않는다. 다양한 문화 집단 사이의 의사소통이 중요한 이유다. 연구는 바로 이런 의사소통을 겨냥한다. 권력은 이런 의사소통을 방해하기 때문에 연구 과정에서 배제해야 한다.

방법론적으로 구성주의적 패러다임은 인간 행위의 특수한 맥락에서 의미가 생겨나고, 교섭되고, 유지되고, 수정되는 과정에 초점을 맞춘다.

이 과정을 이해하려면 반드시 해석해야 한다고 믿기 때문에 해석학적 순환을 강조한다. 다원적 세계에는 최종적이며 정확한 해석을 보증할 초월적 토대가 존재하지 않지만, 아무 해석이나 남발해도 되는 것은 아니다. 해석의 타당성은 읽고 해석하는 순환과정 속에서 확보된다. 사회적 행위자들이 자신들의 의미를 구성하면, 연구자는 그 1차적 구성물로부터 연구자 자신의 2차적 구성물을 만들어 내야 한다. 그리고 이것을 다시 1차적 구성물과 관련해 해석해야 한다. 이는 한 번에 끝나지 않고, 의미가 분명해질 때까지 반복된다. 이 순환과정을 철저하게 보여 주면 해석이 타당한지 아닌지 알 수 있다. 연구자는 반드시 의미 구성 과정을 명확하게 보여 줘야 하고, 어떤 의미가 어떻게 사회적 행위자들의 언어와 행위 속에 체화되어 있는지를 명료하게 밝혀야 한다.

가치론적으로 구성주의 패러다임은 다양한 시대와 사회에 따라 객관적 목적과 궁극적 가치 들이 많은데, 때로 이것들은 서로 양립할 수 없다고 본다. 하지만 양립할 수 없는 객관적 목적과 궁극적인 가치 들이 한 집단 속에 존재할 수 있다. 이것들이 객관적이고 변경할 수 없는 자연적 사실에 기초한 것이 아니라, 인간이 만든 것이기 때문이다. 따라서 양립할 수 없는 것처럼 보이는 가치들을 서로 소통하게 하는 이해적 지식은 그 자체로 가치 있다.

참여연구 패러다임

참여연구 패러다임은 연구자와 연구 참여자가 함께 실재를 창출한다고 본다. 실증주의적 실재관과 그 대안으로 여겨진 구성주의적 실재관을 모두 넘어서려고 하는 것이다. 참여연구 패러다임은 주어진 코스모스, 즉 원형적 실재가 존재하며 연구자의 마음이 적극적으로 이 실재에 참여한다고 본다. 실재는 사물이 아니고, 연구자와 내밀한 관계를 맺을 수 있는 코스모스다. 사물과는 외적 관계를 맺는 것으로 충분할지 몰라도, 코스모스와는 그렇게 할 수 없다. 연구자의 마음이 적극적으로 코스모스에 참여하며 타자 또한 이에 참여한다. 연구자는 코스모스에 적극적으로 참여함으로써 타자를 만난다. 연구자가 자신을 연구 대상에게 열 때 타자의 현전에 사로잡힌다. 타자는 연구자에게 그 자신을 선언하고, 그래서 연구자는 세계에 타자가 현전한다는 사실에 공명한다. 결국 연구자는 살아 있으며 유의미한 전체인 코스모스에 참여해서 그 안의 모든 존재와 참여하는 세계를 만든다.

인식론적으로 참여연구 패러다임은 현전하는 세계에 대한 체험적 조우야말로 연구자의 존재와 앎의 기초라고 본다. 이 조우는 언어를 통한 상징적 체험이나 예술을 통한 미학적 체험보다 앞선다. 조우는 살아 있는 세계의 원형적 성질과 만나는 것이다. 연구자는 연구자의 세계에 참여할 때 연구자의 개념을 통해 이를 파악한다. 하지만 체험적 참여 없이는 한계가 있다. 그렇다고 체험적 앎에서 끝나면 신비주의의 성채에 갇힐 수 있다. 반드시 소통을 가능하게 하는 표상적 앎으로 나아가야 한다. 표상적 앎은 세계에 대한 우리의 체험적 앎을 메타포를 통해 미학적으로 창조한다. 명제적 앎은 개념적 단어를 통해 아는 것이다. 어떤 에너지, 실체, 사람, 과정이나 사물을 기술함으로써 아는 것이다. 이는 문장과 이론을 통해 표현되는데, 언어가 부여하는 개념과 종류를 터득함으로써 그렇게 할 수 있다. 실제적 앎은 무언가를 어떻게 행하는가를 아는 것이다. 실제적 앎은 앞에 제시한 세 가지 앎을 목적적인 행위로 전환해 열매를 맺게 하며 완성하는데, 이 모든 앎은 자율적으로 뛰어난 성과를 낼 때 정점에 이른다.

방법론적으로 참여연구 패러다임은 연구자와 연구 참여자 간 협동적 탐구 형식을 주장한다. 이 형식에 관여하는 당사자들은 모두 동료 연구자이자 주체로서 민주적 대화에 참여한다. 그래서 자신들이 탐구하는 질문과 그 탐구를 위한 방법론을 정의하는 데 서로 협력한다. 연구자가 일방적으로 명제적 앎을 만들어 내지 않고 협력을 통해 만들어 낸 방법론은 세계에 대한 새로운 조우로 이끈다. 체험적 앎을 가능하게 하는 것이다. 이는 결국 이런 경험을 유의미한 유형으로 표상하는 방식을 함께 만드는 것으로 이어진다.

참여연구 패러다임은 가치론적 차원에서 진리를 그 자체의 목적으로 추구하는 명제적 형식에 반대한다. 지적 탁월성을 인간의 가장 높은 목적으로 보지 않는 것이다. 그 대신 존재의 가치, 즉 어떤 인간의 상태가 단순히 그렇게 존재한다는 상태로 가치 있는지를 적극적으로 묻는다. 결국 인간을 풍요롭게 만들고 싶어 한다. 코스모스 안에 참여한 모든 당사자가 세상을 풍요롭게 만들기 위해 참여적 실재를 함께 창조하는 것이다. 연구의 출발점은 연구자가 자신이 탐구하는 세상에 존재하는 것이다. 이 세상에 존재한다는 것은 이 세상에 참여한다는 것이고, 이는 연구자와 모든 당사자가 함께 세상의 실재를 창조한다는 것이다. 그렇다면 그렇게 창조한 세계를 무관심하게 내버려 두지 말고 거기에 계속 관여해야 한다. 물론 이런 관여에 책임을 진다. 이 세계가 인간의 조건을 열악하게 몰아간다면, 공동 창출자인 연구자는 세계를 변화시킬 책임과 의무가 있다. 연구가 변형적인 이유다.(최종렬, 2016; Heron · Reason, 1997)

질적 연구 과정: 경합하는 패러다임, 이론, 관점, 방법

질적 연구는 그 자체의 독특한 패러다임, 관점, 방법이 없다. 연구 목적에 따라 패러다임, 관점, 방법을 다양하게 쓸 수 있다. 하지만 존재론·

인식론·방법론·가치론에 대한 철학적 신념이 있는 패러다임을 가로질러 다층적으로 연구하기는 쉽지 않기 때문에, 대부분의 질적 연구자가 특정 패러다임을 선호한다. 그럼에도 질적 연구자는 자신이 선호하는 패러다임에 갇히지 않고 다른 패러다임과 대화하려고 한다. 자신이 선호하는 패러다임이 포착하지 못하는 실재의 어떤 모습을 다른 패러다임은 더 잘 잡아낸다는 것을 알기 때문이다. 그래서 질적 연구는 패러다임들이 경합하는 역동적인 장으로 구성되어 있다.

패러다임과 달리 질적 연구자는 여러 이론, 관점, 방법을 오가며 작업할 수 있다. 현상학, 해석학, 마르크스주의, 페미니즘, 해체주의, 정신분석학, 문화 연구 등 연구 목적에 따라 다양한 이론과 관점을 사용한다. 기호학, 서사 분석, 내용 분석, 담론 분석, 문헌 연구, 음성 연구, 문화기술지, 면접, 설문조사, 참여관찰은 물론이고 통계까지 사용한다. 이런 점에서 질적 연구는 단일 분과 학문에 속하지 않는다. 오히려 다양한 학문을 오가며 작업하는 학제적 연구다. 질적 연구자가 학제적 연구를 수행하는 것은 자신이 탐구하는 실재의 의미가 그만큼 다층적이고 유동적이라고 보기 때문이다. 인간의 경험이 의미하는 것은 단 한 가지 관점이나 방법으로 온전히 포착할 수 있을 만큼 단순하지 않다.

질적 연구자가 한 가지 패러다임을 선호하면서도 다양한 이론, 관점, 방법을 오가며 작업하는 것은 단 한 가지 객관적인 진리의 자리에서 발화할 수 없음을 잘 알기 때문이다. 질적 연구도 일종의 발화라고 한다면, 반드시 특정한 사회적 자리에 있을 수밖에 없다. 이 자리는 질적 연구자 자신의 생애사, 젠더, 섹슈얼리티, 사회계급, 인종, 에스니시티, 연구 세팅, 권력, 연구 참여자 등 다양한 사회적 범주의 상호작용에 따라 만들어진다. 따라서 질적 연구자는 자신의 연구 과정을 이렇게 다양한 사회적 범주들이 상호작용하는 역동적 과정이라고 본다.

어떤 이론, 관점, 방법을 학제적으로 사용하는가는 질적 연구의 목적에 달려 있다. 연구 목적을 형성하는 힘은 여러 가지가 있다. 학위논문 완성일 수 있고, 연구 기금 확보일 수도 있다. 하지만 가장 근본적인 것은 가치론적 질문이다. "내 연구 목적은 도대체 어떤 내재적 가치가 있을까?" 이런 질문은 세계관과 깊이 얽혀 있기 때문에 패러다임의 영향을 받는다. 그래서 패러다임이 다르면, 같은 현상을 보고도 연구 목적을 다르게 설정한다. 한 연구자가 이 패러다임 저 패러다임 옮겨 다니며 자유롭게 연구 목적을 설정할 수 없는 이유다.

하지만 연구 질문은 다르다. 연구 질문은 패러다임의 영향에서 비교적 자유로울 수 있다. 단, 연구 목적에 부합하는 자료를 수집할 수 있는 질문이어야 한다. 연구 목적과 연구 질문은 목적과 수단의 관계에 있다. 수단이 변변찮으면 결코 목적을 이룰 수 없다. 연구 질문을 제대로 던지면, 연구는 거의 성공한 것과 같다. 대부분의 질적 연구자들이 연구 질문을 만드는 데 애를 먹는다. '초짜 연구자'일수록 더욱 그렇다.(김영은, 2015) 왜? 연구 질문이 우선적으로 이론과 관점에서 나오기 때문이다. 다양한 이론과 관점을 겸비할수록 연구 질문을 잘 만들 수 있는데, 초보 연구자는 이론과 관점이 부족하다. 사실 질적 연구는 남의 질문에 답하는 것보다 스스로 의미 있는 질문을 하는 것이 훨씬 더 중요하다.

연구 질문을 던지고 나면 그것에 답할 수 있는 자료를 수집해야 한다. 이 과정에 현장 노트, 면접, 사진, 일지, 메모, 녹음, 녹화 등 다양한 자료 수집 방법을 동원할 수 있다. 질적 자료를 수집하는 과정 중 연구에 필요한 자료를 어떻게 효율적으로 수집할 수 있을지를 고민하는 데 그치지는 않는다. 질적 자료는 기본적으로 사람에 대한 자료다. 따라서 질적 자료를 수집하는 과정은 사람과 만나는 과정일 수밖에 없다. 연구자와 연구 참여자가 서로를 성스러운 존재로 체험하는 장이다. 이런 점에서 성스러움을 지닌 두 사람이 서로에게 온당한 의례를 갖춰 만나고 헤어져야 한다는 것은 당연하다.(최종렬, 2012: 137~142) 특히 사회적 소수자와 만나는 것은, 연구자와 연구 참여자가 상대방의 성스러운 자아를 호혜적으로 보호하고 지지하는 게임의 성격이 있다. 이 과정에서 자료 수집 전략과 성스러운 자아의 연출 사이에 지난한 윤리적 문제가 두드러지게 나타난다.(이예슬, 2015)

자료가 수집되면 해석해야 한다. 질적 연구에서 해석은 정해진 절차가 없다. 연구 목적과 질문에 관해 수집한 자료를 읽고 또 읽어야 한다. 질적 연구자는 우선 자신이 연구한 사람들의 처지에서 자료를 해석하는 지역적 해석자다. 연구되는 세계에서 실제로 작동하는 단어, 개념, 의미를 써서 자료를 해석한다. 내부적이고, 맥락적이며, 상황에 따른 지역적 해석이 이루어진다. 하지만 여기에만 머물면 그 속에 살아가는 지역민들의 해석과 다를 바 없다. 질적 연구자는 학문 세계에서 훈련받은 과학적 해석자이기도 하다. 지역민들의 실제 경험과 떨어져 있는 질적 연구자의 이론적 단어들이 활용된다. 이는 외부적이고, 추상적이며, 맥락이 한정되지 않는 해석을 산출한다. 연구자는 지역적 해석과 과학적 해석 사이를 수없이 반복적으로 오가며 해석해야 한다.(Geertz, 1983: 55~70)

이렇게 지난한 해석학적 순환을 통해 비로소 연구 질문에 답할 수 있는 해석된 자료가 창출된다. 해석이 타당한지에 대해 정해진 기준은 없다. 이런 점에서 질적 연구는 해석의 위기에 처했다고 말할 수도 있을 것이다. 각 패러다임은 어떤 해석이 적합한지 판단하는 고유한 기준이 있다. 이 기준은 물론 각 패러다임의 고전적 텍스트에 기반을 둔다. 따라서 해석의 위기는 각 패러다임 안에서만 해결할 수 있다. 모든 패러다임을 아우르는 보편적 해석의 기준을 만드는 것은 기대하기 어렵다. 하지만 자기 패러다임 안에서만 해석의 타당성을 따지면 안 된다. 이론과 관점을 오가며 다양한 방식으로 해석의 타당성을 검증하기 위해 노력해야 한다. 패러다임 사이에 대화와 협상이 지속되어야 한다.

해석된 자료가 아무리 잘 창출돼도 이를 글로 쓰지 않으면 별 소용이 없다. 모든 글은 결국 독자에게서 완성된다. 읽지 않는 글은 쓸모없기 때문이다. 이런 점에서 질적 연구자는 항상 자신이 겨냥하는 독자에게 어떻게 다가갈지를 염두에 두고 글을 써야 한다. 연구가 마무리 단계에 접어들어야 글쓰기가 시작된다고 생각하기 쉽지만, 이는 명백히 잘못된 생각이다. 글쓰기는 연구의 시작부터 끝까지 관철되는 앎의 한 방식, 발견과 분석의 한 방법이다.(Richardson, 1994) 질적 연구자는 연구 주제에 관해 쓰면서 발견하고, 쓰면서 배우고, 쓰면서 분석한다. 더욱이 질적 연구자는 글을 쓰는 과정에서 자신을 되돌아보게 되고 발견하고, 배우고, 분석하기도 한다.(최종렬, 2012: 157) 이런 점에서 글을 쓰는 과정은 연구자가 자신을 성찰하는 자아문화기술지이기도 하다.(최인영, 2015)

질적 연구자는 다양한 글쓰기 방식에 능통하다. 그래서 질적 연구자는 뛰어난 이야기꾼이다. 질적 연구자가 이야기하지 않으면 그가 연구한 사람의 행위는 기억되지 않고 사라진다. 질적 연구자는 상징적 행위자의 행위를 불멸의 이야기로 만드는 이야기꾼이다.(최종렬, 2012: 136) 과학적 글쓰기는 수사와 서사를 최소화하기 때문에 맥 빠진 글을 만들기 쉽다. 질적 연구자는 살아 있는 경험을 재창조하고 독자에게 정서적 반응을 일으키는 글을 쓴다. 객관적 자리를 차지하는 대신 텍스트 안에서 자신의 체험에 대해 이야기한다. 독자가 이를 읽고 정서적으로 그 이야기를 되살려 다시 체험할 수 있도록 돕는다.(최종렬, 2012: 160~161)

읽고 생각하기

- 브리콜뢰르

브리콜뢰르는 여러 가지 일을 할 수 있다. 그러나 그는 엔지니어와 달라서 일의 목적에 맞게 고안되고 마련된 연장이나 재료가 있고 없고에 크게 좌우되지 않는다. 그가 사용하는 재료의 세계는 한정되어 있어서 '손쉽게 갖고 있는 것'으로 하는 게 승부의 원칙이다. 말하자면, 그가 갖고 있는 도구와 재료는 항상 얼마 안 되고 그나마 잡다한 것들이다. 왜냐하면 그저 주어진 것들의 내용은 현재의 계획이나 또 어떤 특정한 계획과 관련되어 구성된 것이 아니라 단지 우연의 산물이기 때문이다. 그는 어느 때고 종전의 파손된 부품이나 만들다 남은 찌꺼기를 가지고 본래 모습을 재생시키는가 하면 완전히 새것을 만들어 내기도 한다. 그러므로 브리콜뢰르가 사용하는 것들은 계획에 따라 정해지는 것이 아니다.(레비스트로스, 클로드, 1999, 《야생의 사고》, 안정남 옮김, 한길사, 71쪽.)

- 이야기하기의 민주화

인간의 시간은 영원하지 않다는 점에서 존재론적으로 결함을 지니고 있다. 탄생과 죽음 사이에 한정된 '사이-존재(Dasein)'로서, 인간은 언제인지는 확실하지는 않으나 예정된 죽음 앞에 불안과 두려움을 갖고 살아가며, 이 때문에 역설적으로 시간과 역사 속에서 동적으로 존재에 참여할 수밖에 없다. 그런 점에서 인간은 죽기 위해 태어난 하이데거적 존재라기보다는, 새롭게 시작하기 위해 태어난 아렌트적 존재인 것이다. (……) 모든 사회관계를 액화하는 작금의 변화는 이러한 존재론적 결함을 더욱 극대화하고 있고, 이것이 역설적으로 이야기하기의 민주화를 낳고 있다는 점을 꿰뚫어보아야 한다. 과도한 인지적 비관주의와 냉소주의는 지나친 긍정적 사유로 무장한 자기 계발 지식 상품보다 하등 나을 것이 없다. 지금, 그 어느 때보다도 지적 균형이 절실하다. 우리는 일상을 살아가는 평범한 사람도 애매성이 극대화된 실존 조건 속에서 행위를 하기 위해 스스로 이야기하기에 나섰다는 점에 주목해야 한다.(최종렬, 2012, 〈사회학, 서사를 어떻게 할 것인가?〉, 《사회이론》 41, 135~136쪽.)

1. 질적 연구자로서 브리콜뢰르가 사용하는 재료의 특징과 이를 활용하는 방식에 대해 우연성과 관련지어 논의해 보자.

2. 신자유주의적 지구화와 같은 현재의 변화가 인간의 존재론적 결함을 극대화하고 있으며 이것이 역설적으로 이야기하기의 민주화를 낳고 있다는 말이 무슨 뜻인지 논의해 보자.

읽을거리

- 기어츠, 클리포드, 2009, 《문화의 해석》, 문옥표 옮김, 까치; Geertz, Clifford, 1977, *The Interpretation of Cultures*, New York: Basic Books.
- 레비스트로스, 클로드, 1999, 《야생의 사고》, 안정남 옮김, 한길사; Levi-Strauss, Claude, 1966, *The Savage Mind*, Chicago: University of Chicago Press.
- 최종렬·최인영·김영은·이예슬, 2015, 《베버와 바나나: 이야기가 있는 사회학》, 마음의거울.

참고 문헌

- 기어츠, 클리포드. 2009. 《문화의 해석》. 문옥표 옮김. 까치; Geertz, Clifford, 1977, *The Interpretation of Cultures*, New York: Basic Books.
- 김영은, 2015, 〈'초짜' 연구자의 사회적 공연: '사회학, 서사를 어떻게 할 것인가?' 사용 후기〉, 《베버와 바나나: 이야기가 있는 사회학》, 마음의거울, 122~179쪽.
- 레비스트로스, 클로드, 1999, 《야생의 사고》, 안정남 옮김, 한길사; Levi-Strauss, Claude. 1966. *The Savage Mind*. Chicago: University of Chicago Press.
- 소쉬르, 페르디낭 드, 2006, 《일반언어학 강의》, 민음사; Saussure, Ferdinand de, 1986, *Course in General Linguistics*, Chicago, IL: Open Court.
- 이예슬, 2015, 〈'동물원'과 고프만: 국제결혼 한국 남편의 스티그마와 성스러운 게임 행하기〉, 《베버와 바나나: 이야기가 있는 사회학》, 마음의거울, 68~121쪽.
- 최인영, 2015, 〈탁월성과 친밀성의 경계 가로지르기: '엄마 되기'에 대한 자아문화기술지〉, 《베버와 바나나: 이야기가 있는 사회학》, 마음의거울, 180~226쪽.
- 최종렬, 2012, 〈사회학, 서사를 어떻게 할 것인가?〉, 《사회이론》 41, 121~165쪽.
- _____, 2016, 〈극지의 문화사회학: 무엇을 할 것인가?〉, 《문화와사회》 20, 35~77쪽.
- 쿤, 토마스, 2013, 《과학혁명의 구조》, 김명자·홍성욱 옮김, 까치; Kuhn, Thomas S., 1962, *The Structure of Scientific Revolution*, Chicago: The University of Chicago Press.
- 테일러, 찰스, 2015, 《자아의 원천들: 현대적 정체성의 형성》, 권기돈·하주영 옮김, 새물결; Taylor, Charles, 1992, *Sources of the Self: The Making of Modern Identity*,

Cambridge, MA: Harvard University Press.

- Alexander, Jeffrey C., 2006, "Cultural Pragmatics: Social Performance Between Ritual and Strategy." pp. 29~90 in *Social Performance: Symbolic Action, Cultural Pragmatics, and Ritual*, Cambridge: Cambridge University Press.

- Denzin, Norman K.·Yvonna S. Lincoln, 1994, "Introduction: Entering the Field of Qualitative Research.", pp. 1~17 in *Handbook of Qualitative Research*, Thousand Oaks, CA: Sage.

- Geertz, Clifford, 1983, *Local Knowledge: Further Essays in Interpretive Anthropology*, New York: Basic Books.

- Goffman, Erving, 1963, *Behavior in Public Places: Notes on the Social Organization of Gatherings*, New York: The Free Press.

- Guba, Egon G.·Yvonna S. Lincoln, 1994, "Competing Paradigms in Qualitative Research.", pp. 105~117 in *Handbook of Qualitative Research*, Thousand Oaks, CA: Sage.

- Heron, John·Peter Reason, 1997, "A Participatory Inquiry Paradigm", *Qualitative Inquiry* 3(3), pp. 274~294.

- Lincoln, Yvonna S.·Susan A. Lynham·Egon G. Guba, 2011, "Paradigmatic Controversies, Contradictions, and Emerging Confluences, Revisited", pp. 97~128 in *Handbook of Qualitative Research* (4th edition), Thousand Oaks, CA: Sage.

- Richardson, Laurel, 1994, "Writing: A Method of Inquiry", pp. 516~529 in *Handbook of Qualitative Research*, Thousand Oaks, CA: Sage.

근거 이론

김은정

· **학습 내용** ────────────────────────────

'근거 이론'은 기타 질적 연구방법과는 달리 자료의 분석 과정에 관심을 두고, 이에 대한 논의를 심층적으로 연구한다. 글레이저와 스트라우스가 제시한 근거 이론은 수합된 질적 자료를 분석하고 그 결과로부터 실질 이론을 도출하려고 한다.(Glazer · Strauss, 1967) 근거 이론에서는 질적 연구가 그 나름대로 연구 절차를 가질 수 있다고 보는데, 특히 자료를 분석하는 과정에 비교분석을 통해 코딩을 하고 그 결과를 바탕으로 틀을 짜서 이론을 구성한다. 무엇보다 근거 이론은 연구 절차를 누구나 이해하기 쉬울 만큼 상세하게 제공하기 때문에, 연구자가 자의적으로 분석할 여지가 줄어들고 질적 연구가 생소한 사람도 접근하기 쉽다는 장점이 있다. 그러나 근거 이론의 도식적 절차, 특히 스트라우스와 코빈의 패러다임 모형에 대한 비판이 강하게 제기되었고, 이를 이용한 연구들에 대한 비판도 이어지고 있다. 최근에는 차마즈를 비롯한 2, 3세대 근거 이론 연구자들을 중심으로 스트라우스와 코빈이 제시한 패러다임 모형의 답습을 피하는 한편 실질 이론을 도출하는 데 좀 더 관심을 갖고 연구하는 방법을 모색하고 있다.

한국 학계에서도 상당수의 연구자들이 근거 이론을 연구방법으로 선택하고 있다. 특히 간호학·사회복지학·행정학 등 전통적으로 양적 연구방법이 우세하던 분야에서 질적 연구방법을 사용하기 시작하면서, 근거 이론을 활용한 연구들이 증가하며 큰 인기를 끌고 있다. 앞에서 말한 것처럼 스트라우스와 코빈의 연구 방법을 모방·재생산하는 연구가 양산되는 등 폐해가 없지 않지만, 새로운 연구 방법을 모색해 근거 이론을 활용한 질적 연구를 하려는 움직임도 최근 들어 활발하게 나오고 있다. 한국의 사회학계에서 질적 연구가 증가하는 추세지만, 근거 이론을 활용한 연구는 별로 없을 뿐만 아니라 근거 이론 자체가 제대로 소개되지 않았다. 이 장에서는 이런 점에 주목해 근거 이론의 분석 절차를 예시하고, 사회학 영역에서 근거 이론을 활용한 연구 몇 편을 분석하며 근거 이론을 소개한다.

사회학 영역의 근거 이론 관련 연구를 살펴본 결과, 거의 스트라우스와 코빈의 근거 이론만 이용되고 있다는 것을 볼 수 있다. 이에 따라 앞으로 근거 이론의 다양한 논의들이 소개되어야 하고, 방법론도 논의되어야 한다는 점을 밝혔다. 또한 이 문제가 사회학계 질적 연구방법의 훈련 과정과 밀접하게 관련된다는 점을 지적하려고 했다. 주지하다시피, 사회학계에서 질적 연구는 연구자가 스스로 방법을 찾아야 하는 것으로 여겨지고 있으며 질적 연구방법을 가르치는 수업이나 워크숍 등은 찾아보기 어렵다. 다른 사회과학계에서 워크숍이나 질적 연구방법론 훈련을 통해 근거 이론이 소개, 확산되는 것과 대조적이다. 앞으로 이 부분에 관심을 기울여, 사회학을 공부하는 후학들에게 근거 이론뿐만 아니라 질적 연구방법 전반을 소개하고 이에 대한 이해를 심화할 기회를 제공해야 할 것이다.

근거 이론이란

근거 이론에 대한 본격적인 논의는 글레이저와 스트라우스가 양적 접근 방법에 도전하고 새로운 질적 접근 방법을 제시하면서 시작되었다. 이들이 《죽음의 인식Awareness of Dying》에서 양적 연구 방법에 의문을 제기했는데, 이것이 당시 사회과학계를 지배하던 양적 연구의 전통적 기반인 실증주의 패러다임에 대한 도전이었다. 그리고 이 도전이 질적 연구 방법과 미국의 사회학계에서 오랫동안 별로 주목받지 않던 반실증주의적 패러다임을 재인식하는 계기를 제공하는 결과로 이어졌다. 양적 연구 방법에 대한 도전은 '이론'에 접근하는 방법에 대한 도전에서 비롯된다. 양적 접근 방법에서는 이미 형성된 '공식화된 이론'을 연구자가 수집·수합한 자료를 기반으로 검증한다. 그런데 글레이저와 스트라우스는 '공식화된 이론을 토대로 가설을 세우고 그 가설을 데이터를 가지고 검증하는 실증주의적 패러다임을 철학적 기반으로 하는 양적 연구 방법'과는 달리, 연구 과정에서 '새로운 이론'을 만들어 가려고 했다.(Glazer·Strauss, 1967) 이런 '이론의 형성'이 이들이 논의한 근거 이론의 중심축이라고 할 수 있다. 근거 이론에서 '이론'은, 양적 연구 전통에서 논의되는 것과 같이 이미 형성되어 있으며 일반화된 공식적 이론을 의미하지 않는다. 근거 이론에서 이론이란, 연구자가 현재 가지고 있으며 관심을 두는 자료와 사회현상을 분석하는 데 필요한 '작은 이론'이다. 이들은 이 작은 이론에 '실질 이론'이라는 이름을 붙였다.

　양적 연구 전통과 상이한 방식으로 이론 형성에 접근하는 근거 이론은 다른 질적 연구 방법과도 거리를 둔다. 문화인류학에서 중시되었던 질적 연구 방법은 대상에 대한 이해와 해석을 바탕으로 '두꺼운 기술'을 목적으로 한다.(Geertz, 1973) 즉 연구자의 인식 과정을 통해 사회현상

근거 이론

자료를 수집하고 이를 체계적으로 분석해 이론을 만들어 가는 질적 연구 방법으로, 이론을 만들기 위해 자료 자체에 근거를 두며 수집하고 분석하는 과정을 거친다.

실질 이론

양적 연구 전통에서 이야기하는 일반화되고 공식적인 이론이 아니라, 자료를 설명할 수 있는 이론을 의미한다. 스트라우스와 코빈은 거대 이론과 이에 대한 가설 검증을 중시하는 당시의 사회학 연구에 대해 비판적이었다. 그래서 자신들이 지향하는 이론을 도출하는 방법을 거대 이론(Grand Theory)과 대비해 '근거 이론(Grounded Theory)' 연구 방법이라고 불렀다. '자료'에 '근거'한 이론을 찾아간다는 의미로서, 추상적이며 거대한 이론과 달리 '현상'과 '자료'를 토대로 한 이론을 지향한다. 그 결과로 도출된 이론은 거대 이론에 비해 주어진 자료를 설명하는, 상대적으로 작은 이론이며 이를 '실질 이론'이라고 한다.

을 이해하고 분석함으로써 주어진 사회현상을 세밀하게 설명하는데 이 설명 과정에 중요한 것이 연구자의 인식 과정 또는 시각이다. 이런 질적 연구 방법은 반실증주의적 패러다임에 따라, 연구자가 논할 수 있는 객관적 실재란 존재하지 않으며 사회현상을 설명하는 것은 연구자의 주관적 판단이 개입된 분석 결과라고 본다. 따라서 객관적이며 통상적인 절차를 밟아 나가지 않고 연구자 인식의 흐름을 기조로 하는 분석 과정을 설명할 수는 없다고 한다. 근거 이론을 제시한 글레이저와 스트라우스는 이런 질적 연구 방법의 분석 과정에 반대했다.(Glazer · Strauss, 1967)

이들은 근거 이론에서 구체적이고 경험적인 현실·자료를 '기술'한다는 점에서는 다른 질적 연구 방법과 비슷하지만, '기술한 뒤에' 각 개념을 가지고 개념들 사이의 관계성을 만들어서 주어진 사회현상을 분석하고 이해하게끔 하는 '실질 이론'을 형성해야 한다는 점에서 다른 질적 연구 방법과 차이가 난다고 주장했다. 근거 이론이 질적 연구 방법 가운데 상대적으로 큰 인기를 얻을 수 있었던 이유는, 자료를 단순히 기술하는 데서 그치지 않고 그로부터 이야기를 만들어 내는 실질 이론을 형성한다는 점이었다. 그러나 이것이 한편으로는 도전 대상인 '실증주의적' 패러다임과 결국 같은 방식을 썼다는 비판을 불러일으킨 주요 원인이 되기도 했다.

근거 이론의 주요 개념

근거 이론에 대한 두 가지 모순된 반응, 즉 찬사와 비판 그리고 그 뒤를 잇는 논쟁을 이해하려면 근거 이론에서 가장 자주 언급되는 스트라우스와 코빈의 논의를 알아야 한다. 근거 이론 창시의 계기를 함께 제공한 글레이저와 의견 차이로 갈라선 스트라우스는 코빈과 협업하면서 근거 이론의 중요한 책을 펴냈다. 이 책은 《근거 이론의 이해》(Strauss·Corbin, 1990)로, 근거 이론 방법론으로 실질 연구를 어떻게 진행해야 하는가를 논의한 연구 분석 방법 설명서다. 체계적이고 명시적으로 연구를 진행하는 방법과 절차를 제시한 이 책은 질적 연구자들 사이에서 큰 인기를 얻었다. 특히 글레이저의 논의에서 다소 추상적이고 이해하기 힘들었던 실질 이론을 형성하는 방법에 대해 이 책은 '패러다임 모형'을 제시하면서 알기 쉽게 설명한다. 친절한 해석과 연구 방법 절차에 대해 이해할 만한 설명은 근거 이론이 질적 연구 방법의 강자로 부상하는 데 결정적 계기가 되었다. 이 책은 대성공을 거두었다. 많은 질적 연구자들이 이 책을 통해 질적 연구 방법이라는 모호한 연구 방법에 대한 지침을 받았다고 생각했기 때문이다.

스트라우스와 코빈의 방법은 다른 질적 연구 방법에 비해 자료 해석의 절차 체계가 분명하다는 점에서 주목받는다. 이들이 설명한 연구 절차의 중심에는 자료의 분석, 해석 방법이 있다. 분석 절차는 '코딩'이라고 하는데, 사실 연구자의 해석에 따라 자료를 코딩하는 작업은 질적 연구 방법에서 가장 난해한 부분으로 여겨졌다. 스트라우스와 코빈은 코딩 작업을 체계적으로 정리해서 전달한다. 즉 자료를 분석하는 코딩 절차를 개방 코딩, 축 코딩, 선택 코딩으로 나눠 단계적으로 설명한다. 개방 코딩은 자료 분석에서 연구자가 가장 먼저 수행하는 코딩 방법이다. 이들은 개방 코딩을 '자료에서 개념을 확인하고, 개념들의 속성과 차원을 발견하는 분석 과정'으로 정의한다.(Strauss·Corbin, 1990) 즉 개방 코딩이란 원자료에서 한 걸음 더 추상화된 개념을 이끌어 내는 작업이다. 연구자는 이 과정을 통해 원자료에서 도출된 추상화된 범주를 발견할 수 있다. 한편 연구자가 개방 코딩에서 도출된 범주들을 비교·대조하면서 어떤 관계성이 있는가를 발견하게 되는데, 이 과정을 축 코딩이라고 한다. 이것은 이론을 형성하기 전 작업으로서, 다른 질적 방법이 개방 코딩 차원에서 분석을 멈추고 이를 '두꺼운 기술'로 설명하는 것과 구분된다. 스트라우스와 코빈은 축 코딩을 설명하기 위해 패러다임 모형을 제시한다. 패러다임 모형은 축 코딩 과정에서 연구자에게 제시된 연구의 틀로서, 개방 코딩 범주 사이의 관계 짓기를 돕는다.(Strauss·Corbin, 1990)

개방 코딩을 통해 도출된 범주들을 살펴보면서, 무엇이 원인이 되어

개방 코딩, 축 코딩, 선택 코딩

개방 코딩이란 자료에서 개념을 확인하고 개념들의 속성과 차원을 발견하는 분석 과정으로, 이를 통해 의미 있는 개념을 발견하고 그것을 범주화한다. 한편 축 코딩이란 연구자가 개방 코딩에서 도출된 범주를 분석해 범주 간 관계성을 찾는 과정을 통해 나온 결과물이다. 축 코딩은 중심 현상의 범주를 중심으로 한 축에 다양한 범주를 연결하는 과정으로서 범주들 간 연관성을 구조적으로 파악하는 데 필요하다고 할 수 있다. 마지막으로 선택 코딩은 연구의 중심 주제를 나타내는 핵심 범주로, 스토리 라인을 생성하는 과정을 의미한다.

(인과적 조건) 일어난 일(중심 현상)이고 그 맥락(맥락적 조건)은 무엇인지와 어떻게 나타났는지(결과)를 생각하게끔 하는 것이 패러다임 모형이라고 할 수 있다. 연구자에게 스토리 라인을 주는 틀로서 기능하는 패러다임 모형은 '인과적 조건', '맥락적 조건', '중심 현상', '중재적 조건', '상호작용', '결과' 등 여섯 요소로 구성되어 있다.(Strauss·Corbin, 1990; Creswell, 2002) 패러다임 모형은 개방 코딩으로 도출된 범주들을 이해하고, 이를 통해 주어진 사회현상을 설명하려고 하는 연구자에게 매우 효과적인 도움을 주는 지침이다. 주어진 모형 틀에 자신이 정리한 범주들을 대입해 보면서 범주들 간 관계성을 이해할 수 있기 때문이다. 패러다임 모형을 기반으로 축 코딩을 전개해 가는 연구 방법이 연구자로서는 매우 반갑다. 특히 질적 연구 경험이 없는 연구자로서는 아무 지침도 없이 자료를 분석하는 것보다 패러다임 모형에 맞춰 개방 코딩 결과로 나온 범주들 사이의 관련성을 찾아 가는 것이 훨씬 쉬울 수 있다. 종합해 보면, 이런 분석의 용이성 때문에 스트라우스와 코빈의 방

법론이 주목받았다고 할 수 있다.

비판: 근거 이론은 실증주의적 패러다임을 기반으로 하는가

근거 이론이 큰 인기를 끈 또 다른 이유는 기타 질적 연구방법론의 약점과 모호성을 직시하고, 이를 해결하려는 노력을 보여 주었다는 점이다. 실증주의 방법에 반기를 들면서, 반실증주의 패러다임을 기반으로 하는 질적 연구 방법의 연구 절차에 대해서도 문제를 제기했다. 질적 연구 방법에서 자료 분석이 연구자의 지나친 개입 탓에 자의적이고 매우 주관적인 해석이 될 가능성을 경계하면서, 코딩 절차를 자세히 설명하고 코딩 결과로 도출되는 개념 간 관계성을 맺는 방법에 대해 체계적으로 설명했다. 이를 통해 질적 연구 방법에서 오랫동안 경시되던 연구의 타당성과 신뢰성을 담보하려고 했다. 이런 점에서 기존 질적 연구 방법이 미처 다루지 못한 부분을 보완했으며, 양적 연구 방법 진영에서 질적 연구 방법의 타당성과 신뢰성을 두고 제기한 비판에 대응할 수 있었다.

이렇게 스트라우스와 코빈의 근거 이론은 양적 패러다임에 반대하면서도 질적 연구 방법의 약점을 보완하려고 시도해, 질적 패러다임을 택하는 연구자들에게 방법론적 차원에서 양적 패러다임과 견줄 수 있는 수단을 주었다. 그러나 이런 접근은 양날의 칼이 되었다. 특히 축 코딩 과정에서 미리 패러다임 모형을 상정하고 패러다임 모형의 각 요소에 맞게 범주를 배치하는 방식은, 연구자의 해석 과정을 방해하고 선험적 틀에 맞춘 도식적 분석만 양산할 가능성이 있다는 비판이 많았다. 도식적 틀은 질적 연구 방법이 아니라 양적 연구 방법의 연구 절차를 답습했기 때문에, 스트라우스와 코빈의 근거 이론은 근거 이론의 애초 목적인 이론을 형성하기 어렵다는 것이다. 이런 비판은 스트라우스와 작업하며 근거 이론을 창시한 글레이저가 처음 제기했고, 마침내 그는 스트라우스와 코빈의 근거 이론은 근거 이론도 아니라는 날 선 공격까지 한다. 스트라우스가 재반론을 했고, 근거 이론이 무엇인가에 대한 논쟁은 2세대 근거 이론가들이 나올 때까지 (그리고 스트라우스가 타계할 때까지) 한참 더 이어졌다.

물론 스트라우스와 코빈의 근거 이론에 약점이 없지는 않고, 다소 실증주의적인 틀로 연구 방법을 설명한 것이 사실이다. 그럼에도 이들의 근거 이론에 담긴 뜻을 과소평가해서는 안 된다. 이들은 질적 연구가 빠질 수 있는 자의적 해석의 가능성을 염두에 두고 이를 개선하려고 했으며, 질적 연구 방법은 연구자가 좌충우돌하면서 깨쳐 가는 것이 아니라 훈련을 통해 습득할 수 있다는 점에 주목했다. 질적 방법에 대한 새로운 접근은 질적 연구자들이 시행착오를 줄이고 연구를 진행하는 계기를 마련했다. 특히 이들의 근거 이론은 내용이 난해하지 않고 질적 연구 방법에 익숙하지 않은 초보 연구자들도 이해하기 쉬웠기 때문에, 많은 학자들이 이를 통해 연구를 진행할 수 있었다. 그 결과, 도식적인 연구들이 양산되는 부작용은 있었으나 근거 이론, 더 나아가서는 질적 연구 패러다임을 사회과학 연구자들 사이에 확산시킬 수 있었다. 근거 이론에 대해 다양한 비판이 있을 수 있겠으나, 근거 이론이 질적 연구 패러다임의 방법론적 접근 방식에 의문을 제기해 질적 연구 방법의 새로운 활로를 찾고 결과적으로 질적 연구의 지평을 넓혔다는 점은 부인할 수 없다.

실증주의적 패러다임으로부터 거리 두기와 새로운 근거 이론의 방향

스트라우스가 타계한 뒤 근거 이론 1세대 간 논쟁이 약화되면서, 근거 이론을 연구하는 학자들 사이에 새로운 접근 방법으로 근거 이론을 재해석하려는 움직임이 나타났다. 2010년대 이후 이런 추세가 본격화되었는데, 대표적인 학자는 글레이저와 스트라우스의 근거 이론을 구성주의적 인식론의 시각으로 새롭게 해석한 차마즈다. 그의 접근법은 구성주의적 근거 이론으로 불리며, 그는 이를 통해 글레이저와 스트라우스의 방법론에 대해 수정주의적 근거 이론을 제시하려고 했다.(Charmaz, 2006) 그는 스트라우스뿐 아니라 글레이저를 포함한 1세대 근거 이론가들은 방법론적 패러다임에서 실증주의 쪽에 있다고 비판한다. 즉 1세대 근거 이론가들은 '진짜' 실재가 있다고 믿으면서 근거 이론의 연구 과정을 통해 이 '실재'를 찾아가는 것을 목적으로 삼는 매우 실증주의적인 태도를 보인다고 말한다. 차마즈에 따르면, 반실증주의 패러다임에서 진짜 실재란 있을 수 없으며 연구자는 주관적 해석을 통해 자기 나름의 실재를 재현할 뿐이다. 또한 차마즈는 1세대 근거 이론가들에게 그들이 근거 이론을 이용해서 연구한 간호학뿐만 아니라 페미니즘이나 포스트 모더니즘 등 다양한 영역에서 근거 이론이 사용되고 있다는 점에 주목 하라고 이야기한다. 페미니즘이나 포스트모더니즘에서는 존재론적·인 식론적 접근법이 다양한 실재를 상정하기 때문에, 이런 접근법이 근거 이론에도 영향을 미칠 수밖에 없다는 것이다. 차마즈는 근거 이론을 방 법론으로 쓰는 연구자가 페미니즘 관련 연구를 한다면, 그에 걸맞게 방 법론적 인식론도 수정될 수밖에 없기 때문이라는 점을 근거로 든다. 차 마즈는 1세대 학자들이 근거 이론의 기틀을 세운 뒤로 주관적 실재·다 양한 실재에 대한 인식론적 기반이 있는 학문 영역에서 근거 이론이 적 극적으로 사용되었기 때문에, 1세대 근거 이론의 인식론인 '하나의 진 짜 실재'가 존재한다는 생각은 바뀔 수밖에 없다고 이야기한다. 실재란 가변적인 것이며 새롭게 구성되는 것이라는 생각을 기본으로 차마즈는 자신의 근거 이론을 구성주의적 근거 이론이라고 불렀다.(Charmaz, 2006)

한편 차마즈는 근거 이론 1세대 학자들의 이론 형성 과정에도 문제를 제기한다. 그에 따르면, 1세대 근거 이론가들은 이론을 형성하는 것에 대해 이론이 스스로 나타난다고 생각한다. 그러므로 그는 연구자가 이 론을 발견하거나 도출할 수 없다고 본다. 차마즈에 따르면 연구 과정이 란 연구자와 연구 참여자의 상호작용 과정이기 때문에, 연구자가 어떤 이론을 발견하는 것이 아니라 연구자와 연구 참여자의 상호작용에 따 라 연구 과정이 진행되며 이 과정에서 연구자와 연구 참여자의 협업을 통해 새로운 이론이 형성된다. 이 과정에서 연구자가 주된 구실을 혼자 하거나 연구 참여자보다 높은 자리에서 권력을 가질 수 없다고 보는 것 이다. 연구자는 연구 참여자와 동등한 위치에서 자료 수집부터 분석에 이르는 연구의 전 과정에 연구 참여자와 협업하는데, 이때 연구 참여자와 시각을 교환하면서 자신의 인식과 이해를 수정해 가며 새로운 이론을 형성한다고 보았다. 시각의 교환과 협업을 통해 '사실을 구성'해 가는 연구 과정을 주장한 것이다. 연구 참여자는 연구자의 권력 밑에 있는 '연구 대상'일 수 없으며 연구자에게 관점과 가치를 제공하는 협력자로서 이론을 형성하는 데 연구자 못지않게 중요한 구실을 한다. 차마즈는 연구 참여자에 대한 시각과 연구자의 구실 등을 거론하면서 자신의 근거 이론은 1세대 근거 이론과 거리가 있다고 주장했다. 차마즈 이후 레니(Rennie, 1998), 기노시다(최종혁 외, 2010에서 재인용) 등 서로 다른 접근법을 기반으로 한 근거 이론가들이 등장했으며 이제는 연구자의 관심과 학문 영역에 따라 다양한 근거 이론의 흐름이 보인다.

종합해 보면, 근거 이론의 함의로 다음의 몇 가지를 논의할 수 있다. 첫째, 근거 이론이 주어진 실제 자료·사회현상을 설명할 수 있는 이론을 형성하려고 한다는 점이다. 일반적으로 제시되는 추상적 거대 이론이 아니라 지금의 실재·현상을 설명할 수 있는 구체적 이론을 만들려고 한다는 점이 근거 이론의 장점 중 하나로 꼽힌다. 둘째, 근거 이론은 일반화되었거나 이미 존재하는 이론이 아니라 새로운 이론을 형성하는 것이기 때문에 그 신선함과 독특함에 의미가 있다. 마지막으로, 근거 이론은 복잡한 사회현상 사이의 관계성 같은 것을 스토리 라인·모형 등을 통해 간결하게 정리해 주기 때문에 사회현상을 잘 이해하는 데 도움이 된다.

하지만 근거 이론에 대한 비판도 만만찮다. 앞서 언급한 스트라우스와 코빈의 코딩 방법이 도식적인 이론 틀이라는 비판 외에 몇 가지가 더 있다. 우선 근거 이론에서 '형성한다'는 '이론'이 도대체 무엇인가 하는 점이다. 근거 이론을 비판하는 사람들은 근거 이론에서 '실질 이론'이 통상적인 '이론'과 어떻게 다른지에 대해 설명하지 못하고 있다고 본다. 또한 '새로운' 이론을 발견하기 위해 이미 존재하는 이론을 무시하고, 어떠한 선험적 지식도 없이 자료만을 기반으로 새로운 이론을 형성하는 것이 어떤 의미가 있는가를 비판한다.

한국 사회학 영역에서 근거 이론

한국 사회학 영역의 근거 이론 검토

한국 학계에서 근거 이론은 1990년대부터 언급되고 연구되었다. 간호학을 필두로 사회복지학, 행정학, 교육학에 이르기까지 다양한 학문 영역에서 근거 이론이 인기를 끌었다. 아주 오랫동안 양적 연구 방법의 패러다임이 획일적으로 주도하던 이 학문 영역들에서(김인숙, 2007) 근거 이론의 도입은 질적 연구를 확충하고 연구방법론의 변화를 만드는 계기를 가져오기까지 했다. 그러나 이 학문 영역에서 질적 연구 방법은 곧 근거 이론이라는 등식이 생길 정도로 근거 이론이 큰 인기를 끌었고, 근거 이론을 이용한 연구에 대한 검토와 자성이 필요하다는 의견까지 나왔다. 사실 이것은 어느 정도 예견되었다. 연구 절차를 이해하고 적용하기 쉽다는 점에서 근거 이론을 적극적으로 이용한 연구들이 무분별하게 양산되었다. 이 연구들은 대부분 스트라우스와 코빈의 연구 방법을 교조적으로 썼고, 그 결과로 절차주의에 빠지는 오류를 범했다고 평가되기도 했다.(김인숙, 2007) 질적 연구 과정에서 자료 해석보다는 연구 절차에 지나치게 집착하다 보니, '연구 주제만 다를 뿐 결과를 제시하는 형식과 절차가 동일한'(김인숙, 2007: 285) 연구만 나오게 되었다는 것이다. 이런 연구 경향에 대한 성찰이 꾸준히 이어진 결과, 한국의 사회과학계 중에서도 특히 사회복지학 쪽에서는 다양한 근거 이론의 방법론을 고찰하고 기반으로 하되 질적 연구의 패러다임을 더 풍부히 하려는 시도가 2010년대에 들어 급격히 증가하고 있다.(최종혁 외, 2010; 정익중 외, 2011)

한국의 사회과학계 전반에서 근거 이론의 인기가 매우 높아 그 부작용을 걱정해야 할 정도인 것과 달리 '사회학'계에서는 근거 이론을 이용한 연구가 매우 적은 데다 그 존재도 거의 알려지지 않았다. 물론 근거 이론은 질적 연구방법론의 하나일 뿐, 질적 연구와 관련해 꼭 필요하거나 연구 분석의 질적 향상을 보장하는 것이 아니다. 그러나 기타 사회과학에서 적극적으로 활용하는 근거 이론을 사회학 영역에서는 거의 활용하지 않기 때문에, 사회학 연구자 중에서도 특히 석사·박사 과정의 젊은 연구자들이 이에 대해 적절한 정보를 제공받지 못할 수 있다. 이는 사회학 영역의 질적 연구 전체를 볼 때 결코 바람직한 일이 아닐 것이다. 이 글은 사회학 영역에서 근거 이론을 이용한 연구를 제고한다는 뜻으로 먼저 근거 이론 분석 방법을 소개하고, 비록 많지는 않아도 사회학 영역에서 근거 이론을 이용한 연구 사례를 제시하며 그 함의와 향후 연구 방향을 모색하려고 한다.

근거 이론 연구 절차

근거 이론 분석에 따라 연구를 진행하는 방법에 대해 필자가 수행한 〈한국 청소년들의 '학생으로서의 정체성' 수용 과정: 또래 관계를 비롯한 의미 있는 타자들과의 상호작용을 중심으로〉라는 연구를 예로 논의할 것이다. 이 연구는 한국 청소년들이 또래와 어떤 관계를 맺고 있으며 이 관계성이 이들의 정체성 형성에 어떤 영향을 미치는가에 대해 스트라우스와 코빈의 근거 이론을 기반으로 분석했다. 면접은 남녀 중고생 20명을 대상으로 2007년 6월 5일부터 7월 17일까지 진행했다. 앞서 본 것처럼 근거 이론에서는 심층면접 자료를 개방 코딩, 축 코딩, 선택 코딩 방식에 따라 분석한다. 개방 코딩에서 연구자는 전사된 면접 자료를 줄 단위로 비교하는 분석을 기본으로, 자료 전체를 가지고 지속적으로 질문하고 비교분석하면서 유사성과 차이에 따라 범주화하고 분류한다. 개방 코딩 분석 과정은 뒤에 표로 제시했다. 연구자는 왼쪽의 녹취록을 보면서 면접 자료를 1차적으로 범주화한다. 동그라미로 표시한 부분을 중심으로 설명해 본다면, 원자료에서 "연구자: 선생님은 어떤 친구를 갖기를 원하실까? 연구 참여자: 학교 선생님요? 공부 잘하는 애 사귀길 원하시겠죠."와 비슷한 대화가 다른 연구 참여자와의 면접에도 빈번하게 있을 경우 연구자는 이를 개념화해 범주 하나를 만들게 된다. 이 범주가 오른편의 '(교사가) 성적 좋지 않은 애들하고 놀지 못하게 함'이다. 1차적으로 개념화된 범주는 '성실한 친구 권유', '노는 애들하고 놀지 못하게 충고', '학교 다니지 않는 애들 사귀지 말라고 함', '수행평가 결과의 반영' 등 교사의 비슷한 행동과 '교사 감독' 범주로 묶인다. 또한 교사의 행동과 비슷한 행동을 부모에게서도 볼 수 있기 때문에, '교사 감독'과 '부모 감독'이 함께 '학력사회 메시지의 전달'이라는 상위 개념을 형성한다. 이 연구는 원자료에서 61개의 개념을 생성했고, 이를 다시 비슷한 개념별로 분류한 결과 하위 범주 13개로 묶었으며, 비교분석 과정을 거쳐 상위 범주 6개로 제시했다.

개방 코딩 과정에서 도출된 '학력사회의 메시지 전달'이라는 개념은 패러다임 모형에서 '중재적 조건'으로 제시되었다. 그 결과는 축 코딩과 패러다임 모형 표에서 볼 수 있다.

보통 근거 이론 방법을 이용해 연구를 진행한 논문들이 선택 코딩 과정에서 자료의 유형을 구분하지만, 이 논문에서는 축 코딩의 '중심 현상'에서 청소년들의 '무리 짓기'에 따른 유형('공부만 하는 애들', '공부도 하는

Q: 그럼…… 온라인 친구들하고 오프라인 친구들하고 약간 다르기도 하겠네? 주로 직접 만나는 친구하고 조금 연락만 하는 친구하고…….

A: 네. 네. 많이 틀려요.

Q: 달라?

A: 네.

Q: 그럼 주로 어떤 내용에 대해서 주고받아?

A: 어떻게 지냈냐?

Q: 안부 묻는 거?

A: 네. 약속 같은 거 잡을 때도 잘 써요.

- 친구 관계에 대한 부모의 간섭에 대해 (부모의 간섭 유무. 부모는 어떤 경우에 간섭하는가/부모는 어떤 친구를 갖기를 원한다고 생각하는가 등등) 부모님이 친구들과 관계를 잘 알고 계시는지?

Q: 부모님이 친구 관계에 대해서 간섭하신 적 있어?

A: 없어요.

Q: 없어? 부모님은 어떤 친구 사귀길 원하실까?

A: (웃음) 공부 잘하는 애요.

Q: 부모님은 상신이의 친구 관계에 대해 잘 알고 계셔? 누구랑 친한지, 어떤 관겐지 잘 알고 계셔?

A: 전엔 잘 알고 계셨는데요, 고등학교 때는 그냥 말 안 하게 되더라고요. 중학교 때는 '엄마, 얜 내 친구 누군데 집에 놀러 왔어.' 이렇게 말했는데, 지금은…… 고등학교 때는…… 고등학교 때는 말 한 번도 해 본 적 없는 것 같아요.

- 친구 관계에 대한 교사의 간섭에 대하여(교사의 간섭 유무. 교사는 어떤 친구를 갖기를 원한다고 생각하는가 등등)

Q: 선생님은 어때? 선생님은 간섭하셔?

A: 학교 선생님요?

Q: 응…….

A: 아뇨.

Q: 안 하시고?

A: 네.

Q: 선생님은 어떤 친구를 갖기를 원하실까?

A: 학교 선생님요? 공부 잘하는 애 사귀길 원하시겠죠.

자료 분석 2: 개방 코딩

	범주	하위 범주	개념
인과적 조건	친구 만남의 장	학교/학원을 통한 친구 만들기	반 아이들과 친구가 됨. 학교가 갈려서 친구 사이가 멀어짐. 짝이 되어서 친해짐. 쉬는 시간, 점심시간에 이야기하며 친해짐. 온라인 친구는 믿을 수 없음. 온/오프라인 친구를 구별함.
		학교 밖 놀이	노래방, PC방, 영화관에 감. 쇼핑 감. 돌아다님. 술 먹음. 먹으러 감. 운동함.
맥락적 조건	학교 성적을 통한 사귐	학교 성적 중심으로 끼리끼리 모임	성적 차이가 나면 부모/교사가 봐도 어울리지 않음. 성적 때문에 비교당하는 것이 싫음. 공부 잘하는 애들은 싸가지 없음. 공부 못하는 애들을 깔보게 됨.
중심 현상	무리 짓기	공부만 하는 애들	공부가 중요. 자기통제가 중요함. 자기통제할 줄 아는 친구, 진로에 도움이 되는 친구 사귐. 성적에 부정적 영향을 주는 친구는 사귀지 않음.
		공부도 하는 애들	놀 때는 놀아도 공부할 때는 공부해야 함. 노는 것도 중요함. 시험 때는 공부해야 함. 상황에 따라 이야기하는 친구가 달라짐.
		보통 애들	공부에 부담을 느낌. 노는 것이 재미있음. 지나치게 노는 것 같아서 걱정됨. 친구 간 의리가 중요함. 규제 있는 곳에서 놀지는 않음. 위험한 것에 대한 호기심 있음.
		공부에 신경 끈 애들	규제가 있는 곳에서 놀기도 함. 공부에 신경 쓰는 애들이 우스움. 재미있고 의리 있는 애들.
중재적 조건	학력사회 메시지의 전달	부모 감독	공부 잘하는 친구를 권유. 성실한 친구를 권유. 가정환경이 좋은 친구를 권유. 문자메시지 확인. 부모들끼리 네트워크 형성해서 친구 관계를 파악. 교사와 합세해서 친구 관계 통제. 이성 교제 단속.
		교사 감독	성실한 친구 권유. 노는 애들하고 놀지 못하게 충고. 성적 좋지 않은 애들하고 놀지 못하게 함. 학교 다니지 않는 애들 사귀지 말라고 함. 수행평가 결과의 반영.
작용/ 상호작용	수용 전략	순응	노력 보상받을 것임. 공부에 신경 씀. 노는 친구와 거리 둠.
		소극적 저항	교사들을 무시. 같은 처지 친구들끼리 친목 도모. 친구 관계를 통해 학교생활을 견뎌 냄.
결과	(대학을 목표로 하는) 학생으로서 자아 정체성 형성	공부하기 위해 놀이를 줄임	나이 드니까 부모님 말씀이 맞음. 공부 안 한 것이 후회됨. 공부가 중요함. 이성 교제는 대학 가서 할 것임.
		자기평가	대학은 가야 함. 성적이 안 되면 꿈을 포기해야 함. 공부 못해서 자신감 없음. 부모를 실망시키고 있음.

애들' '보통 애들', '공부 안 하는 애들', '외톨이')을 구분했다. 그리고 한국 청소년들의 무리 짓기에 따른 유형 구분이 왜 서구 연구에서 볼 수 있듯이 다양한 자아 정체성으로 발전하지 못하고 일괄되게 '대학을 목표로 하는 학생 정체성'을 갖는 결과로 나타나는지를 '상호작용'과 '중재적 조건'과 이에 따른 '결과'로 보여 주었다. 이런 과정 분석을 통해 핵심 범주가 도출되는데, 핵심 범주란 연구 현상을 대표할 수 있는 개념으로, 이 연구에서는 '대학을 목표로 하는 학생 정체성의 형성'이었다. 근거 이론에서 선택 코딩은 핵심 범주를 중심으로 해 자료로부터 스토리 라인과 범주들 간에 나타나는 관계를 분석하게 된다. 그러나 이 연구에서는 축 코딩에서 이야기 윤곽이 충분히 나왔다고 판단했기 때문에 선택 코딩을 따로 제시하지는 않았다.

근거 이론에서는 개방 코딩, 축 코딩, 선택 코딩으로 순차적 진행을 논의하지만 필자의 분석이 이렇게 진행되지는 않았다. 개방 코딩과 축 코딩 작업이 동시에 일어나거나 일단 축 코딩으로 넘어간 개념이 다시 개방 코딩으로 코딩되기도 하고, 나중 분석에서 다시 생략되며 축 코딩으로 넘어가는 등 연구자의 판단에 따라 뒤죽박죽되는 분석 과정을 겪었다. 분석 과정에서 자료를 어떻게 범주화할 것인가에 관한 연구자의 판단은 '연구자의 성찰성'을 기반으로 한다. '성찰성'에 대해 잠시 논의해 보면, 글레이저는 자료만 기반으로 삼아 분석해야 한다고 강조하면서 연구자는 선행 틀을 전혀 갖지 않아야 하며 이를 위해 선행 연구도 없어야 한다고 주장한다. 결과적으로, 연구자의 성찰성을 부정하는 것이다. 그러나 필자는 자료를 둘러싼 맥락이나 사전 지식과 이를 기반으로 한 연구자의 성찰과 판단이 없이는 제대로 분석할 수 없다고 생각했다. 그러므로 자료의 수합, 코딩의 전 과정에서 청소년의 자아 정체성에 관한 연구를 계속 검토하며 작업했다.

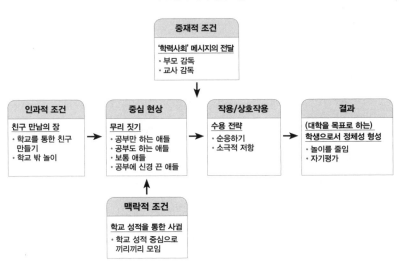

축 코딩과 패러다임 모형

중재적 조건

'학력사회' 메시지의 전달
· 부모 감독
· 교사 감독

인과적 조건

친구 만남의 장
· 학교를 통한 친구
 만들기
· 학교 밖 놀이

중심 현상

무리 짓기
· 공부만 하는 애들
· 공부도 하는 애들
· 보통 애들
· 공부에 신경 끈 애들

작용/상호작용

수용 전략
· 순응하기
· 소극적 저항

결과

(대학을 목표로 하는)
학생으로서 정체성 형성
· 놀이를 줄임
· 자기평가

맥락적 조건

학교 성적을 통한 사귐
· 학교 성적 중심으로
 끼리끼리 모임

한국 사회학 영역에서 근거 이론을 이용한 연구

이제 한국 사회학 영역에서 근거 이론을 이용한 연구를 살펴본다. 이 연구들은 사회학을 전공한 연구자들이 집필한 논문이나 사회학 영역의 대표적 학술지인 《한국사회학》에 실린 논문 들인데, 그 수가 절대적으로 적다. 《한국사회학》에서 1990년대 이후 현재까지 근거 이론을 이용한 연구는 다섯 편밖에 안 된다.(김은정, 2017) 이 글에서는 염유식·김여진의 〈북한 이탈 주민의 사회 연결망 형성과 유형에 대한 근거 이론 연구〉(2011), 이선미의 〈대학생 단기 해외 체험 프로그램을 통한 문화 차이 경험에 관한 연구〉(2013), 박선웅·우현정의 〈다문화 가정 청소년의 한국인 되기〉(2013) 등 세 편을 예로 들려고 한다. 이 논문들은 모두 스트라우스와 코빈(1990)을 기반으로 연구를 진행했으며 자료 분석에서 개방 코딩, 축 코딩, 선택 코딩 과정을 차례로 설명하고 분석 결과를 제시한다. 축 코딩에서는 패러다임 모형을 통해 개방 코딩에서 도출된 범주 간

관계성을 보이고, 선택 코딩에서 연구의 중심 스토리 라인을 제시하면서 연구 참여자의 행위를 몇 가지 유형으로 분류해 설명한다. 이선미의 연구는 연구 참여자 12명의 심층면접 결과를 분석하는데, 개방 코딩에서 51개의 개념과 14개의 하위 범주와 9개의 범주를 도출한 뒤 이를 바탕으로 축 코딩 과정에서 패러다임 모형을 구축했다. 즉 인과적 조건(새로움에 대한 기대에 따른 해외 체험 프로그램 선택), 맥락적 조건(호스트 국가에서 다양한 교류 경험의 기회), 중심 현상(문화충격), 중재적 조건(인지적 투입을 위한 중재자, 호스트와 형성하는 친밀감, 우리의식 강화의 의례), 상호작용(가장, 자각과 성찰, 문제 해결 지향), 결과(문화 차이의 경험)로 구성된 패러다임 모형을 만든 것이다. 핵심 범주를 논의하는 선택 코딩에서는 문화 차이의 경험에 미치는 사회관계의 중요성을 중심으로 '문화 차이의 경험'을 '호스트에 대한 낮은 신뢰와 가장(pretend) 전략: 타문화에 대한 고정적 심상의 형성', '호스트에 대한 높은 신뢰와 성찰 전략: 타문화에 대한 유연한 심상의 형성', '경계 침범과 타협: 우리와 우리 아닌 것 사이' 등 세 유형으로 나눠 설명한다.

앞에서 본 것처럼 분석 과정에서 나타나는 절차의 충실한 이행은 기존 질적 방법 중 데이터 분석 과정의 약점을 보완하고 연구자의 자의적 해석을 경계한다는 점에서 의의가 있다. 그러나 달리 보면 이 점은 근거 이론 방법을 사용한 연구가 극복해야 할 한계이기도 하다. 근거 이론 연구는 스트라우스와 코빈의 연구 자체에 있는 약점, 질적 연구를 표방하면서도 연구 과정과 절차에 매몰되어 자칫 실증적 절차주의로 빠질 위험성이 있다. 이런 위험성을 극복하고 분석 과정의 명료성을 살리는 것이 향후 근거 이론을 활용한 연구를 활성화하는 데 관건일 것이다.

사실 이 점은 한국 사회학 영역뿐만 아니라, 근거 이론 중에서도 특히 스트라우스와 코빈의 연구 방법을 택한 많은 연구자들의 고민이라고 할 수 있다.

방향 모색

한국 사회학 영역에서 근거 이론 연구의 방향 제시

절차주의의 위험성을 경계하고 근거 이론의 발전을 논하기 위해 사회학 영역에서 어떤 노력을 기울여야 하는가? 주혜진(2014)의 〈슈퍼우먼의 비애: 소수자들의 인지 부조화 경험과 상징적 자기-완성〉이라는 논문을 예로 들어 연구 방향을 제시해 보겠다. 이 논문은 자연과학·공학계 엘리트 여성들의 슈퍼우먼증후군을 인지 부조화 이론을 비롯한 사회심리학 이론으로 분석한다. 앞에 소개한 논문들과는 표집 방법이 조금 다른데, 개인별 심층면접이 아니라 초점집단면접(FGI) 자료를 쓰고 면접 참여자들이 자신의 직업 경험을 표현한 글을 보탰다. 구술 자료뿐만 아니라 텍스트 자료도 분석에 활용하려고 한 것이다. 자료 분석을 위해 스트라우스와 코빈의 방법도 썼지만, 그대로 따르기보다는 저자 나름대로 방법을 개발해 해석의 유연성을 발휘한다. 개방 코딩을 통해 ('과학기술 분야를 전공한다는 것에 대한 태도', '심리적 긴장과 갈등의 심화', '인지 부조화 해소 전략 찾기', '상징적 자기완성에 대한 성찰' 등) 중요 범주를 도출하고 나서 패러다임 모형을 기반으로 한 축 코딩으로 진행하지 않고, 인지 부조화 이론을 연관시켜 중요 범주 사이의 관계성을 분석했다. 이 과정에 '공학도 여성들이 남성의 영역인 자연과학·공학 분야를 전공한다는 것'에서 오는 '긴장', 즉 '남성의 영역에서 일하는 여성으로서' 느끼는 긴장을 '자연과학·공학이라는 분야는 남성의 영역이 아니'라거나 '여성성을 기반으로 하면 이 분야에 더 유연하게 대처할 수 있다'는 '새로운 인지'를 통해 해소한다는 것이 제시된다. 이에 대해 '인지 부조화 이론'을 기반으로 분석한 저자는, 연구 참여자들이 자신들의 인지 과정을 수정하고 새로운 인지 과정을 형성해서 긴장을 풀고 상황에 대처하는 것으로 보았다. 또한 새로운 인지를 형성하는 과정에 여성 영역, 남성 영역의 구분 없이 자신들의 전문 영역에서 뛰어난 '슈퍼우먼'으로서 자아 개념을 갖게 된다고 해석한다. 이 일련의 해석 과정에 근거 이론의 절차 진행을 따르기보다는 자료에 기초해 기존 사회심리학 이론을 연계하면서 저자만의 독특한 모형을 만들었다. 근거 이론의 중요 목적이 자료를 기반으로 실질 이론을 형성하는 것이라고 할 때, 근거 이론의 목적을 잘 수행했다고 본다.

저자는 모형을 만들고 나서 분석을 그치는 것이 아니라, 면접 자료와 글쓰기 작업으로 돌아가서 다시 분석에 나선다. 모형을 자료와 다시 대조해 연구자가 자신이 만든 모형, 실질 이론을 수정할 여지를 둔 것이다. 이를 통해 실질 이론을 형성한 뒤에도 연구 참여자들의 생각과 교감하려고 하는 연구자의 모습을 엿볼 수 있다. 즉 연구자가 권위를 가지고 이론을 도출하는 과정에서 연구 참여자를 단순히 연구 대상으로 대하지 않고, 연구 참여자를 다시 초대해서 실질 이론이 정말 연구 참여자의 생각을 잘 반영하는지를 확인하는 것이다. 이 부분에서 저자가 구성주의적 근거 이론가인 차마즈를 언급하지는 않았다. 그러나 이런 과정을 통해 '연구 과정은 연구자 혼자만의 산물이 아니라 연구자와 연구 참여자의 끊임없는 협업 과정이며, 이를 통해 근거 이론의 논의가 더 깊어질 수 있음'을 주장한 차마즈의 논의를 확인할 수 있다. 연구자와 연구 참여자의 새로운 관계 설정은, 한국 사회학 영역에서 근거 이론의 활용이 근거 이론 1세대의 작업에 머무르지 않고 근거 이론 2세대와 그다음 세대의 작업으로 진화해 갈 가능성을 보여 준다.

그러나 이 연구는 연구자가 근거 이론을 어느 정도 이해하고 자신의 연구 주제를 숙지한 상태에서 자료를 분석해야 한다는 점에서, 근거 이론을 처음 접하는 연구자들이 그 진행 과정을 이해하고 이를 자신들의 연구에서 새롭게 창출하기는 다소 어려울 것이다. 이 점은 이 연구 자체의 한계라기보다는 전체 사회학 영역에서 근거 이론(을 비롯한 질적 연구 방법 전반)을 후학에게 전수하고, 연구자가 실제로 연구를 수행할 때 고민해야 한다. 이제 이런 점을 포함해 앞으로 한국 사회학 영역에서 근거 이론을 어떻게 활용해야 할지, 이를 위해 어떤 노력이 필요한지 논의할 것이다.

근거 이론을 포함한 질적 연구의 방향 모색

질적 연구가 양적 연구보다 약세라는 것은 사회학 분야만의 일이 아니다. 여러 이유가 있겠으나, 질적 연구 방법이 양적 연구 방법처럼 절차 과정을 명확하게 제시하지 않기 때문에 연구로서 '마땅한 대접'을 받지 못했다고 생각한다. 연구 과정에 대한 설명과 연구 해석의 타당성을 담보할 방법이 질적 연구 논문에 잘 나타나지 않기 때문에, '질적 연구는 자의적이고 주관적'이라는 오해를 받을 수 있다. 이런 점에서 근거 이론은 다른 질적 연구 방법에 비해 이롭다. 물론 이것이 근거 이론의 단점이 되기도 하지만, 근거 이론 분석 방법은 코딩에 관한 연구 절차를 상술하면서 질적 연구 방법에 대한 비판에 맞서고 그것을 어느 정도 불식할 수 있다.

그런데 양적 연구에 비해 질적 연구가 열세인 이유 중 하나는 질적 연구 자체를 배우거나 전수하기 어렵다는 데 있다. 현재 사회학계의 동향을 보면, 대학원 수업이나 방학 특강과 워크숍 중에 양적 연구방법론이 많다. 이를 통해 양적 연구 방법의 기초부터 고급 통계 방법까지 이론 설명과 실습으로 전수된다. 많은 대학원생과 연구자 들이 양적 연구 방법을 이해할 기회를 갖고, 그 방법론으로 실제 자신의 학위논문과 학술지 게재 논문을 쓴다. 이와 달리 질적 연구 방법은 대학원 수업에서 가르치는 학교가 드물고, 방학 특강에 포함된 경우도 거의 없다. 따라서 사회학계에서 질적 연구 방법에 관심이 있는 연구자들은 여러 가지 시행착오를 통해 연구 방법을 '스스로 깨쳐야' 한다. 물론 질적 연구 패러다임에 기초해 보면, 연구자가 자신의 세계관과 해석에 기반을 두고 연구 참여자와 사회현상을 분석해야 하며 그 시각과 방법론을 다른 사람에게 직접 가르치기는 매우 어렵다. 그럼에도 질적 연구 방법에 관심 있는 사람들이 모여 생각을 나누고 방법론을 고민하는 자리로서, 대학원의 질적 연구방법론 수업이나 특강은 꼭 필요하다. 이런 자리에서, 비교적 이해하기 쉽고 자료 코딩과 연구 절차를 분명하게 제시하는 근거 이론은 중요한 토론 거리가 될 것이며 이를 토대로 (또는 그 한계 때문에) 질적 연구에 관심 있는 연구자들은 또 다른 질적 연구 방법을 탐구할 자극을 받을 수 있을 것이다. 근거 이론을 중심으로 하는 워크숍과 이를 통한 토론의 활성화는 질적 연구를 확산시키는 데 마중물 구실을 할 수 있다고 본다. 이런 토론의 장이 확산할 때 사회학 연구에서 근거 이론을 이용한 연구도 더욱 심화할 수 있다. 앞에서 논의한 것처럼 현재 한국 사회학 영역에서 근거 이론의 활용 빈도가 낮은데, 그마저 스트라우스와 코빈의 연구 절차에 치우쳐 있다. 사회학계 전반에서 질적 연구 토론의 장이 넓어지고 생산적인 질적 연구에 대한 논의가 깊어져야 질적 연구 방법 중 하나인 근거 이론을 좀 더 폭넓게 탐색할 수 있다.

근거 이론은 '자료'를 중시하며 자료를 기반으로 개념과 이론을 도출하려고 한다는 점에서 중요하다. 근거 이론의 이런 경향은 담론에 몰입해 구체적인 자료를 소홀히 하는 사회학 풍토를 되돌아보게 만든다. 달리 생각해 보면, 근거 이론에서 중시하는 자료에 대한 강조가 한국 사회학계에서 근거 이론이 외면받은 이유일 수도 있다. 앞으로 근거 이론의 새로운 방향을 모색하고 탐구하면서 추상적인 담론에 앞서 자료를 기반으로 개념을 도출하는 사회학 연구 방향이 제시되기를 바란다.

• 근거 이론과 실증주의·반실증주의

질적 연구 방법과 양적 연구 방법 둘 다 이론화에서 자신들만의 역할을 갖고 있다. 문제는 어떤 형태를 사용해야 하는 것이 아니라 이론을 발전시키기 위해 이 둘을 어떻게 함께 사용해 나가야 하는가이다. 비록 대부분의 연구자가 질적 연구와 양적 연구 방법을 보충적 혹은 보완적 형태로 사용하기는 하나, 여기서 우리가 주장하는 것은 둘 간의 진정한 상호작용이다. 질적 방식은 양적 방식을 인도해야 하며, 양적 피드백이 진화하고 있는 순환 과정을 통해 다시 질적 방식으로 되돌아와서 각 방법이 그들만이 할 수 있는 방식으로 이론에 기여해야 한다. 그러나 출현이라는 것이 이론 구축에 대한 우리의 접근법의 기초이기 때문에, 연구자는 미리 만들어 낸 개념이나, 인도해 주는 이론적 틀 혹은 잘 고안된 개념을 가지고 조사를 시작할 수 없다는 것을 기억해야만 한다. 개념과 계획은 자료로부터 출현되어야만 할 것이다. 일단 관련 있는 개념과 가설이 자료로부터 출현하여 이에 따라 검증이 되면, 연구자는 양적 방법과 분석이 연구 과정을 강화해 줄 수 있다면 이에 의존할 수도 있다. 기억해야 할 것은 다양한 방법 이면에 있는 기본적 생각은 이론에 도달하는 데 가장 잘 들어맞고 이로운 방법을 선택하여 연구를 해 나가라는 것이다. 이러한 임무는 자료의 뉘앙스에 대한 민감성과 모호함을 참을 수 있는 인내력과 계획의 유연성 그리고 상당한 창의력을 필요로 한다.(스트라우스 안젤름·줄리에트 코빈, 1990,《근거 이론의 이해》, 신경림 옮김, 현문사, 30~31쪽.)

1. 근거 이론은 자료를 기반으로 이론을 형성하는 방법을 취하기 때문에 자료에 대한 요구도가 매우 높다. 이런 점 때문에 질적 연구 방법 중 하나인 근거 이론이 실증주의적 태도를 취한다고 보기도 한다. 그렇다면 질적 연구 방법과 실증주의, 반실증주의 각각의 패러다임은 어떻게 연관되는가에 대해 생각해 보자. 또한 근거 이론 방법론이 과연 실증주의적 패러다임을 기반으로 한다고만 볼 수 있는지에 대해서도 논의해 보자.

2. 자료에서 이론이 '출현'한다는 근거 이론 1세대 연구자들의 논지에 대해 생각해 보자. 자료를 분석하는 연구자의 구실은 무엇인가? 연구자의 성찰성은 자료가 우선한다는 명제에 따라 의미가 없는가? 자료와 연구자의 관계에 대해 논의해 보자.

읽을거리

- 글레이저, 바니 · 안젤름 스트라우스, 2011,《근거 이론의 발견: 질적 연구 전략》, 이병식 · 박상욱 · 김사훈 옮김, 학지사; Glazer, Barney G. · Anselm L. Strauss, 1967, *The Discovery of Grounded Theory: Strategies for Qualitative Research*, Chicago: Aldine.
- 버크스, 멜라니 · 제인 밀즈, 2016,《근거 이론의 실천: 질적 연구 전략》, 공은숙 · 이정덕 옮김, 정담미디어; Birks, Melanie · Jane Mills, 2015, *Grounded Theory: A Practical Guide*, London: Sage.
- 스트라우스, 안젤름 · 줄리에트 코빈, 1996,《근거 이론의 이해》, 신경림 옮김, 현문사; Strauss, Anselm · Juliet Corbin, 1990, *Basics of Qualitative Research: Grounded Theory Procedures and Techniques*, London: Sage.

참고 문헌

- 글레이저, 바니, 1992,《근거 이론 분석의 기초: 글레이저의 방법》, 김인숙 · 장혜경 옮김, 학지사; Glazer, Barney G., 1992, *Basics of Grounded Theory Analysis*, Mill Valley, CA: Sociology Press.
- 글레이저, 바니 · 안젤름 스트라우스, 2011,《근거 이론의 발견: 질적 연구 전략》, 이병식 · 박상욱 · 김사훈 옮김, 학지사; Glazer, Barney G. · Anselm L. Strauss, 1967, *The Discovery of Grounded Theory: Strategies for Qualitative Research*, Chicago: Aldine.
- 김은정, 2009,〈한국 청소년들의 '학생으로서의 정체성' 수용 과정: 또래 관계를 비롯한 '의미 있는 타자들과의 상호작용을 중심으로〉,《한국사회학》43(2), 85~129쪽.
- _____, 2017,〈한국의 사회학 연구 영역에서의 근거 이론의 활용 방법과 전개, 그리고 향후 방향의 모색:《한국사회학》게재 논문을 중심으로〉,《한국사회학》51(3), 37~70쪽.
- 김인숙, 2007,〈한국 사회복지 질적 연구: 동향과 의미〉,《한국사회복지학》59(1), 275~300쪽.
- 박선웅 · 우현정, 2013,〈다문화 가정 청소년의 한국인 되기: 중도 입국 학생의 적응에 대한 근거 이론 접근〉,《사회이론》44, 211~256쪽,

- 버크스, 멜라니·제인 밀즈, 2016,《근거 이론의 실천: 질적 연구 전략》, 공은숙·이정덕 옮김, 정담미디어; Birks, Melanie·Jane Mills, *2015, Grounded Theory: A Practical Guide,* London: Sage.

- 스트라우스, 안젤름·줄리에트 코빈, 1990,《근거 이론의 이해》, 신경림 옮김, 현문사; Strauss, Anselm·Juliet Corbin, 1990, *Basics of Qualitative Research: Grounded Theory Procedures and Techniques,* London: Sage.

- 염유식·김여진, 2011, 〈북한 이탈 주민의 사회 연결망 형성과 유형에 대한 근거 이론 연구〉,《한국사회학》45(2), 91~129쪽.

- 이선미, 2013, 〈대학생 단기 해외 체험 프로그램을 통한 문화 차이 경험에 관한 연구: 여대생의 동남아시아 방문을 중심으로〉,《한국사회학》47(5), 171~208쪽.

- 정익중·권지성·민성혜·신혜원, 2011, 〈연장 입양 가족의 적응 과정에 대한 질적 연구: 주 양육자인 입양모의 입장에서〉,《사회복지연구》42(1), 399~432쪽.

- 주혜진, 2014, 〈슈퍼우먼의 비애: 소수자들의 인지 부조화 경험과 상징적 자기-완성〉,《한국사회학》48(5), 243~284쪽.

- 차마즈, 캐시, 2013, 박현선·이상균·이채원 옮김,《근거 이론의 구성: 질적 분석의 실천 지침》, 학지사; Charmaz, Kathy, 2006, *Constructing Grounded Theory: A Practical Guide Through Qualitative Analysis,* London: Sage.

- 최종혁·유영주·김효정, 2010, 〈지역사회 자발적 결사체의 신뢰 형성 탐색: 사회복지 서비스 확대 시대의 과제〉,《사회복지연구》41(3), 135~162쪽.

- 크레스웰, 존, 2013,《질적 연구방법론: 다섯 가지 접근》, 조흥식·정선욱·김진숙·권지성 옮김, 학지사; Creswell, John W., 2002, *Qualitative Inquiry and Research Design: Choosing Among Five Approaches* (2nd edition), Los Angeles: Sage; Geertz, C., 1973, "Deep Play: Notes on the Balinese Cockfight" in *The Interpretation of Cultures: Selected Essays,* New York: Basic Books, pp. 412~435.

- Glazer, Barney G.·Anselm L. Strauss, 1965, *Awareness of Dying,* Chicago: Aldine.

- Rennie, D., 1998, "Grounded Theory Methodology: The Pressing Need for a Coherent Logic of Justification", *Theory and Psychology* 10(4), pp. 482~502.

현상학과 해석학의 방법론

이재성

· 학습 내용

구성주의적 패러다임이 다른 패러다임과 구별되는 특징은 크게 두 가지다. 첫째, 세계가 주체와 별개로 '객관적으로' 주체 외부에 존재한다는 견해에 반대한다. 둘째, 실재에 대한 지식 또한 상호주관적으로 구성되는 의미로 주체에게 해석되는 것이라고 본다. 구성주의에서 구성은 '의미', '이해', '해석' 같은 개념과 밀접한 관계에 있기 때문에 '해석적 패러다임'으로 불리기도 한다. 그러나 모든 이해와 해석이 구성주의적인 것은 아니다. 구성주의는 여러 학문 분과에서 다양한 이론으로 분화·확산되어 왔다. 심리학, 교육학, 국제정치학 분야에도 조금씩 다른 구성주의가 있다. 사회학에서는 '사회구성주의'라는 개념이 널리 알려져 있는데, 이는 버거와 루크만의 《실재의 사회적 구성》 출간 전후로 나타난 일련의 이론적 경향을 가리킨다.

이 글에서는 구성주의 패러다임을 크게 현상학적 접근법과 해석학적 접근법으로 나누고, 그 각각을 '방법론적 관심이 약하고' 이론적 성격이 강한 연구 흐름과 '방법론의 정립을 추구'하며 더 엄밀한 해석을 지향하는 연구 경향으로 구분했다. 현상학적 접근법은 ①철학적 과제를 사회과학 이론으로 풀어낸 '현상학적 사회학' 분야와 ②후설의 철학을 부각해 현상학적 방법을 구체화한 심리학 쪽 경향으로 구별되고, 해석학적 접근법은 ③하이데거 이후 해석학의 흐름을 반영하는 체험 연구 또는 '현상학적 해석학'의 흐름과 ④생애사 분야를 중심으로 방법의 정립을 추구하는 구조해석학 또는 객관적 해석학의 논의로 나뉜다.

이 글에서는 구성주의 패러다임 내 주요 논의들을 방법론 차원에서 간단히 설명하고, 그 특징과 차별성을 부각해 전체적으로 이해하는 데 도움이 되도록 서술했다. 패러다임에 초점을 맞췄기 때문에 구체적인 연구 기법보다는 추상적인 연구 논리에 대한 설명이 중심이다. 논의는 베버의 '이해사회학'에서 시작하려고 한다. 이것은 인식론이나 존재론적인 문제의식보다는 '이론적 관심'이 강한 것이 특징이다. 이해사회학은 온전하게 '구성주의적 패러다임'에 포함된다고 보기 어렵지만, '이해적·해석적' 접근법이 논의의 출발점이기 때문에 간단히 언급할 것이다.

이해적·해석적 연구

'열 길 물속은 알아도 한 길 사람의 속은 모른다'는 속담이 있다. 타인의 마음을 읽어 내기가 어렵다는 뜻인데 중국에도 비슷한 표현이 있다. '지인지면부지심知人知面不知心', 사람의 겉모습은 알아도 속마음까지는 모른다는 뜻이다. 최근 정치인들이 종종 쓰는 '내로남불'은 '내가 하면 로맨스, 남이 하면 불륜'을 줄인 말로, 철저하게 자기중심적인 사람들의 모순적 행태를 비꼬는 표현이다. 심지어 '너 자신을 알라'라는 격언은 주체의 자기 인식 자체가 부정확할 수 있다고 경고한다. 과연 우리에게 온전한 이해, 확실한 해석은 가능한가?

질적 연구 전반에서 강조되는 이해적·해석적 연구에 대해서는 베버를 따라 내려온 '이해사회학'의 전통을 생각해 볼 필요가 있다. (그는 이해와 해석을 구별하지 않는다.) 베버의 지적 성장 과정에 영향을 준 독일 철학자들은 당시 영국과 프랑스에서 발흥한 경험주의와 실증주의에 대응해 '정신과학' 또는 '문화과학'의 새 틀을 구축하기 위해 노력하고 있었다. 딜타이·지멜·빈델반트·리케르트 등의 지적 자산을 바탕으로 베버가 이해사회학을 정립했지만, 질적 연구방법론에서는 그의 이해사회학을 거의 다루지 않는다. 베버식 이해·해석이 질적 연구방법론의 이해·해석과 다르다는 말이다. 일반적으로 해석학은 자연과학과 인간과학의 대상이 엄밀히 구별되어야 한다고 주장했지만, 베버는 이원론적 구분에 반대했다. 그의 결론은 절충적이었다. 그는 '사회적 행위'에 인과적 요소가 존재하기 때문에 예측 가능성도 있다고 보았지만, 그 안에는 인간의 주관성과 의도와 의미가 있기에 '사회적 사실'은 결국 '이해되는 사실'이라고 판단했다.

해석학의 전통에서는 가치중립적인 해석이 존재할 수 없다고 보는 반면에, 베버는 연구자가 연구 과정 이전에는 가치개입적일 수밖에 없어도 학술 연구 자체는 가치중립적이어야 한다고 주장했다. 그는 실증주의를 비판하면서 인간과 사회가 독특한 존재라고 생각했지만, 학술적인 일반화가 불가능하다고 여기는 '역사주의적' 견해에는 반대했다. 이렇게 베버의 이해사회학은 행위자들의 동기와 의미를 강조하면서도 인과적 설명이나 가치중립성 등을 수용해, 딜타이 이후 발전한 해석학의 전통과는 분명하게 구별된다. 그리고 '합리성'을 중심으로 동기와 의

미를 파악한다는 점에서 해석학과 큰 차이를 보인다.(이희영, 2005)

실증주의 전통과 해석학적 전통에 대한 베버의 균형과 절충은 오늘날 많은 사회과학자들이 공유하고 있다. 그의 관점은 철학적으로 포용적이고 사회과학 지향적이어서 이해사회학의 관점하에 질적 연구를 구상하고 계획을 세우는 데 큰 지장이 없다. 하지만 구성주의적 패러다임의 기준에서 볼 때 이해사회학은 해석학이나 현상학의 방법론과는 확실히 구별되어야 한다. 이 장에서는 해석학의 방법론이 적용되는 질적 연구는 '해석학적' 접근법에 넣어, 더 일반적인 '이해적·해석적' 접근법과 구분하려고 한다.(조영달, 2015: 71 각주 8)

질적 연구 전통에서 구성주의 패러다임의 두 축은 현상학과 해석학이다. 이 전통은 연구자의 이해와 해석이 어떻게 정당화될 수 있는지를 묻는다. 이해·해석의 일반적 원리로 제시되는 역지사지, 추체험, 감정이입 같은 개념들은 사실상 이해·해석의 과정과 원리에 대해서는 알려 주지 않는다. '운전법은 알지만 자동차는 모른다'는 말처럼 연구자는 '이해는 하지만 그 해석이 왜 정당한지는 모른다'는 상황에 처할 수 있다. 현상학과 해석학의 방법론은 이해·해석의 '작동 원리'를 규명하려고 했다.

현상학적 접근법

질적 연구에서 현상학은 크게 세 부분에 기여했다. 첫째, 실증주의적 패러다임에 대응할 새로운 인식론과 존재론의 모색이다. 둘째, 심리학과 간호학 분야에서 현상학적 질적 연구의 활성화다. 셋째, 미시사회학의 뿌리가 된 '현상학적 사회학'의 정립이다. 이 흐름을 파악하려면 '현상학적 환원'과 '생활세계' 개념을 이해해야 한다. 후설은 학문과 사회의 절박한 위기에 대응하기 위해 현상학을 탄생시켰다. 우선 '학문의 위기'는 당시 지성계에서 대두하던 과학주의, 실증주의가 기존의 인간과학, 정신과학을 몰아낼 것만 같던 상황이었다. 그리고 '사회의 위기'는 1차 세계대전, 대공황, 독일 나치의 집권이 이어지는 과정에 유대인 학자로서 감당해야 했던 절망감과 관련이 있다.

심리학자이기도 했던 그는 '지향성' 개념을 통해 주체와 대상의 관계를 설명했다. 인식 대상은 주체의 주관적 지향 없이는 존재할 수 없다. 주체와 별도로 존재하는 객체는 있을 수 없다는 것이다. 따라서 객체와 주체를 분리한 실증주의는 근원적 오류가 있다는 비판을 피할 수 없다. 그렇다면 현상의 본질은 어떻게 파악할 수 있는가? 그는 현상의 본질은 '자동적으로' 파악되지 않는다고 보았다. 인간은 선입견과 편견 등의 영향하에 본질을 이해하기 때문에, 그 해석은 '현상 자체'와 다른 것이다. 현상학에서 유명한 '사태 그 자체로'는 현상의 본질에 대한 올바른 이해를 촉구하는 명제다. 우리는 어떻게 현상을 그 자체로 파악할 수 있는가?

후설은 '현상학적 환원'을 통해 현상의 본질에 도달할 수 있다고 주장했다. 그리고 대상에 대한 어떤 해석도 배제한 채 인식 속에 있는 현상 자체의 본질과 불변의 구조를 파악하기 위해 기술, 괄호 치기, 반성과 직관, 판단중지, 자유변경 같은 절차를 제시했다. 하지만 그 과정이 연구 '방법'과는 차원이 다른 논의였다. 후설의 현상학은 선험적 또는 초월론적 인식론으로서 철학이었다. 그에게 가장 중요한 개념이라고 할 수 있는 '현상학적 환원'은 실제 '방법'으로서 어떤 것인지를 정확히 알기가 어렵다. 선입견과 편견으로부터 단절을 의미하는 '판단중지'도 실제로 어떻게 가능한지에 대해서는 말해 주지 않는다. 즉 후설의 현상학은 추상성이 높은 철학적 논의라는 점을 주의해야 한다. 그래서 많은 비판자들이 후설의 철학을 관념론으로 규정하기도 했다.

한편 후설은 '사회의 위기'에 대응해 '생활세계' 개념을 정립했다. 현상학적 환원 개념으로는 담아내지 못하던 사회적 차원으로까지 현상학을 확장하려고 한 것이다. 그는 선험적 차원과 경험적 차원에서 생활세계를 정의한다. 과학주의·객관주의·실증주의가 은폐하고 망각하게 하는, '모든 개별적 경험의 보편적 기반으로서 일체의 논리학적 수행에 선행하여 미리 직접 주어져 있는 세계'가 선험적 생활세계다. 이는 우리가 '되돌아가야 할' 세계다. 반면에, '언제나 구체적으로 경험되고 직접 경험할 수 있는 토대로서 미리 주어진 우리의 일상적 세계'는 경험적 생활세계다. 후설의 모호하고 이중적인 생활세계 규정은 현상학의 존재론적 특징이며 나중에 현상학이 구성주의적으로 재해석되는 계기가 되었다.

주목할 점은 후설이 현상학을 정립한 시대적 상황이다. 실증주의에 대한 맹신과 자만, 전쟁과 공황과 독재라는 총체적 절망의 시대에 '철학을 제대로 세워야 세계를 바로 세울 수 있다'는 신념을 가지고 평생을 싸워 나간 사상가의 실천 결과가 바로 현상학이다. 물론 그의 시도에 대해 다양한 비판이 있다. 그도 말년에 자신의 시도가 실패했다고 토로했을 정도다. 후설의 제자였던 하이데거도 스승의 현상학을 그대로 이어 가지는 않았다. 그가 현상학을 체계적 사상으로 수립하지 못한 것은 분명하다. 하지만 현상학은 해석학, 실존주의와 만나고 사회학, 미학에 접목되는 등 다양하게 변주되어 왔다. 사회과학 분야에서도 실증주의와 대결하는 과정에서 현상학의 구상이 질적 연구에 접목되었다. 그 양상은 크게 두 가지로 구분할 수 있다. 하나는 현상학 철학을 사회이론에 가깝게 재구성한 '현상학적 사회학'의 흐름이고, 다른 하나는 현상학의

'환원' 절차를 질적 연구의 방법으로 체계화한 심리학 중심의 흐름이다.

현상학적 사회학

슈츠의 현상학적 사회학과 그 제자인 버거와 루크만의 '사회구성주의'
는 구성주의적 패러다임에서 대표적인 이론이다. 슈츠는 빈에서 태어나
1차세계대전 때 군 복무를 했다. 빈대학에서 법학과 경제학을 공부하
고 박사가 된 그는 베버의 강의를 들었고, 후설을 비롯해 메를로 퐁티·
아롱 등과도 가깝게 지냈다. 유대인인 슈츠는 나치의 탄압을 피해 미국
으로 건너가 은행 자문관으로 일하면서 학자로서도 열정적으로 활동
했다. 그는 후설의 현상학과 베버의 사회학을 결합시키려고 했다. 양자
는 서로 보완적이었다. 후설의 현상학이 주체의 '내부'로 계속 파고 들
어가는 과정이라면, 슈츠는 현상학의 전개 방향을 바꿔 주체의 '외부'
를 향할 수 있도록 변형했다. 이 과정에 베버의 사회학이 중요한 구실
을 할 수 있었다. 반면에, 베버에게 부족한 것은 이해사회학의 철학적
토대였다.

슈츠는 후설이 제시한 '선험적' 차원의 생활세계 개념을 구체적 현
실 차원에서 재정의하고 '자연적 태도 속에 유지되고 있는 자명한 것처
럼 보이는 현실성'의 기본 구조를 기술해 일상생활의 세계에서 대상과
경험이 어떻게 의미 있게 구성되고 소통되는지를 설명하려고 했다. 그
는 생활세계의 주체들이 상호주관적으로 공유하는 상황과 사람에 대한
'전형화'를 '1차 구조물'이라는 개념으로 규정하고, 이에 대해 사회과학
자들이 법칙·관습·의례 등으로 파악한 것을 '2차 구조물'이라고 했다.
여기서 '전형'이라는 개념은 베버의 '이념형'이라는 구상과 비교할 수
있다. 슈츠가 시도한 것은 '주관적 의미'를 대상으로 하는 '객관적 사회
과학'의 가능성이다. 어떤 의미에서는 베버와 후설 모두를 손상할 수도

있는 일이었다. 다행히 사회학적으로는 성공했고, 버거와 루크만이 《실재의 사회적 구성》이라는 책을 펴내기도 했다. 이 책은 이렇게 묻는다. "어떻게 주관적 의미가 객관적 사실성이 될 수 있는가?" 이해사회학과 현상학 간 공백을 메우려는 질문이다.

현상학적 생활세계란 현실에서 무엇인가? '일상생활'에서 우리는 무수한 경험을 통해 나를 둘러싸고 있는 가족과 또래 집단, 학교 같은 관계와 제도를 실재하는 것으로 '당연히' 받아들인다. 이로부터 내가 경험하는 '실재'에 대한 인식 그리고 행위에 대한 노하우는 '상호주관성'의 세계에서 승인된 광범한 '상식적 지식'을 형성한다. 지금까지 사회학은 생활세계를 제대로 보지 못했다. 이런 인식하에 슈츠는 추상적인 이론과 사상보다 보통 사람들의 상식적 지식이 지식사회학의 주된 초점이 되어야 한다고 주장했다.

슈츠와 그 제자들은 사회학의 새로운 영역을 개척해 나갔다. 하지만 현상학적 사회학이 더는 현상학이 아니라는 비판이 나왔다. 후설의 현상학을 더 '현상학답게' 적용하는 연구를 위해 일련의 심리학자들은 새로운 질적 연구방법론을 발전시켰다.

심리학적 현상학 연구

오늘날 심리학과 간호학 분야의 현상학적 질적 연구는 대부분 판캄, 지오르지, 콜레지, 무스타카스의 방법론을 활용하고 있다. 모두 심리학자인 이들의 현상학적 연구는 후설의 선험적·초월론적 현상학의 원리를 '경험적' 연구에 맞게 재해석한 뒤 연구의 일반적 지침과 방법까지 체계화했다. 이런 흐름이 '신현상학'으로 불리면서 다소 비판적인 시선을 받기도 하지만, 응용 현상학의 한 부분으로 인정받으면서 많은 연구가 진행되고 있다.

일상성원방법론과 상징적 상호작용론

대표적인 구성주의적 이론으로 일상성원방법론과 상징적 상호작용론이 있다. 가핑클H. Garfinkel이 주도한 '에스노메소돌로지ethnomethodology'는 '일상성원 방법론'으로 옮기는 것이 적절하다. ethno는 일상을 살아가는 성원의 내재적 현상학의 세계를 지칭하는 것이다. method는 그들이 일상적 실재의 안정적 질 서를 만들어 가는 방법을 의미한다. ology는 바로 이러한 과정을 탐구하는 것 을 뜻한다.(최종렬, 2016: 43~44) 일상성원방법론은 '일상생활세계'라는 대상에 관심을 두고 공동체의 관습, 언어, 문화의 구조 등을 밝히려는 이론과 방법론으 로 발전해 갔다.

한편 미드가 주도한 상징적 상호작용론에서 '자아'는 타자와 맺는 관계 속에서 형성되며 사회와 맺는 관계 속에서 '일반적 타자' 관념이 자아 속에 자리 잡는 다. 사회적 행동은 인간의 능동성이 작용하고, 행위의 결과는 다시 주어진 조 건으로 작용한다. 따라서 사회적인 것은 늘 변화하며, 우발적이고, 생성적이다. 미드를 이어 블루머, 듀이 등이 논의를 발전시켜 나가면서 근거 이론을 정립하 는 데 기여했다.

이 이론들은 미국 실용주의 철학 전통과도 밀접한 관계가 있으며, 분명하게 미 시사회학의 범주에 자리하고, 패러다임의 성격보다는 이론 차원에서 전개되고 있다는 점에서 별도로 다뤄야 할 분야다.

무스타카스의 연구 논리와 기법을 예로 들어 보면 이렇다. 우선 연구 자가 개인의 경험에 대한 의미를 탐색하는 질문으로 개인의 일상 체험 을 수집한다. 연구 주제에 해당하는 '현상'을 경험한 개인들의 자료는 현상학적 자료 분석 단계를 거쳐 체험의 '본질' 구조를 해명하는 데 도 달하게 된다. 연구자는 연구 참여자의 경험을 이해하기 위해 모든 선경 험을 최대한 배제한다. 이것이 바로 현상학적 판단중지다. 자료 분석은 목록 작성, 환원과 제거, 주제화, 확증, 조직적 기술, 구조적 기술, 조직적·구조적 기술 등 일곱 단계를 거친다.(크레스웰, 2005: 79, 269, 279~282; 강진숙, 2016: 286~291) 다른 학자들도 비슷한 연구 논리를 가지면서 기법은 조금씩 차이를 보이는데, 지오르지는 4단계 또는 5단계의 분석 과정을 설계했으며 콜레지는 6단계의 과정을 제시했다.

주명순(2016)은 병원에서 환자의 간병을 환자 가족이 사적으로 해결하는 기존 관행과 문제점을 개선하기 위한 '포괄간호서비스 제도'의 본격 시행을 앞두고 시범사업이 운영되는 병원에서 이 제도에 대한 간호사와 간호관리자의 경험 차이를 탐색하는 데 지오르지의 방법을 잘 활용했다. (간호관리자로서 26년을 포함해) 36년간 간호사 경력을 쌓은 연구자는 대학원에서 6학기 동안 질적 연구 방법 교육과 실습을 충실히 수행했다. 그리고 간호사 13명과 간호관리자 3명을 심층면접했다. 자료를 수집하고 분석하는 과정을 매우 엄정하게 진행하고, 총 14시간 51분 분량의 녹음 파일을 A4지 202매의 녹취문으로 작성했다. 지오르지의 4단계 절차에 따라 분석을 실행하며 경험의 본질에 해당하는 구성 요소 4개와 그 하위 구성 요소로 간호사와 간호관리자에게 해당하는 것을 각각 23개, 22개 도출했다. 또 하위 구성 요소는 각각 207개와 169개의 '의미 단위'에서 도출했다. 연구자는 '포괄간호를 기다림', '포괄간호에 온몸으로 부딪혀 봄', '포괄간호의 성과 찾기를 함', '포괄간호의 발전을 생각함' 등 네 가지 내용으로 포괄간호서비스 제공 경험이 있는 연구 참여자들의 다양하고 고유한 경험 가운데 공통 구조를 통합해 내고, 이를 현상의 본질적 의미로 제시했다.

이 연구의 장점이 많지만 연구 결과를 비판적으로 평가하자면, 연구 참여자들의 증언을 바탕으로 그들의 사실적 경험과 이에 대한 주관적 의견을 문맥 그대로 재구성한 부분이 많다는 느낌을 지울 수 없다. 이미 여러 학자들이 현상학적 연구 논리와 그 분석 기법이 하나가 되지 못해 논문의 앞부분에 제시한 방법론과 본문의 분석 내용이 겉도는 문제점을 지적하고 있다. 무스타카스, 지오르지 등은 모호하기만 했던 현상학적 질적 연구 방법을 체계적이고 학습과 훈련이 가능한 방식으로 정립했다. 하지만 연구자의 준비가 부족하면 얕은 분석에 머무르게 될 수도 있으니 주의해야 한다. 현상학적 연구의 숙련도와 완성도를 결정하는 것은 역시 충분한 철학적·해석적 훈련이다.

해석학적 접근법

질적 연구에서 '해석'만큼 중요한 개념은 없을 것이다. 슐라이어마허, 딜타이에 이어 하이데거를 거치고 가다머, 하버마스를 통해 현대의 리쾨르에 이르기까지 해석학 분야의 발전 과정은 질적 연구방법론과 매우 밀접한 관련성을 맺어 왔다.

성서 해석 같은 영역에 머물러 있던 해석학을 보편적 해석학으로 정립한 신학자 슐라이어마허의 '해석학적 순환'은 이해와 해석의 가장 기본적인 원리다. 그는 텍스트 이해는 문법적 이해와 심리적 이해가 결합되는 것이라고 보고, 무엇보다 텍스트 전체에 대한 개요인 '주도하는 이념'을 찾아 그것으로 개별적인 부분들을 해석하고 다시 전체를 파악하는 순환과정을 통해 '확실한 전체'에 도달하는 것을 '이해'라고 규정했다.

한편 20세기 초 과학주의가 철학을 위협하는 와중에 정신과학을 재정립하려고 노력한 학자들 중 한 사람인 딜타이는, 해석학의 전통을 이어받아 자연과학은 '설명'의 영역이고 정신과학(또는 인간과학)은 '이해'

의 영역이라고 구분했다. 이 명제는 베버가 공유했으며 딜타이도 '이해'와 '해석'을 명확히 구분하지 않았다. 그는 '역지사지', '모방', '추체험' 등을 통해 이해에 이른다고 보고, 그 기술을 정리하고 체계화하는 것이 해석학이라고 정의했다. 그는 인간과 사회와 역사를 관통하는 해석학의 체계를 세우려고 했다.

해석을 학문의 중심에 둔 '해석학'이 질적 연구에서 매우 큰 비중을 차지하지만, 실재 연구 사례에서는 형편이 다르다. 그 이유 중 하나는 해석 행위의 일상성과 보편성일 것이다. 우리는 해석학적 훈련을 따로 받지 않고도 매 순간 수많은 메시지를 해석하며 살고 있다. 언어가 안 통하는 외국인을 만난 경우, 난해한 현대미술이나 현대음악을 감상하는 순간 등을 빼면 자신의 해석 능력을 의심하게 되는 때가 거의 없다. 그래서인지 질적 연구 논문의 제목에서 '해석학적 연구'라는 문구를 보기 어렵다. '민속방법론'(일상생활방법론·일상성원방법론), '현상학적 연구'라고 붙은 제목이 많은 것과 대조적이다. '해석학적'이라는 의미가 이미 '질적 연구'라는 단어에 들어 있다는 생각 때문에 '해석학적 질적 연구'라는 말이 어색하게 느껴지고 실제로도 잘 쓰지 않는 것 같다. '해석학적 현상학'이라는 표현이 자연스럽게 쓰이는 데 비해, 내용적으로 해석학의 성격이 더 강한 경우에도 '현상학적 해석학'이라고는 하지 않는 것도 이런 경향을 보여 준다.

체험 연구

밴매넌이 정립한 '체험 연구'는 현상학과 해석학의 방법론이 유기적으로 결합된 '해석학적 현상학'이라고 불린다. '현상학적 해석학적 연구'라는 표현 역시 현상학과 해석학이 분리될 수 없음을 의미한다. 연구방법론 차원에서, 어떤 체험 사태에 접근하는 1차적 과정은 '현상학적 판단중지와 환원'을 통해 선입견을 배제하고 사태 자체로 진입하는 것이다. 하지만 그렇게 얻은 체험 사태가 그 성립에서부터 피할 수 없는 선이해 구조의 산물이라는 사실을 인식하면서 다시금 해석학적 이해의 순환 구조 안에서 해석해야 한다는 것이다.(김애령, 2009: 250)

현상학과 해석학을 처음 결합한 사람은 하이데거다. 1889년에 태어난 그는 신학을 전공하다가 철학으로 전향하고 1916년부터 프라이부르크대학의 후설에게서 현상학을 배웠다. 그는 존경하는 스승 후설에게 헌정한 원고로《존재와 시간Sein und Zeit》(1927)을 출간해 학계에 큰 반향을 불러일으켰으나, 정작 후설은 이 책을 비판하며 하이데거에 대한 결별을 선언했다. 그 결과, 후설과 하이데거가 함께 작업하던《브리태니커백과사전》의 '현상학' 항목 원고는 후설의 단독 집필로 마무리되었다. 하이데거는 인간이 텍스트의 의미에 대한 '객관적 이해'에 도달하는 것은 불가능한 이상이라고 생각했다. 해석자로서 인간은 유한하고, 전통이나 이념 같은 '선이해'를 벗어날 수 없다. 객관적 해석이 가능하다는 것은 실증주의적 사고일 수 있다.

체험 연구는 현상학적 연구로만 분류되지만, 실제로 하이데거가 스스로 자신의 현상학을 '해석학'이라고 불렀다는 점을 상기해 볼 때 이를 해석학적 연구의 범주에서 검토할 수도 있다.(이남인, 2014: 54) 교육학자인 밴매넌은 저서《체험 연구》에서 '현상학과 해석학의 전통이 방법론을 중시하지 않는다'고 지적하면서 텍스트의 분석과 교육적 측면을 고려해 언어학, 기호학, 글쓰기 등 여러 분야를 접목한 연구방법론을 모색했다. 그러나 그가 제시한 것은 심리학적 현상학 연구에 비해 매우 느슨한 방법이었다. 이 때문인지 '체험의 본질을 탐구'한다는 목적이 같은 연구방법론으로 지오르지나 무스타카스 등의 방법론을 채택한 논문은 많이 검색되는 반면, 밴매넌의 방법론을 쓴 논문은 잘 보이지 않는다.

성격이 비슷한 연구 방법을 밴매넌과 공유하는 크베일은 녹취문을 분석하는 좀 더 명시적인 방법을 제시하는 동시에 '해석의 복수성'을 제기하며 포스트모더니즘 관점을 수용한다. 그가 보기에, 진정한 의미는 추구될 수 없으며 면접 실행자는 면접 텍스트의 공동 생산자이자 공동 집필자다. 따라서 연구자의 임무는 사전에 존재하는 의미를 밝혀내는 것이 아니라 연구 참여자들이 면접 과정을 통해서 그 의미를 발전시키도록 돕는 것이라고 말한다.(크베일, 1998: 277, 299)

앞서 살펴본 심리학적 현상학 연구와 달리 체험 연구는 도식화된 방법을 추구하지 않는다. 여전히 해석 과정은 연구자의 훈련 및 동료 연구자들과 하는 협력 등에 크게 의존한다. 포스트모더니즘 관점은 상호주관적인 사회적 객관성의 존재를 인정하는 구성주의 패러다임과 구별되며, 방법론적으로 해석학 성격이 있는 체험 연구는 방법 차원에서 더 열려 있고 그렇기 때문에 모호하기도 하다. 방법적인 모호함은 그것을 채택한 연구의 결과물이 연구자의 능력과 자질에 크게 의존할 수밖에 없다는 의미다. 연구자의 재량권이 커지는 만큼 연구 결과에 대한 책임도 함께 커진다.

구조해석학 연구

체험 연구가 강조하는 체험의 본질은 연구자의 해석과 연구 참여자의 해석 사이에 해석학적 순환을 전제한다. 그럼에도 해석이 주관적 영역에 머무른다는 점에서 전통적 해석학의 흐름 속에 자리한다고 판단할 수 있다. 이에 반해 '구조해석학'은 독일 질적 연구의 한 흐름으로서 '객관적 해석학'이라고도 하는데, 실증주의에 대한 비판적 태도를 유지하면서도 '정당한 이해'의 이상을 추구한다는 점에서 급진적 상대주의와 구별되며 질적 연구에서 방법론적 정립을 중시한다는 특징이 있다.(신진

직관

현상학과 해석학에서 직관은 매우 중요한 구실을 한다. 하지만 직관이 무엇인지, 어떻게 하면 직관력을 키울 수 있는지를 구체적으로 명확하게 설명하기는 힘들다. 직관은 사물 또는 대상에 대한 '직접적' 지식이다. 다른 말로 하면, 논증·증명·추론·판단 등 어떤 의식적 과정이 없이 '무매개'적으로 얻게 되는 지식이 직관적 지식이다.

여러 철학자들이 직관을 중시했으며 설명하려고 노력했다. 예컨대 데카르트는 직관을 순수하고 명증한 지식의 출발점(의심하는 '나'라는 자의식의 앎)으로 생각한 반면, 논리학자이자 기호학자인 퍼스는 직관을 부정했다. 퍼스는 '우리는 어떠한 내적 성찰의 능력도, 직관 능력도 가지고 있지 않다'고 주장한다. 즉 '기호' 없이 생각할 수 있는 (무매개의) 능력이 없다는 것이다. 칸트는 '지성'적 직관은 부정했으나, 시간과 공간을 '감성'의 선천적 직관 형식으로 보고 인정했다. 맛, 소리 같은 감각도 직관의 영역으로 규정했다. 후설은 직관을 '의심할 수 없는 확신' 즉 의식의 원천으로 규정했다. 의식보다 직관의 명증함을 추구했고, 직관을 통해 본질을 파악한다고 주장했다. 그에게 '환원'은 본질을 직관적으로 파악하기 위한 절차다.(주형일, 2008)

여전히 직관적 앎은 설명하기 어렵지만 경험적 직관이나 '창조적 발견의 직관'인 '유레카 모멘트'의 존재와 작동 방식에 대한 연구에 따르면, 문제에 대한 충분한 공부와 숙성이 된 상태에서 잠시 심리적으로 이완된 순간에 갑작스러운 '깨달음'이 찾아온다고 한다. 이렇게 본다면 직관은 오랫동안 축적된 경험과 훈련을 바탕으로 갖게 되는 후천적 능력이고, 반사 행동과 마찬가지로 매개된 앎의 산물이자 결과다.

욱, 2009) 전통적인 해석학이 의미와 해석의 주관적 측면과 객관적 측면을 구분하지 않고 전자만 강조하는 경향이 있다고 비판하면서 의미는 주관적 영역으로 환원되지 않는 사회적 차원이 있다는 점을 강조하는 것이 특징이다.

구조해석학 또한 '옳은 해석'이나 '종결된' 해석 하나를 주장하지는 않는다. 구조해석학의 설명에 따르면, '의미 있게 구성된 세계'는 음성적·문자적 언어로 구성된 사회적 실재로서 '텍스트성'이 있다. 이 텍스트는 단순한 '도구'나 '컨테이너'가 아니다. 그것은 행위자들이 그 자신과, 사회적 환경과 관계 맺는 일상적 실천의 매개이자 사회적 실재의 내적 구성 요소다. 텍스트는 그 자체가 설명되어야 할 대상이다.(신진욱, 2008: 199)

구조해석학은 텍스트에 대한 해석의 '정당성'을 중시한다. 그런데 텍스트와 그 의미는 행위자의 주관적 의도나 해석자의 주관적 해석으로 환원되는 것이 아니라, 그런 행위가 인도되는 사회적 규칙인 '이것을 행한다는 것은 무엇을 의미하는가'에 대한 사회적 의미 구조를 해명하는 것이 목표가 된다. 의미가 사회적으로 구성되고, 개인의 행위와 의도적 주관성도 사회와 연관되는 특성 속에서 형성된다고 전제하는 것이다. 주관성과 객관성의 구별을 지양하고, 주체와 객체의 이분법도 극복하려고 한다는 점에서 구성주의적 패러다임에 속한다고 볼 수 있다.

구조해석학의 이해와 해석은 의미 구조에 대한 '재구성의 논리'를 따라 전개된다. 연구자는 자기 선이해의 틀에 갇히지 않기 위해 '인위적 순진함'이라는 태도를 취하며 텍스트가 '낯설게' 거리를 둔다. 텍스트에 대한 '축약'과 '확장'을 통해 텍스트 부분들 간의 관계 속에 함축된 의미를 조직해 내고, 최종 단계에는 전체 텍스트를 관통하는 의미 구조의 총체성을 규명하는 것이다.

이 과정에는 추론의 논리로서 '가설 추론' 방식이 동원된다. 가설 추론은 연역법이나 귀납법과는 달리 '규칙'과 '결과'를 통해 구체적인 사례에 대한 정당한 판단을 찾아내는 방법으로서 '가설 창안'의 성격이 있다.(신진욱, 2008; 이희영, 2005) 가설 작업을 통해 해석 과정을 검증할 수 있으며, 해석의 정당성에 대해서는 '반증 가능성'까지 적용할 수 있다. 가설의 창안과 검증을 통해 연구자는 사례를 재구성할 수 있으며 사회적 상호작용의 전개 과정을 설명해 줄 행위 규칙과 의미 체계를 규명할 수 있게 된다. 그리고 이렇게 재구성된 사례로부터 연구자는 '사례 구조의 일반화'를 시도할 수 있다. 이때 일반화는 통계적 일반화와 구별된다. 구조해석학에서 일반화는 연구 대상이 되는 사례가 이미 일반성과 특수성을 함께 내포한다는 것을 전제로 한다. 즉 구성주의적 패러다임 하의 일반화다. 이와 더불어 정당한 해석에 접근해 가는 과정은 영원히 종결될 수 없다는 해석학적 전통을 유지한다.

이희영은 〈사회학 방법론으로서의 생애사 재구성〉(2005)이라는 논문에서 구조해석학의 흐름에 있는 독일 생애사 연구의 이론과 사례를 잘 보여 준다. 연구 참여자의 구술 면접을 통해 진행된 이 연구는 '서사적 인터뷰' 또는 개방형 인터뷰라는 명확한 조사 방법을 채택한다. 일상 세계의 구성물로서 생애사 텍스트는 '가설 추론' 또는 역추론 방식을 통해 엄밀한 해석 절차를 거치면서 세 가지 다른 차원의 텍스트로 재구성된다. 즉 생애사적 사실이 중심이 된 '살았던 생애사', 구술 텍스트의 서사 구조가 중심이 된 '이야기된 생애사', 총체적인 해석을 통해 재구성되는 '체험된 생애사'의 재구성으로 나아가는 것이다.

구조해석학은 면접 방법, 녹취문 작성법 등이 잘 규정되어 있고 녹취문 '모두 진술'의 중요성이나 세 차원의 생애사 재구성 등에서 매우 정교하고 체계화된 방법을 제시한다. 그럼에도 심리학적 현상학 연구의 문제점과 마찬가지로, 체계적인 방법을 따르는 것이 자동적으로 뛰어난 연구 결과를 가져다주지는 않는다는 점을 잊지 말아야 한다.

구조해석학은 전통적 해석학을 '추체험 해석학'이라고 비판한다. 방법론적으로 모호한 질적 연구가 학술적 엄밀성을 추구하는 전통을 쉽게 무시하는 오류를 범할 수 있다고 경고한다. 따라서 학술 영역 안에서 상호주관적으로 검증할 수 있는 분석적 방법론으로서 질적 연구 가능성을 모색해 왔다. 한국에서 구조해석학은 아직 생애사를 중심으로 소개되고 있으나, 점차 더 다양한 분야로 적용되면서 발전해 나갈 것이다.

구성주의의 다양성과 복잡성

구성주의 패러다임은 실재와 의미가 상호주관적으로 구성된다는 생각에 기초해 미시사회학부터 지식사회학 이론에 이르기까지 다양하게 개발되고 있다. 이 패러다임은 20세기 초에 대두된 실증주의와 과학주의의 대안을 추구했던 현상학과 해석학의 전통과 밀접한 관계에 있으며 미국의 실용주의 철학뿐만 아니라 언어철학, 심리학, 교육학, 논리학, 인지과학 등과도 활발히 접목되고 있다. 철학으로서 현상학과 해석학이 그 자체로 전개되는 가운데 사회이론이나 질적 연구방법론도 그 나름대로 성장해 왔다. 오늘날 연구자들은 철학과 이론, 이론과 방법론의 관계가 점점 더 복잡해지는 상황을 피할 길이 없다.

　구성주의 패러다임이 다른 패러다임보다 우월하거나 더 옳은가? 바람직한 패러다임 간의 경쟁은 서로 다름을 인정하고 장점과 단점을 정확히 인지하면서 각 패러다임에 알맞은 연구 대상을 설정하고 가장 합당한 연구 결과를 도출하기 위해 노력하는 것이다. 구성주의적 패러다임은 다른 패러다임에 비해 유연하다는 장점이 있지만 절충적인 면에서 비롯한 단점도 있다. '주체의 구성', '의미의 구성', '사회의 구성'을 둘러싼 다양한 쟁점에 따라 논쟁이 많이 벌어질 수밖에 없다. 이런 다양성은 연구자에게 혼란을 불러일으킨다.

또한 현상학이나 해석학은 그 자체로 독립된 철학 분과이기 때문에, 질적 연구를 시도하는 연구자들이 연구를 진행하면서 철학적 깊이를 추구하는 데는 한계가 있다. 과연 철학으로서 현상학과 해석학을 얼마나 공부해야 질적 연구를 제대로 수행할 수 있을지에 대해서는 답하기가 어렵다. 하지만 연구자의 주장을 뒷받침할 만한 자료들을 모아 '선택적 근거 제시'를 하는 방법만으로 충분하지 않다는 것은 분명하다. 다소 난해해도 철학과 이론에 대한 학습을 통해 질적 연구 방법의 근원적인 문제의식을 충분히 내면화할 필요가 있다.

질적 연구 초보자는 방법적 체계가 명확한 연구부터 시작하기를 권한다. 그러면서 해석학의 기본 내용들을 배우면 텍스트 분석 과정에 큰 도움이 될 것이다. 해석 훈련을 몇 차례 거치고 나서 방법적으로 좀 더 유연한, 그래서 더 어려운 연구 방법에 도전해 보면 좋다. 텍스트 분석 훈련 과정과 철학과 이론의 학습 과정을 균형 있게 진행하는 것이 바람직하다.

- -

• 자유변경

어떤 본질을 파악하기 위해서는 우리의 주제적인 시선이 그 본질에 포섭

될 수 있는 가능한 모든 개별적 대상들을 향할 수 있어야 한다. 이러한 일

이 가능하기 위해서는 어떤 방법적 절차가 필요하다. 후설은 이것을 '자유

변경'이라 부른다. 자유변경은 어떤 본질의 정체를 파악하기 위하여 그 본

질을 구현하고 있는 어떤 개별적 대상으로부터 시작해 그 본질을 구현하고

있는, 이 개별적 대상과 유사한 무수히 많은 개별적 대상들을 상상 속에서

자유롭게 산출해 나가는 과정을 의미한다. (……) 다름 아닌 형상적 환원의

과정이다. (……) 형상적 환원, 즉 본질 직관의 방법을 통하여 우리는 다양

한 유형의 본질을 파악할 수 있다.(이남인, 2014,《현상학과 질적 연구: 응용현상학의

한 지평》, 한길사, 175쪽.)

• 선이해

탐구하고자 하는 현상에 대해 우리가 너무나 적게 알고 있다는 것이 언제

나 현상학적 탐구의 문제는 아니다. 오히려 현상학적 탐구의 문제는 우리

가 너무나 많이 알고 있다는 것이다. 더 정확히 말하면, 문제는 '상식적인'

선이해先理解 · 추측 · 가정 그리고 현존하는 과학적 지식체들 때문에 우리

가 현상학적 물음의 의의를 파악하게 되기도 전에 현상의 본성을 해석하기

를 좋아한다는 것이다. (……) 어떻게 해야 우리는 이러한 믿음들을 가장 잘

중지하거나 괄호 칠 수 있을까? (……) 하지만 연구를 위해 선택한 경험에

대해 자신이 알고 있는 모든 것을 어떻게 배제할 수 있는가? 만일 우리가

이미 '알고' 있는 것을 단순히 잊거나 무시하려 한다면, 우리는 그런 전제들이 우리의 반성 속으로 고집스럽게 다시 스며든다는 것을 알게 될 것이다.(밴매넌, 막스, 1994, 《체험 연구: 해석학적 현상학의 인간과학 연구방법론》, 신경림 · 안규남 옮김, 동녘, 70~71쪽.)

1. 구성주의적 패러다임에서 방법(연구 기법)보다 이론과 철학(연구 논리) 성격이 강한 '현상학적 사회학'과 '체험 연구' 등을 본인의 연구에 도입하려고 할 때 어떤 점에 유의해야 할지 생각해 보자.

2. 현상학과 해석학에서 '선이해'는 중요한 개념이다. 하지만 이것이 이해의 원천으로 강조되기도 하고 방해물로 배척되기도 한다. 구성주의 패러다임에서 학자들이 정의한 '선이해'를 그 차이에 주목해 분류하고 자기 견해를 정리해 보자.

읽을거리

- 김광기, 2014, 《이방인의 사회학》, 글항아리.
- 블라이허, 조셉, 1983, 《현대 해석학: 방법, 철학, 비판으로서의 해석학》, 권순홍 옮김, 한마당; Bleicher, Josef, 1980, *Contemporary Hermeneutics: Hermeneutics as Method, Philosophy and Criticism*, London: Routledge and Kegan Paul.
- 크로티, 마이클, 2001, 《현상학적 연구》, 신경림 · 공병혜 옮김, 현문사; Crotty, Micheal, 1996, *Phenomenology and Nursing Research*, South Melbourne: Churchill Livingstone.

참고 문헌

- 강진숙, 2016, 《질적 연구방법론: 커뮤니케이션과 미디어 교육 연구의 주사위》, 지금.
- 김광기, 2000, 〈고프만, 가핑켈, 그리고 근대성: 그들의 1950년대 초기 저작에 나타난 근대성을 중심으로〉, 《한국사회학》 34(2), 217~239쪽.
- _____, 2014, 《이방인의 사회학》, 글항아리.
- 김애령, 2009, 〈현상학과 해석학의 방법론적 적용의 문제: '체험 연구'의 현상학적 토대와 해석학적 확장〉, 《탈경계 인문학》 2(1), 231~258쪽.
- 밴매넌, 막스, 1994, 《체험 연구: 해석학적 현상학의 인간과학 연구방법론》, 신경림 · 안규남 옮김. 동녘; Van Manen, Max, 1990, *Researching Lived Experience: Human Science for an Action Sensitive Pedagogy*, Albany, NY: SUNY Press.
- 버거, 피터 · 토마스 루크만, 2013, 《실재의 사회적 구성: 지식사회학 논고》, 하홍규 옮김, 문학과지성사; Berger, P. · T. Luckman, 1966, *The Social Construction of Reality*, Garden City, NY: Doubleday.
- 블레이처, 조셉, 1989, 《해석학적 상상력》, 이한우 옮김, 문예출판사; Bleicher, Josef, 1982, *The Hermeneutic Imagination*, Boston: Routledge & Kegan Paul.
- 미드, 조지 허버트, 2010, 《정신 · 자아 · 사회》, 나은영 옮김, 한길사; Mead, J. H., 1934, *Mind, Self, and Society: From the Standpoint of a Social Behaviorist*, Chicago, IL: University of Chicago Press.

- 스피겔버그, 허버트, 1991, 《현상학적 운동》, 최경호·박인철 옮김, 이론과실천; Spiegelberg, Herbert, 1960, *The Phenomenological Movement*, The Hague: Nijhoff.
- 신진욱, 2008, 〈구조해석학과 의미 구조의 재구성〉, 《한국사회학》 42(2), 23~55쪽.
- _____, 2009, 〈해석학의 존재론적 전환과 '정당한 이해'의 이상: 사회과학의 해석적 방법론에 대한 함의〉, 《한국사회학》 43(1), 191~230쪽.
- 이남인, 2014, 《현상학과 질적 연구: 응용현상학의 한 지평》, 한길사.
- 이희영, 2005, 〈사회학 방법론으로서의 생애사 재구성: 행위이론의 관점에서 본 이론적 의의와 방법론적 원칙〉, 《한국사회학》 39(3), 120~148쪽.
- _____, 2011, 〈텍스트의 '세계' 해석과 비판사회과학적 함의: 구술 자료의 채록에서 텍스트의 해석으로〉, 《경제와사회》 가을호(통권 91호), 103~142쪽.
- 조영달, 2015, 《질적 연구방법론: 이론편》, 드림피그.
- 주명순, 2016, 〈간호사와 간호관리자의 포괄간호서비스 제공 경험: Giorgi의 현상학적 접근〉, 중앙대학교 대학원 간호학과 박사 학위논문.
- 주형일, 2008, 〈직관의 사회학, 나의 사회학 그리고 현상학적 방법〉, 《커뮤니케이션 이론》 4(1), 77~113쪽.
- 최종렬, 2016, 〈극지의 문화사회학: 무엇을 할 것인가?〉, 《문화와사회》 20, 35~77쪽.
- 크레스웰, 존, 2005, 《질적 연구방법론: 다섯 가지 전통》, 조흥식 외 옮김, 학지사; Creswell, J. W., 1998, *Qualitative Inquiry and Research Design: Choosing Among Five Traditions*, Thousand Oaks, CA: Sage.
- 크로티, 마이클, 2001, 《현상학적 연구》, 신경림·공병혜 옮김, 현문사; Crotty, Micheal, 1996, *Phenomenology and Nursing Research*, South Melbourne: Churchill Livingstone.
- 크베일, 스타이나, 1998, 《인터뷰: 내면을 보는 눈》, 신경림 옮김, 하나의학사; Kvale, S., 1996, *Interviews: An Introduction to Qualitative Research Interviewing*, Thousand Oaks, CA: Sage.
- 후설, 에드문트, 1997, 《유럽 학문의 위기와 선험적 현상학》, 이종훈 옮김, 한길사; Husserl, E., 1931, *Die Krisis der Europäischen Wissenschaften und die Tranzendentale Phänomemologie: Eine Einleitung in die Phänomenologische Phiosophie*, Den Haag: Martius Nijhoff.

페미니스트 질적 연구

이나영

· **학습 내용** ———————————————————————

서구 근대 학문 체계, 더 크게는 남성 중심의 근대화 과정 자체와 경합해 온 페미니즘은 단순한 패러다임·존재론·인식론 또는 방법론의 수준을 넘어 수세기 동안 진행된, 세상에 가장 지대한 영향을 미친 운동이자 독립적인 사상 체계다. 따라서 한 가지 페미니스트적 관점, 이론, 방법론, 운동은 애초에 존재하지 않는다. 그럼에도 페미니즘은 공통적으로 여성을 역사적·정치적 주체로 인식하고, 집단 여성이 처한 부당한 물적 조건에 주목하며, 이를 변화시키려고 하는 해방의 정치학으로 이해된다. 페미니스트들에게 학술적 연구가 변혁적·정치적 운동과 분리되기 어려운 이유다.

페미니스트만의 독특한 질적 연구는 존재하지 않는다. 연구 방법 자체가 반페미니스트적이지 않고 친페미니스트적이지도 않다. 문제는 페미니스트 인식론이다. 페미니스트들은 전통적이며 학제 내에서 친숙한 기존의 모든 방법

(론)을 사용하되, 페미니스트적인 질문 방식을 찾고 대안을 도출하려고 한다는 점에서 '방법'의 '다른 사용법'을 추구한다. 심층면접, 구술 생애사, 참여관찰, 근거 이론, 텍스트 분석 등 기존 학제에서 사용되는 다양한 방법(론)을 페미니스트 인식론으로 접근해 활용하고, 변화를 위한 대안을 도출해 내는 것이다.

그렇다면 연구자가 구체적인 연구 세팅에 들어설 때 명심해야 할 쟁점은 무엇인가? 먼저 페미니스트 연구는 당연한 것, 객관적인 것, 가치중립적인 것, 보편타당한 것, 상식이라 여겨지는 모든 것에 의심을 품고 질문을 던지며 통념을 거스르는 작업이다. 우리 사회 전반에 깊숙이 각인된 남성 중심성 때문에 오랫동안 비가시화되고 삭제되어 온 여성의 경험에 주목하고, 여기서 도출된 새로운 연구 질문을 제기한다. 둘째, 페미니스트 연구는 단순히 생물학적 여성에 대한 연구를 넘어 젠더화되는 과정과 구조에 대한 연구다. 집단 여성을 구성하는 사회구조를 비판적으로 분석하고 이에 도전하는 것이어야 한다. 셋째, 차이와 교차성에 대한 분석을 동반한다. 젠더뿐 아니라 인종·계층·섹슈얼리티 등 다양한 지배 시스템들이 맞물리는 구조, 그런 구조가 만들어 내는 차별과 억압의 다른 양상과 경험에 주목하면서 사회·정치적 불평등 체계를 분석하고 비판해야 한다. 넷째, 연구의 전 과정에 개입되는 다층적 권력관계를 성찰해야 한다. 연구 참여자와 연구자 간 관계뿐만 아니라 연구자와 연구 목적을 비판적 분석 대상으로 두고, 연구자를 성장시키며 궁극적으로 성차별적 구조에 변화를 꾀해야 한다.

결론적으로, 세상을 보는 '차별화된' 인식론적 '눈'이 있는 페미니스트 연구자가 새로운 질문을 던지고 자료를 발견하거나 기존 자료의 다른 면을 찾아 분석하고 해석하고 글을 쓰는 모든 과정에 페미니스트 정치학을 기입하는 것이 페미니스트 질적 연구의 특징이다.

페미니즘과 페미니스트 질적 연구

페미니즘이란 무엇일까? 인식론인가, 패러다임인가, 이론인가, 운동인가? 사실 페미니즘에 대해 단일한 정의는 존재하지 않는다. 서구의 경우 18세기 후반 '여성도 인간'이라는 당시 가장 급진적인 주장에서 출발한 페미니즘은, 당대에 가장 여성 억압적이라 여겨지는 구조에 대항하며 이론과 운동을 전개했기 때문에 지역·시기·집단별로 그 정의가 달라져 왔다. 남성 중심적 사상 체계·이론·사회운동은 물론이고, 사회전반에 뿌리 깊은 성차별 구조에 의문을 던지며 도전해 온 페미니즘은 역동적으로 살아 움직이면서 늘 맥락적으로 정의되고 잠정적으로 고정되었을 뿐이다. 페미니즘은 남성들의 정치·경제·사회·문화를 거스르며 삶을 살아 낸 여성들의 다층적 역사 그 자체다.

그럼에도 통상 페미니즘은 여성을 역사적·정치적 주체로 인지하고 성차별적 조건에 주목하며 이를 변화시키려고 하는 해방의 정치학으로 이해된다. 여성이 빠진 인간 본성에 대해, 여성의 '열등함'을 재생산하는 사회경제적 조건과 지식체계에 대해, 변화를 위한 행동에 대해 분석해 온 것이다. 서구에서는 1960년대와 1970년대 '여성운동 제2의 물결'을 기점으로 페미니스트 연구가 본격적으로 발전했다. 학제 내/간에 통용되던 개념, 이론, 방법에 대한 핵심적 재평가가 폭넓게 이루어지기 시작했기 때문이다.(Hesse-Biber, 2003) 당시 여성들은 왜 여성들이 지식 구축 과정에서 배제되어 왔는지 질문하면서, 성차별주의에 기초한 학제의 문제를 드러내기 시작했다. 남성 중심적으로 편향된 과학과 사회과학이 연구 질문과 연구 과정과 연구 결과에서 여성들을 체계적으로 배제할 뿐만 아니라 성차별적 편견으로 가득 차 있음을 지적하고, 이를 통해 기존 사회질서를 정당화하고 재생산해 왔음을 비판한 것이다.

이에 페미니스트 연구자들은 여성 삶의 관점에서 비롯된 새로운 질문을 고민하면서 여성의 경험(또는 경험적 지식)을 주요한 연구 주제로 만들기 시작했다. 감춰지거나 왜곡된 여성들의 삶·경험·관심사 들을 기록하고, 성별 고정관념과 편견을 묘사하며, 여성들을 억압하는 구조와 이데올로기를 폭로해 왔다. 이런 경향은 페미니스트들로 하여금 양적 연구보다 질적 연구에 집중하게 했다. 1980년대 한국 여성학의 탄생과 여성학과의 제도적 형성으로 한국의 페미니스트 연구자들도 기존 학문 체계가 가부장적 사회질서의 결과이자 관철 과정이라고 주장하면서 방법론적 문제의식을 확장해 왔다.

무엇이 연구를 페미니스트적인 것으로 만드는지, 페미니스트만의 독특한 질적 연구가 존재하는지에 대해서는 여전히 이견이 존재한다. 페미니즘이 다양한 학제에 편재했기 때문이기도 하지만 인식론적 태도, 방법론과 방법적 측면에서도 차이를 보이기 때문이다. 페미니스트들은 저마다 학문 분과에서 전통적인 훈련을 받거나 이에 저항하면서 성장했기 때문에, 실질적으로 합의된 공통의 방법론적 언어는 존재하지 않는다. 사회학·인류학·문학·미디어 연구·정치학·철학·여성학 등 학제의 배경마다 방법론적 언어가 다르고 주류 연구 방법이 다르기 때문에 페미니스트 질적 연구에 대한 구체적인 고민과 합의는 어려운 실정이다. 다만 인식론적 차원에서 초창기에 제기된, 여성에 의한 여성을 위한 여성에 대한 연구라는 명목을 넘어 젠더 위계에 균열을 내고 젠더 불평등을 해소할 수 있는 실천적 연구여야 한다는 정도의 인식을 공유할 뿐이다.

그래서 페미니스트 질적 연구는 심층면접·구술 생애사·참여관찰·근거 이론·텍스트 분석 등 전통적이며 학제 내에서 친숙한 기존의 모든 방법(론)을 사용하되, 페미니스트적인 새로운 질문 방식을 택하고 변혁적 대안을 도출하려고 한다는 점에서 '방법의 다른 사용법'을 추구한다.(이나영, 2017) 새로운 방법의 문제라기보다는 방법을 습득하고 새롭게 활용하는 대안적 인식론과 방법론이 문제라고 보기 때문이다. 방법이 정보 듣기·질문하기·행위 관찰·역사적 흔적 탐색·자료 발굴 등 증거를 모으는 기법에 초점을 맞춘다면, 방법론은 기존 학제 안에서 적용할 수 있는 이론의 일반적 구조를 찾는 과정을 포함해 연구를 진행하는 방식에 관한 이론이자 분석이다. 반면, 인식론은 지식에 관한 이론이다.(Harding, 1987: 2~3) 무엇이 지식으로 간주되는가, 지식의 성격과 범주·전제 조건과 근거·타당성을 주장할 수 있는 신뢰성은 어떻게 구성되는가를 포함해 누가 지식의 생산자인가라는 질문을 다룬다. 중요한 것은 자료 수집을 위해 어떤 방법을 사용하는가 하는 문제보다 어떤 관점에서 출발했는가, 연구 참여자뿐만 아니라 연구자의 사회적 위치는 어떠한가, 연구 참여자의 자리에서 세계를 맥락적·상황적으로 이해하려고 하는 성찰적 노력이 있는가 등이다.

페미니스트 인식론

인식론·방법론·방법이 유기적으로 연결되어 질적 연구의 과정을 구성한다는 사실을 주지한다면, 페미니스트 연구에서 가장 중요한 출발점은 페미니스트 인식론이다. 여성을 지식의 주체로 정당화하고 성차별적 사회를 변혁하려고 하는 대안적이며 대항적인 지식 생산이 결국 페미니스트 이론과 실천의 핵심이 되기 때문이다. 그렇다면 페미니스트 인식론은 구체적으로 무엇인가?

　미국의 페미니스트 사회학자 하딩은 페미니스트 인식론을 크게 경험 인식론(Feminist Empiricist Epistemology), 입장 인식론(Feminist Standpoint Epistemology), 포스트모던 인식론(Feminist Postmodern Epistemology) 등으로 나눌 수 있다고 주장했다.(Harding, 1991) 페미니스트 경험 인식론은 과학적 객관성 자체를 해체하기보다는 '나쁜 과학'에 맞서 '좋은 과학'의 기준에 페미니스트 연구를 맞추려고 한다. 기존 방법과 학문적 규범의 잘못된 적용이 성차별적이고 남성 중심적인 결과를 낳는다고 보기 때문에 실증주의를 더 엄격하게 적용하거나 연구 표본에 여성과 소수자를 적절하게 추가하면 남성 중심적 편향을 제거해 더 객관적인 지식을 생산할 수 있다는 것이다. 지식체계 전반에 저항하지 않고 기존 틀을 인정한 채 개선책을 제시한다는 점에서 제한적이며 보수적이기까지 한 접근이라고 비판받기도 한다.

이에 반해 페미니스트 입장 인식론은 실증주의 과학의 객관성이라는 개념 자체 반대하고 여성의 관점으로 남성 중심적 지식체계와 사회에 근본적으로 도전하고자 한다. 다양한 경향성을 지니며 계속 발전하는 이론이기 때문에 한마디로 설명하기 어렵지만, 공통 전제를 세 가지로 압축할 수 있다. 첫째, 모든 지식은 사회적 구성물이다. '객관성'을 가장假裝한 진리는 근본적으로 사회적 상황과 존재의 위치를 통해 매개된다. 특정 시기의 사회 정치적 구조와 권력관계에 따라 구성된 개인의 위치성과 지식(생산)이 분리되기 어렵기 때문이다. 따라서 사회적 위치성이 다른 피지배 집단과 지배 집단은 관점과 신념이 다른데, 문제는 후자의 관점과 신념이 늘 진리로 승인받는다는 점이다. '보편타당성'은 지배 집단의 이해를 반영한 이데올로기다.(이나영, 2017) 둘째, 사회적으로 배제된 삶으로부터 사고를 시작한다.(이나영, 2017) 지배자의 관점은 편파적인 동시에 왜곡된 것이다. 지배자는 사회적 약자의 경험에 무지할 뿐만 아니라 알려는 의지조차 없다. 아무리 잘 훈련된 연구자라도 지배층에 있는 사람들은 인간과 인간, 인간과 자연의 '진짜 관계'를 통찰하기 어렵다. 반면에, 피지배자 또는 약자의 삶에서 세상에 대한 시각은 덜 편파적이고 더 비판적인 해석을 만들어 낼 가능성이 있다. 억압받고 착취당하며 지배받고 있다는 사실의 인식은, 지배자의 삶에서는 알아차리기 힘든 사회 체계의 여러 면들을 볼 수 있기 때문이다.(하딩, 2005: 195) 셋째, 여기서 '입장'이란 타자의 관점을 통해 본다는 의미이므로 반드시 실존적으로 당사자일 필요는 없다. 입장은 투쟁의 맥락에서 획득되는 것이지 자연발생적인 것이 아니기 때문이다(이나영, 2017). 남성이든 여성이든 일상에서 일어나는 여성들에 대한 착취에 적극적으로 대항해 보지 않은 사람들이 성차별과 남성 중심성에 따른 왜곡이 덜한 지식을 생산할 가능성은 적다.(Harding, 1987) 페미니스트 입장 인식론은 '객관적 · 과학적 학문하기'라는 명목하에 숨겨진 전제인 백인 중산층 이성애 남성 중심성과 지식-권력 체계의 속성을 폭로하며 페미니즘의 '진리 주장'을 정당화하는 발판을 마련했다는 점에서 큰 의미가 있다. 특히 여성의 경험에서 출발하는 연구라는 페미니스트 연구의 독창성을 확립하는 데 크게 기여했다.

페미니스트 입장 인식론은 1980년대 후반, 주체 · 정체성 · 경험 등과 관련된 포스트구조주의 이론의 발전 때문에 점차 인기를 잃고 소멸하는 듯 보였다. 특히 유색인종 페미니스트들과 포스트식민주의 페미니스트들이 전격 제기한 (인종, 계층, 섹슈얼리티, 민족 등) 여성들 내부의 차이 문제가 페미니즘 이론을 주도하면서 논리적으로나 실천적으로 적합하지 않은 '낡은 이론'으로 취급되기 시작했다. '여성'은 누구인가? 여자들을 '여성'으로 인지하게 하는 근거는 무엇인가? '여성'은 동질적 집단인가? 그렇다면 어떤 여성을 기준으로 한 것인가? '여성 경험'이란 또 무엇이며 누구의 경험을 주로 지칭하는가? 입장 인식론이 페미니스트 지식 생산의 정당성을 부여하고 이론과 실천에서 개인의 주관성과 생생한 경험의 중요성을 강조하는 데 기여한 것은 사실이나, 변화하는 지배와 종속 시스템 가운데 새롭게 부상하는 차이들에 대한 담론을 충분히 담아내지 못했다는 내부적 비판에 맞닥뜨린 것이다. 특히 포스트구조주의 페미니스트 해러웨이는 '상황적 지식'이라는 개념을 통해 단일한 경험이 아닌 특정한 맥락에서 주체의 위치가 특정한 관점(시각)을 생산해 내는데, 이 또한 '부분적 지식'이라고 주장한다. '순수한' 위치로서 종속된 자가 아니라, 그 처지가 중요하게 고려되어야 함을 페미니스트 이론이 강조해야 한다고 지적한다.(Harraway, 1988: 578~579)

이와는 다르게 흑인 페미니스트 콜린스는 여성들 간 차이 문제를 입장 인식론의 차원에서 제기한다.(콜린스, 2004) 그는 미국 백인 사회에서 내부자이자 외부자인 흑인 여성들의 독특한 위치가 자아와 가족, 사회에 대한 '종속 지식'을 생산하는 기제가 된다고 주장한다. 흑인 여성들의 '독특한 입장'은 젠더뿐만 아니라 인종과 계급 질서가 중첩되어 결과하는 억압의 경험과 긴밀히 연결된다는 점에서 기존 주류 사회과학 지식뿐만 아니라 백인 여성들과도 차별된다. 콜린스 논의의 큰 함의는 억압받은 여성들의 '경험' 자체에 있던 논의의 쟁점을 경험을 통해 선명히 드러나는 다층적 억압 구조, 젠더·인종·계급 등 사람들을 끊임없이 이분법적으로 분류해 내는 방식으로 작동하는 불평등의 축들이 중첩되어 나타나는 독특한 억압의 경험과 인식으로 옮겼다는 것이다. 특히 억압 구조가 교차하는 '지배 매트릭스'라는 개념은 추후 '페미니스트 교차성' 이론의 발전에 크게 기여한다.

페미니스트 질적 연구 '수행하기'

그렇다면 페미니스트 질적 연구의 수행 과정에서 반드시 고려해야 할 쟁점들은 구체적으로 무엇인가. 몇 가지 주요한 요소들을 살펴보자.

의심하고 뒤집어 보기, 여성 경험에 주목하기

최근 세계적으로 유명한 한 남성 조각가의 회고전이 열렸다. 주요 내용은 '인간의 실존에 대한 탐구'이며 인간의 본질을 꿰뚫는 작가의 통찰력에 찬사가 이어졌다. 그러나 그의 일생을 묘사한 전시 곳곳에는 매력적인 여자와의 불행한 만남, 평생 헌신한 아내, 나이 차이가 무려 45세 이상 나는 젊은 여성과 함께한 말년의 사랑 이야기가 깨알같이 박혀 있었다. 그에게 여성들은 단지 작품의 영감을 주는 뮤즈나 성적 대상, 각종 뒤치다꺼리를 도맡아 하는 하녀, 유명세를 노려 접근한 '꽃뱀'에 불과했다. 여성들이 인간이 아닌 각종 '~녀'로 호명되는 사이, 그는 남성 작가가 아닌 인간의 고통을 대변하는 '보편' 작가로 크게 평가받는다. 페미니스트들의 질문은 사실 여기서 출발한다. 왜 남성 작가는 작가로 불리면서 여성들은 '여류 작가'로 주목받거나 폄하되는가? 당대 남성들에게 여성들은 어떤 존재였을까? 부당하게 취급당하고 역사 속에 기록된 그 여성들의 실제 경험은 어땠을까? 이런 방식의 남성 중심적 서사는 과연 정당한가?

페미니스트 연구는 모든 연구가 사실상 남성의 관점에서 출발한다는 인식에서 출발한다. 정치·경제·사회·문화가 모두 남성 중심적 가치관에서 남성들의 방식대로 구성되었다는 통찰, 그래서 당연히 학문 세계도 남성의 질서를 반영하며 남성에 의한 남성을 위한 연구가 지배적이었다는 인식이 페미니스트 연구의 출발점이라는 의미다. 1986년《한국여성학》 2집 서두에서 당시 여성학회장 윤후정이 '남녀가 함께 사는 사회이면서도 가치·역사·사회·제도·문제 들을 한쪽의 한쪽 눈으로만 보았고 처방을 내놓았기 때문'에 우리 사회에 문제가 발생한다고 진단하고, '두 눈으로 역사와 사회문제를' 보는 것이 여성학의 존재 의미라고 지적한 것은 이런 자각의 반영이다.

그러므로 페미니스트 연구는 당연한 것, 개관적인 것, 가치중립적인 것, 보편타당한 것, 심지어 상식이라 여겨지는 모든 것에 의심을 품고 질문을 던지며 통념을 거스르는 작업이다. 이성과 합리성, 자유, 평등이라는 것 자체가 남성 중심적 정의 기반에서 출발한다는 비판적 인식은 전제 조건이다. 시민에 여성도 포함된다고 주장한 프랑스 혁명가 올랭프 드 구주Olympe de Gouges의 〈여성과 여성 시민의 권리선언Déclaration des Droits de la Femme et de la Citoyenne〉(1791), 이성을 가진 존재로서 인간이라는 기준은 여성에게도 동등하게 적용되어야 한다던 영국 작가 울스턴크래프트의 《여권의 옹호A Vindication of the Rights of Woman》(1792), 자본주의 계급 체계가 아니라 남성의 여성 억압이 가장 오랜 불평등 체계라고 주장한 1970년대 서구 급진 페미니스트들의 성 계급론 등이 이런 문제의식에서 출발했다. 미국의 페미니스트 프리단Betty Friedan이 성적으로 수동적이며 남편의 지배를 원하고 육아와 양육을 통해 모성애를 발휘하는 현모양처가 바람직한 여성상이라는 '여성성의 신화'에 도전한 것도 같은 맥락이다.

페미니스트 사회학자 로버Judith Lorber는 '지금까지 페미니스트가 아닌 사람들이 보지 못했고 보지 못하고 있는 질문들의 유형과 상호 연관성, 원인과 효과를 파악하는 것'이 페미니스트 방법이라고 주장했다. 지금까지 제기되지 않던 문제나 제기된 문제들의 남성 편향성을 인지하고 '여성의 관점'에서 새로운 연구 질문을 도출하는 것이다. 예컨대 노숙자 연구에서 여성 노숙자의 경험이 남성 노숙자의 경험과 분리되어 분석되지 않고 있다는 문제의식, 노동 연구에서 생산노동은 남성 생계 부양자 모델을 전제하며 여성들의 재생산 노동은 그 의미가 전제되거나 삭제되었다는 문제의식이 새로운 연구 질문을 가능케 한다.

이런 문제의식은 역사 속에서 사라진 여성들을 복원하는 것, 여성을 변수로 추가하는 데서 더 나아가, 실증적·이론적 자원으로서 여성의 경험에 주목하게 한다. 한국의 페미니스트 사회학자 이재경(2012)은 주관적이라고 여겨지는 여성의 개인적 경험에 기초한 지식 생산의 중요성을 강조하는 것이 페미니스트 질적 연구라고 했다. 페미니스트 사회학자 이희영도 남성 중심의 관점에서 선택되고 조직되고 해석된 기존 문헌 자료에서 배제된 '여성의 목소리'를 기록하고, 이를 통해 구체적인 사회 역사적 맥락 속에서 구성된 남성 중심의 지배적인 권력관계를 새롭게 읽어 내려는 노력(이희영, 2007: 99)이 다른 연구와 차별되는 특성이라고 지적한다. 여성의 존재와 경험은 특수한 것, 사소한 것, 부차적인 것 등으로 여겨져 비가시화되고 삭제되어 왔으며 이는 구조적 불평등에 기인한다는 인식이 페미니스트 연구의 출발점이라는 의미이다.

'개인적인 것이 정치적인 것'이라는 페미니스트들의 오래된 구호는 (연애, 임신, 육아 등) 여성 개인의 선택으로 여겨지던 문제들이 사실은 사회구조의 영향을 받는다는 것과 사적인 문제로 여겼던 성폭력, 가정폭력, 음란물, 성매매 등도 공적인 의제로 다뤄야 한다는 뜻을 담고 있다. 무엇보다 남성의 성적 쾌락이 여성에게는 폭력의 경험이 될 수 있다는 문제의식이 가장 크게 작용했다. 공적인 문제를 해결하려면 집단적 문제 제기와 인식의 변화, 구조적 변혁이 필요하다. 여성의 경험으로 역사 다시 쓰기, 성폭력 경험 말하기, 반성매매 운동, 낙태죄 폐지 운동, 음란물 반대 운동 등이 이런 인식의 일환이다. 페미니스트 연구는 이런 운동의 이론적 근거를 제공하거나 지탱하는 보조적 구실을 넘어 운동 그 자체였다.

여성의 경험에서 세상을 보려는 페미니스트 연구는 결과적으로 '여성을 위한' 연구다. 여성을 위한 연구란, 여성이 집단으로 억압받고 지배당하는 사회구조에 대한 분석을 지향하는 연구다. 여성으로 태어났기 때문에 부당한 처우를 받는 것이 온당한가, 차별이 타고난 속성의 문제로 환원되어 정당화되는 것이 옳은가, 현모양처이자 성적 대상이자 2등 시민이자 산업예비군으로서 동시적으로 배제되고 착취당하는 2중·3중 모순은 과연 어디서 유래하는가와 같은 여성들의 의문과 사회현상에 대한 이해를 제공하는 연구다. 이해받지 못하는 여성의 체험, 비난받는 여성의 행동, 피해자인데 오히려 낙인이 찍히고 2차 가해를 당하는 여성의 경험을 재해석하고 이들의 목소리에 권한을 부여하는 연구, 궁극적으로 여성을 사회의 주체로 자리하게 하는 연구가 여성을 위한 연구다.

젠더화 과정에 대한 연구

연구의 주체와 소재가 여성이라는 것만으로, 연구 주제가 여성 경험에 대한 것이라는 사실만으로 페미니스트 연구라는 이름을 붙이기에는 부족하다. 잘못하면 페미니스트들이 오랫동안 해체하려고 한 생물학적 숙명으로서 여성이라는 정체성을 재생산하고, 경험을 논증의 자원으로만 활용할 가능성도 있다. 그래서 페미니스트들은 분석과 해석의 과정을 중시하고, 약자를 약자로 만드는 사회구조에 대한 심각한 질문과 변화를 지향한다. 페미니스트 인류학자인 김성례는 '여성이 처한 사회적 관계의 맥락에서 젠더 주체로서의 위치에 대한 여성주의적 해석'이 연구를 페미니스트적인 것으로 만든다고 지적했으며, 페미니스트 사회학자 라인하르츠Shulamit Reinharz도 특정 역사적 사건에 대한 '사실'을 발견하는 것보다는 역사적 과정에 대한 여성들의 해석을 추구하는 것이 페미니스트 연구라고 논의했다.

미국의 페미니스트 역사학자 스콧Joan W. Scott은 지식의 원천으로 접근하고 전달할 수 있는 것으로서 '진정한' '경험'이라는 개념, 경험에 선행하는 '단일한 주체', 지식의 객관적 권위 등에 문제를 제기했다. 재현의 범주와 이데올로기적 시스템이 작동하는 방식에 대한 비판적 고찰을 배제할 수 있다는 점에서, 경험 자체를 가시화하는 작업이 빠질 수 있는 함정을 경고한 것이다.(Scott, 1999: 82) 물론 이에 대한 반박이 없지는 않다. 만약 집단으로서 '여성' 정체성과 경험이라는 개념이 폐기된다면 페미니스트 인식론, 더 넓게는 페미니즘 이론과 실천이 어떻게 정당화될 것인가? 스콧의 논의는 경험의 중요성을 간과하거나 여성이란 정체성을 무시하자는 것이 아니라, 경험을 자연화하는 맥락과 여성이라는 범주의 역사적 구축 과정에 주목하자는 제안으로 받아들여야 한다.(이나영, 2016) 선험적 정체성이라는 개념에 기대어 경험을 단일화하거나 화석화시키는 오류에서 벗어나, 특정 경험이 사회·문화적으로 구축되는 과정과 이해되고 해석되는 맥락의 다양성(들리거나 들리지 않는 맥락)에 주목하자는 의미다.

그러므로 페미니스트 질적 연구는 '타자에 대한 연구'가 아니라 '타자화 과정에 대한 비판적 탐구'여야 하며, 생물학적 여성 그 자체보다 '여성이 되는 사회구조와 역사에 대한 분석과 도전'이어야 한다. 예를 들어, 사회적 약자들의 경험을 드러낸다는 명목하에 면접 대상자들의 이야기를 기술적記述的으로 나열한 연구는 약자에 대한 대상화, 희생자화, 단순한 찬양과 낭만화에 그칠 수 있다. 사회적으로 구성된 범주들을 자연화하고 타자화된 위치성을 정당화거나 재생산할 우려마저 존재한다. 페미니스트 연구자라면, 특정 집단의 경험이 구성되는 구조적 조건과 맥락을 고려하면서 기존의 사회적 범주 자체에 의문을 던지는 분석으로 나아가야 한다. 최근 연구에서 허민숙(2017)은 무고죄 피의자가 된 성폭력 피해자의 재판 과정을 분석하고, 성차별적 사회에서 여성에 대한 편견이 실제 증언 과정의 부정의와 젠더 불평등을 생산한다고 주장한다. 객관적 진술의 장으로 여기는 법정에서조차 성차별적 편견이 강력하게 작동함을 밝히면서 어떻게 여성이 또 다른 폭력의 피해자가 되는지, 사회적 통념이 어떻게 강화되는지, 이를 통해 피해자가 어떻게 '꽃뱀'이 되는지 잘 드러낸다. 날것으로서 여성의 경험을 단순히 활용하는 데 그치지 않고 재판 과정 자체를 젠더 부정의의 장으로 읽어 냄으로써 '여성'이라는 범주가 구성되는 과정을 보여 주었다는 점에서 의미가 큰 연구다.

  페미니스트 질적 연구에서는 약자에 대한 지배적 관념이나 불평등을 재각인하고 재생산하는 재현 방식을 공모하지 않는 것이 가장 중요하다. 연구자는 젠더에 대한 기존 질서와 믿음에 근거한 여성성/남성성을 확인하거나 단순히 자리만 바꾸는 것이 아니라 남성성과 여성성의 구성을 비판적으로 탐색함으로써 어떻게 젠더화된 실천이 인간의 행위와 믿음을 (재)구성하는지를 문제시해야 한다. 무성적으로 보이는 청년 세대 담론의 남성 중심적 한계를 극복하기 위해 역으로 남성성에 주목한 배은경(2015), 육아휴직을 한 남성의 양육 경험을 통해 평등한 부모됨의 의미를 재구성하려고 한 나성은(2014)의 전략은 이런 점에서 아주 유용하다.

차이와 교차성에 대한 고려

인간은 성별로만 구성되는 존재가 아니라, 인종·계층·섹슈얼리티·장애 유무·연령에 따라 다양한 정체성으로 직조되며 시공간에 따라 정체감 또한 변한다. 경험의 증거는 차이에 대한 증거이기 때문에, 차이가 구축되고 작동하는 방식과 그 차이가 세상을 인식하고 행위하는 주체를 구성하는 방식을 탐색해야 한다.(Scott, 1999: 82) 그래서 정체성과 경험 간 불연속성에 주목하는 차이에 대한 감각은 페미니스트 연구에서 중요한 요소가 된다. 예를 들어, 페미니스트 사회학자 김은정(2012)은 여성과 노동의 근대 담론 속에 어떻게 한 여성이 '여성'이라는 사회적 정체성과 '일'에 대한 사회적 인식 간 모순 속에서 갈등하며 정체성을 형성하는지 분석했다. 이은아(2015)는 일본인 결혼 이주 여성에 대한 경험 연구를 통해 하향혼과 젠더 규범의 불일치를 파헤친다. 한국의 정책과 연구 패러다임에서 '다문화 가정' 또는 '결혼 이주 여성'의 범주에서 포착되지 않는 여성들의 다중적 정체성과 갈등적 경험, 모순적 위치를 드러내며 온정적 가부장의 시선과 민족 중심주의에 대한 비판적 성찰을 요청한다는 점에서 의미가 있다.

다중적이며 모순적이고 유동적인 여성 정체성은 결국 '여성'이 위치한 사회구조적 모순의 징후다. 페미니스트들은 여성이 처한 심층적 억압 구조를 이해하기 위해 교차성 이론을 발전시켰다. 이 이론은 1989년에 크렌쇼Kimberle Crenshaw가 흑인 여성이 경험하는 차별이 '젠더'나 '인종'만이 아닌 복합적인 원인 때문에 발생한다고 주장하면서 등장했다. 즉 교차성은 여성 억압의 중층적 구조, 이를 구성하는 권력 기제의 다층성을 설명하기 위해 도입한 개념이다. 교차성은 연구에서 단순히 변수를 더하거나 기존의 분석 틀을 합하는 것이 아니다. 억압의 구조가 누구에게나 동질적으로 작동한다는 의미도 아니다. 어떤 상황에서는 사람들이 비슷한 억압 구조에 놓인다는 의미도 아니다. 인종·계층·민족·장애·섹슈얼리티 등 여러 정체성의 단순한 '상호 겹침'을 의미하는 것은 더욱 아니다. 겹치는 정체성의 숫자에 따라 누가 더 억압받는지 증명하는 도구도 아니다. 흑인 이성애자 전문직 여성의 경험과 백인 동성애자 노동자 남성의 경험이 단순히 인종·젠더·계층·섹슈얼리티라는 '동등한' 정체성들의 교집합으로 비교되어서는 안 된다. 이들이 살고 있는 문화적 맥락, 사회경제적 시스템, 시대적 조건에 따라 억압 구조는 변화하며 경험도 결과적으로 달라지기 때문이다. 동성 결혼이 합법화된 신자유주의 자본주의 사회에서 백인 이성애 남성 노동자들이 더 억압받는다고 느끼는 것이 비판적 탐구의 대상이 되어야 하는 이유다.

페미니스트 교차성 이론의 핵심은 젠더와 인종, 계급, 섹슈얼리티가 교차하면서 차별이 (재)구성되는 방식 또는 여러 가지 사회적 범주와 차이들이 교차하면서 새로운 위험이 만들어지는 방식에 주목하는 것이다.(이나영, 2014) 즉 다양한 지배 시스템들이 맞물리는 구조, 그 구조가 만들어 내는 차별과 억압의 다른 양상에 주목하면서 사회적 약자의 관점에서 사회·정치적 체계를 분석하고 비판하는 이론적·방법론적 도구다. 예를 들어, 한국 사회에서 보수 개신교의 성소수자 혐오 담론이 어떻게 '과학'의 이름으로 성소수자들을 '병리적 타자'이자 '비윤리적 존재'로 구성하고 페미니즘을 '악마적 존재'로 구성하는지 보여 주는 이나영·백조연의 연구(2017)는 젠더와 섹슈얼리티, 종교가 맞물려 새롭게 만들어지는 억압 구조를 잘 드러낸다.

그러므로 페미니스트 질적 연구는 특정 집단이 타자화되는 과정에서 드러나는 모순과 역설의 순간을 포착하고, 그 모순이 발생하는 경험의 구조적 지점을 분석하면서, 결과적으로 얼기설기 정체성들을 생산해 봉합해 온 견고한 시스템 자체를 무너뜨리는 것이다. 어떤 경우든 차별의 권력 기제 중 젠더에 주목하고, 그것이 다른 차별적 기제와 어떻게 맞물리며 다른 구조와 경험을 낳는지 분석하는 것이 페미니스트 질적 연구다.

권력관계에 대한 성찰

말하는 자와 듣는 자는 명백히 위계적 관계에 있다. 누가 말하게 하는가? 누가 듣는 위치에 있는가? 연구자와 연구 참여자의 관계는 동등하지 않다. 젠더, 인종, 나이, 계층, 섹슈얼리티, 직업(안정성) 등 다양한 위계가 작동한다. 성폭력을 연구하는 학자가 남성이고 연구 참여자는 여성일 때, 같은 여성이라도 페미니스트가 아닐 때, 연령 차이가 클 때, 특정 종교인일 때, 경험이 긍정적으로 받아들여질 수 있을 때와 없을 때, 연구 참여자의 말하기는 달라진다. 고정관념이 강한 연구자는 연구 참여자의 기억마저 제한한다. 페미니스트 연구자는 연구 수행의 전 과정이 다양한 사회적 권력관계의 영향을 받으며 착취와 오용의 위험에 노출되어 있다는 점을 인식하는 데서 연구의 닻을 올린다.

따라서 페미니스트 연구자는 연구자의 관점 또한 사회적으로 구성된 것으로 부분적이고 한계가 있다는 점을 인식해야 한다. 연구하는 나는 누구인가? 어떤 가치관을 체현하고 있는가? 왜 이 연구를 하는가? 궁극적인 목적은 무엇인가? 연구자의 위치성과 연구의 목적도 비판적 탐구 대상이 되어야 한다. 연구자는 신이 아니다. 전체를 조망하는 객관적 관찰자도 아니다. 연구 참여자의 이야기를 온전히 듣고 완벽하게 기록하는 자도 아니다. 이야기를 투명하게 재현하는 매개자가 아니고, 연구 참여자와 독자들 간의 객관적 중재자도 아니다. 오히려 적극적으로 관계를 만들고, 경험을 의미화하는 또 다른 주체이자, 의미화되는 대상이다.(이나영, 2012)

이런 인식은 연구자와 연구 참여자(또는 연구 대상이 되는 텍스트) 간 상호작용을 통해 (재)구성되는 주체(성)의 가능성을 열어 둔다. 연구 과정에서 연구 참여자는 새로운 주체성을 형성할 힘을 얻고, 연구자 또한 성장의 동력을 얻는다. 질적 연구에서 연구자는 연구 참여자와 직접 조우하거나 연구 참여자와 연관된 텍스트를 마주하면서 자기 안에 봉합된 기억과 편견 들을 마주하게 된다. '그들'의 입을 봉했던 구조는 사실 '나'를 구성했던 사회적 힘이 아닌가? 필자가 다른 논문에서 주장했듯, 페미니스트 연구자가 여성의 경험을 만나는 과정은 한국 사회에 '여성'으로 살아가는 자신의 상처를 들여다보는 과정이자 정체성을 재구성하는 과정이다. 가부장적 젠더 질서에서 여성이라면 누구나 했을, 하고 있을, 앞으로 하게 될 여성 공통의 경험에 대한 환기를 통해 자신의 내면적 상처를 소환하고 재해석하게 된다.(이나영, 2016) 우리가 배운 사회이론과 사회구조의 모순을 발견하고, 연구자 스스로를 성장시키며, 이를 통해 새로운 연대감을 형성하고 세상을 바꿀 힘을 얻는 것이야말로 페미니스트 연구의 힘이다.

연구 현장에서 제기되는 문제의식은 분석·글쓰기·발표(재현)의 장 등에서 지속적으로 연결되어야 한다. 연구자는 연구 참여자의 경험이 들리게 또는 들리지 않게 하며 취사선택하고 내용을 왜곡할 수도 있다. 필자는 오랫동안 기지촌 성매매 여성들을 만나고 연구하면서 분석과 글쓰기 과정 중 '주류' 남성들이 만든 과학적 언어의 (논리적) 틀로는 도저히 논리적으로 여성들의 경험을 드러낼 수 없다는 점을 느꼈다. 일관성 없어 보이는 여성들의 이야기, 논리가 충돌하는 지점, 이해하기 어려운 단어, 감정의 과잉 등을 어떻게 이해하고 해석할 것인가? 여성이기 때문에 그럴 것이라는 판단은 주류 남성들의 연구 관점을 자연적이고 보편적인 것으로 정당화하고 여성의 경험과 '여성 연구'를 특수화하는 전형적 방식이다. 여성 경험의 존재 불가능성, 이해 불가능성, 해석 불가능성, 기록 불가능성, 재현 불가능성이라는 문제는 젠더 질서에서 파생된 것이다. 연구 현장에서 '나'와 '그'가 만나는 과정은 끊임없는 불안과 협상하는 과정이며(이나영, 2011) 연구자의 재현 과정 또한 연속적인 선택의 과정이다. 그래서 재현의 책임은 온전히 연구자에게 있다. 누군가를 대신해 말하고 재현하는 자로서 연구자 또한 우리 사회의 구조적 산물이며 한계를 지닌 인간이라는 점을 잊어서는 안 된다.

결론적으로 페미니스트 질적 연구는 비가시화되거나 삭제되어 온 여성의 존재를 드러내고, 이들의 관점에서 삶과 고통의 경험을 기록하며 성차별적 구조를 드러내고, 젠더화된 억압 구조와 이데올로기에 도전하며 변화를 추구한다. 단일한 '여성 경험'이 존재하지 않듯 젠더 질서 또한 인종, 계층, 섹슈얼리티, 민족 등 다른 사회적 · 차별적 기제들과 교차한다. 페미니스트들은 단순히 타자에게 목소리를 부여하는 차원을 넘어 타자가 구성되는 조건과 다양한 억압 구조를 무너뜨리는 것을 목표로 하기 때문에 성차별뿐만 아니라 백인 중심주의와 인종차별, 이성애 중심 사회의 성소수자 차별, 자본주의의 불평등 분배로 발생하는 계층 문제, 식민주의 이데올로기와 실천을 분석하는 복수의 렌즈를 써야 한다.

페미니스트 질적 연구의 궁극적 목적은 여성과 다른 사회적 소수자들에게 권한을 부여하며 해방적 지식을 생산하고 사회 전반의 변화와 정의에 기여하는 것이다.(Hesse-Biber · Leavy, 2007: 4) 무엇보다 연구자 스스로가 당연하게 받아들이던 사회구조와 역사, 고정관념과 기존 권력관계의 변화를 지향하는 페미니스트 정치학에 복무할 때 비로소 연구는 페미니스트적인 것이 된다. 결국 세상을 보는 '차별화된' 인식론적 '눈'을 지닌, '페미니스트로 정체화한' 연구자가 새로운 질문을 던지고 새로운 자료를 발견하거나 기존 자료의 다른 측면을 분석하고 해석하며 연구의 모든 과정과 결과에 페미니스트 정치학을 고려하는 것, 그것이 바로 페미니스트 질적 연구의 특징이라 할 것이다.(이나영, 2017)

- 교차성과 지배 매트릭스

  교차성은 서로 맞물리는 억압의 특정 형태, 예컨대 인종과 젠더의 교차 혹은 섹슈얼리티와 민족의 교차와 같은 특정 형태를 지칭한다. 교차 패러다임은 억압이 하나의 근본적 유형으로 환원될 수 없는 것임을 강조하며 여러 억압들이 부정의를 생산하는 데 서로 함께 작동한다는 점에 주목한다. (……) 지배 매트릭스는 서로 맞물려 작동하는 이러한 억압들이 실제로 조직되는 방식을 지칭한다. 권력의 구조적, 훈육적, 헤게모니적, 대인관계적 영역은 관련된 특정 억압의 맞물림뿐 아니라 상이한 형태의 억압을 가로질러 재삼 등장한다.(콜린스, 패트리샤 힐, 2004,《흑인 페미니즘 사상》, 박미선·주해연 옮김, 여성문화이론연구소, 50쪽.)

- 경험

  무엇이 경험으로 간주되는가는 결코 자명하거나 간단하지 않다. 항상 경험적이며 그러므로 늘 정치적인 것이다. 경험을 연구한다는 것은 (……) 역사적 설명 안에서 경험의 기원을 질문하는 것이다. (……) 이는 정체성의 생산과정을 중시하면서 경험의 담론적 성격과 구성의 정치학을 강조하는 과정을 동반한다. 경험은 설명의 출발 지점이 아니라 우리가 설명해야 할 대상이다.(Scott, Joan W., 1999, "The Evidence of Experience" in *Feminist Approaches to Theory and Methodology*, New York: Oxford University Press, p. 96.)

1. 페미니스트 이론에서 발전한 교차성은 최근 사회과학에서 하나의 이론이자 연구 방법론으로 이해되고 있다. 질적 연구에서 교차성 개념을 적용한다는 것은 무슨 의미인지 논의하고, 구체적인 사례를 들어 설명해 보자.

2. 성차별적 학제와 사회를 바꾸기 위해 배제되고 삭제된 여성의 경험을 중시한다는 의미는 무엇인가? 스콧은 '타자를 지정指定하는 역사'로서 차이의 역사를 비판하면서 경험을 투명하고 객관적인 자료처럼 무비판적으로 사용하는 관례를 문제시한다. 그의 주장처럼 '설명의 출발점이 아니라 설명의 대상'으로서 경험이란 어떤 의미인지, 질적 연구에서 타자의 경험을 '사용'한다는 것이 어떤 의미인지 페미니스트 관점에서 생각해 보자.

읽을거리

- 이재경 · 윤택림 · 이나영, 2012, 《여성주의 역사 쓰기: 구술사 방법론》, 아르케.
- 하딩, 샌드라, 2005, 《누구의 과학이며 누구의 지식인가?》, 조주현 옮김, 나남.
- Hesse-Biber, Sharlene N. · Patricia L. Leavy, 2007, *Feminist Research Practice*, London: Sage.
- 《한국여성학》, 《페미니즘연구》, 《여성학논집》, 《여성학연구》, 《젠더와문화》, 《미디어, 젠더 & 문화》 등 페미니스트 학술지에 실린 논문.

참고 문헌

- 김성례, 2002, 〈여성주의 구술사의 방법론적 성찰〉, 《한국문화인류학》 35(2), 31~64쪽.
- 김은정, 2012. 〈1935~1945년 코호트 전문직 여성 노인들의 일 정체성 형성 과정에 관한 연구〉, 《한국사회학》 46(1), 64~100쪽.
- 나성은, 2014, 〈남성의 양육 참여와 평등한 부모 역할의 의미 구성: 육아 휴직 제도 이용 경험을 중심으로〉, 《페미니즘연구》 14(2), 71~112쪽.
- 배은경, 2015. 〈'청년 세대' 담론의 젠더화를 위한 시론: 남성성 개념을 중심으로〉, 《젠더와문화》 8(1), 7~41쪽.
- 이나영, 2011, 〈기지촌 여성의 경험과 윤리적 재현의 불/가능성: 탈식민주의 페미니스트 역사 쓰기〉, 《여성학논집》 28(1), 79~120쪽.
- _____, 2012, 〈과정으로서의 구술사: 긴장과 도전의 여정〉, 《한국여성학》 28(3), 181~217쪽.
- _____, 2014. 〈한국 사회의 중층적 젠더 불평등: '평등 신화'와 불/변하는 여성들의 위치성〉, 《한국여성학》 30(4), 1~45쪽.
- _____, 2016, 〈페미니스트 인식론과 구술사의 정치학: 일본군 '위안부' 문제를 중심으로〉, 《한국사회학》 50(5), 1~40쪽.
- _____, 2017, 〈페미니스트 질적 연구의 원리〉, 《미디어, 젠더 & 문화》 32(4), 71~99쪽.

- 이나영·백조연, 2017, 〈성과학연구협회를 중심으로 본 '개신교' 동성애 혐오 담론〉, 《여성학연구》 27(1), 67~108쪽.
- 이은아, 2015, 〈'글로벌 하향혼'으로서 결혼 이주의 정치학: 일본 결혼 이주 여성을 중심으로〉, 《페미니즘연구》 15(1), 131~167쪽.
- 이재경, 2012, 〈여성주의 인식론과 구술사〉, 《여성주의 역사 쓰기: 구술사 방법론》, 아르케.
- 이희영, 2007, 〈여성주의 연구에서의 구술 자료 재구성: 탈성매매 여성의 생애 체험과 서사구조에 대한 사례 연구를 중심으로", 《한국사회학》 41, 98~133쪽.
- 콜린스, 패트리샤 힐, 2004, 《흑인 페미니즘 사상》, 박미선·주해연 옮김, 여성문화이론연구소.
- 하딩, 샌드라, 2005, 《누구의 과학이며 누구의 지식인가?》, 조주현 옮김, 나남.
- 허민숙, 2017, 〈너 같은 피해자를 본 적이 없다: 성폭력 피해자 무고죄 기소를 통해 본 수사과정의 비합리성과 피해자다움의 신화〉, 《한국여성학》 33(3), 1~31쪽.
- Harding, Sandra, 1987, "Is There a Feminist Method?" in *Feminism and Methodology*, Bloomington, IN: Indianan University Press, pp. 1~14.
- _____, 2004. "Rethinking Standpoint Epistemology: What is Strong Objectivity?" in *Feminist Perspectives on Social Research*, New York: Oxford University Press, pp. 39~64.
- _____, 1991, *Whose Science? Whose Knowledge?: Thinking from Women's Lives*, Cornell University Press.
- Harraway, Donna, 1988, "Situated Knowledge: The Science Question in Feminism and Privilege of Partial Perspective" in *Feminist Studies* 14(3), pp. 575~599.
- Hesse-Biber, Sharlene N.·Patricia L. Leavy, 2007, *Feminist Research Practice*, London: Sage.
- Hesse-Biber, Sharlene N.·Michelle L. Yaiser, 2004, "Feminist Approaches to Research as a Process" in *Feminist Perspectives on Social Research*, New York: Oxford University Press, pp. 3~26.
- Hesse-Biber, Sharlene, 2003, *Approaches to Qualitative Research: A Reader on Theory and Practice*, Oxford University Press.
- Lorber, Judith, 1988, "From the Editor" in *Gender & Society* 2(1), pp. 5~8.
- McCann, R. Carole·Seung-kyung Kim, 2003, "Feminist Theory: Local and Global Perspectives" in *Feminist Theory Reader: Local and Global Perspective*, New York:

Routledge, pp. 1~23.

- Scott, Joan W., 1999, "The Evidence of Experience" in *Feminist Approaches to Theory and Methodology*, New York: Oxford University Press, pp. 79~99.
- Smith, Dorothy E., 2004, "Women's Perspective as a Radical Critique of Sociology" in *Feminist Perspectives on Social Research*, New York: Oxford University Press, pp. 27~38.
- Stone-Mediatore, Shari, 2000, "Chandra Mohanty and the Revaluing of Experience" in *Decentering the Center*, Bloomington, IN: Indiana University Press, pp. 110~127.

참여연구 패러다임

김성경

· **학습 내용** ─────────────────────

문화사회학은 인간 삶의 총체로서 문화를 연구한다. 인간은 상호작용과 의미
작용을 통해 문화를 영위하기 때문에 동물과 구별될 수 있다. 문화사회학에서
질적 연구를 활용한다는 것은 이렇게 의미와 상징이 복잡하게 얽힌 문화의 구
조와 작동에 조금이라도 더 가깝게 접근해 이해한다는 뜻이다. 특히 참여연구
패러다임은 문화를 구성물로 접근하는 구성주의적 시각에서 한 걸음 더 나아
가 문화를 주체와 타자의 상호작용과 그 관계의 역동성이라는 측면에서 새롭
게 분석하려는 일련의 시도를 가리킨다. 참여연구 패러다임이 가정하는 현실
세계는 단순히 이성과 몸을 분리하는 데카르트적 접근도, 그 반대편에 위치한
상대주의적 세계도 아니다. 참여연구 패러다임에서 세계는 개개인이 전체의 한
부분으로 참여해 만들어 낸 것이다. 그래서 연구자와 연구 참여자의 상호 협력
적인 탐구를 통해서만 세계와 문화에 접근할 수 있다. 참여연구 패러다임은 연

구 대상을 고립시켜 '관찰'해서 '해석'하는 것이 아니라, 연구자와 연구 참여자가 함께 만들어 가는 문화의 역동성에 천착한다. 또한 연구 과정 전반을 연구자와 연구 참여자 세계의 교섭으로 정의하고, 이를 통한 쌍방의 변화까지 연구 영역으로 포함한다.

이런 맥락에서 참여연구 패러다임은 협력적 탐구 방법이나 참여적 행위 연구 등 연구 방법의 이론적 배경이 되며, 기존 질적 연구 패러다임과는 존재론·인식론·방법론 측면에서 구별된다. 참여연구 패러다임은 세계의 존재를 객관적이면서도 주관적인 것으로 파악하고, 이런 세계를 '아는 것'은 그만큼 주체의 위치 그리고 주체와 세계의 관계에 따라 다르게 구성될 수밖에 없다. 방법론적으로는 연구자와 연구 참여자가 서로 협력해 다층적·다면적으로 존재하는 세계에 접근하는 것을 중요시한다. 참여연구 패러다임은 무엇보다 연구자와 연구 참여자의 협력적 상호작용을 중시하면서 연구 과정 자체의 가치론적 기능에 주목한다. 기존의 방법론적 패러다임이 실재 자체에 접근하는 것에 관심을 기울였다면, 참여연구 패러다임은 각 연구가 무엇을 추구하며 결국 어떤 가치와 의미를 지니는지에 주목하는 것이다. 즉 연구자와 연구 참여자가 연구를 통해 서로 관계를 맺고, 이 상호작용과 의미작용의 과정은 각자 세계 속 주체로 위치를 만들어 가는 중요한 과정으로서 의미가 있다. 연구자와 연구 참여자는 상호작용을 통해 각각 주체로서 새롭게 재구성되는 기회를 얻게 되고, 이는 각 연구가 추구하는 가치와 밀접하게 연관된다.

연구자와 연구 참여자의 협력적 상호작용을 중시한다는 것은, 그 관계의 복잡성을 충분히 인지하며 연구 과정 전반을 성찰적으로 진행한다는 뜻이다. 하지만 연구자가 아무리 연구 참여자와 동등한 관계를 구축하려고 해도, 연구자와 참여자라는 상이한 위치는 연구 과정 전반에서 긴장을 유발할 수밖에 없다. 참여연구 패러다임은 연구 참여자의 세계를 좀 더 깊게 이해하려는 기존 질적 연구 패러다임의 문제의식을 계승하는 동시에 연구자와 연구 참여자의 간극에 대해 급진적인 질문을 던진다. 즉 참여연구 패러다임은 연구자가 그 어떤 노력을 해도 결코 될 수 없는 연구 참여자의 세계에 접속할 가능성, 연구자가 마주할 수밖에 없는 윤리적 문제인 연구 참여자의 세계에 개입할 권한의 유무, 사회과학의 기본 가정인 연구자와 연구 참여자의 구별적인 위치의 한계를 넘어설 가능성 등에 대해 근원적 의문을 제기하려고 한다.

참여연구 패러다임의 등장과 배경

질적 연구자는 특정 패러다임 속에서 연구를 설계하고 진행한다. 연구 문제를 설정하고 연구를 설계하는 데 어떤 패러다임을 택하는가에 따라 연구의 특성, 연구자와 연구 참여자의 관계, 연구 과정이 다를 수밖에 없다. 이 장에서는 질적 연구의 주요 패러다임 중에서도 참여연구에 대해 좀 더 면밀하게 살펴보려고 한다.

　구바와 링컨은 질적 연구 패러다임의 문제를 존재론, 인식론, 방법론의 문제로 구분해 설명했다. 간략하게 설명하면, 존재론적 문제는 질적 연구에서 연구 대상이 되는 실재를 어떻게 정의하느냐다.(Guba·Lincoln, 1994) 예컨대 실증주의적 관점에서는 고정불변한 '실재'가 있으며 그것을 경험적으로 증명할 수 있다고 가정하지만, 구성주의적 관점에서 실재는 시공간과 관점에 따라 끊임없이 변하고 구성되는 '실재들'이 존재할 뿐이다. 실재에 대한 존재론적 접근에 따라 인식론적 문제도 구분된다. 예컨대 고정불변한 '실재'에 접근하려고 하는 실증주의는 '객관적'이고 '과학적'인 방법으로 '진실'을 찾을 수 있다고 믿는다. 이런 맥락에서 연구자는 연구 대상과 객관적 거리를 유지하는 것이 중요하다. 반면에, 구성주의는 객관적인 인식론이 가능하지 않으며 발견된 현상을 통해 주관적 실재에 접근하는 것만 가능하다고 본다. 연구자와 연구 참여자는 객관적 거리를 유지할 수 없고, 오히려 둘의 주관적 상호작용을 전면화하는 것이 중요하다. 마지막으로, 방법론적 측면에서 실증주의는 변수를 조작적으로 정의해 가설을 검증하려고 한다. 즉 '과학'적 방법을 통해 진정한 '실재'에 접근할 수 있다고 믿는다. 실증주의와는 다르게 구성주의는 주관적으로 구성된 실재와 세계에 접근하는 데 해석학적 방법이나 변증법적 방법을 적극적으로 활용한다.

이렇게 상이한 패러다임의 스펙트럼을 존재론, 인식론, 방법론의 측면에서 살펴볼 때 양극단에 존재하는 것이 바로 실증주의와 구성주의라고 하겠다. 실증주의는 사회적인 것을 '과학'적으로 분석할 수 있다고 가정하기 때문에 주로 변수 조작이나 가설 검증 같은 양적 방법을 적극적으로 활용한다면, 구성주의는 구성되고 변화하는 다양한 '실재(들)'에 다양한 질적 연구 방법을 활용해 접근하려고 한다. 하지만 구성주의적 패러다임 또한 연구 과정에서 끊임없이 구성되고 부상하는 '실재(들)'에 어떻게 하면 적절하게 접근할 수 있는지는 의문으로 남는다. 특히 구성주의적 연구 패러다임은 상대주의적 접근을 표방하면서도 연구자를 연구 대상보다 권력의 상위에 둘 뿐만 아니라, 연구자와 연구 참여자의 상호작용을 연구자**만**의 해석 영역으로 한정한다. 아무리 연구자와 연구 참여자의 관계를 수평적으로 유지하려고 해도, 해석자의 지위가 특정인에게만 주어지는 구성주의의 인식론과 방법론은 태생적으로 한계가 있을 수밖에 없다. 게다가 연구 과정에서 연구자와 연구 참여자의 경험적 지식이나 가치가 역동적으로 변화하는 경우가 많다는 점 또한 간과되고 있는 것이 사실이다. 이런 점 때문에 최근 적극적으로 논의되는 것이 바로 참여연구 패러다임이다.

헤런과 리즌은 기존의 존재론, 인식론, 방법론적인 분석에 가치론적인 접근을 강조하면서 참여연구의 특징을 설명한다.(Heron·Reason, 1997) 특히 이들은 기존 연구 패러다임이 가정하는 연구자와 연구 참여자의 다소 상이한 관계 설정은 결국 가치론적 질문과 연계될 수밖에 없다고 주장한다. 사실 기존 연구 패러다임의 논의는 지나치게 '실재'라는 세계의 성격과 그 세계에 접근해 앎을 얻어 낼 방법에 집중되어 있었다. 사회와 세계를 연구하는 목적에 어떤 가치가 있어야 하는지에 대한 치열한 논의가 삭제된 것이다. 사회학 연구는 결국 연구자와 연구 참여자의 세계에 대한 깊이 있는 연구를 통해 더 나은 사회를 만들려고 하는 것이다. 하지만 기존 연구 패러다임은 '객관성' 또는 역으로 '주관성'이라는 미명 아래, 연구 과정과 결과물에 대한 가치론적 고민에서 한발 비켜서 있던 것이 사실이다. 이런 맥락에서 참여연구 패러다임은 연구 과정 전반의 윤리성과 성찰성 문제를 제기하면서 연구 결과의 공공성에 대한 고민도 담고 있다.

참여연구 패러다임은 이런 문제의식하에 연구자와 연구 참여자의 역동적인 상호작용을 주목하고, 그 과정의 가치론적 지향을 강조한다. 기존 질적 연구 패러다임에 기반을 둔 상당수의 연구에서 연구자는 사실 다양한 문제와 한계에 부딪쳤다. 예컨대 연구자와 연구 참여자의 긴밀한 관계를 통해 특정 문화 현상이나 문화 패턴을 읽어 내려는 일련의 시도에서 연구자는 자신의 특정 가치가 연구 과정에 무의식적으로 투영되는 것을 경험하기도 하고, 때로는 연구 참여자와 함께하는 상호작용에서 가치의 혼동이나 윤리적 죄책감을 경험하기도 한다. 이뿐만이 아니다. 연구자에게만 허락된 '해석자'의 위치 때문에 연구 참여자의 삶에 어떤 윤리적 책임이나 관여를 지나치게 주도하거나 주저하기도 하고, 연구 참여자가 연구 과정을 통해 새로운 자아를 구성해 가는 과정을 충분히 고려하지 않기도 한다. 결국 단편적으로 '연구 결과'의 산출에 목적을 두는 연구 과정은 연구자를 기계적 '해석자'의 위치로 한정하고, 연구 참여자를 연구 과정에서 다시 소외하는 부작용을 낳기도 한다. 이런 문제점에서 착안한 참여연구 패러다임은 연구자와 연구 참여자의 관계를 급진적으로 민주화하자고 주장하는 동시에, 연구에 참여하는 모든 이가 연구 과정 전반을 통해 저마다 세계와 정체성을 재구성하는 역동적 주체임을 강조한다. 궁극적으로 연구 과정은 연구 전반에 참여하는 모든 이의 주체화 과정이어야 하며 연구 결과 또한 궁극적인 가치 지향을 내포하고 있어야 한다.

이 장은 존재론, 인식론, 방법론, 가치론 등의 질문을 통해 참여연구의 특성을 살펴볼 것이다. 특히 문화를 연구하는 사회학자로서 질적 연구를 활용해 복잡하게 작동하는 문화의 패턴을 이해하고, 다른 한편으로는 인간 사회의 윤리성을 확보하려는 연구자로서 어떤 방법론적 고민과 자세를 견지해야 하는지에 대해 논의한다.

참여연구 패러다임의 특징

참여연구가 가정하는 실재는 주관적이면서도 객관적이다. 구성주의가 다소 과격한 상대주의적 태도를 견지하면서 현존하는 세계의 주관성에 천착했다면, 참여연구의 세계는 주관적이면서 객관적인 실재를 의미한다. 헤런에 따르면 타자를 특정한 방식으로 대면하고 알게 되는 것은 주관적인데, 이는 타인에 대한 앎이 우리의 마음이나 인식 체계를 거쳐 특정한 방식으로 구성되기 때문이다.(Heron, 1996) 하지만 우리 마음 자체는 주어진 세계의 한 부분이기 때문에 객관적인 실체이기도 하다. 예컨대 우리가 누군가를 만나 악수할 때, 손을 마주 잡고 눈길을 마주치며 '주관적'으로 상대방을 인식하고 해석한다. 이는 우리가 그 누군가라는 '객관적' 실체를 마주한다는 뜻이다. 여기서 중요한 것은 악수라는 '만남'인데, 이를 통해 주체는 세계와 타자에 적극적으로 참여하고 자신이 세계 속 존재임을 인식하게 된다. 즉 실재라는 것은 상호 참여적인 인식과 행위를 바탕으로 하며 만남과 대화, 공유되는 예술과 언어, 가치, 규범, 사상 등을 통해 주체와 타자가 적극적으로 연계되는 동시에 참여하고 있음을 뜻한다.

한편 '실재'를 '아는 것'은 세계에 연관된 이들이 어떻게 세계를 인식하는가에 따라 다른 형태를 띤다. 저마다 형태가 다른 '앎'의 과정은 고정된 것이 아니라 끊임없는 성찰과 비판적 접근을 통해 발전하는 것이다. 특히 참여연구 패러다임이 제시하는 인식론은 앎을 네 가지로 나눈다.(Heron, 1996) 첫째, 세계가 체험을 통해 구체화되는 체험적 앎이다. 이는 세계의 존재가 타자를 만나 접촉해서 새롭게 구성되는 세계를 인식하고 그것에 공명함으로써 '실재'를 알게 되는 것을 의미한다. 여기서 중요한 점은 '실재'가 주체와 타자의 관계(접촉, 대화, 감정이입, 공명 등)를 통해 '인식'된다는 사실이다. 두 번째는 표상적 앎으로, 접촉과 공명이라는 체험적 앎을 통해 접근한 '실재'를 표상으로 상징화하는 것이다. 표상된 실재는 존재의 세계 속 경험과 느낌 등이 물질·음악·소리·예술 같은 형식으로 표현된 것으로서, 그 자체가 '실재'에 대한 또 다른 앎이된다. 셋째, 명제적 앎은 개념을 통해 아는 것이다. 언어화된 개념이나 구분이 존재해서 인식되는 '실재'가 있다는 것인데, 예컨대 인민 또는 국민이라는 '실재'가 개념이나 종류로 존재하기 전에는 인식되지 못했다는 주장을 참고할 만하다.(코젤렉, 1998) 마지막으로, 실제적 앎은 앞에 말한 세 가지 앎에 기반을 두면서 실제적으로 무언가를 어떻게 해야 하는지를 아는 것이다. 즉 체험·표상·명제를 통해 알게 된 '실재'는 실제적이며 현실적인 변화의 가능성을 확인하고, 이를 통해 무엇을 해야 하는지를 알게 되면서 완성된다. 실재에 대한 앎은 바로 그 실재를 변화시킬 수 있는 행위와 연결되어야 한다는 것이다.

참여연구 패러다임의 인식론은 '실재'를 안다는 것 또한 가치와 경험, 접촉과 대화, 성찰과 비판의 과정을 통해 끊임없이 재구성되는 과정임을 나타낸다. 더욱이 '실재'를 안다는 것은 단순히 '인식'하는 데 그치지 않고 행위와 연동된다. 이런 맥락에서 참여연구는 연구 과정에서 연구자와 연구 참여자의 역동적 협력을 강조하는데, 이는 구성주의자들과 마찬가지로 단순히 체험적 앎의 상호 관계성을 강조하는 데서 더 나아가 재현과 명제와 행위까지 아우르며 실제적 변화도 담아내는 것으로 확장된다. 그만큼 연구 과정에서 연구 참여자는 '참여'하는 데 머무르지 않고 '실재'에 대한 지식 생산 과정의 주체로 변한다. 즉 연구 참여자는 자신의 삶에 대한 해석과 이해를 서사화할 수 있는 존재로 다시 태어나고, 연구자도 객관적 관찰자나 주관적 해석자에 머무르지 않으며 연구 참여자와 '실재'를 만들고 해석하는 동시에 바꿔 낼 수 있는 역동적 행위 주체가 된다.

한편 연구자와 연구 참여자 간 주체화 과정에 천착한 다양한 연구 방법이 활용될 수 있다. 특히 참여연구 패러다임은 연구자와 연구 참여자의 민주적 관계를 강조하는데, 이는 '실재'가 연구자의 관찰이나 연구 참여자만의 인식에서 구성되는 것이 아니기 때문이다. 연구 과정에서 연구자와 연구 참여자는 상호 주체화 과정을 겪게 되고, 이것이 협력적 연구 방법을 통해 구체화될 수 있다. 연구에 참여하는 모든 주체가 명제적 앎을 통해 특정 개념이나 구분에 적합한 연구 방법을 고안하고, 이 방법으로 실제적 앎에 접근하며 세계를 향한 새로운 체험적 앎을 만들어 내고, 이렇게 체험된 경험을 재현된 앎의 방식으로 상징화하는 과정을 경험하게 된다는 것이 헤런(1996)의 주장이다. 그만큼 상호 협력적 연구 방법은 순환적인 '과정'이고, 결코 연구자에게 독보적 구실이나 위치를 보장하지 않는다. 예컨대 참여연구 패러다임이 가장 경계하는 것은 연구자의 권위와 지배가 일상화된 연구 과정과 연구 결과의 산출이다. 참여연구 패러다임이 가정하는 '실재'에 대한 존재론과 인식론은, 연구 참여자가 연구 설계부터 연구 결과의 산출 및 활용까지 연구자와 동등한 주체로서 참여하는 것을 기본으로 하는 연구 방법을 다양하게 제시한다.

참여연구 패러다임의 특징

주제	참여연구 패러다임
존재론	주관적·객관적 실재가 주체와 세계의 대면이라는 주관적 관계를 통해 구성되지만, 주체라는 것은 세계 속 존재로서 그 자체가 객관적 실체
인식론	세계와 함께하는 참여적 상호작용을 통한 앎 ①체험적 앎 ②표상적 앎 ③명제적 앎 ④실제적 앎
방법론	협력적 탐구와 민주적 소통
가치론	인간의 번영 자체를 목적으로 추구

마지막으로, 참여연구 패러다임은 가치론적 질문을 던진다는 측면에서 가장 급진적인 접근이라고 할 만하다. 참여연구 패러다임의 존재론·인식론·방법론은 결국 '실재'가 내포하는 가치에 대한 질문으로 귀결한다. 예컨대 주관적이면서도 객관적인 세계를 만드는 목적은 바로 세계에 적극적으로 참여해 이를 바꿔 내는 것, 그리고 이를 통해 세계와 연결된 존재로서 사회적 책임을 공유하는 데 있다. 이런 면에서 참여연

구 패러다임은 구성주의 패러다임이 지향하는 세계를 이해하고 재구성하는 데서 한발 더 나아가 인간을 억압하는 모든 정치적·사회적·경제적·젠더적 구조를 비판하고 바꿔 내는 것을 목표로 한다. 특히 참여연구는 인간의 번영 자체가 목적이고, 이를 위해 사회적 실천은 자신을 위한 것이면서 타인과 함께하며 타인을 위한 것이어야 한다. 이렇게 우리가 주관적이면서도 객관적인 실재를 타인과 함께 만들어 가는 목적은 바로 이 세계를 바꾸는 것이다. 참여연구 패러다임은 세계에 관여할 것을 주장하고, 이는 결국 세계 속 존재로서 사회적 책임을 무겁게 수행하는 것을 의미한다.

협력적 탐구 방법

협력적 탐구 방법은 참여연구 패러다임의 질적 연구 방법으로 연구자(또는 복수의 연구자나 매개자)와 연구 참여자가 연구 과정 전반을 함께 이끌어 가는 것이다. 연구자를 포함해 연구에 참여한 모든 이가 각자의 세계를 이해하고, 자신들의 정체성을 숙고하며, 현존하는 세계에 대한 새로운 시각을 견지하는 데 목적이 있다. 그리고 좀 더 나은 사회와 세계를 위한 윤리적 고민과 방안의 장으로 연구 과정 전반을 활용한다.

지금껏 질적 연구의 기본 가정은 해석자의 위치를 선점한 연구자가 특정 집단(대체적으로 사회에서 소외된 이들)의 성격과 특성 등을 연구하는 것이었다. 아무리 연구자와 연구 참여자 사이의 '라포르'를 강조해도, 이런 연구 구조에서 연구 참여자는 수동적 타자 자리에 처할 수밖에 없었다. 그래서 협력적 탐구 방법은 연구 과정에 참여하는 모든 이와 함께하는 연구를 지향한다. 즉 연구자도 연구 대상이 되고, 연구 참여자는 연구자가 되어 연구를 설계하고 진행한다.

협력적 탐구 방법을 활용하려면 근본적인 원칙들을 고려해야 한다. 첫째, 연구 과정과 분석·연구 결과의 도출과 지식의 생산 과정 전반에서 연구자와 연구 참여자 사이의 서열을 해체하고 능동적인 협력을 위해 민주적 절차와 문화를 확립해야 한다. 특히 연구 참여 집단이 사회 소외층인 경우, 연구자가 민주적 연구 과정을 세심하게 설계하는 것만으로는 협력적 탐구 방법을 효과적으로 활용하기가 어렵다. 왜냐하면 연구 참여자의 행동이나 인식이 그 사회의 정치적 수준을 반영하고 있을 확률이 높고, 이는 연구 과정에서 평등하고 능동적인 참여를 독려해도 쉽게 변하지 않기 때문이다. 그만큼 연구 참여자가 속한 사회가 높은 수준의 민주적 문화를 배태하고 있을 때에만 연구자와 연구 참여자가 동등하고 협력적인 관계를 구축할 수 있다.

둘째, 연구 참여자와 연구자는 모두 연구 과정에서 '안전'한 소통의 경험이 보장되어야 한다. 연구 참여자는 자신의 의견이나 감정, 인식 등을 더하거나 빼지 않고 그대로 표현할 수 있어야 하며 이 과정에 개방성, 의견 차이에서 더 나아가 의견 갈등이나 충돌도 생길 수 있어야 한다. 그만큼 협력적 탐구 방법은 연구 참여자와 연구자의 상호 교류와 소통을 통한 존재적·인식론적 변화를 바탕으로 하며, 그 과정은 평화롭기도 하지만 갈등이 표출되기도 한다.

한편 협력적 탐구 방법을 활용할 수 있는 집단의 제한성도 고려해야 한다. 협력적 탐구 방법을 활용할 수 있는 연구 중 상당수는 사회적으로 소외된 집단을 연구해, 대상 집단에 대한 잘못된 인식이나 지식을 문제시하고 한발 더 나아가 그들의 세력화를 가능하게 하는 데 목적을 둔다. 그런데 소외 집단 중 상당수는 스스로 참여적 연구를 기획하거나 실행할 역량이 없고, 설혹 연구에 참여해도 제한적일 수밖에 없다는 점이 문제다. 비근한 예는 바로 아동과 중증 장애인이다. 아동은 성인 연구자가 접근하기 어려울뿐더러 설혹 연구 참여를 결정해도 그들의 나이에서 비롯된 권력 불균형의 문제로부터 완전히 자유롭기가 어렵다. 또한 중증 장애인이나 정신적 장애인은 아무리 참여적 접근을 통해 이들에 대한 오해를 불식하고 이들의 행위 주체성 강화라는 목표를 설정해도 이들과 함께하거나 이들을 위한 연구가 아니라 이들에 대한 연구에 머물 확률이 높다.

데니스는 연구 참여자를 모집하는 문제와 연구자와 참여자 간 권력적 서열의 문제를 지적하면서 서사적 면접이나 또래 활용을 대안으로 제시하기도 한다. 예컨대 연구자가 주도적으로 질문하는 면접 대신 특정한 예를 중심으로 연구 참여자들이 자유롭게 토론하게 하는 방법이나 연구 참여자 또래의 연구자가 연구 과정에 적극 참여하는 것도 고려할 필요가 있다고 설명한다.(Dentith 외, 2009: 163~165)

마지막으로, 협력적 탐구 방법에서 연구 과정 전반의 결정에 대한 권한을 어떻게 설정할지 판단하는 것이 중요하다. 예컨대 연구자가 주도적으로 연구 과정 전반을 결정할지, 연구자와 연구 참여자의 권한을 동등하게 할지, 연구 참여자가 주도적으로 결정하고 연구자는 관찰하는 정도에 머무를지를 설계해야 한다. 물론 연구 주제와 연구 참여자 집단의 성격에 따라 참여 정도와 권한에 대한 고려가 다를 수밖에 없다. 다만 협력적 탐구 방법이, 연구 참여자가 단순히 자기 목소리를 좀 더 자유롭게 낼 수 있다는 정도에 머물러서는 안 된다는 것이 중요하다. 면접이나 참여관찰 등을 강조하는 연구 방법은 그 자체에 방법론적 강점이 있는데도 여전히 구성주의적 패러다임에 머무르고 있다. 참여연구 패러다임과 이에 바탕을 둔 협력적 탐구 방법을 활용한다는 것은, 연구자와 연구 참여자의 관계와 연구 과정 전반에 대한 사고의 전복을 요구한다.

협력적 탐구 방법의 사례

여성 성노동자 연구를 통해 협력적 탐구의 과정을 좀 더 면밀하게 살펴보자. 와합이 자신의 연구를 성찰적으로 회고하면서 여성 성노동자와 협력적 탐구가 가능한지, 궁극적으로 협력적 지식 생산이 가능한지를 살펴보았다.(Wahab, 2003) 그녀는 자신의 연구가 여성 성노동자의 삶을 대상화하는 것을 경계하면서 연구 참여자인 성노동자 6인과 연구 과정 전반을 함께하고, 그 결과로 협력적 지식 생산의 가능성을 탐색한다. 이 과정은 단순히 여성 성노동자의 정체성과 인식 등을 '발견'하기보다는 연구 참여자와 연구자의 대화와 교류, 민주적 소통과 접촉, 관계 맺기를 통해 함께 '만들어' 가는 것이었다. 이를 위해 연구 참여자와 연구자는 자신의 삶을 스스로 기술한 뒤 여러 차례 대화 시간을 통해 서로 질문하며 관계를 만들어 갔다. 이 과정에서 연구 참여자는 자신이 말한 내용이 작위적으로 해석되거나 이해되는 것의 문제점을 제기하기도 했다. 이에 따라 연구자는 연구 과정 전반에 연구 참여자가 참여해 연구 내용을 검토하고 해석할 수 있게 했으며, 이것이 결국 협력적 지식 생산의 기초가 되었다.

하지만 아무리 협력적 탐구를 추구하고, 평등한 관계를 통한 민주적 연구 과정을 수행한다고 해도 한계는 있다. 예컨대 와합은 연구 과정에서 자신의 삶과 경험과 서사가 지나치게 노출되는 것에 대한 두려움을 토로했다.(Wahab, 2003) 즉 연구 과정에 적극적으로 참여하면서 연구자의 삶이 노출되고, 이 또한 연구 과정으로 분석과 해석을 거쳐 노출되는 데서 오는 힘겨움을 지적한 것이다. 게다가 연구 분석 과정에서 연구자는 다시 연구 참여자를 '배신'할 수 있다는 두려움에 휩싸이기도 한다. 연구 과정 전반을 함께했지만 연구 내용을 분석할 때는 다시 이론과 개념을 중심으로 연구 참여자를 객관화하게 되고, 이 과정에서 연구 참여자와 벌어지는 거리를 경험한 것이다. 이를 통해 연구자는 연구 참여자를 대상화하는 시도에서 결코 완전히 자유로울 수 없다는 것을 깨닫는다. 와합은 성노동자의 협력적 연구를 통해 기존 급진주의적 페미니즘의 사고를 넘어 그들이 자신의 삶을 스스로 만들어 가고 있으며 자기 서사의 주체인 동시에 더 나은 미래를 위한 행위자라는 것을 깨달았다고 설명한다. 연구자가 단순히 연구를 위해 성노동자의 삶을 대상화하며 옳고 그름이나 가해자와 피해자라는 이분법적 사고로 재단하기보다는 연구 과정을 통해 새롭게 변한 그들의 삶에 접근하며 연구의 가치를 확인한 것이다.

또 다른 사례는 필자의 북한 이탈 주민 연구다. 필자는 지난 몇 년간 북한 이탈 주민의 이동과 정착에 관한 연구를 진행해 왔다. 특히 최근에는 분단이 어떻게 남과 북에서 주민의 마음과 몸에 배태되었는지를 확인하는 과정에 협력적 탐구 방법을 활용했다. 필자가 주목한 것은 북한 주민의 이동 과정 중 경험, 즉 호모 사케르(벌거벗은 생명)의 경험이 주조해 낸 그들의 마음이었다. 즉 존재하지 않는 자로 존재해야만 했던 북한 이탈 주민의 이동 경험을 두려움이라는 감정을 키워드로 다시금 살펴보려고 했다. 이를 위해 북한 이탈 주민 및 남한 활동가와 함께 이들의 이동 경로를 되짚어 가는 현지조사를 준비하고, 그 과정을 남한과 북한 출신 연구 참여자가 함께하는 자아문화기술지의 방법으로 서술하려고 했다. 연구 조사의 설계부터 북한 출신 연구 참여자가 함께하고, 현지조사 과정에 수많은 토론과 대화가 있었다. 하지만 현지조사는 참혹한 실패로 끝나고 말았는데, 그것은 현지조사와 연구 과정 전반에 함께하던 북한 출신 참여자가 전체 연구 과정에 이의를 제기했기 때문이다. 연구자의 절대적 위치에서 벗어나 민주적인 환경을 조성하려고 노력했지만, '연구자(박사)이면서 교수'라는 직위와 '남한' 출신이라는 또 다른 사회적 자본을 가진 필자와 한국에서 정착하기 위해 발버둥 치며 사회경제적으로 소외 계층에 있는 북한 출신 박사과정 재학생인 연구 참여자가 평등한 관계를 구축하기란 쉽지 않았다. 연구자는 '민주적'이라고 생각했을지 몰라도 북한 출신 연구 참여자로서는 결코 '민주적'인 관계일 수 없었기 때문이다.

좀 더 세밀하게 복기해 보면, 연구 문제를 설정하고 연구 과정을 설계할 때부터 연구자는 결코 민주적 관계를 충분히 고려하지 못했다. 예컨대 연구 주제를 설정하거나 이론과 방법론을 구성하면서 연구자는 절대적 위치에서 연구 과정 전반을 '지휘'했고, 북한 출신 연구 참여자는 과정을 '학습'하는 것으로 인식하며 연구에 수동적으로 참여했다. 연구 방법이나 이론에 상대적으로 취약한 '학생'이었던 북한 출신 연구 참여자는 연구 과정 전반에서 소외될 수밖에 없었다. 북한 출신이라는 문화적 소수자의 위치뿐만 아니라 연구 과정 전반에 북한 출신 참여자가 남한 출신 참여자보다 적다는 데서 비롯한 소외감도 점차 커졌다. 이런 구조적 한계 때문에 연구 과정의 소통이 서로가 변화하는 역동성으로 발전되지 못하고, 북한 출신 참여자의 변화에 대한 일방적 관찰로 너무 쉽게 변질되기까지 했다. 결국 연구 과정 전반의 문제가 현지조사에서 연구 참여자 간 갈등으로 번지고, 이것이 연구 과정과 방법론에 대한 질문으로 확장되었다. 소수자와 협력적으로 연구한다는 것이 그리 녹록하지 않다는 것을 깨닫는 계기가 된 현지조사의 상황을 서술한 필자의 다음 글에서 상호 협력적 연구의 어려움을 엿볼 수 있다.

솔직히 말하면 B가 나에 대한 문제를 제기할 때의 충격은 지금 이 글을 쓰는 순간에도 여전히 내 마음에 큰 진동을 만들어 내고 있다. 내가 충분히 공감적이지 못할 뿐만 아니라, 위선적이라는 말을 들었을 때 도대체 내가 무슨 연유에서 이 길을 왔을까 하는 후회의 감정이 먼저 밀려왔다. 섭섭한 마음 또한 부정하기 어려웠다. 게다가 나는 이미 상당히 내 마음을 B에게 주었다고 생각했던 터라 더욱 어찌할 바를 몰랐다. 나는 여정 내내 만족할 정도는 아니었지만 최선을 다했다고 생각한 것이다. 하지만 B의 문제 제기로 다시금 나의 행동과 의식을 하나씩 되짚어 보게 되고, 그 과정에서 결코 나는 B가 될 수 없음을 받아들이게 된다. '공감'이라는 말을 들먹거린 것, 그리고 내가 공정한 연구자로서 북한 이탈 주민을 더 깊게 이해할 수 있을 것이라는 가정. 이 모든 것이 나의 오만이었다. 나는 그들이 될 수 없다. 그들 또한 내가 아니다. 이렇게 기본적인 사실을 이제야 인지했다는 것이 수치스럽다. 정의감에 불타는 연구자 역할에 너무나 심취했던 나는 내가 그들을 깊게 이해할 수 있을 것이라고 가정했던 것이다. 다시금 연구자와 연구 대상자의 관계를 문제시한 연구들이 머릿속에 떠오른다.(김성경, 2016: 219)

하지만 역설적이게도 현지조사 실패를 통해 협력적 탐구 방법의 중요성을 다시 확인한 것도 사실이다. 연구자와 연구 참여자가 동등하게 참여하는 연구가 과연 가능한지, 설혹 그것이 현지조사에서 완벽하게 구현되지 못할지라도 계속 시도해야 하는 이유는 무엇인지, 궁극적으로 북한 출신 연구(참여)자를 이해하려고 하는 사회학적 연구의 윤리적 지향 또는 가치는 무엇이어야 하는지에 대해 근원적인 고민을 시작하게 되었기 때문이다. 또한 실패 경험을 통해 연구자와 연구 참여자의 위치에 대해 다시 성찰할 수 있었으며 사회적 소수자를 '쉽게' '이해'한다고 자신할 수 없다는 것을 깨달았고, 현지조사와 소수자를 만나는 과정에서 연구자도 또 다른 주체로 변화되었다. 협력적 탐구 방법 과정을 통해 연구자와 연구 참여자의 세계는 그 전에 비해 완전히 달라졌으며, 그 변화는 지금도 다양한 장소와 일상에서 계속되고 있다. 연구자는 이제껏 단순히 연구 참여자로 대하던 북한 출신 연구 참여자들의 세계를 보고 그 세계와 깊게 연결된 자신의 삶을 받아들이게 되었으며, 북한 출신 연구 참여자 또한 연구 과정 전반을 경험하면서 타자와 만나고 갈등하는 동안 변화된 자신을 만나게 되었다. 어쩌면 협력적 탐구 방법의 진정한 가치는 완벽하게 '협력'해 산출한 연구 결과가 아니라, 연구 과정의 한계와 어려움을 인정하면서 자신을 돌아볼 수 있는 연구자를 양산하는 데 있을 수도 있다.

참여적 행위 연구

참여적 행위 연구는 1960년대에 시작되어 1970년대에 급속하게 발전한 연구 방법 중 하나다. 참여적 행위 연구의 목적은 제도나 집단에서 소외된 계층이나 배제되어 불평등한 삶을 영위하는 이들을 지원하고, 이들을 동등한 주체로 재구성하는 것이다. 하지만 참여적 행위 연구는 단순한 시혜성 지원이 아니라, 소외된 이들이 참여해 생산한 지식을 바탕으로 전략과 행위를 수행하는 것까지 아우른다. 그만큼 참여적 행위 연구는 연구 과정에서 참여와 행위를 강조한다. 즉 지식의 생산자라는 절대적 지위를 해체하고, 집단에 소속된 모든 이가 지식을 함께 생산하고 활용하는 것을 근본적인 목표로 삼는다.(Cockburn·Trentham, 2002)

참여적 행위 연구의 연구 참여자는 연구를 통해 자기 삶에 관련된 외부의 힘을 확인하는 동시에 자신의 역량과 자율성을 확장해 행위를 수행하고, 이를 바탕으로 새로운 수준의 공동체적 가치와 구실에 다다른다.(Wimpenny, 2013: 4) 이런 면에서 참여적 행위 연구는 사회운동과 깊숙이 연관된다. 지식은 사회의 모든 이가 조금이라도 더 나은 삶을 영위하기 위해 생산하는 것이 되며, 이는 다시 각 개인의 자아실현·세력화·사회 변화라는 목표를 갖는다. 리즌과 브래드버리는 참여적 행위 연구가 행동과 성찰, 이론과 실천, 타자와 협력하는 것을 통해 사회의 가장 중요한 문제를 해결하기 위한 실천적 지식을 추구한다고 정의했다.(Reason·Bradbury, 2001)

참여적 행위 연구는 창의적이며 유동적이다. 연구에 참여하는 모든 이가 연구 문제를 설정하고, 현 상황의 문제를 해결하기 위해 다양한 전략을 도출한다. 연구에서 도출된 결과는 세부적인 정책이나 전략으로 수행되고, 이렇게 문제 해결을 위해 개입한 행동에 대한 모니터링과 관찰이 이어진다. 그리고 전체 연구-행동 과정을 성찰적으로 검토하면서 문제 해결을 위한 다음 전략을 도출한다. 이렇게 연구 과정은 단선적이지 않고, 순환적이며 단계적이다.(Zuber-Skerritt, 2011: 33) 또한 참여적 행위 연구는, 이론이나 가설에 기반을 두고 진행되는 것이 아니라 문제 중심이고 행동에 기반을 두며 변증법적으로 발전한다.

참여적 행위 연구에서 주목해야 할 점은 바로 외부인, 즉 연구자의 결합 정도다. 라만에 따르면, 연구 참여자는 스스로 자신의 삶과 현실을 문제시해야 하며 이 과정에서 연구자는 연구 참여자의 인식을 깨우는 지원자 구실에 머물러야 한다.(Rahman, 2008: 49) 연구 참여자 스스로 자신의 문제를 인식하고, 그 문제점과 해결 방안 및 전략을 도출해야 한다는 것이 중요하며 이 과정은 결코 외부자가 주도할 수 없다. 참여적 행위 연구에 대한 간략한 정의를 살펴보면 다음과 같다.(Hall, 2005: 7)

1. 참여적 행위 연구는 소외 계층(착취 대상자, 가난한 자, 배제된 자)을 주

요 주체로 한다.

2. 연구 과정 전체는 참여 집단의 전면적이고 적극적인 참여를 바탕으로 한다.

3. 연구의 주체는 대상 커뮤니티이며, 그들 스스로 자신들의 문제를 정의하고 분석하고 해결해야 한다.

4. 궁극적인 목저은 사회 현실의 전환이며 소외 계층의 삶을 바꾸는 것이다.

5. 참여적 행위 연구 과정은 연구 참여자들이 자기 상황을 새롭게 인식하게 하는 동시에 자신의 자원을 활용해 해결을 도출하게 한다.

6. 연구 참여자 집단 전체가 연구에 참여함으로써 좀 더 과학적인 방법과 연구가 가능하다.

7. 연구자는 참여자이면서 학습자로서 연구 과정 전체에 적극적으로 참여해야 한다.

사회참여적 목표를 가진 참여적 행위 연구는 과정상 한계가 있다. 예컨대 2002년 방글라데시에서 총 228명에 이르는 참여자와 그들의 가족이 가난 극복을 위한 전략과 행동을 목적으로 참여적 행위 연구를 진행했다. 연구자 두 명이 연구 과정에 참여했으며 정기적인 집단토론과 프로그램을 통해 자신들의 문제를 발견하고, 이를 극복하기 위한 전략을 세웠다. 하지만 프로그램이 끝나고 연구자 두 명이 내부 참여자로 대체되자, 커뮤니티의 활동이나 행동이 눈에 띄게 둔화되었다.(Rahman, 2008) 전략과 행위를 유지하기 위한 장기적 방안이 필요한 것이다. 게다가 외부에서 참여하는 연구자의 소통 능력과 전략에 따라 프로그램의 진행이나 커뮤니티 행동의 수위가 결정된다는 측면에서 여전히 연구 참여자를 중심으로 한 지식 생산과 행위 전략 구축 및 수행에는 한계가 있다는 것을 알았다.

하지만 참여적 행위 연구가 성공적으로 수행된 사례도 있다. 형제복지원 사건으로 잘 알려진 인권유린 문제가 피해 당사자와 연구자의 노력으로 사회적 쟁점이 된 것이다. 문화 연구자인 전규찬이 기획하고, 형제복지원의 피해자인 한종선과 인권 활동가 박래군이 함께 출판한《살아남은 아이: 우리는 어떻게 공모자가 되었나?》는 형제복지원의 피해자가 자신의 언어로 형제복지원 경험을 서술하고, 여기에 연구자가 해석과 맥락화 작업을 덧붙이며, 마지막으로 인권 활동가가 형제복지원 사건의 경과와 지금도 계속되는 사회복지시설의 인권침해 사례를 연계해설명하는 것으로 구성되어 있다. 이 책의 주 저자는 학문적 훈련은 고사하고 초등교육도 검정고시로 겨우 마친 피해자인데, 거칠고 낯선 언어로 형제복지원의 고통스러운 기억을 발화한다. 단 한 번도 자기 삶을 '서사'화하지 못한 피해자는 자기 언어를 찾지 못해 고통스러워하면서도 연구 과정을 통해 비로소 '말할 수 있는' 존재가 되는 경험을 한다. 그리고 피해자의 자아 찾기 과정을 함께하는 연구자는 형제복지원 문제에만 머무르지 않고 현대사회에서 문화 연구자의 구실과 소명에 대한 깊은 성찰로 연구를 풍성하게 한다. 그리고 인권 활동가가 연구 과정에 이들과 연대하면서 NGO 및 활동가 들과 협력을 통해 형제복지원 문제를 사회적으로 공론화한다. 형제복지원 진상 규명 특별법이 2014년 7월 19대 국회에 상정되는 성과를 얻기도 했다. 정치적 이유로 특별법 제정은 국회에서도 표류 중이지만, 형제복지원 진상 규명을 위해 이 연구서의 주 저자인 한종선이 계속 활약하고 있다는 점은 주목해야 한다. 연구 과정을 통해 행위 주체로 변모한 그는 자신의 고통을 서사화하고, 이를 사회에 알리며 형제복지원진상규명대책위원장으로서 법 제정을 위해 모든 노력을 기울이고 있다. 아무도 주목하지 않았던 사건을 피해자와 연구자가 연대해 공론화하고 실질적인 개선 방안까지 함께 만들어 간 의미 있는 사례다.

연구 과정의 성찰성 문제

참여적 패러다임에서 수행하는 다양한 연구 방법은 연구자와 연구 참여자의 관계성 문제에 직면할 수밖에 없다. 연구 과정에 참여하는 이들은 모두 지식 생산의 주체가 된다는 점에서 연구자를 포함해 연구 참여자들은 저마다 연구 과정 전반뿐만 아니라 자신의 인식과 경험 세계에 성찰적으로 접근할 필요가 있다. 즉 연구자는 절대적 위치에 존재하는 것이 아니라 연구 과정의 도구일 뿐이고, 연구 참여자 또한 연구의 '대상'이 아닌 '이해관계자'로서 전체 연구에 참여해야 한다.(Borg 외, 2012) 연구에 참여하는 이는 모두 객관적 절대자나 연구 대상자가 아니고, 연구 과정에 역동적으로 참여해 새로운 의미와 행동을 만들어 가는 주체다. 이런 맥락에서 각 참여자는 자신의 인식, 태도, 성향 등을 끊임없이 성찰해야 한다. 특히 성, 장애, 소외 등 '위험한' 주제에 관한 경험이나 정체성을 연구할 경우 연구 참여자에 내재한 아비투스가 연구 과정의 지식 생산에 중요한 영향을 미칠 수 있다. 이런 면 때문에 연구 과정에서 연구 참여자는 연구 주제와 직접적인 관련이 없는 부분이라도 자신의 삶이나 경험을 충분히 소통하는 것이 중요하다.

두 번째로, 연구 참여자들의 사회적 관계에 성찰적으로 접근해야 한다. 연구에 참여하는 집단의 구성원들은 다양한 이유에서 갈등이나 충돌을 겪게 된다. 때로는 이들의 갈등조차 연구 과정의 한 부분이 되어 지식이나 행동 수행에 긍정적인 영향을 미치지만, 연구 과정 전체를 어렵게 할 가능성도 있다. 이런 면에서 연구 과정에 참여하는 이들의 관계나 갈등에 대한 성찰과 조율이 필요하다.

마지막으로, 연구 과정에 대한 성찰적 접근이 필요하다. 즉 연구자가 연구 참여자와 적절하게 소통하고 있는지, 연구 과정은 민주적으로 진행되고 있는지, 연구 윤리적 측면에서 연구 참여자의 권리가 충분히 고려되고 있는지 등 연구 과정 전반에 대한 성찰이 필요하다. 특히 참여적 접근은 연구 참여자를 '대상화'하지 않고 연구 과정 전체의 민주화를 목적으로 한다는 점에서 연구 과정에 대한 철저한 모니터링과 이에 바탕을 둔 연구 과정의 지속적인 보완 및 조율이 불가피하다.

무엇보다도 중요한 것은 바로 참여연구의 윤리성에 대한 부분이다. 앞서 본 북한 이탈 주민 연구 사례에서 알 수 있듯이 연구자가 아무리 성찰적으로 연구를 설계하고 연구 과정에 참여하며 연구 결과를 분석해도 연구 참여자는 연구자와 전혀 다르게 해석할 수 있다는 점을 인식해야 한다. 연구 과정의 '민주적 관계'가 단순히 대화와 표현의 자유만이 아니라 몸과 마음에 배태된 의식과 감정과 감각의 평등으로까지 확장될 때 비로소 진정한 의미의 참여적 연구가 가능하다. 그만큼 참여연구의 실제는 수많은 현실적 제약에 노출되어 있다. 게다가 연구자의 뜻과 다르게 연구 참여자의 삶에 변화가 생겼을 때 연구자의 윤리적 책임 또한 분명히 매 순간 직면하는 문제다.

그럼에도 참여연구는 인간의 삶, 즉 상호작용과 의미작용에 다다를 수 있는 가장 급진적인 연구 패러다임이 분명하다. 왜냐하면 인간은 개별화된 개인으로 존재하지 않고 끊임없는 접촉, 교류, 소통을 통해 정체성을 구성해 가기 때문이다. 그만큼 개인의 정체성과 각자의 위치에서 주관적·객관적으로 존재하는 세계에 접근하려면 개개인이 속한 세계 전반에 대한 적극적 해석과 개입이 필요하다. 다만 연구자와 연구 참여자의 관계, 지식 생산의 주체, 실천과 연계된 학문의 구실까지 문제시하는 참여연구의 가치는 완결된 형태의 연구 결과물이 아니라 사회과학 전반으로 확장된 질문에서 비로소 확인할 수 있다는 사실을 기억해야 한다. 즉 문화를 연구하는 사회학이 어떤 자세로 인간과 사회에 접근해야 하는지, 사회학의 목표는 무엇이어야 하는지에 대한 근본적 성찰의 시작점으로서 참여연구 패러다임의 구실을 재평가해야 한다.

읽고 생각하기

- 객관주의의 한계

나는 문화 연구에서 일어난 엄청난 변화로 인해 한때 지배적이었던 진리와 객관성 개념들이 무너졌음을 주장한다. 객관주의라는 진리—절대적이고, 보편적이며, 시간을 초월하는—는 그 독점적 지위를 상실하였다. 이제 객관주의적 진리는 국지적 맥락 속에 위치해 있고, 국지적 이해관계에 의해 형성되고, 국지적 인식에 의해 채색된 개별 사례 연구에 근거한 진리들과 경쟁하고 있다. 사회 분석의 과제는 영원한 진리와 법칙성을 띤 일반화뿐만 아니라 정치적 과정, 사회적 변화, 그리고 인간적 차이까지도 포함하는 방향으로 바뀌었다. 객관성, 중립성, 공평무사함 등과 같은 용어는 한때 거창한 제도적 권위를 부여받은 연구 주체의 입장을 가리키는 말이었다. 그러나 이제는 이 입장들이 현실에 보다 직접적으로 관여하고 있고 뛰어난 지각력을 가지며, 아울러 지식이 풍부한 사회적 행위자들의 입장보다 더 타당하거나 덜 타당하다고 말하기 힘들다. 이제 사회 분석은 그 분석의 대상자 역시 분석을 하는 주체라는 점, 다시 말해서 민족지학자의 글과 윤리와 정치성을 비판적으로 심문하는 존재임을 깨달아야 한다.(로살도, 레나토, 2000,《문화와 진리: 사회 분석의 새로운 지평을 위하여》, 권숙인 옮김, 아카넷, 58~59쪽.)

- 연구 참여자와 연구자

복지원에서 겪었던 일, 그 전과 그 후의 경험들, 지금 당장의 삶에 관한 하나의 '저널'이 만들어진다. 일기다. 수기다. 소설이다. 그가 단편적으로 적고 그린 것들을 노트로 전달받으면 나는 비어 있거나 궁금한 점들에 관해 묻는다. 그는 다시 돌아가서 빈 곳을 기억으로 채울 것이며, 그렇게 다시 작업은 재개된다. 쓰고 읽고 하는 텍스트적 왕래, 나의 역할은 이러하다. 그가 쓴 것들을 앞뒤로 자르고 이리저리 갖다 붙인다. 반복되는 대목을 떼어 내고, 의심스러운 부분에는 의문의 표식을 한다. 그리고 글을 구획한다. 내 역할은 그렇게 매우 제한적이다. 타인의 기억하기 싫거나 쉽지 않은 악몽을 현실로 소환하게 하는, 무의식적인 것까지도 언어로 표출토록 만드는 편집자의 직과 교사로서의 자문 역을 떠맡았다. 텍스트의 공저자가 된다. 기억의 조각들을 자르고 파편적인 기억들을 서사적 흐름으로 이어 붙이는, 말 그대로 기계적인 활동이 진행되었다. 그리고 그런 공통의 시간이 지나면서 점차 그와 나 사이의 기존 공백은 인간적 신뢰, 사회적 교감, 정치적 연대의 관계로 채워진다. 국회 앞에서 우연히 조우한 타자를 관찰자의 연구 대상이 아닌, 문화 연구의 소재가 아닌, 소설 공저자의 위치로 불러낸 덕이다. 공통의 글쓰기 작업을 통해 상호 이해와 통정의 협력 관계를 맺어 갈 수 있었던 것이다. 물론 두 사람 사이에는 아직도 상당한 거리, 일정한 비대칭성이 존재한다. 체험의 세계 자체가 다른 우리다. 간격을 완전히 해소할 수는 없는 일이고, 다만 차이 나는 언어 습득과 체험의 학습을 통해 그 간극을 최대한 줄이고자 노력했다. 이전까지 생면부지였던 둘 사이의 교제의 노력과 교통의 시도, 그 자체를 서로가 중요하게 받아들였다.(전규찬·한종선 ·박래군, 2012,《살아남은 아이: 우리는 어떻게 공모자가 되었나?》, 이리, 202~203쪽.)

1. 객관주의와 주관주의의 차이점을 이해하고, 참여연구 패러다임의 장단점에 대해 논의해 보자.

2. 연구 참여자와 협력적으로 연구하는 것의 한계와 가능성을 예를 들어 분석해 보자.

읽을거리

- 김성경, 2016, 〈공감의 윤리, 그 (불)가능성: 필드에서의 연구자의 마음〉, 《북한학연구》 12(1), 107~146쪽.
- 로살도, 레나토, 2000, 《문화와 진리: 사회 분석의 새로운 지평을 위하여》, 권숙인 옮김, 아카넷; Rosaldo, Renato, 1989, *Culture and Truth: The Remaking of Social Analysis*, Boston: Beacon Press.
- 전규찬·한종선·박래군, 2012, 《살아남은 아이: 우리는 어떻게 공모자가 되었나?》, 이리.

참고 문헌

- 최종렬, 2016, 〈극지의 문화사회학: 무엇을 할 것인가?〉, 《문화와사회》 20, 35~77쪽.
- 코젤렉, 라인하르트, 1998, 《지나간 미래》, 한철 옮김, 문학동네; Reinhart Koselleck, 1988, *Vergangene Zukunft*, Germany: Suhrkamp Verlag.
- Bergold, Jarg·Stefan Thomas, 2012, "Participatory Research Methods: A Methodological Approach in Motion" in *Forum: Qualitative Social Research* 13(1).(http://www.qualitative-research.net/index.php/fqs/article/view/1801/3334)
- Borg, Marit·Bengt Karlsson·Hesook Suzie Kim·Brendan McCormack, 2012, "Opening Up for Many Voices in Knowledge Construction" in *Forum: Qualitative Social Research* 13(1).(http://www.qualitative-research.net/index.php/fqs/article/view/1793/3316)
- Brydon-Miller, Mary·Patricia Maguire, 2009, "Participatory Action Research: Contributions to the Development of Practitioner Inquiry in Education" in *Educational Action Research* 17(1), pp. 79~93.
- Cockburn, Lynn·Barry Trantham, 2002, "Participatory Action Research: Integrating Community Occupational Therapy Practice and Research" in *Canadian Journal of Occupational Theraph* 69(1), pp. 20~30.
- Dentith, Audrey M.·Lynda Measor·Michael P. O'Malley, 2009, "Stirring Dangerous

Waters: Dilemmas for Critical Participatory Research with Young People" in *Sociology* 43(1), pp. 158~168.

- Denzin, Norman K.·Yvonna S. Lincoln, 1994, "Introduction: Entering the Field of Qualitative Research" in *Handbook of Qualitative Research*, Thousand Oaks, CA: Sage, pp. 1~17.
- Denzin, Norman K.·Yvonna S. Lincoln(eds.), 1994, *Handbook of Qualitative Research*, Thousand Oaks, CA: Sage.
- Guba, Egon G.·Yvonna S. Lincoln, 1994, "Competing Paradigms in Qualitative Research" in *Handbook of Qualitative Research*, Thousand Oaks, CA: Sage, pp. 105~117.
- Hall, Budd L., 1992, "From Margins to Center? The Development and Purpose of Participatory Research" in *American Sociologist* 23(4), pp. 15~28.
- _____, 2005, "In From the Cold? Reflections on Participatory Research 1970–2005", *Convergence* 38(1), pp. 5~24.
- Heron, John, 1996, *Cooperative Inquiry: Research into the Human Condition*, London: Sage.
- Heron, John·Peter Reason, 2001, "Chapter 16: The Practice of Co-operative Inquiry: Research with Rather than on People" in *Handbook of Action Research: Participatory Inquiry and Practice*, London: Sage, pp. 179~188.
- _____, 1997, "A Participatory Inquiry Paradigm" in *Qualitative Inquiry* 3(3), pp. 274~294.
- Park, P.·M. Brydon–Miller·B. Hall·T. Jackson(eds.), 1993, *Voices of Change: Participatory Research in the United States and Canada*, Westport, CT: Bergin&Gravey.
- Rahman, Md Anisur, 2008, "Some Trends in the Praxis of Participatory Action Research" in *The Sage Handbook of Action Research: Participative Inquiry and Practice*, London: Sage, pp. 49~62.
- Reason, P.·H. Bradbury(eds.), 2001, *Handbook of Action Research: Participatory Inquiry and Practice*, London: Sage.
- _____, 2008, *The Sage Handbook of Action Research: Participative Inquiry and Practice*, London: Sage.
- Reason, P.·J. Rowan(eds.), 1981, *Human Inquiry: A Sourcebook of New Paradigm*

Research, New York: John Wiley and Sons.

- Shaw, Clifford R., 2013, *The Jack-Roller: A Delinquent Boy's Own Story*, New York: Martino Fine Books.

- Wahab, Stephanie, 2003, "Creating Knowledge Collaboratively With Female Sex Workers: Insights from a Qualitative, Feminist, and Participatory Study" in *Qualitative Inquiry* 9(4), pp. 625~642.

- Wimpenny, Katherine, 2013, "Using Participatory Action Research to Support Knowledge Translation in Practice Settings" in *The Higher Education Academy* 1(1), pp. 1~14.

- Zuber-Skerritt, Ortrun, 2011, *Action Leadership: Towards a Participatory Paradigm*, London: Springer.

II

연구 디자인과 윤리

현지조사 설계

염미경

· 학습 내용

인문·사회과학의 여러 분야에서 각종 이론과 방법을 동원해 인간을 이해하려고 해 왔다. 특히 인간의 의식이나 태도를 이해하기 위해 현지에 나가 조사 대상자에게 질문하고 수집한 양적 자료를 분석하는 실증적 방법이 사용되면서 인간을 이해하는 데 일정한 성과를 거둔 것이 사실이다. 사회학 연구도 양적 자료의 분석 기법에 초점을 맞추는 경향이 두드러진다. 그럼에도 이런 시도를 통해 인간을 포괄적으로 이해하는 데에는 한계가 있다. 인간에게 다양성, 생활 환경과 문화의 차이가 있기 때문이다.

우리의 일상은 물론이고, 우리가 사는 사회를 나타내는 많은 것들이 수치로 되어 있다. 그러나 여전히 많은 것들은 질적인 내용이다. 그런데 질적인 내용은 누구나 같은 의미로 받아들일 수 있도록 수량화해 분석할 수가 없다. 질적인 내용을 통계적으로 분석해도 숫자처럼 누구나 같은 의미로 받아들이도록 할 수 없다는 것이 문제다. 현대 사회과학에서 양적 자료는 객관적이고 과학적이라고 인식하는 반면, 인간의 내면적·주관적 측면은 수치화할 수 없으므로 이 분야를 탐구하는 학문이나 방법은 비과학적인 것으로 분류해 왔다. 이런 인식은 서구의 근대 학문이 성립되면서 강화되었고, 이렇게 서구의 근대 사회과학은 양적 방법을 핵심적인 연구 방법으로 삼아 인간 사회를 연구해 온 것이다.(윤택림, 2004: 15~16)

그런데 20세기 후반에 접어들면서 양적 방법을 이용한 인간 사회 연구와 실증주의 자체에 대한 비판이 나타났다. 인간과 사회 연구에서 연구자는 연구 대상, 즉 연구 참여자 및 연구 대상자와 같은 사회 상황에 있기 때문에 연구자와 연구 대상의 분리는 절대적일 수 없고 연구자 자신의 관점과 상황도 완전히 제거할 수 없다는 비판이 그것이다. 이런 관점에서는, 자료가 창출되는 사회적 맥락에도 관심을 기울여야 하며 연구자와 연구 대상 간 상호작용과 연구 과정의 맥락을 연구 방법에 포함하면 훨씬 더 융통성 있게 자료를 만들 수 있다고 본다.

이렇게 연구자가 연구 대상이 행위하고 생각하는 일상에 참여하거나 그 일상을 관찰하면서 연구 대상의 경험 세계와 가치관을 주관적 시각으로 이해하는 연구 방법이 질적 연구 방법이다. 질적 연구 방법은 기본적으로 연구자가 연구 대상과 직접적·대면적으로 접촉해 자료를 얻는다. 질적 연구의 분석과 설명에 일정한 형태의 양적 자료가 활용되지만 이것이 핵심은 아니고, 겉으로 드러난 유형이나 추세나 통계보다는 심층적인 분석과 설명을 더욱 강조한다. 질적 연구의 실제 과정에 대한 기술은 인류학에서 하는 현지조사를 중심에 두었는데, 이제 사회학을 포함한 다른 사회과학 분야의 많은 연구자들이 질적 자료 수집의 필요성을 공감하는 추세다.

그럼 질적 연구를 어떻게 할 것이며 어떤 자료를 누구로부터 어떻게 수집할 것인가? 이 장은 질적 자료 수집 과정 일반에 대해 정리하기보다는 필자가 지역 조사를 하면서 습득한 내용을 중심으로 질적 자료의 수집 과정을 기술한다.

주요 내용은 연구 대상을 보는 관점, 연구 참여자 및 연구 대상 지역 선정, 연구를 위한 밑그림 그리기, 실제 질적 자료 수집 절차와 방법, 연구의 지속가능성을 위한 사후 관리 등이다.

연구 대상을 보는 관점

질적 연구는 그 분류나 유형의 폭이 넓다. 이 장은 질적 연구 유형 가운데 현지조사 설계에 관한 필자의 질적 연구 경험을 바탕으로 한다.

질적 연구, 특히 현지조사를 설계하는 데 가장 먼저 짚고 넘어가야 할 것이 연구자가 연구 대상을 보는 관점이다. 누군가 현지에 가서 질적 자료를 수집하는 데 연구 대상을 보는 관점 점검이 중요하다는 뜻이다. 연구 대상을 어떤 관점에서 보는가에 따라 자료 수집 대상과 방향이 달라질 수 있기 때문이다. 연구 대상을 바라보는 시각은 대체로 두 가지가 있다. 하나는 외부자인 연구자로서 연구 대상을 보는 것이고, 다른 하나는 최대한 내부자로서 연구 대상자나 현지인의 관점을 많이 파악하고 이를 심층적으로 이해하는 데 역점을 두며 연구 대상을 보는 것이다. 인류학의 일반적인 접근은 연구자가 내부자의 관점을 파악하고 스스로 내부자의 시점에까지 이르는 것을 훌륭한 조사라고 생각하며, 이를 통해 제도·조직·활동·의미 체계 등을 연구자 또는 조사자의 관점과 내부자의 관점에서 조율해 분석한다. 연구 대상과 주제에 따라 달라지겠지만, 사회학을 포함한 다른 사회과학에서는 보통 두 관점을 적절하게 섞어서 사용한다. 질적 연구는 연구자가 연구 대상이 처한 상황에서 연구 대상을 바라보는 것으로 시작하지만, 때로는 거리를 두고 연구자 자신과 연구 대상을 보는 것도 필요하기 때문이다.

질적 연구에서 연구 대상은 대체로 특정 지역이나 집단이며 그 사회의 개인이나 집단·조직 등이 해당되는데, 이것은 자료를 수집하는 시기의 정치적·사회적 상황의 영향을 받는다. 정권이나 정세의 영향을 많이 받는 연구 주제도 있고 그렇지 않은 연구 주제도 있다. 하지만 어떤 연구 주제든 연구자는 연구 대상과 부딪쳐야 하며 연구 대상 속으로 들어가야 하고, 연구 대상이 지역의 기관이나 단체나 개인이라면 이들을 만나야 한다. 연구 대상이 어떤 지역이라면, 그 지역의 사회·인구·경제학적 특성이나 사회관계망 또는 권력관계망과 지역이 겪은 역사적 경험 등을 대강이라도 알 때 연구 대상에 대한 조사와 자료 수집이 수월해진다. 어떤 지역이든 그 지역이 겪은 독특한 사건이나 시간 속에서 생긴 특징이 있다. 연구 대상 지역이 연구자에게 익숙한 곳이든 그렇지 않든 연구자는 시간과 공간이 접목되는 지역 공간의 특정 지점과 만나게 되어 있다는 것이 중요하다. 연구자에게 그 지역이 낯선 곳일 경우, 조사를 준비하는 단계부터 현지조사에 이르기까지 연구자의 부담감은 훨씬 클 것이다.

연구 주제가 하나라도 질적 연구는 그 주제와 관련된 대상 지역 전반을 아울러야 하기 때문에 조사를 준비하는 단계에 상당한 노력이 필요한데, 현지에서 조사하는 중에 새로운 연구 주제를 발견해 후속 연구를 할 수도 있다. 연구자가 현지의 조사 대상자들과 대화하고 면접하는 과정에 실제 조사를 가기 전에 알던 내용이 은폐되거나 왜곡된 것으로 밝혀져도, 이것 또한 현지에서 수집한 질적 자료를 해석하는 데 도움이 될 수 있다. 필자는 오랫동안 국가를 맥락으로 국내외 지역을 조사해 왔는데, 한 연구 주제를 위해 대상 지역으로 가 자료를 수집하면서 또 다른 연구 주제를 발견해 이를 후속 연구로 발전시키고 다른 지역과 비교하

현지조사

현지조사는 현지 사람들의 관점으로 그들의 문화를 읽어 내려는 연구 방법이다. 현지조사가 특정 학문 분야만의 연구 방법은 아니지만 인류학에서 특히 중요한 의미가 있다. 다른 사회과학의 현지조사와 달리 인류학의 현지조사는 연구자가 연구 대상인 사회를 잘 이해하기 위해 그 사회의 구성원들 사이에서 장기간 체류하기 때문이다. 그러나 인류학자인 베네딕트Ruth Benedict는 1944년에 미국 국무부의 의뢰로 일본인과 일본 문화를 연구하면서 미국에 사는 일본인들과 면접한 것, 일본학 연구자들의 도움, 일본에 대한 각종 기록 등을 토대로 《국화와 칼The Chrysanthemum and the Sword》을 펴냈다. 이렇게 부득이한 경우에는 현지조사 없이 연구를 수행할 수도 있으나, 기본적으로 인류학에서는 단순 관찰이나 공식적인 면접으로는 도저히 파악할 수 없는 문화의 특징과 의미를 이해하기 위해 현지 사람들과 상호작용 속에서 연구자가 몸소 보고 듣고 느끼는 것이 중요한 연구 자료가 된다고 본다. 실제로 인류학자는 현지 문화의 특징과 의미를 파악하기 위해 적어도 1년이 넘는 기간 동안 현지에 머무르면서 현지 사람들의 일상생활을 관찰해 기록하고 분석한다. 이에 비해 사회학을 포함한 다른 사회과학에서는 인류학적 현지조사를 중시하는 경우도 있으나 커피숍 같은 일상생활의 현장에서 몇 시간 동안 조사 대상자에게 이런저런 질문을 하는 면접으로도 문화의 특징과 의미를 파악할 수 있다고 본다. 즉 연구 주제와 연구 대상의 특성, 연구자의 현지조사 전략에 따라 방법은 달라질 수 있는 것으로 받아들인다.

면서 연구 지평을 확장했다. 해당 지역에 대한 후속 연구를 할 때는 그 지역 전반에 대해 알고 현지 사람들과 관계가 어느 정도 만들어져 있기에 연구 진행이 훨씬 수월해진다. 이것이 질적 연구의 강점이다.

인류학 분야 연구자들은 연구 참여자나 연구 대상자 속에서 비교적 장기간 수행하는 현지조사를 기본으로 한다. 그 뒤 자신이 현지조사를 한 지역이나 집단을 대상으로 후속 연구를 다양한 주제로 기획하고 수행하는 것이 일반적이다. 사회학 분야 연구자들은 인류학 분야처럼 장기간 현지조사를 통해 자료를 수집할 뿐만 아니라, 연구 주제나 대상에 따라 횟수나 기간에 상관없이 자료를 수집하기도 한다. 이것은 연구 주제와 범위 및 기간에 따라 달라지며, 연구 주제와 연구 대상에 대한 연구 경험과 선행 자료의 축적 등에 달려 있다. 연구 주제와 연구 대상에 대해 연구자가 잘 아는 경우 자료 수집이 훨씬 수월하다는 점에서 연구 대상 지역이나 집단에 대한 깊이 있는 조사와 연구 경험이 중요하다. 예를 들어, 시골의 5일장은 물건을 서로 사고파는 곳일 뿐만 아니라 생활에 필요한 정보가 교환되고 공연이 펼쳐지는 장이 되기도 한다. 어떤 문화 현상을 이해하려면 서로 다른 요소들을 전체적인 맥락에서 봐야 하는데, 그러지 않으면 문화의 한 측면을 지나치게 강조할 가능성이 크기 때문이다.

연구 참여자 및 연구 대상 지역 선정

연구자는 관심 분야와 조사 분야에 대한 지식을 총점검해 자신이 무엇을 왜 분석하려고 하는지를 명확히 해야 한다. 성공적인 연구를 위해 무엇보다 중요한 것은 분명한 주제 선정이고, 여기 결정적인 영향을 미치는 것은 연구자의 문제의식이다. 연구자가 연구 주제를 자신이 속한 사회의 역사적·문화적 맥락 속에 두면서 자기 연구의 정당성을 진지하게 확보하려고 할 때 문제의식은 명확해진다. 연구 주제의 선정은 연구 참여자 및 연구 대상 지역 선택에 결정적인 영향을 주는데, 연구 주제에 필요한 유용하고 신빙성 있는 자료 수집 여부가 연구 참여자 및 연구 대상 지역 선택에 달렸다고 해도 과언이 아니기 때문이다.

　연구자 자신이 파악하려고 하는 주제나 관심 분야가 선정되고 어떤 내용을 구체적으로 파악해 분석할지가 정해지면 이에 부합하는 사례를 찾아야 한다. 관련 자료를 점검해 연구 주제를 가장 잘 드러내 줄 연구 참여자나 연구 대상 지역을 찾는다. 보통 후보 사례들을 선정하고, 이에 대해 잘 아는 사람들과 상의해 연구자가 의도한 주제를 심층적으로 가장 잘 밝혀 줄 만한 사례를 결정한다. 장기 조사일 경우 몇몇 후보 사례를 고른 뒤 실제로 그 지역이나 집단에 가서 탐색 조사를 통해 실제 현상과 사전에 파악한 내용이 부합하는지를 확인하고 최종적으로 사례를 결정해야 한다. 그리고 사례 조사를 시작하기 전에 사례 지역에서 연구에 협조해 줄 만한 집단이나 개인이 있는지 점검하고 다양한 인맥을 통해 그들과 접촉해야 하는데, 여의치 않을 경우에는 각종 문서를 작성해 협조를 공식적으로 요청할 수 있다. 이렇게 사례 지역을 정한 뒤 연구자가 수집 대상 문헌 및 자료 확보를 위해 현지조사에 나설 때 연구 대상 지역의 모든 개인이나 마을, 단체를 조사할 수는 없기 때문에 연구 대상의 우선순위부터 정해야 한다. 연구 대상의 순위는 연구 주제와 내용을 기준으로 대상의 특성을 고려해서 정해야 할 것이다. 개인·지역·기관 및 단체 등으로 범주를 나눠 연구 대상 규모를 설정해야 하는데, 이 경우에도 연구의 목적과 기간·예산·인력 등을 고려해야 한다. 이에 따라 연구 기간 동안 하루하루의 일상이나 다양한 행사에 어떻게 참여할지, 어떤 질문지를 사용하며 누구를 면접할지 등을 결정한다.(주혁, 2012)

연구를 위한 밑그림 그리기

연구 주제와 연구 참여자 및 연구 대상 지역이 결정되면 연구자는 자료 조사를 시작해야 한다. 물론 연구 주제를 결정하고 그에 알맞은 연구 참여자와 연구 대상 지역을 찾기 위해 자료 조사를 먼저 시작할 수도 있다. 자료 조사는 연구 주제와 조사 지역에 관한 자료, 예컨대 신문·잡지·사문서·지도·사진·비디오 필름 등과 기존 연구서·논문을 검토하는 것이다. 자료를 조사하면서 필요한 참고 문헌 목록을 작성해 두고 조사가 끝난 뒤 이 목록을 고치면 자료 정리가 훨씬 수월하다. 자료를 조사하면서 기존 연구서와 논문을 통해 자신의 연구 주제를 다루기에 가장 적절하다고 생각되는 이론적 준거 틀을 설정한다. 물론 어떤 현상을 잘 설명해 주는 이론이 없다면, 이론적 준거 틀 없이 조사를 시작할 수 있다.

질적 연구에서는 연구 참여자와 연구 대상 지역에서 직접 개별 연구 대상과 밀접하게 연관되어 관찰하고 질문하고 조사하면서 자료를 수집한다. 인류학에서는 대체로 1년이 넘는 기간 동안 연구 참여자들을 집중적으로 관찰하면서 대화와 면접을 통해 그들의 환경에서부터 사회적 관계망과 의미 구조까지 종합적으로 연계해서 파악한다. 질적 연구의 범위는 연구 참여자와 연구 대상의 전반적 측면을 조사해 기록하는 것부터 특정 주제를 집중 분석하는 것까지라고 할 수 있는데, 이 두 작업은 서로 연결되어 특정 주제를 집중 분석해도 그 연구 참여자와 연구 대상 지역의 전반적 측면을 아는 것이 필요하기 때문이다. 따라서 연구 참여자 및 연구 대상 지역의 전반적 측면을 조사하는 것은 어떤 주제를 연구하는 데 밑그림 그리기에 해당한다.

밑그림 그리기는 연구 참여자와 연구 대상 지역의 환경, 생업, 사회조직, 역사적 사건, 의례, 축제, 종교, 사회관계망, 권력관계망, 외부 연계 등을 종합적으로 파악하는 것이다. 이를 위해 연구 대상 지역에 대한 연구자의 조사 경험과 인맥이 중요하고, 이것들이 없다면 연구 대상 지역의 주민자치센터 같은 관공서에 비치된 자료와 관계 공무원을 적극 활용해 개략적인 자료를 얻을 필요가 있다. 이를 통해 연구 대상 지역의 주요 현황과 정보를 파악하고, 토박이와 마을 대표 및 행정자문위원회·마을개발위원회·부녀회나 어촌계 등 주요 인사 명단을 입수할 수 있다. 그러나 연구 대상 지역의 주요 인사나 전문가 명단을 확보했다고 해도 곧바로 연구 대상 지역에 들어가 원하는 자료를 수집할 수 있는 것은 아니다. 더 중요한 것은 연구 대상 지역의 사회관계망과 권력관계망 파악이다. 이것이 되어야만 연구 대상 지역의 주요 인사나 전문가 중 누구를 만나 조사해야 하며 어떤 인맥으로 어떤 전문가를 만나면 좋을지가 명확해지기 때문이다. 이런 내용이 연구 대상 지역에서 발간한 각종 문헌 자료에는 나타나지 않는다. 이는 개인, 마을, 단체, 기관이 독자적인 영역을 갖는 개별적 실체라기보다는 유기적으로 연결된 존재라는 것을 의미하며 질적 연구에서 고려해야 할 사항이다.

연구 참여자와 연구 대상 지역의 사회관계망이라고 할 수 있는 인맥과 기초 자료를 어느 정도 파악한 뒤 자료를 수집한 경우와 그러지 못한 경우의 차이는, 조사를 해 본 연구자라면 거의 다 인정할 것이다. 연구 대상자와 연구 대상 지역에 대해 대략적인 밑그림을 그리고 질적 자료를 수집하는 것과 아무 준비 없이 무턱대고 덤비는 식으로 자료를 수집하는 것은 조사의 충실도와 효율성에서 많은 차이가 난다. 장기 조사가 아니라 며칠의 조사라면 이 과정을 가능한 한 줄여서 진행해야 한다. 질적 연구 경험이 쌓이면 이 과정이 훨씬 단축되며 수월해진다.

질적 자료 수집 절차와 방법

연구 대상 지역 진입과 기초 조사

연구 대상 지역에 처음 들어가면 그곳 상황을 잘 모르기 때문에 심층면접을 바로 진행하기가 어렵다. 처음에는 기초적인 조사를 통해 현지 상황을 조금씩 파악하면서 안면을 익힌다. 이 과정을 거치면서 더 심층적인 질문을 할 수 있고, 현지 행사에 관한 정보를 얻어 조사할 수 있게 된다. 단기 조사라면 여러 차례 방문하며 이런 상황을 만들어 간다. 조사일지에 조사하고 대화하고 관찰하고 면접한 내용을 그때그때 기록하고 자세하게 정리해 둬야 본격적인 조사에서 시간을 줄이고 실제 조사 대상자의 심층면접을 알차게 진행할 수 있다. 사람의 기억력은 한계가 있기 때문에, 그날그날 조사 일지를 작성해야 연구 대상 지역이나 연구 참여자에 대한 전체적인 파악이 쉬워진다.

연구 대상 지역에서 가장 먼저 할 일은 눈에 보이는 연구 대상 지역의 공간적인 배치나 그 특징을 사진기에 담거나 기록하는 것이다. 특이한 것에 대해 지역 사람이나 연구 참여자에게 물어보고 기록하면 연구 참여자에게 친근하게 다가갈 수 있고 심층면접에 도움이 되기도 한다. 연구 대상 지역의 공식적인 제도나 조직의 현황 표와 활동 내용 등에 관한 자료도 수집해야 한다. 각종 공식 문서와 자료집은 전체적인 흐름을 이해하는 데 도움이 된다. 이것들은 대체로 공개되어 있기 때문에, 연구 대상 지역에 들어가 안면을 익히기 전이라도 쉽게 접촉해 내용을 알 수 있으며 연구 대상 지역의 기본적인 틀을 제시해 준다. 연구 대상 지역에서 획득할 수 있는 모든 자료를 수집하는 것이 좋다. 사진기와 캠코더로 시각 자료를 수집할 수 있는데, 이런 자료 중 문서에 담을 수 없는 문화적 내용이 많다. 이 밖에 연구 대상 지역에 있는 다양한 조직의 관계·행동·의례도 연구 범위에 넣을 수 있으나, 공식적인 제도나 조직을 파악하는 것만으로 연구 대상 지역이나 연구 참여자의 모든 것을 알 수는 없다. 연구 대상 지역의 사회관계망 파악에 이어 연구 대상을 바라보는 시각을 점검하고 조사 대상자를 선정하는 것은 본격적인 자료 수집을 위한 사전 준비일 뿐이다. 이 절차가 제대로 되지 않으면 본격적인 조사와 자료 확보가 어려워질 수 있다.

심층면접과 다양한 자료의 수집

어느 정도 안면을 익히고 초기의 기초 조사를 통해 구체적인 질문을 할 만큼 친밀한 관계가 형성되면 본격적으로 심층면접과 관찰을 시작할 수 있다. 현지조사에서 질적 자료를 수집하는 데는 인류학이나 사회학의 제한된 조사 방법론이나 면접 기법보다 체험을 그대로 풀어놓을 수 있는 연구자와 연구 참여자 간 신뢰 구축이 훨씬 더 중요하다. 심층면접은 직접 현장에 없었어도 많은 사실을 파악하고 연구 참여자의 가치관, 의미 구조, 정서, 관계를 이해할 수 있기 때문에 가장 풍부한 질적 자료를 축적할 수 있는 방법이다. 특히 질적인 내용, 즉 경험·의미·삶·정서·느낌을 찾아내는 데에 면접은 최선의 방법이다. 다양한 내용을 심층적으로 파악하려면 대화 형식으로 관점을 교류해야 하며, 대화는 언어를 매개로 하기 때문에 이에 대한 감각이 필요하다.

요즘은 심층면접 내용을 녹음기나 캠코더로 정확하게 기록한다. 연구 참여자나 대상자, 특히 연구 참여자가 이런 도구 사용에 거부감이 있을 수 있으나 필자의 경험으로는 과거에 비해 거부감이 줄어들었다. 면접을 시작하기 전에 필기구, 휴대전화, 사진기, 서식 자료나 답례품 등 면접과 관련된 도구를 자연스럽게 꺼내어 놓으면서 녹음기나 캠코더 사용에 대한 양해를 구하면 된다. 필자는 보이스레코더와 휴대전화를 함께 써서 녹음하며 연구 참여자가 동영상 촬영까지 수락한 경우에는 캠코더도 쓴다. 증인 또는 생애사 연구 참여자의 진술에는 이런 장비가 꼭 필요하지만, 간단한 대화나 면접 자료를 수집할 때는 녹음이나 사진 촬영으로 충분하다. 연구 주제와 연구 참여자의 특성과 상황을 고려해 적절하게 쓰면 될 것이다.

연구 대상, 특히 면접 대상자를 인류학에서는 정보 제공자라고 한다. 주로 나이가 많거나 아는 것이 많거나 지역 유지인 이들은 연구 대상 지역이나 집단에서 다른 사람들보다 훨씬 풍부한 경험과 깊은 지식이 있기 때문에, 이들과 집중적으로 면접하고 다른 사람들과 하는 면접은 이를 보충하는 경우가 많다. 이들과 하는 면접은 연구 주제나 연구 대상 지역의 윤곽을 이해하는 데 도움이 된다. 면접할 때는 그것을 통해 얻으려는 정보에 대한 이해가 필요하다. 질문을 어느 정도는 미리 정해야 하고, 이야기를 들으면서 연구자가 몰랐던 것이나 더 알아야 할 것 등이 생기면 면접 중에 질문에 더해야 한다. 즉 연구자는 새로운 상황에 빨리 대응하는 능력이 필요하다.

어느 정도 아는 주제에 대해 더 구체적이고 세세한 정보를 얻기 위해 미리 정한 질문에 따라 하는 것은 구조화된 면접이고, 정해진 질문 없이 이야기를 듣는 데 집중하면서 맥락에 따라 자세한 정보를 요구하기도 하는 것은 비구조화된 면접이다. 어떤 면접이든 질문 내용을 미리 정리해 두면 좋다. 그래야 내용을 파악하는 데 집중할 수 있고, 주제에서 세분된 영역을 더 잘 이해하기 위한 질문을 면접 과정에 할 수도 있다. 질문은 쉽고 구체적으로 대답할 수 있는 것에서 시작해 어려운 것으로 넘어간다. 대체로 질문지는 전반적인 내용을 파악하는 데 쓰고, 세분된 영역에 대한 질문은 머릿속에서 만들어 비공식적으로 하는 경우가 많다. 비공식적인 면접은 연구 대상 지역에서 사람들과 우연히 만나 진행하

생애사

개인이나 집단의 생활 체험은 사회적 맥락에서 상호작용을 한다. 생애사는 개인의 전 생애나 집단이 성립한 뒤 활동을 전개하는 과정을 사회적 맥락에서 상세하게 기록하는 것이며 생활사라고도 한다. 사회학이나 인류학에서 발달한 연구 방법으로, 편지·일기·자서전·전기·기사·재판 기록 등을 수집하고 분석해 개인이나 집단의 생활사를 세밀하게 묘사하는 것부터 장기간에 걸친 참여관찰로 사람들의 일상생활을 자세하게 묘사하는 인류학의 생애사 연구까지 아우른다. 구술 자료에 중요한 의미가 있는 생애사 연구에서 최근에는 녹음기와 사진기 및 캠코더의 등장으로 개인이나 집단의 생활을 다 기록할 수 있게 되었다. 개인이나 집단의 생활 기록은 편지·수기·음성·영상·사진 등이 중심을 이루며 소유한 물품도 포함될 수 있다. 이런 생애사 연구 방법이 이제 인간을 이해하는 유력한 방법으로 받아들여지고 있다.

는데, 이렇게 누구와 어떤 내용을 논의할지 모르는 면접 상황에서도 중요한 단서를 얻고 깊이 있는 질문을 하려면 연구 주제를 숙지해야 한다. 특히 비구조화된 면접에서 연구자는 연구 참여자가 하는 말을 집중해서 들어야 하고, 질문할 것보다 더 많이 생각해야 하며, 이야기의 흐름을 예상해 질문을 준비하고 잘 다듬어 문장으로 표현해야 한다. 특히 연구 주제가 현재 진행 중인 사안일 경우 연구자는 정보가 많지 않을 수 있기 때문에 연구 참여자가 자기 이야기를 하도록 내버려 두는 것이 중요하다. "~을 말씀해 주십시오." 하고 요청하면 좋고, "~ 당시 경험을 들려주세요." 하고 아주 폭넓게 시작하는 것도 좋다. 비구조화된 면접에서 연구자가 할 일은 집중해 듣는 것이다. 적극적인 자세로 연구 참여자의 이야기를 주의 깊게 들어야 하며 고개를 끄덕이거나 때에 따라 "음.",

"네." 하며 수긍해 구술자에게 용기를 주지만 전체적으로 어떤 언질을 주면 안 된다. 연구자가 연구 참여자의 말을 듣다가 너무 혼란스러워서 분명히 할 필요가 있다고 판단되지 않는 한 연구 대상자의 말을 방해하면 안 된다. 비구조화된 면접 방법을 사용하는 경우에도 체계화된 질문지나 심리 측정, 일대기, 일기, 편지나 사진과 같은 개인적 소장품과 공식적인 기록 등 면접 자료를 보충할 여러 방법을 병행할 수 있다.(염미경, 2003: 262~264)

심층면접을 원활하게 하는 방법은 실제 조사를 통해 터득해야 하며, 최대한 정보 제공자를 존중하고 이야기를 들으면서 항상 배운다는 자세를 지키는 것이 좋다. 그러나 면접으로 얻은 내용은 사실과 다르거나 면접 대상자의 주관이 개입될 수 있기 때문에, 정보 제공자인 면접 대상자가 연구자가 원하는 내용만 말하지는 않는지 파악해야 한다.

문헌 자료 수집에 익숙한 연구자라면 특히 질적 자료 수집의 어려움을 겪어 보았을 것이다. 지역에 가서 특정 개인을 조사할 경우, 그 어려움이 배가된다. 정치적·사회적으로 민감한 주제에 대한 자료 수집은, 매우 어려운 문제로 인식하거나 한두 차례 방문으로 자료를 못 구하면서 포기할 수도 있다. 하지만 연구자의 눈빛과 열정에서 조그만 신뢰의 단서 없이 어느 누가 자료를 내주겠는가? 일단 연구 참여자가 조사자나 연구자에게 마음을 열어야 질적 자료 확보를 위한 준비가 되는 것이다. 연구 참여자가 연구자에게 자신의 삶을 보여 줘도 되겠다는 마음이 생기는 순간 질적 자료를 확보할 수 있게 된다. 이를 통해 연구 참여자가 어떤 변화를 겪었는지, 주변 사람들의 작용에 어떻게 대응하며 스스로 변해 왔는지를 파악할 수 있다. 이는 개인의 인생을 이해하기 위한 것이라기보다는 그 사회에서 개인의 시간적 흐름을 파악하기 위한 것이다. 이를 위해 꼭 필요한 것이 생애사 수집이다. 주제와 연구 참여자의 위치나 경험에 따라 생애사의 어떤 부분을 얼마나 자세하게 수집할지가 달라질 수 있다. 생애사 수집을 통해 연구자는 연구 대상 지역과 연구 참여자를 더 역동적으로 그리고 시계열적으로 이해할 수 있게 된다. 이때 단순한 개인 경험이 아니라 사회집단, 즉 가족·친구·타인 들과 맺는 관계와 영향 속에서 개인이 변해 온 과정을 파악해야 한다. 특히 생애사의 대상자를 선정하려면 연구자의 주제에서 생애사가 어떻게 도움이 되는가를 파악해야 하고, 대상 문화와 맺는 관계와 역사를 어느 정도 알고 있는 것이 좋다. 가능하면 주제와 관련해 대표적인 사람, 조사 지역과 그 지역의 문화를 잘 아는 사람, 감정이 안정되어 있는 사람을 선택하면 좋다. 이들을 통해 연구 대상 지역과 그 지역의 문화를 심층적으로 조망할 수 있게 된다. 그런데 연구 참여자를 통해 심층 자료를 확보할 때는 예측하지 못한 상황이 생길 수 있다. 따라서 질적 자료를 수집할 준비가 끝나고 연구 주제와 관련된 내용으로 자료를 확보하는 것이 목표라 해도 때를 기다리면서 인내하며 연구 참여자의 삶 자체에 초점을 맞춰야 한다. 즉 연구자는 연구 참여자가 살아온 이야기부터 들어야 한다는 생각이 필요하며 연구 대상자가 마음을 열 때까지 기다릴 줄 아는 인내가 필요하다.

심층면접 자료는 한 차례 면접으로 수집할 수도 있지만 여러 차례 만나며 수집해야 하는 경우가 많다. 이는 연구 주제 또는 연구 참여자의 특성이나 재량에 따라 달라진다. 정치적·사회적 상황에 따라 자료의 내용, 즉 연구 참여자가 구술한 내용이 달라질 수 있기 때문에 연구자와 연구 참여자의 친밀한 관계가 더욱 중요하다. 어느 정도 만나 친해져서 편하게 이야기할 수 있는 분위기가 조성되면 좋은데, 내밀한 이야기를 듣는 데는 시간이 더 걸릴 것이다. 처음부터 개인적 경험을 풀어내라고 하면 상대방이 당황할 것이다. 그 사람의 이야기를 공감하고 그것이 중요하다는 인식을 주어 스스로 계속 이야기를 풀도록 하면 좋다. 생애사 같은 심층 자료를 수집할 때는 연구 참여자의 이야기에 공감하고 경청하는 연구자의 자세와 유연한 현장 대응 능력이 중요하게 작용한다. 면접은 누구에게 어떤 질문을 할지가 관건이기 때문에 연구 주제에 알맞은 면접 전략을 개발할 필요가 있다. 즉 면접에서 무엇이 중요한지를 결정해, 중요 사항에 대해서는 더 질문하고 연구 참여자가 침묵하는 깃에 대해서는 알아낼 기준을 만들어야 한다.

자료의 정리와 분석

심층면접을 통한 질적 연구에서 주제에 관해 연구자가 알고 싶어 하는 모든 것을 면접 대상자의 이야기가 알려 주지는 않는다. 면접은 정보만 준다. 면접은 형태적으로 면접 대상자의 말이고, 내용적으로는 특정한 정보가 중심을 이룬다. 면접 대상자가 한 말이 진실인지, 면접 대상자의 행위가 정말 일어났는지는 다른 면접 대상자나 자료를 비교 검토해야만 알 수 있다. 또한 면접 대상자는 연구자에 따라 다른 이야기를 할 수 있다. 이때 면접 대상자가 왜 다른 이야기를 했는지 파악하는 것이 중요하다. 특히 가치·윤리·평가·태도·의미 등에서는 지역 사람들 간에 내용이 일치하지 않고 생각이 다른 경우가 많으며 같은 사람도 이랬다 저랬다 하는 경우가 많기 때문에, 일단 자세하게 기록하고 종합적인 평가와 분석은 조사를 진행하면서 점차적으로 하면 된다. 이런 점 때문에 직접 현장에 참여해서 그들의 행동·대화 내용·사회관계망·권력관계망·상징물 등을 자세하게 관찰하면 내용 파악이 훨씬 수월해진다. 연구 대상 지역의 각종 행사에 직접 참여해야 하는 경우도 있다. 연구 대상 지역에 대해 기본적인 지식을 확보하면서 연구 참여자들의 사고와 행동을 심층적으로 이해할 수 있게 되기 때문이다. 누구나 준비를 하고 현지에 가서 자료 조사에 나설 수 있지만 아무나 제대로 된 자료를 얻지는 못한다. 그만큼 현장 대응 능력이 중요하다. 실제 조사는 계획대로 안 되는 경우가 많다. 따라서 문제점이 나타날 때마다 유연하게 계획을 수정하면서 자료를 수집해 나가야 한다.

특정 주제를 집중적으로 분석하는 질적 연구는, 연구 참여자와 연구 대상 지역에 직접 뛰어들어 특정 문제가 어떻게 왜 제기되며 주제들이 어떻게 선정되어 구체적인 계획으로 만들어지는지 그리고 그 과정에 누가 어떻게 영향력을 미치며 다양한 사회적 관계망과 의미가 어떻게 작동하는지까지 분석해 낼 수 있다. 이렇게 사회적 관계망과 의미의 작동 구조를 심층적으로 조사하고 분석하는 방법은, 구체적인 사례를 구조적으로 연결하고 작동 과정을 찾아내는 데 유리하다. 특히 피상적으로만 이해하던 현상이나 주제를 새롭게 통찰할 수 있게 된다. 그래서 질적 연구 방법을 연구 참여자 중심, 공감적 이해, 통찰력, 맥락 중심, 유연한 연구 설계와 검증, 직접 접촉, 사례 집중, 서술적 연구 같은 말로 설명하는 것이다. 양적 연구는 심층 분석이 가능하지만 주로 피상적인 자료에 의존한다. 이에 비해 질적 연구는, 조사 결과를 모두 일반화하기는 어렵지만 가장 대표적인 사례를 선정하고 집중적으로 조사해 좀 더 심층적이고 종합적인 이해를 할 수 있다.

자료를 많이 수집했다고 해서 좋은 연구가 되지는 않는다. 자료 수집 못지않게 중요한 것이 정리와 분석이다. 자료를 수집하는 동안에는 초기 분석 작업을 하고, 조사가 끝난 뒤에 본격적인 분석 작업에 들어간다. 자료 분석에서는 자료를 단순히 요약하는 데 그치지 않고 자료를 정리해 일반화를 도출하는 것이 중요하다. 인류학의 일반적 접근은 이 단계까지 나아가지 않는다. 최근 인류학에서도 특정 문제 중심 연구가 수행되고 있지만, 인류학의 질적 연구 중 특히 현지조사의 1차적 목표는 특정 집단의 문화를 최대한 풍부하고 완전하게 기술하는 데 있기 때문이다. 인류학이 특정 집단의 문화를 전체적인 맥락에서 보기 위해 수행하던 현지조사에서 오늘날 사회문제로 중심을 옮겨 가고 있다면, 특정 사회문제 중심으로 연구를 수행하던 사회학은 오늘날 그 연구 대상을 확대하고 있다. 따라서 수집된 자료를 정리해 일반화를 도출하는 것이 상당히 중요하다. 이를 위해 사회학 연구자들은 수집된 자료의 내용이 기존 연구와 일치하는지를 확인한다. 선행 연구에 비추어 새로운 문제 제기가 있는지, 다른 연구들과 어떻게 비교할 수 있는지, 기존 이론에 관해 어떤 결론을 끌어낼 수 있는지를 검토한다. 사회학 연구자에게 이 과정은 자신이 수집한 자료를 다른 연구자들이 더 복잡한 분석에 이용할 수 있도록 정리하는 작업이기도 하다. 궁극적으로 연구자는 자료 분석 결과를 바탕으로 연구 참여자의 특성에 대해 일관된 견해를 제시하려고 한다.

사회·문화 현상은 자연현상처럼 명확한 법칙을 발견할 수는 없지만 다양한 변수의 상관관계를 바탕으로 이론을 제시할 수 있다. 물론 연구자가 조사한 특정 사회에 대한 사례 분석 하나만으로 이론을 도출하기는 쉽지 않다. 따라서 사회학 연구자들은 현지에 나가 질적 자료를 수집하고 구체적인 사례를 분석해 이론의 기초를 다지며 다른 연구자들이 조사한 많은 사례와 비교분석해 더 정교한 이론을 발전시킬 기초를 마련한다. 사회학 분야 연구자들이 다양한 사례에 대해 활발하게 질적으로 접근한 연구 결과를 많이 쌓고 상이한 사례를 많이 비교 연구함으로써 수준 높은 이론을 제시할 수 있다고 보기 때문일 것이다. 이것이 사회학에서 특정 문제 중심으로 하는 질적 연구의 강점이다.

구조화된 면접과 비구조화된 면접

구조화된 면접은 연구자가 사전에 만든 질문에 따라 면접하는 것으로, 연구자가 연구 주제에 대해 어느 정도 알고 무엇이 중요한지도 파악한 상태에서 자신의 문제의식에 따라 구성한 조사 항목에 기초해 연구 참여자로부터 정보를 수집한다. 반면, 비구조화된 면접은 연구자가 질문의 순서나 내용을 미리 정하지 않고 면접 상황에 따라 유연하게 만들어 가는 면접 방법이다. 연구자가 해당 주제에 대해 아는 내용이 거의 없을 때 활용되기도 하는데, 보통 큰 질문에서 시작해 이야기 내용에서 단서를 구하며 더 구체적인 내용을 물어볼 수 있다.

공식적 면접과 비공식적 면접

공식적 면접은 사회과학자들이 주로 쓰는 면접 방법으로, 연구자가 조사 대상자와 면접을 미리 약속하고 진행하며 미리 작성된 질문에 대한 답을 얻어 낸다. 이에 반해 비공식적 면접은 기회가 있을 때마다 조사 대상자에게 자유롭게 적절한 질문을 한다. 이 방법은 상황에 따라 이야기를 통해 정보를 파악하는 것으로, 조사 대상자가 자신이 면접 대상이라고 의식조차 못 하는 상태에서 질문을 미리 만들지 않은 채 진행되기 때문에 자연스럽게 이야기하는 분위기를 만드는 것이 매우 중요하다. 이를 통해 연구 참여자와 친해져서 예상치 않은 자료를 얻을 수도 있기 때문이다. 비공식적 면접은 연구자가 연구 대상 지역에 들어가거나 연구 참여자를 만나 본격적으로 조사하기 전에 다양한 질문으로 연구자가 알려고 하는 내용의 이야기를 하도록 유도할 때나 상세한 질문을 만드는 데 활용하기도 한다. 따라서 비공식적 면접은 질문에 대한 답을 듣는 것보다 연구 참여자가 연구자가 알려고 하는 것에 대해 이야기하도록 유도하는 데 목적이 있다.

연구의 지속가능성을 위한 사후 관리

질적 연구는 한 번 하고 나면 그만인 1회성 연구가 아니다. 조사 과정에서 만나고 대화하거나 면접한 개인, 집단, 기관 관계자 들은 연구자의 자원이 되어 후속 연구를 수행할 경우 계속 도움을 줄 사람들이며 다음 세대 연구자가 비슷하거나 다른 주제로 다시 찾아갈 수 있기 때문이다. 따라서 조사 과정은 물론이고, 조사가 끝난 뒤에도 결과물이 있다면 그 것을 연구 과정에 도움받은 이들에게 가져다주는 등 고마움을 표시하거나 답례할 필요가 있다. 어떤 연구자가 조사 지역에서 필요한 자료만 챙기고 후속 조치를 하지 않아, 그 지역에 조사하러 간 다른 연구자가 어려움을 겪는 경우도 있다. 필자도 조사 대상자들에게 연구자들의 이런 문제에 관한 이야기를 여러 번 들어야 했다. 그래서 필자는 지역 조사를 마치고 결과가 나오면 조사 지역을 다시 방문하거나 부득이한 경우 우편을 통해 그것을 전달한다. 누구든 그 지역을 다시 조사할 경우를 고려한 행동이기도 하지만, 이것은 질적 연구가 연구자와 조사 대상자의 신뢰를 기반으로 한다는 점에서 질적 연구자의 기본자세라고 할 수 있다. 조사 지역 사람들 중 다수가 조사 결과로 나온 기록물이나 보고서나 논문에 그다지 관심 없이 살아온 평범한 사람이라도 마찬가지다.

읽고 생각하기

- 연구 방법의 선택

  인간과 사회라는 현상은 매우 다면적이고 복합적이기 때문에 하나의 연구 방법이 인간과 사회의 모든 진실과 진리를 알려 줄 수는 없다. 현대와 같은 복합사회에서 하나의 도시, 지방, 국가 또는 여러 국가를 포함한 지역을 질적 연구 방법으로 연구한다는 것은 시간과 비용 면에서 매우 어려운 작업이다. 이렇게 연구 단위 규모가 클 때는 양적 분석이 필요하다. 이러한 양적 분석은 전체적인 경향과 변화의 패턴 등을 이해하는 데 효과적이다. 하지만 양적 연구 방법을 통해서는 표본 속의 개인들의 주관적 생각과 느낌, 경험들을 알기 힘들다. 통계 수치가 개인들에게는 어떤 의미를 가지고 있는지를 가늠하기 어렵다는 말이다. 사실상 중요한 것은 연구 방법이라기보다는 어떤 연구를 할 것인가를 결정하는 문제의식이다. 어떤 문제의식을 가지고 어떤 연구 주제를 선택할 것인가를 정하고, 그 연구 주제를 가장 잘 다룰 수 있는 연구 도구를 선택하는 것이다. 자신의 문제의식을 가장 잘 다룰 수 있는 연구 주제와 그 연구 주제를 가장 잘 다룰 수 있는 연구 방법을 선택하는 것이 정도이다.(윤택림, 2004, 《문화와 역사 연구를 위한 질적 연구방법론》, 아르케, 21~22쪽.)

- 질적 연구에서 연구자는 '여행객'이다

  설문조사와는 달리, 질적 면접은 본질적으로 면접자(연구자)가 대화를 위해 일반적인 방향을 설정하고 응답자(조사 대상자)에 의해 제기되는 구체적인 주제를 따라잡는 대화를 말한다. 이상적인 것은 응답자가 대부분의 대화를 하는 것이다. (……) 크베일(Steinar Kvale, 1996: 3~5)은 질적 연구에서 면접자를 '여행객'으로 비유하였다. 면접자의 역할은 "풍경 좋은 곳을 여행하면서, 그곳에서 마주치는 사람들과 대화 속으로 빠져 들어가는 것이다. 여행객은 아직 미지의 영역이든지 혹은 그저 지도상에만 나타난 그 나라의 여러 영역을 자유로이 흘러 다니면서 탐사하게 된다. (……) 면접자는 그 지역 주민들과 함께 방랑히면서, 연구 대상자들이 자신들의 살아 숨 쉬는 세계에 대한 자신들만의 이야기를 풀어놓도록 넌지시 질문을 던지는 것이다."(얼, R. 바비, 2002,《사회조사방법론》, 고성호 외 옮김, 그린, 370쪽.)

1. 질적 연구 방법은 양적 연구 방법을 대체하는 대안적 연구 방법인가에 대해 논의해 보자.

2. 특정 텍스트나 상징·광고·영화·드라마·미술품 등 사람의 행동 결과로 나타난 문화물 자체를 중심으로 조사하고 분석하는 경우가 크게 늘고 있는데, 이 경우 가능한 질적 연구 방법에 대해 논의해 보자.

읽을거리

- 김경학 외, 2005,《전쟁과 기억: 마을 공동체의 생애사》, 한울아카데미.
- 염미경, 2012,《제주 옹기와 사람들: 소멸과 재현의 지역사》, 선인.
- 윤택림, 2004,《문화와 역사 연구를 위한 질적 연구방법론》, 아르케.

참고 문헌

- 베네딕트, 루스, 1974,《국화와 칼: 일본 문화의 틀》, 김윤식·오인석 옮김, 을유문화사.
- 얼, R. 바비, 2002,《사회조사방법론》, 고성호 외 옮김, 그린.
- 염미경, 2003,〈구술 자료의 수집 및 정리〉,《현장 조사와 정리를 위한 근현대 지방 사료 창 열기》, 국사편찬위원회, 240~278쪽.
- 윤택림, 2004,《문화와 역사 연구를 위한 질적 연구방법론》, 아르케.
- 주혁, 2012,〈근현대 지역 자료(문헌과 구술 자료)를 보는 시각과 현장 조사 방법론〉,《구술사연구》3(1), 47~70쪽.

질적 연구의 윤리 문제와 방법론적 토대

김귀옥

· **학습 내용**

한국 연구사에서 최근처럼 연구 윤리가 강조된 적이 없는 것 같다. 특히 2017
년은 한국 연구사에서 이정표가 되는 해라고 할 수 있다. 2015년부터 연구 윤
리 교육을 시행한 교육부와 한국연구재단이 2017년부터는 연구 프로젝트에
참가하는 모든 연구진에게 사이버 연구 윤리 교육을 의무화하고 유효기간을 3
년으로 했다. 연구 윤리는 연구자에게만 요구되는 것이 아니고, (고위) 공직자에
게도 연구 부정행위에 대해 엄격한 기준을 적용하고 있다. 연구의 발전과 자기
성찰을 위해 대단히 중요한 이런 상황이, 그간 한국 연구 환경의 문제를 여실히
드러내기도 한다. 연구가 문화 권력을 넘어 정치적, 경제적 권력의 도구처럼 된
한국 학문의 현재성을 보여 주기 때문이다.

질적 연구에서는 더 강력한 연구 윤리가 필요하다. 질적 연구가 인간관계와
직접 연결되다 보니, 연구를 시작할 때부터 결과에 이르는 전 과정에 윤리 문

제가 생긴다. 그런데 연구 윤리는 도식적·획일적으로 적용하기 어렵기 때문에, 연구자는 늘 고민하며 스스로 연구 윤리에 관한 문제를 제기하고 그 답을 찾기 위해 노력해야 한다. 질적 연구를 하는 학회에서도 질적 연구 윤리가 통일되어 있지 않고, 연구자들이 제안하는 윤리적 내용도 차이가 있다. 이런 상황에서 연구 윤리는 질적 연구에 임하는 연구자의 목적, 인간으로서 자세, 연구자와 면접 대상자의 관계, 사회적·정치적 상황 등에 따라 다를 수밖에 없다는 것을 기억해야 한다.

구체적인 현장을 중심으로 한 질적 연구에서 필요한 연구 윤리로 무엇보다 연구자와 정보 제공자의 관계를 둘러싼 것을 들 수 있다. 즉 정보 제공자의 주관적 상황을 이해하는 자세, 정보 제공자의 권리, 사생활 보호, 정보 제공자에게 공개하는 연구 목적이나 연구자 자신에 관한 내용과 태도 등을 둘러싼 윤리 문제를 일반적으로 고찰해야 한다. 또한 정보 제공자를 착취하면 안 된다는 것은 윤리적으로 대단히 중요하다. 착취 자체도 심각한 문제지만, 착취 여부를 가르는 경계를 파악하기가 대단히 어렵기 마련이다. 일반적으로 연구자와 정보 제공자나 면접자 사이에는 의도와 상관없이 불균형적인 지위와 관계가 전제되기 때문이다. 한편 정보 제공자나 피면접자가 연구 결과물을 보고 문제를 제기할 기회가 필요하다.

최근 들어 연구 윤리가 강조되는 분위기고, 질적 연구자들의 연구 윤리가 더욱 중시되고 있다. 질적 연구 윤리 규정을 이해하며 이를 연구 전 과정에 적용하는 것은 기본이고, 더욱 중요한 것은 연구자의 자율성 강화 방안을 지속적으로 모색하는 데 있다.

왜 연구 윤리가 필요한가

질적 연구, 특히 사람을 대상으로 한 현지조사 과정에서 연구 윤리를 제대로 알지 못하면 당황할 때가 많다. 예를 들어, 어제 (또는 얼마 전에) 몇 시간에 걸쳐 면접을 마친 정보 제공자가 자신과 면접한 내용을 폐기해 달라는 연락을 했다고 하자. 분명히 면접 전에 연구 주제와 내용에 대해 설명하고, 면접 후 공개 동의서도 작성했다. 이때 연구자는 어떻게 해야 할까?

일반적으로 예민하거나 불편한 주제를 연구할 때 (연구 대상자, 피면접자, 구술자 등) 정보 제공자들이 기피할 것이 예상되기도 한다. 이때 연구자는 정보 제공자가 수용하기에 괜찮은 연구 목적이나 주제 및 내용인 것처럼 에둘러 표현하거나 선의의 거짓말을 할 수 있을까? 또는 조사 과정에서 세상을 놀라게 할 만한 개인 정보나 경제적 이익이 생길 만한 정보를 얻었을 때, 정보 제공자에게 무해하다면 연구 외의 목적에 이 정보를 활용해도 괜찮을까? 연구 조사 결과를 연구 목적에 맞는 수준에서 활용했는데, 연구 결과 때문에 정보 제공자가 곤경에 처한다면 어떻게 해야 할까? 이런 문제를 많은 질적 연구자들이 겪어 왔다. 연구자의 기분, 상식과 도덕관 같은 주관적인 기준이 아니라 연구자와 정보 제공자의 관계를 최대로 고려한 바탕에서 원만하고 합리적이며 정당한 기준에 따라 객관적으로 문제를 해결할 방법이 있을까? 바로 그 기준과 방법을 제시하는 것이 연구 윤리다.

필자는 대학생 때 연구 윤리를 처음 접했다. 2학년 무렵 수강한 전공 필수과목인 사회조사방법론 강의 시간이 끝나 갈 때 들은 것 같다. 세 시간 강의 중 10분도 안 되는 짧은 시간에 상식을 짚듯, 잘못된 연구 행위를 하면 안 된다고 한 정도다. 조사자가 조사 내용을 '위조'하거나 '변조'하거나 남의 조사를 무단으로 베끼는 '표절'은 부정직한 연구라는 것이 요지였다. 그때는 설마 어떤 연구자가 그럴까 하고 생각했다. 그 뒤 사회조사에 조사원으로 참여할 기회가 여러 번 있었는데, 연구 윤리를 의식하면서 고민되는 것이 한두 가지가 아니었다. 정보 제공자를 만나기 어렵다거나, 어렵게 조사에 응한 사람이 여러 이유로 부실하게 답했다거나, 드물게나마 조사에 대한 사례 문제가 생길 때 조사원(또는 조사 보조원)으로서 감당하기 어려웠다. 또 조사를 마친 뒤에 정작 책상에서 연구하려고 보면 마땅하지 않은 내용이나 결과일 때 당황스럽기 짝이 없었다. 이럴 때 연구 윤리를 따르지 않고 상황 논리에 따라 조사 내용을 왜곡하거나 변조하고 싶은 마음이 굴뚝같았지만 부정행위를 하지 않았다. 연구 윤리 때문에 이런 결정을 내렸다고 보기는 어렵다. 부끄럽지만 고백하자면, 당장은 별문제가 없어도 나중에 감당하기 어려운 문제가 생기면 어떡할까 하는 두려움 때문에 유혹을 떨쳤다. 대학이나 학회에서 연구 윤리 규정을 제정하지 않은 1980~1990년대 현실을 생각하면, 앞에 언급한 상황이 오히려 정상적이었는지도 모르겠다.

1990년대 중반에 필자가 주도하는 질적 연구를 시작한 이래 현지에 가면 윤리적 문제로 고민하고 판단해야 할 일이 수도 없이 생겼다. 1995년 멕시코에서 멕시코 한인 관련 조사를 할 때는 언어가 안 통하는 상황에 정보 제공자마저 쉽게 나타나지 않고 정보 제공자를 소개받는 과정에 갖가지 문제에 부딪쳐, 경험이 미숙하고 연구 윤리를 철저히 내면화하지 못한 연구자로서 애태우던 기억이 지금도 생생하다.

대표적인 양적 조사인 사회조사에 필요한 연구 윤리와 질적 연구의 연구 윤리가 기본적으로는 동일해도 수준이 다르다. 사람들의 행위, 삶, 기억과 때때로 사적 정보인 일기, 편지, 메모 등을 토대로 수행하는 질적 연구는 기본적으로 사람을 직접 대상화하기 때문에 인간관계에 관한 문제가 생기기 마련이다. 연구자와 정보 제공자 간의 계급·민족·젠더·지역·세대·외모 등 다양한 변수가 조사에 영향을 미친다. 이런 상황에서 인간에 대한 이해, 정보 제공자에 대한 이해가 전제되지 않는다면 연구는 제대로 시작하기도 전에 끝나고 말 것이다. 심지어 질적 연구 중 하나인 문헌 연구에서도, 연구자가 정보 제공자로부터 수집한 각종 원자료를 대상화하는 데서 끝나는 것이 아니라 그 원자료를 제공하는 정보 제공자와 연구자의 관계에서 연구 윤리가 작동되며 원자료 자체에 대해 연구 윤리가 요구된다.

과장하면, 질적 연구에서 연구 윤리는 처음이자 끝이라고 할 수 있다. 조사 과정에 길을 헤매고 쉽게 가려는 유혹이 들 때 연구 윤리를 떠올리면서 마음을 다듬고 정도正道를 찾아야 한다. 앞에서 말했듯 정보 제공자가 조사에 대해 회의를 드러내거나 조사 뒤 무르고 싶다고 하는 당황스러운 상황에 연구자가 연구 윤리를 이해하고 있으면 정보 제공자의 주장을 자연스럽게 받아들일 것이다. 연구 윤리가 만능은 아니지만, 그 철학·사상을 이해하고 실천한다면 연구 과정에서 일어나는 많은 문제를 해결할 조건을 확보할 수 있다.

그러나 연구 과정에는 예상치 못할 문제가 무궁하다. 모든 문제를 말끔히 해결할 연구 윤리 규정은 세상에 없다. 연구 윤리를 고민하고 연구 윤리 규정을 들여다보는 사이에 연구자들이 해야 할 일은, 10여 분 만에 그것을 외우기보다는 깊이 성찰하고 자율성의 힘을 기르는 것이 아닐까 싶다. 이제 연구 윤리가 무엇인지 본격적으로 살펴보자.

연구 윤리란 무엇인가

윤리는 사람이 행위의 옳고 그름을 분석하고 판단할 수 있게 하는 원리이며, 윤리적 판단의 기본 원리는 '인간의 존엄성'이다. 행위나 세상에 대해 가치판단을 할 때 인간을 수단이 아닌 목적으로 대하라는 칸트의 정언명령으로서 일반적 윤리와 연구 윤리는 일맥상통한다. 질적 연구에서 가장 중요한 연구 윤리의 출발도 인간의 존엄성이다. 그 이유로 여러 가지를 들 수 있는데, 무엇보다 질적 연구야말로 사람과 직접 교류하며 진행하기 때문이다. 학문의 자유로서 '연구'는 연구자들이 누리는 '일종의 특혜'이자 권력의 원천이다. 질적 연구에서 연구자는 그 나름대로 특혜나 권력을 누리기 때문에, 연구의 목적과 방향을 설정하며 내용을 구성하고 결과를 활용하는 데 정보 제공자를 속이거나 수치스럽게 해 정보 제공자의 존엄성을 침해한다면 연구 윤리에 위배되는 것은 말할 것도 없고 자칫 민형사상 문제로도 확대될 수 있다.

그런데 현실적으로 보면, 인간의 존엄성을 대변하는 윤리적 명제인 '어떤 상황에서도 인간(타자)을 수단이 아닌 목적으로 대하라'는 칸트의 정언명령은 선험적이라서 과학적으로 입증하기가 어렵다. 역사적으로 존재했는지 알 수 없는 공상적 공산주의 사회를 제외하고는, 고금에 인간의 존엄성이 지켜진 사회가 있다는 것은 증명되지 않았다. 하물며 전쟁 같은 극한상황이나 사회적 불평등이 극심한 사회에서 이 정언명령이 제대로 지켜졌을 리 만무하다.

예를 들어, 2차세계대전 당시 나치 치하 독일에서 유대인이나 집시·반체제 인사 등이 600만 명이나 학살될 때나 일제의 731부대에서 숱한 민간인이 인체 실험을 당할 때나 어린 여성들이 일본군의 성노예로 끌려갈 때 아무도 인간의 존엄성과 정언명령을 기억하지 않았을 것이다.

심지어 그런 상황에서 과학 연구자들 중 일부는 사이비 과학 지식으로 그런 전쟁 폭력에 정당성을 제공하기도 했다.

또한 한국 사회에서는 독재 정권이 정국이나 정책을 정부가 기획하는 방향으로 몰아가기 위해 반정부 민주화 인사들을 억압하거나 국민의 공포심을 조장하는 반공 정책이나 활동을 동원하는 일이 종종 있었는데, 이런 상황에서도 관련 연구자들이 독재 정권에 학문적으로 정당성을 부여했다.

게다가 자본주의 사회에서 인간을 노예화, 상품화, 기계화하는 일이 그치지 않고 있다. 심지어 과학자들이 자본과 개인의 이익을 위해 과학기술을 사용하면서 과학적 사실을 과장, 변조, 표절하는 것은 말할 것도 없고 위조도 적지 않다. 과학기술의 영향력이 커진 2000년대 들어 연구 윤리 위배 사건은 더 늘어나는 추세다. 과학자들이 생명과 신기술 개발이라는 명분을 걸고 연구 내용과 실험 결과를 조작해 파란을 일으킨 2005년 황우석 사건은 한국 사회에서 연구 윤리를 각성시키는 결정적 계기가 되었다.

최근 외국계 회사의 가습기 살균제 탓에 수백 명이 사망하고, 수천 명이 폐 질환을 앓게 된 사건이 있다. 이와 관련해 2017년 12월 19일, 김상조 공정거래위원장은 박근혜 정부 당시 공정거래위원회가 가습기 살균제의 유해성에 면죄부를 준 문제에 대해 사과했다. 당시 그 회사는 제품의 문제를 은폐하기 위해, 한국 독성학 분야의 최고 권위자가 책임을 맡은 서울대학교의 연구진에게 '가습기 살균제가 폐 손상의 원인'이라는 질병관리본부 조사 결과를 반박하는 실험 보고서를 작성하도록 의뢰했다. 가습기 살균제와 폐 손상의 관련성이 없다는 내용으로 조작된 실험 보고서 작성에 책임을 진 교수는 물론이고, 연구소장과 연구원 등 10여 명이 구속되었다. 이 사건을 계기로 서울대는 '민간 연구 윤리 기

가습기 살균제 왜곡 실험 보고서 사건과 비윤리적 연구자의 태도

(⋯⋯) 옥시는 2011년 11월 질병관리본부가 '가습기 살균제는 인체에 유해하다' 고 발표하자 이를 반박하기 위해 서울대와 호서대에 실험을 의뢰했다.

(서울대의) 조 교수는 이 과정에서 옥시 측으로부터 연구 용역비로 2억 5000여 만 원을 받고 자신의 계좌로는 수천만 원 상당의 자문료도 받았다.

옥시는 서울대가 진행한 흡입 독성 실험에서 '살균제에 노출된 임신한 실험 쥐 15마리 중 13마리의 새끼가 배 속에서 죽었다'는 결과를 받았지만 은폐했 다. 이듬해 서울대가 임신하지 않은 쥐를 대상으로 2차 실험을 진행한 뒤 '유 해성이 입증되지 않았다'는 결과를 얻었다. 이후 검찰에는 2차 보고서만 제출 했다.

(⋯⋯) 조 교수는 국립독성과학원 원장, 한국독성학회 회장 등을 역임했다. 조 교수는 독성학과 관련해 국내 최고 권위자로 인정받고 있는 학자다.(《뉴스1》, 2016 년 5월 6일.)

준'을 강화하고 '민간 연구비 관리 지침'을 개정해, 민간 연구비를 지원 받기 위한 협약을 체결할 때 반드시 '이해 상충 방지 서약서'를 제출하 게 하고 공익성을 해치는 연구는 수행하지 못한다는 내용을 넣었다.

황우석 사건 이후에도 주로 지적되는 연구 윤리 문제는 주로 표절, 중 복 게재(또는 '자기 표절'), 가짜 학위 등이다. 그런데 이런 문제가 연구 중 심사나 연구진의 검토 과정이 아니라 국회의원 선거나 장관, 사회적 지 도자 등을 선정하는 과정에 나타나고 있다. 표절로 가득 찬 학위논문, 주로 박사 학위논문이나 연구 논문과 보고서 등으로 전문가를 자처하 는 국회의원(후보)이나 장관(후보) 들이 뉴스를 도배할 때면 연구자로서 얼굴이 화끈거리는 부끄러움을 느끼지 않을 수 없다. 문제는 학문 심사 기구가 있는데도 연구 윤리에 어긋나는 연구 결과물이 계속 등장한다는 점이다. 한국연구재단은 물론이고, 대부분의 대학과 학회가 연구 윤리 규정이나 기구를 갖추고 있다. 그러나 윤리 문제가 발생했을 때 시스템이 작동하지 않고, 연구자들조차 연구 윤리에 대한 감수성이 부족한 것으로 보인다.

2000년대 들어 '생명윤리 및 안전에 관한 법'(2003년 12월 제정, 2004년 12월 31일 공포)이 우여곡절을 거쳐 제정되었다. 또한 황우석 사건을 경험하면서 연구 윤리 규정이 더욱 강조되는 과정에 대부분의 연구 기관들이 연구 윤리 시스템을 갖추게 되었다. 그런데도 연구 윤리 시스템이 제대로 작동하지 않거나 연구자들이 연구 윤리에 둔감한 경향이 있는 이유는 무엇일까?

효용성 차원에서 보면, 연구 윤리를 지킬 때보다 지키지 않을 때 얻는 이익이 더 크기 때문이다. 연구 윤리를 이행하지 않은 연구가 '재수가 없어' 공개되면 연구자의 명예가 실추되는 것은 물론, 유형·무형의 손해가 따르지만, 다행히 발각되지 않으면 연구자로서 프리미엄을 얻을 수 있기 때문에 불이행의 위험을 감수한다는 설명이다.

교육적 차원에서 보면, 연구 윤리 관련 법제나 규정과 심사기관이 갖춰져도 연구자들이 연구 윤리를 제대로 이해하고 실천할 기회를 갖지 못한다면 연구 윤리 시스템은 무용지물이기 때문이라고 할 수 있다. 실제로 연구 윤리를 숙지하지 못해서 그것을 지키지 못했다고 주장하는 사람도 적지 않다.

사회 문화적 차원에서 연구 환경 자체가 연구 윤리를 무시하기 때문이기도 하다. 한국은 오랫동안 권력이 법 위에 있었다. (정계건 학계건) 무소불위의 권력이 있다면 법제를 위반해도 불문곡직하는 환경 탓에 윤리적 감수성이나 윤리 교육이 자리 잡지 못했다는 설명도 가능하다. 연구 윤리가 무시되는 일이 독재 정권하에서 흔했고, 최근에도 사회 각 방면의 비민주적 관행에 따라 학문의 자유가 왜곡되거나 연구 윤리가 무시되는 일이 적지 않다. 최근에는 특히 자본 권력이 연구 윤리를 훼손하는 경우가 비일비재하고, 황우석 사건도 그런 예라고 할 수 있다.

연구 윤리가 무시되거나 왜곡되는 분위기가 만연하지만 연구 윤리는 대단히 중요하다. 연구 윤리가 단순히 부정한 연구자를 단속하고 징계하는 기준으로서만 중요한 것은 아니다. 특히 질적 연구는 문헌 연구나 양적 연구보다 연구 윤리가 더 필요하다고 말하는데, 왜 이렇게 중시되는가?

질적 연구에서 연구 윤리가 왜 중시되는가

질적 연구는 인간과 직접적인 관계를 맺다 보니, 연구를 시작할 때부터 결과에 이르는 전 과정에 윤리적 문제가 발생한다. 연구자와 정보 제공자가 모두 인격과 자존감, 이성과 감정, 역사성과 사회성 등을 가진 존재라는 점을 전제하면서 연구에 임해야 한다는 것은 굳이 강조할 필요도 없다. 연구 윤리를 중시한다고 해도 고정된 불변의 연구 윤리가 존재하지는 않고, 아직도 질적 연구에서 연구 윤리는 연구 과정에 있다고 해야 할 것이다.

여전히 불확실한 상황에서도 연구 윤리를 중시해야 하는 것은 근본적으로 '사람'의 문제가 깔려 있기 때문이다. 정보 제공자는 기억, 구술(음성 자료), 영상 자료, 문헌 자료 등과 같은 자신의 사생활과 관련된 정보를 제공하기 때문에 그에 따른 피해를 최대한 방지해야 한다. 특히 정보 제공자가 연구를 위해 제공한 개인적인 자료를 연구자가 다른 목적으로 또는 정보 제공자가 동의한 내용을 넘어서는 수준으로 이용할 때 생기는 문제를 막기 위해 반드시 연구 윤리를 갖춰야 한다.

대개 연구자에 비해 권력관계에서 낮은 위치에 있는 정보 제공자가 자신의 권리를 제대로 이해해 피해를 막을 수 있도록 해야 연구에 협조를 구할 수 있다. 특히 연구자는 정보 제공자에게 정신적 · 육체적 고통이 없는 범위에서 연구에 참여할 권리가 있다고 알려 줘야 한다.

둘째, 정보 제공자가 자기 뜻에 따라 연구에 참여했다는 것을 입증하기 위해서도 연구 윤리가 필요하다. 연구 목적이 아무리 좋아도 정보 제공자를 속이거나 정보 제공자 모르게 정보를 빼앗으면 안 된다. 연구 윤리상 정보 제공자는 정보 제공 의사를 반드시 스스로 결정하고 연구자와 동의 절차를 밟도록 해야 한다. 자원성은 정보 제공자의 연구 참여와 거부 및 철회의 전 과정에 자유롭게 보장되어야 하고, 동의의 수준을 결정하는 데도 반드시 나타나도록 해야 한다. 범죄를 수사하는 경찰은 위장 잠복근무를 해도 되지만, 질적 연구는 이와 비슷한 '비참여형' 연구조사를 할 수 없다. 예컨대 정신병동 환자들의 행동 양식을 참여관찰할 경우, 환자들의 자연스러운 행동을 관찰하기 위해 연구자가 신분을 속이고 환자인 양 입원한다고 하자. 이때 연구자가 환자에게는 말하지 못해도 의사 · 간호사 · 직원 등 병원 관계자들에게는 반드시 동의를 구해야 한다.

셋째, 연구 윤리는 연구자를 보호하는 장치로도 작동한다. 아무리 분석력이 좋고 글을 잘 쓰는 연구자라도 연구 윤리를 지키지 못하면 좋은 연구자가 될 수 없다. 연구 윤리를 일부러 어기는 연구자도 더러 있을 수 있으나, 적지 않은 연구자들이 연구 윤리를 제대로 이해하지 못해서 어긴다. 초보 연구자일수록 그렇다. 따라서 연구방법론을 배우고 연습하는 과정에서부터 연구 윤리를 정확하게 이해하고 학습해야 연구를 원활히 수행할 수 있다.

　마지막으로, 대부분의 질적 연구자는 연구 대상자와 관련된 정보, 즉 그 사람의 삶·의식과 무의식·동기와 욕망·가족 관계·사회경제적 활동 등에 관한 내용을 접하게 된다. 이런 정보 중 자본과 관련된 것이 있을 수 있고, 드물게는 권력과 연결될 수도 있다. 또한 정보 공개 때문에 연구 대상자가 곤경에 빠지거나 어려워질 수도 있다. 연구자는 개인 정보를 철저하게 학술적으로만 쓴다지만, 연구를 통해 경력을 쌓고 편의를 도모할 수도 있다. 따라서 질적 연구자는 연구 자체를 둘러싼 능력뿐만 아니라 인간에 대한 깊고 풍부한 관점과 태도를 평소에 함양할 필요가 있다.

연구 윤리의 적용

최근 한국의 대학이나 학회, 연구 기관 등에는 연구 윤리 규정이 있으니 이를 평소에 숙지하고 연구에 임해야 한다. 모든 연구가 연구자에게 '연구의 진실성' 문제를 준수하도록 요구한다. 진실성을 지키는 것은 연구 부정행위를 저지르지 않는 것이다. 연구 부정행위는 '연구를 제안·수행·발표하는 과정에서 연구 목적과 무관하게 고의 또는 중대한 과실로 내용을 **위조·변조·표절**하거나 부당한 저자 표시·자료 등의 **중복 사용** 등 **연구의 진실성**을 해치는 행위'로 정의된다. 연구자는 연구 부적절 행위도 저질러서는 안 된다. 한국질적연구학회는 연구 부적절 행위를 여덟 가지로 분류한다.

　1. 부정행위를 묵인, 방조 또는 은폐하는 행위

2. 연구 대상자의 권익을 침해하는 행위

3. 연구 자료 확보에 정당성이 없는 행위

4. 동일한 내용의 연구로 승인 없이 두 개 이상의 연구 과제를 수행하여 발표하는 행위

5. 연구자 자신의 과거 저작물 등을 다시 사용하면서 그 출처를 밝히지 않는 행위

6. 본인의 학력, 경력, 자격, 연구 업적 및 결과 등에 관하여 허위 진술을 하는 행위

7. 본인 또는 타인의 부정행위 혐의에 대한 조사를 고의로 방해하거나 제보자에게 위해를 가하는 행위

8. 기타 윤리 위원회에서 부적절 행위로 인정한 사례에 해당하는 행위

　

연구 부정행위나 부적절 행위는 질적 연구만이 아니라 모든 연구에 기본적으로 적용된다. 연구자라면 이를 학생들의 수업 과제에도 적용시켜 이런 행위의 문제를 이해하고 미연에 방지하도록 하는 교육적 노력을 기울여야 한다.

그렇다면 질적 연구에서 반드시 지켜야 하는 정보 제공자와 관련된 연구 윤리는 무엇인가? 스프래들리James P. Spradley가《문화 탐구를 위한 참여관찰 방법Participant Observation》에서 제시한 기준에 따라 살펴보자.

첫째, 정보 제공자를 먼저 고려하라.

질적 연구의 본질은 참여관찰이나 현지조사에서 만나는 정보 제공자 또는 자신이 소장한 1차 자료를 제공할 뜻이 있는 정보 제공자와 맺는 관계에 있다. 그런데 연구자가 아닌 정보 제공자의 처지에서 생각하기

가 결코 쉽지 않다. 사람은 누구든 자기중심적으로 생각하기 마련이라, 주관적으로 상대방을 판단하고 행동하기가 쉽다. 이런 점을 염두에 두고 정보 제공자와 직간접적 조사를 하는 과정에 상대방의 의사부터 물어야 한다. 만나는 시간과 장소를 정하는 것부터 상대방을 배려하고, 상대방에 대한 이해를 바탕으로 좋아할 만한 표현을 준비한다. 가령 한국의 구세대는 체면치레가 있거나 자기표현이 애매모호한 경우가 많다. 신세대 연구자라면 이런 구세대의 예법에 대한 이해도 필요하다.

여러 사람이 있는 자리에서 정보 제공자를 만난다면 반드시 정보 제공자를 먼저 고려해야 한다. 정보 제공자를 소개한 사람이나 정보 제공자와 관련된 사람(제3자)이 정보 제공자보다 정보가 많거나 표현력이 풍부할 경우, 연구자는 그들의 이야기를 경청하기 쉽다. 특히 노인회관같이 정보 제공자가 오랫동안 친숙하게 지내 온 사람들이 많은 장소에서 정보 제공자와 면담할 때 이런 일이 잦다. 이런 경우 정보 제공자는 자존심이 상할 수도 있고, 자신이 할 일이 없어졌다고 생각하기 쉽다. 따라서 연구자는 정보 제공자가 '지금 여기'에서 가장 중요한 사람이라는 점을 분명히 할 필요가 있다.

정보 제공자를 고려하는 방식 중 하나는 본조사를 시작하기 전에 정보 제공자와 관련된 정보를 다각적으로 수집·검토·숙지하는 것이다. 필자가 유명한 남성 소설가를 면접할 기회가 있었는데, 그가 쓴 소설을 미리 읽었고 관련 기사도 검토했다고 생각했다. 그러나 본조사에서 그는 일반적인 생애사에 대한 질문에 분노했고, 조사가 한 시간 남짓 진행되고는 실패로 끝났다. 만일 개인적인 용무로 그 사람을 만났다면 얘기가 중간에 끊어지고 관계가 흐지부지돼도 그만이다. 그러나 그 사람의 생애사에 관한 면담 때문에 만났다면, 그 사람의 성격을 잘 이해하고 성심을 다해 주변 관계를 조사해야 한다. 이 일은 나 자신에게 교훈이 되어, 누군가를 면접하러 갈 때는 반드시 관련 조사를 철저히 하도록 더 신경 쓰게 되었다.

둘째, 정보 제공자에게 연구 목적을 알려 주라.

정보 제공자에게 연구 목적을 알리는 것은 기본에 해당한다. 연구 목적을 제대로 알려야 정보 제공자가 조사에 참여할지 말지를 스스로 결정할 수 있고, 연구자로서도 정보 제공자로부터 타당성 있는 정보를 수집할 수 있다.

그런데 주제가 어렵거나 예민할 경우 목적을 어디까지 알려 줄 수 있을지가 문제다. 예를 들어, 한국전쟁 때 가부장적 문화와 일반 여성의 삶 간의 관계를 주제로 연구한다고 하자. 가부장 개념이 학계에서는 널리 사용되지만, 평범한 사람들에게는 설명이 필요할 만큼 어려운 개념일 수 있다. 이런 경우 연구 목적이나 주제를 전문적이고 가설적인 개념 중심으로 설명하면 정보 제공자의 이해나 호감을 얻기 어렵기 때문에, 일반인이 이해할 수 있는 개념과 설명 방식을 택할 필요가 있다. 연구 목적을 알려 줄 때 가장 어려운 경우는 정보 제공자로부터 '가해' 또는 '범죄' 사실을 구할 때다. 일반적으로 사람은 자신의 행위를 합리화한다. 부모가 자식을 양육하는 과정이나 교사가 학생을 교육하는 과정에 벌어지는 체벌 또는 경찰의 폭력 문제의 경우 가해자 위치에 있는 사람도 대개 자신의 행위를 자녀에 대한 사랑이나 학생에 대한 관심, 시민에 대한 계도라고 생각하고 진술할 뿐 폭력이라고 인정하는 경우는 드물다. 이런 상황에서 폭력 문제를 조사하는 연구자가 연구 목적을 알리고 정보 제공자의 동의를 받기는 대단히 어렵다.

분단과 전쟁이 사람들에게 미친 영향에 관심이 있는 필자가 2007년 '진실화해를위한과거사정리위원회'의 전시 학살 조사에 참여했는데, 목격자와 관련자는 말할 것도 없고 희생자 가족에게도 조사를 거부당했다. 만약 개인의 연구 조사였다면 연구의 초점을 학살 문제에 맞추기보다는 전시 경험 자체에 두었을 것이기 때문에 가해자나 피해자 측에서 이야기하기가 다소 쉬웠을 것이다. 그러나 정부 조사는 연구 목적을 명시하기 때문에 많은 관련자들이 조사를 거부했다. 이런 상황에서는 연구 목적을 어디까지 밝혀야 할지 고민하지 않을 수 없다.

연구 목적을 제대로 알리되, 예민하거나 불편한 주제인 경우 사회적·역사적 맥락에 따라 연구 목적을 폭넓게 잡거나 정보 제공 모집단 구성원들이 이해하기 쉽고 거부감이 들지 않는 방식을 고민하는 것이 대단히 중요하다.

셋째, 정보 제공자의 권리·이해관계·민감성·사생활을 안전하게 보호하라.
연구자는 정보 제공자에게 연구 목적뿐만 아니라 연구를 둘러싼 권리를 제대로 알려야 한다. 예컨대 연구 참여 자체는 정보 제공자의 '자원'에 따르는 것이며 조사에 참여하는 중에라도 철회할 뜻이 있다면 연구자는 정보 제공자의 뜻을 반드시 따라야 한다는 사실도 알려야 한다. 조사가 끝난 뒤에도 참여하지 않겠다는 의사를 밝히면 이미 제공된 정보라도 돌려주거나 폐기하겠다고 약속해야 한다. 또한 '익명'으로 정보 제공자의 사생활을 최대한 안전하게 보호한다고 약속하고, 이를 지키는 것이 대단히 중요하다.

실제 조사, 특히 구술 조사를 하다 보면 연구자가 정보를 수집하기 위해 들인 자신의 열정과 시간과 때로는 비용에 비례해 정보에 대한 집착이 강해지는 것을 느끼게 된다. 그러다 보니 정보 제공자가 연구자에게 준 (문헌, 음성, 영상 등) 자료를 회수하거나 삭제하려고 할 때 연구자로서는 그 뜻을 받아들이기가 어렵다. 희귀하거나 결정적으로 중요한 자료라면 정보 제공자의 권리를 지켜 주기가 더 힘들 수 있다. 그러나 연구자는 연구 윤리와 정보 제공자의 권리를 존중하기 위해 신뢰를 지켜야 한다.

물론 연구자가 정보 제공자에게 자료를 철회하거나 삭제하자는 주장의 이유를 '공손하게' 물어볼 수는 있다. 정보 제공자가 조사 결과를 회의하거나 오해했을 수 있기 때문에, 연구 목적이나 과정에 대해 충분히 이해시키지 못한 연구자 자신의 문제를 인정할 필요도 있다. 이 과정에서 정보 제공자가 연구에 다시 참여하겠다고 한다면 이보다 다행스러운 일은 없을 것이다. 그러나 이런 과정을 거쳐도 정보 제공자가 철회하겠다는 뜻을 바꾸지 않는다면 허심탄회하게 포기하는 것이 다음 조사나 정보 제공자와 연구자의 정신 건강에 좋다.

연구자는 조사 과정에 정보 제공자가 최대한 자유롭게 이야기하거나 자원해서 정보를 제공한다고 느낄 수 있도록 노력해야 한다. 면담 과정이라도 특정 주제에 대해 이야기하기나 녹음·녹화를 거부할 수 있다고 정보 제공자에게 알려야 한다. 또한 조사 과정에 연구자가 남긴 기록을 조사 중이나 조사 후에 정보 제공자가 보고 싶어 한다면 볼 수 있다는 것도 알려야 한다. 실제로 정보 제공자가 예민한 경우, 자신이 한 이야기가 어떻게 기록되고 처리되는지를 확인하려고 하기도 한다. 예민한 주제인 경우 더욱 그렇다.

연구자와 정보 제공자의 관계에서 정보 제공자가 제공한 정보에 관한 권리 문제가 남아 있다. 정보 제공자가 보관하던 편지, 일지, 비망록, 월급봉투, 가계부 등 갖가지 문헌 자료와 영상 자료, 기타 자료 들은 제공 방식을 명확히 해야 한다. 유상·무상 기증, (한시·무기한) 대여, 복사 등에 대해 서로 논의하고 동의하는 과정을 거쳐 반드시 그 내용을 문서로 남겨야 한다. 설령 정보가 기증되더라도 정보 제공자의 접근 가능성은 최대한 보장해야 할 것이다.

그러나 연구자가 직접 개입해 현지조사 중에 생산하는 구술 및 영상 자료는 대여가 불가능하다. 정보 제공자가 연구자와 공동으로 만든 자료를 제공하는 것은 당연하지만, 그것을 공개하는 방식과 시기 등에 관한 권리는 연구자가 정보 제공자에게 제대로 알려야 한다. 조사 참여에 대한 동의를 받아도 연구자가 자료를 그대로 공개하거나 전유할 수 있는 것은 아니다. 다시 말해, 연구자는 정보 제공자가 자료를 활용하는 것에 동의해도 자료 자체는 공개하지 않을 수 있음을 알려야 한다. 따라서 제공된 정보의 활용에 대해서는 반드시 조사 후 동의 과정을 거친다.

또한 정보 제공자가 자료 공개에 동의해도 그 방식과 시기에 관한 합의가 필요하다. 먼저, 시기와 관련해 정보 제공자는 바로 연구에 활용하도록 할 수도 있고 자신이 살아 있는 동안 공개하지 않도록 할 수도 있으며 자신이 죽은 뒤 자식의 동의를 받아 공개하도록 할 수도 있다. 공개 방식과 관련해서는 원자료를 공개할 수 있으나, 정보 공개자를 비롯해 관련자들을 익명으로 처리한 편집 자료를 공개할 수도 있다. 연구자는 번거로워도 정보 제공자의 권리를 최대한 존중하는 의미에서 이런 권리 내용을 정보 제공자에게 알릴 의무가 있다. 정보 제공자의 안전을 보장한다는 원칙에 따라 모든 일을 진행해야 한다.

한국구술사학회는 '구술된 내용의 녹취문을 가능한 한 구술자와 함께 검토하고 평가'해야 한다고 규정한다. 필자의 경험상 예민한 정보 제공자는 조사 과정에 녹취문을 검토하고 싶어 하고, 그 뒤 자신의 기억을 정정하거나 잘못된 녹취에 대해 문제를 제기하는 경우도 여러 번 있었다. 이런 작업이 번거롭기는 해도 연구자로서는 정확한 정보를 제공받기 때문에 큰 행운이라고 할 수 있다. 그러나 모든 조사에서 이런 기회를 가질 수는 없는 것 같다. 만일 녹취문에 대한 공동 검토와 평가가 어려울 경우 결과 보고서는 반드시 제공해야 한다.

결국 연구 윤리상 연구자와 정보 제공자는 자료 공개 및 활용 여부, 공개 방식과 시기, 갖가지 동의 등에 대한 문서를 남겨야 한다.

넷째, 정보 제공자를 착취하지 말라.

사람을 대상으로 연구할 때는 정보 제공자에게 정신적·육체적 고통을 주지 않는 범위에서 연구를 진행한다는 원칙을 꼭 지키도록 노력해야 한다. 한국구술사학회는 이런 내용도 연구 윤리(제3조)로 규정하고 있다.

질적 연구는 형식적인 면에서 연구 목적에 벗어나는 조사를 삼가고 약속한 시간을 지키라고 강조해 왔다. 면접은 회당 두 시간 안팎으로 2회 정도 하는 것이 관행이다.

그런데 현실적으로 정보 제공자를 착취하지 말라는 윤리를 지키기가 쉽지는 않다. 특히 생애사 조사는 정신적 고통이 없는 범위에서 연구를 진행하기는 어렵다. 사람들의 삶은 대개 크고 작은 고통이 따를 수밖에 없다. 따라서 이 규정은 금전으로 회유하거나 권위나 강압으로 공포 분위기를 조성해 정보를 제공받으려고 하는 것은 연구 윤리에 어긋남을 기억하라는 주문이다. 특히 한국 사회는 식민 권력과 독재 권력을 거치면서 군대와 경찰을 포함한 정부 기관이 일반인을 감시하거나 통제하기 위해 정보를 수집했다. 민주화 이후에도 일반인의 무의식에는 이에 대한 두려움이 있기 때문에, 연구자가 정보 제공자를 배려하는 것이 한국의 상황에서는 중요한 문제다.

한편 고통이 따르지 않는 연구를 하라는 것은 좀 더 근본적인 문제와 관련된다. 첫째, 일반적으로 정보 제공자에 비해 연구자가 권력관계에서 우위에 있다고 볼 수 있는 상황을 의식해야 한다는 말이다. 나이가 20대 중반부터 30대인 대학원생 연구자는, 권력관계에서 노령의 정보 제공자보다 열위인 경우가 많다. 이런 경우 연구자는 자신이 권력자가 아니라고 말하는 경향이 있다. 연구자는 연구 조사를 통해 학위를 획득하거나 연구상 명예나 이익을 취할 수 있지만 정보 제공자는 이익이 없다는 점을 기억하면, 연구에서 권력관계의 의미를 이해할 수 있을 것이다.

둘째, 연구자가 아무리 겸손하고 예의 있게 조사를 진행해도 정보 제공자는 연구 분위기 때문에 억압을 느끼기 마련이라는 점을 연구자가 기억해야 한다. 사회적으로는 연구자가 정보 제공자에 비해 열위라도 연구 방식에 따라 연구자의 학문적 위상이 바뀔 수 있다는 사실 때문에 정보 제공자는 연구에 압력을 받을 수밖에 없다. 따라서 연구자는 연구의 전 과정에서 연구 윤리를 의식해야 한다.

셋째, 약속한 시간을 어기거나 연구 목적으로 제시한 것을 넘어서는 내용을 요구하지 말라는 점도 대단히 중요하다. 연구에서 정보 제공자에 대한 착취는 형식적으로 시간 문제부터 말할 수 있다. 약속한 시간을 최대한 지키고 정보 제공자의 주관적 · 객관적인 상황을 항상 먼저 고려해야 한다. 예컨대 정보 제공자가 노인인 경우 마지못해 연구에 동의하고는 생애사 구술에 몰두해 약속한 두 시간을 훌쩍 넘기는 경향이 있다. 이런 경우 정보 제공자가 계속 하고 싶어 해도, 연구자는 반드시 구술을 중단시키고 다음에 하자고 권하며 최대한 배려해야 한다는 것을 기억해야 한다. 노인의 몸은 하루가 다르기 때문이다. 생애사 구술을 하면서 정보 제공자 자신은 재미를 느끼고 속이 후련해지기도 하겠지만, 기억이 꼬리를 물고 이어지기 때문에 긴장해서 지병이 도지거나 조사한 날 밤에 잠을 못 이루는 경우도 있다. 그래서 면접 과정에 시간 관리를 잘하는 것이 대단히 중요하다.

형식적인 조사 시간보다 더 중요한 것은 조사 내용이다. 면접 조사에 몰두하다 보면, 연구 목적과 관련된 내용의 범위를 넘어서는 일이 비일비재하다. 특히 생애사 조사에서 주제가 확장될 때 연구자는 연구 윤리를 염두에 두고, 확장된 주제를 계속 조사할지 여부를 빨리 판단해야 한다. 대개 같은 정보 제공자를 다시 조사하기가 쉽지 않아서 필자를 포함해 많은 연구자들이 확장된 주제로 계속 조사하려는 경향이 강한데, 연구 욕심 때문인 경우가 흔하다. 개인에 대해 적절히 많은 정보는 생각하지 못한 사실을 발견하는 기회가 되기도 되지만, 대개 연구 욕심으로 정보 제공자를 피곤하게 하거나 힘들게 해 결과적으로 착취를 낳는다.

따라서 연구자는 객관적 검증을 거친 연구 목적에 맞는 내용을 정보 제공자의 동의하에 채우기 위해 노력하고, 연구 욕심이 정보 제공자에 대한 착취로 해석되거나 실제로 착취가 되지 않도록 항상 신경 써야 한다.

다섯째, 정보 제공자가 보고서나 결과물을 볼 수 있게 하라.

누구든 자신이 참여한 일의 결과를 알고 싶어 하기 마련이다. 정보 제공자가 자신이 제공한 정보가 어떻게 쓰였는지를 알려고 하는 것은 당연하다. 그 요구는 정보 제공자의 권리이고, 그것을 받아들이는 것은 연구자의 의무다.

요즘은 연구자의 보고서·논문·단행본 등을 인터넷으로 쉽게 검색할 수 있기 때문에, 인터넷 접근이 어렵지만 않다면 누구든 연구 결과를 확인할 수 있다. 그리고 인터넷 때문에 연구 뒤에 하는 작업으로 연구자는 더 바빠져, 정보 제공자에 대한 의무에 충실하기가 쉽지 않다.

필자의 경우, 박사 학위논문를 위해 6개월간 체류하며 조사했던 정보 제공자들에게는 학위 취득 뒤에 조사지에서 보고회를 열고 결과를 알렸다. 비전향 장기수 출신자들을 조사한 결과물이 국사편찬위원회에서 구술 자료집으로 나왔을 때도 정보 제공자들을 초대해 보고회를 열었다. 학술 대회에 정보 제공자를 초대하는 경우도 있고, 토론자나 특별 손님으로 초대해 발언할 기회를 마련한 적도 있다. 그러나 대개는 연구 결과물을 우편으로 보내거나 연구를 마쳤다고 전화로 알리는 정도에 그쳤다. 더 많은 경우, 특히 해외 조사는 이런 인사조차 생략하기도 했다. 그러나 연구 윤리뿐만이 아니라 정보 제공자의 고통스러운 삶과 정보 제공의 용기·학문적 소통·인간적 신뢰 등을 생각하면, 정보 제공자에게 결과물을 보고하며 소통을 위해 노력하는 것은 인간으로서 당연히 지켜야 할 도리다.

연구 윤리를 둘러싼 과제

연구 윤리는 인간의 존엄성이라는 면에서 일반 윤리에 기반을 두며 그보다 더 엄격한 잣대를 적용한다. 연구 자체는 권력과 맞닿아 있다. 연구가 연구자에게 권력의 원천이 될 수 있고, 국가의 사업이나 기업의 이윤 창출에 기초가 될 수 있기 때문이다.

대학이 대중화된 사회에서 학사나 석사는 말할 것도 없고 박사도 넘쳐 나는 듯하다. 이런 상황에서 연구의 질뿐 아니라 연구자의 질마저 바닥으로 곤두박질치는 듯한 사태가 간헐적으로 일어난다. 앞에서 지적했듯 가짜 학위, 표절, 중복 게재 등 연구 부정행위로 얼룩져 문제가 되는 영역은 학계가 아니라 정치계나 대중적인 영역이다. 한 예로 2012년 국회의원 후보자 문○○ 씨의 박사 학위논문이 국회의원 출마를 앞두고 다른 사람의 논문을 표절한 것이라는 의혹이 제기되었다. 그에게 박사 학위를 준 대학은 연구윤리위원회의 논의 끝에 표절이라고 판정하고 학위를 취소했다.(《뉴스1》, 2016년 4월 27일.)

대부분의 연구 기구에 '연구윤리위원회' 규정과 연구 윤리 위반에 대한 조치 및 징계 규정이 있는데도 잊을 만하면 발생하는 연구 윤리 문제라는 악습을 차단하고 연구 풍토를 개선하려면 예방 교육이 필요하다.

질적 연구에서 연구 윤리를 강화하는 방안으로 첫째, 대학 또는 대학원 교육에서 연구 윤리를 필수로 채택해야 한다. 대학원에서 논문 자격시험의 일환으로 반드시 연구 윤리를 인지할 수 있는 교육을 받게 할 필요가 있다. 특히 질적 연구를 하려고 한다면 연구 윤리 준수를 확약하는 과정을 거치게 해야 할 것이다.

둘째, 연구 윤리 규정을 강화해야 할 것이다. 연구 윤리 규정은 연구자에게 헌법 같아야 한다. 평소 연구 과정에 윤리 규정을 염두에 두는 사람이 얼마나 될까? 연구의 진실성을 확보하기 위해 피해야 할 연구 부정행위와 부적절 행위를 제대로 이해하는 사람도 많지 않다. 연구자에게 연구 윤리 규정은 살아 있는 것이 되어야 한다. 그러려면 연구 부정행위나 부적절 행위에 따르는 불이익이 지금보다 더 강력하고 엄격해야 할 것이다.

연구 윤리 위반에 대한 조치 및 징계 사례를 들면, 한국구술사학회는 해당 논문의 학술지 게재를 취소하고 홈페이지에 그 사실을 공지하며 한국연구재단에 위반 사실을 통고한다. 그리고 5년간 논문 투고를 금지한다. 한국질적연구학회는 3년간 학술지 논문 투고와 학술 대회 발표를 금지하고, 학회 회원 및 임원 자격을 정지하거나 박탈하며 수상과 심사 자격 등 일종의 시민권까지 제한한다. 이 학회는 '연구 윤리와 관련하여 고의 또는 중대한 과실로 진실과 다른 제보를 하거나 허위의 사실을 유포한 자에 대해서 회원 자격을 박탈 또는 정지할 수 있'도록 하는 조치도 눈에 띈다. 이런 연구 풍토가 자리 잡으면 연구자의 윤리 의식이 확고해지고 자기 성찰이 엄격해질 것이다.

셋째, 규정을 지키는 것보다 연구 자율성을 강화하는 것이 더 중요하다. 아무리 대학과 연구자의 대중화를 겪고 있어도 연구나 연구자의 질이 떨어지는 것은 바람직한 상황이 아니다. 법제를 아무리 강화해도 그것을 피할 필요와 욕망이 있는 한, 그 방법을 찾는 전문가가 생기기 마련이다. 그리고 선의의 피해자가 지속적으로 양산될 수밖에 없다. 산업혁명 시대 제조업 노동자에게는 노동권을 포함한 인권에 대한 감수성과 시민으로서의 권리와 의무에 대한 의식이 필요했다. 정보화 시대 또는 4차 산업혁명 시대에는 과학기술이 사회 곳곳에 범용되고 개인의 삶을 지배할 것이다. 법과 제도로 인간과 생명의 문제를 모두 관장하기는 어렵다. 따라서 사회 전반에 투명성·공정성·진실성이 보장되도록 노력하고, 연구자를 포함해 시민의 자율성을 강화하는 방안을 지속적으로 모색해야 한다.

- 일반적 연구 윤리

연구 윤리는 바람직한 연구 활동이 이루어지기 위해서 지켜야 할 가치와 규범을 의미한다. 현재 통용되는 연구 윤리 개념은 지식 생산자로서의 역할을 담당하는 연구자들에게 요구되는 직업 윤리이다. 일반적으로 연구 윤리는 '과학적 연구'를 수행하는 전문 연구자들에게 적용되어 왔는데, 최근에는 사회과학과 인문학·예술을 포괄하는 학문과 창작 활동 전반에 종사하는 사람들에게 점점 확대·적용되는 추세에 있다. 연구 윤리는 연구 주제와 내용·결과의 가치나 질적 수준을 보장하거나 평가할 수 있는 기준을 제공하는 것은 아니고, 단지 연구 계획과 수행·결과 보고 과정에서 지켜져야 하는 절차와 수단을 규정하는 것으로 볼 수 있다. 일반적으로 연구 윤리는 주로 실험 대상이 되는 인간과 동물 보호에 관련된 생명윤리, 연구 수행과정의 부정행위를 방지하기 위한 연구 진실성, 연구의 사회적 책임에 관련된 논의를 포괄하는 것으로 볼 수 있다.(윤정로, 2016, 〈학문 연구와 윤리〉,《열린연단: 문화의 안과 밖》, 네이버문화재단, 7쪽.)

- 연구의 정치성과 연구 윤리

"연구의 목적이 무엇인가?"

이 질문은 탐구하는 본질을 알아내기 위해서 이미 제기되었던 것이나, 연구의 윤리·도덕 및 정치성과 관련하여 다시 제기될 필요가 있음을 명심하여야 한다. 연구자는 연구 목적에 관하여 스스로에게 매우 솔직해질 필요가 있다. 지식이나 이해의 증진 같은 일반적인 목적 이외에도 학위 취득,

승진, 학계에서의 위상, 연구비의 획득과 같은 개인적인 목적이 있을 수 있다. 연구가 수행되는 보다 광범한 맥락을 고려할 때, 이러한 요인들이 연구의 정치성의 한 부분을 구성한다고 할 수 있다.

(……) 연구의 도덕성으로 인하여 궁지에 몰리게 되면, 연구자는 가장 느슨한 도덕적 기준을 선택한 후, 자신의 연구 문제가 그러한 기준에 저촉되지 않으므로 윤리적이라고 주장하기 쉽다. 일부에서는 특정 전문 분야의 행동 윤리 강령이 단순히 윤리적 행위의 최저 수준만을 설정한 것이기 때문에 충분하지 않다고 생각한다. 이러한 행동 윤리 강령을 단지 하나의 기준선으로 생각하지 않고 이를 너무 절대적인 것으로 받아들이게 되면, 연구자가 이러한 문제에 대하여 적극적이고 지속적으로 생각하기보다는 이미 문제가 해결된 것으로 속단하게 하는 효과를 가져오기 쉽다.(메이슨, 제니퍼, 1999,《질적 연구방법론》, 김두섭 옮김, 나남출판, 55~75쪽.)

1. 일반 연구 윤리와 질적 연구 윤리의 관계, 공통성과 차이를 논의해 보자.

2. 연구의 목적을 정의하는 과정에 정치성 문제가 왜 작동하는지 생각해 보고, 질적 연구에서 정치성 문제가 연구 윤리에 어떤 영향을 미치는지 논의해 보자.

읽을 거리

- 메이슨, 제니퍼, 1999,《질적 연구방법론》, 김두섭 옮김, 나남출판.
- 서이종, 2013,《연구 윤리》, 박영사.
- 스프래들리, 제임스, 1988,《문화 탐구를 위한 참여관찰 방법》, 이희봉 옮김, 대한교과서.
- 유기웅·정종원·김영석·김한별, 2012,《질적 연구 방법의 이해》, 박영사.
- 윤정로, 2016,〈학문 연구와 윤리〉,《열린 연단: 문화의 안과 밖》, 네이버문화재단.
- 이인재, 2015,《연구 윤리의 이해와 실천》, 동문사.

참고 문헌

- 김귀옥, 2014,《구술사 연구: 방법과 실천》, 한울아카데미.

III

자료 수집 방법

심층면접

김혜경

· **학습 내용** ────────────────────────────

심층면접 연구법이란, 특정 연구 질문이 있는 연구자가 연구 참여자와 일대일

로 만나서 그 질문에 관한 소주제를 토대로 적어도 30분 넘게 걸리는 대화를

통해 연구 참여자에 대한 이해를 높이고 질문에 대한 답을 찾아 가는 과정이라

고 할 수 있다. 그런데 심층면접 방법에서 연구 참여자는 연구자의 이론과 연

구 문제에 대한 답을 들려주는 '답변 용기'나 '말하는 질문지'가 아니다. 심층면

접의 목적은 우리가 이미 예상하는 지식, 즉 가설을 검증하는 것이 아니다. 심

층면접은 연구자와 연구 참여자의 만남을 통해 연구자가 기존 지식을 넘어 새

로운 사실과 해석을 발견하는 열린 연구다. 따라서 연구 과정에 드러나는 '발현

적' 개념들에 민감한 '감응적' 연구라고 할 수 있다.

대개 심층면접은 구조화된 면접, 반구조화된 면접, 비구조화된 면접 등 세

가지로 나뉜다. 이는 질문의 목록이 얼마나 표준화(구조화)되어 있는가, 그에 대

한 연구 참여자의 응대와 이야기가 얼마나 자유롭게 전개되는가에 따른 분류다. 연구 설계 과정에 '면접 지침표'를 작성해야 하는데, 큰 질문에서 시작해 그 아래 작은 질문의 목록을 만든 뒤 현장에서 융통성 있게 활용한다. 심층면접과 관련된 방법론으로는 서사면접과 초점집단면접이 있다. 먼저, 서사면접은 연구 참여자의 독자적인 설명 체계(서사)를 중시하는 방법이다. 그리고 초점집단면접은 집단 내 상호작용을 통해 연구자가 정한 주제에 관한 자료를 수집하는 방법인데, 독자적 방법론으로 사용되기도 하나 대체로 심층면접을 보완하는 방법으로 심층면접 전후에 사용할 수 있다.

한편 연구 참여자를 선정하는 것은 연구자의 이론적 관심과 직결된 문제로, '이론적 표집'이라고 한다. 연구를 진행하다 새로운 사항이 발견되면서 표집의 범위가 늘기도 하는데, 이때 기준이 되는 것이 '이론적 포화'다. 즉 추가 면접 결과, 그 전에 수집한 자료와 같은 것이 반복되면 포화 상태에 이르렀다고 본다. 연구 참여자 선정 과정에서 아는 사람은 피해야 한다는 점에 주의한다. 특히 이해관계나 권력관계에 있는 사람들은 면접 대상에서 배제한다.

그리고 면접에 앞서 녹음기의 작동 여부를 정확히 확인하는 것이 아주 중요하다. 녹음과 녹취(전사)는 면접의 핵심 부분을 구성하는 작업이다. 면접 현장에서 지킬 원칙은 첫째, 연구자가 말을 적게 하는 것이다. 둘째, 평가적 표현으로 비난 또는 지지 태도를 드러내지 않는다. 셋째, 면접 지침에 없던 질문거리나 화제가 드러나는 깊이 있는 이야기가 될 수 있도록 개방적이며 탐색적인 대화를 진행한다. 한편 전사는 녹음 내용이 절대적으로 온전히 기록되도록 해야 한다. 전사는 대체로 면접보다 시간이 네 배에서 여섯 배까지 들 만큼 엄청난 노력이 필요하다. 그러나 연구자의 필요에 맞게 일부만 전사하거나 요약해서 전사한다면 사례의 총체성을 왜곡하기 때문에 특별히 주의해야 한다.

질적 방법으로서 심층면접이란 무엇인가

심층면접의 정의

심층면접 연구법이란, 특정 연구 질문이 있는 연구자가 연구 참여자와 일대일로 만나서 그 질문에 관한 소주제를 토대로 적어도 30분 넘게 걸리는 대화를 통해 연구 참여자에 대한 이해를 높이고 질문에 대한 답을 찾아 가는 과정이라고 할 수 있다. 현대사회는 '면접 사회'라고 불릴 만큼 면접이 여러 방면에서 이용되고 있으며(홀스타인·구부리엄, 2005: 1) 어떤 이들은 사회과학 연구의 90퍼센트 정도가 면접법을 이용한다고까지 주장한다.

질적 연구 방법으로서 면접, 특히 심층면접은 연구자가 자기 질문에 대한 답을 '연구 대상자'(연구 참여자)로부터 끄집어내는 일방적인 과정이 아니다. 면접은 연구자와 참여자가 대화를 통한 상호작용을 거치면서 새로운 내용과 의미를 생산하는 사회적 만남의 과정이다. 여기에는 연구자와 연구 참여자의 사회적 신분과 지위, 문화와 역사가 개입하며 개방적 대화에서 비롯한 우연성이 작동한다. 따라서 면접은 지식 생산의 중립적 장소가 아니라, 지식을 구성해 내는 적극적 의미 창출과 해석의 공간이라고 할 수 있다. 그러므로 연구 참여자를 '답변 용기'(홀스타인·구부리엄, 2005: 8) 또는 '말하는 질문지'(Alvesson, 2000: 206)처럼 수동적 객체로 여기는 태도는 지양해야 한다. 연구 참여자가 면접 과정에서 자신의 생애와 행위의 의미를 끌어낼 수 있도록, 즉 머릿속에 가지고 있는 생각의 얼개를 스스로 그려 내도록 지원하는 것이 심층면접에 임하는 면접자의 바람직한 태도일 것이다.

심층면접의 목적

사람들은 보통 다른 이들의 이야기에 관심이 있다. 다른 사람들이 어떤 세상을 살아왔으며 어떻게 그 경험을 해석하고 있는지를 궁금해한다. 그리고 그들의 행위의 의미와 깊이는 도입 · 전개 · 결말의 구조를 가진 이야기(서사)라는 형식을 빌려서 더 잘 전달될 수 있다. (……) 심층면접의 목적은 질문에 대한 대답을 얻으려는 것도 아니고, 가설을 검증하려는 것도 아니다. 심층면접의 근원에는 다른 사람들의 생생한 경험과 그 경험에서 만들어지는 의미를 이해하는 것에 대한 관심이 있다. 다른 사람들에 대한 관심은 면접 방법의 기본 가정을 이루는 중요 요소다. 이는 우리 연구자들로 하여금 자신의 자아를 끊임없이 성찰하도록 요구하며, 우리가 세상의 중심이 아님을 깨닫도록 요구한다.(사이드만, 2009: 27~31)

질적 연구와 심층면접은 방법론적 관점 면에서 양적 연구와 매우 다르다. 그것은 인과적 설명보다는 의미의 이해라는 연구 목적을 추구하며, 객관적 실재로서의 사회보다는 의미 복합체로서의 명목론적 사회라는 존재론적 가정, 관찰과 실험을 통한 인식보다는 주관적인 이해 과정을 중시하는 인식론적 태도를 보인다. 그리고 표준적인 과학관(진리관)에 대한 거부와 객관적인 지식의 가능성에 대한 회의, 즉 가치중립성에 의문을 나타내는 철학적 특성이 있다. 역사적으로 심층면접의 방법론적 가정의 토대가 되는 이론적 자원과 원천은, 베버 같은 고전 사회학자의 이해사회학 방법론부터 평범한 사람들의 일상적 행위와 전략이 어떻게 사회를 구성하는가를 분석하는 민속방법론, 그리고 담론 자체보다 그것이 진리로 만들어지는 언어적 과정과 지식 권력을 중시하는 포스트구조주의 인식론에 이르기까지 다양하다.

자료의 성격　　　　연구의 목적	설명 · 일반화	이해
수치적	양적 방법	협동적
비수치적	이해적 지식	질적 방법

* 출처: Schwartz, H. · J. Jacobs, 1979, *Qualitative Sociology: A Method to the Madness*, NY: Free Press, p. 5.

연구 방법은 크게 연구의 목적과 자료의 성격에 따라 구분한다. 앞의 표에서처럼 양적 방법은 수치적 자료를 통해 변수들의 인과관계를 설명하고 일반화하는 목표가 있을 때 널리 쓰이고, 질적 방법은 말과 글 · 그림 · 사진 등 비수치적 자료를 통해 연구 참여자 행위의 내면적 근거와 동기를 이해하려고 할 때 사용된다.

무엇을 어떻게 연구할 것인가

'무엇을' 연구할 것인가: 심층면접으로 연구할 만한 주제는 무엇인가

질적 연구는 인간 행위의 의미와 그 동학에 대한 심층적 이해를 추구하는 방법으로, '왜' 그리고 '어떻게'를 다루는 방법론이다. 예컨대 지금 한국 사회에서 초미의 관심사인 출산율 저하와 결혼 연기의 원인을 알고 싶을 경우, 연구자는 교육 연한 · 소득수준 · 피임 · 결혼 태도 같은 변수가 포함된 설문조사와 통계분석 등 양적 연구를 할 수 있을 것이다. 그러나 결혼을 연기하는 현상은 설문조사처럼 명백한 변인으로 구분하기 어려운 복합적 마음 상태, 생애사적 경험과 사회적 맥락의 차이 등과 연결된 문제이기 쉽다. 그러므로 행위의 내면적 동기에 있는 복합성과 그것을 둘러싼 상황의 맥락을 이해하려면 '왜'(동기가 무엇인지)와 '어떻게'(어떻게 경험하고 의미화하는지)를 다루는 심층면접 같은 질적 방법이 적합할 수 있다.

심층면접 연구 사례

연구명	저자	주제와 방법
돈 잘 버는 여자 밥 잘하는 남자	혹실드(2001)	가사노동 분담을 둘러싸고 미국 맞벌이 가정에서 벌어지는 역할 조정의 유형을 파악하기 위해 부부를 대상으로 심층면접과 참여관찰을 병행하며 10여 년에 걸쳐 연구.
아들 가족에서의 노부(모) 돌봄 연구	김혜경 · 남궁명희 (2009)	노인 부양이라는 말을 통해 의존적 존재로서 단순화되는 노인과 노인돌봄에 대한 관점을 재고하기 위해 돌봄 이용자 노인과 돌봄 제공자 가족들이 저마다 어떻게 다른 목소리를 내는가를 네 가족의 '생애사적 심층면접'으로 살펴보면서 '좋은 돌봄'을 위한 윤리를 모색.
노사관계와 노동 의식: 감정노동의 구조적 원인과 결과의 개인화	신경아(2009)	콜 센터라는 새로운 서비스 노동 현장에서 벌어지는 여성 노동의 특성과 소외의 문제를 알아보기 위해 '반구조화'된 설문지를 기초로 콜 센터 여성 노동자 48명을 심층면접.
베버와 바나나: 한 무슬림 이주자의 이야기에 대한 서사 분석	최종렬(2015)	미등록 이주자였다가 성공한 기업가로 변신한 무슬림 이주자 한 명을 심층면접하고, 인간의 종교적 정체성이 현실 세계와 만나는 과정과 논리를 저자의 종교사회학적 서사로 재구성.

앞의 표에 제시한 주제뿐만 아니라 연애와 친밀성, 임신이나 낙태에 대한 태도, 성폭력 생존자에 대한 연구, 일과 가족이라는 두 영역을 오가며 다양한 삶의 전략을 구사해 온 취업 여성의 경험 등 양적 분석으로는 그 깊이가 잘 드러나기 어려운 다양한 주제들을 심층면접 방법으로 이해할 수 있다. 특히 연구 참여자의 왜곡되지 않은 목소리가 중요한 경우 심층면접 · 구술사 · 생애사 · 문화기술지 등 여러 질적 연구법이

이용되어 왔다. 예컨대 북한 이주민, 조선족, 장애아 어머니, 탈성매매 여성, 기러기 가족, 월남 가족과 월북 가족, 국제결혼 이주 여성, 해녀, 노인, 학생운동 참여자, 노동운동 참여자, 노동자, 비전향 장기수, 재일 코리안, 촛불집회 참가자 등 그 범위가 실로 다양하다.(최종렬, 2015: 23)

'어떻게' 연구할 것인가: 반(비)구조화된 면접

연구 방법은 연구 주제에 따라 달라진다. 질적 연구도 선행 연구, 즉 연구 주제에 관한 이론적 검토가 필요하며 그에 따라 가설 형태로 '예비 지식'이 도출될 수 있다. 그러나 심층면접은 우리가 이미 예상하는 지식의 검증, 즉 가설 검증이 목적은 아니다. 새로 발견되는 사실과 범주에 대해 열려 있는 질적 방법은 우리의 고정관념과 기존 관점을 넘어선 새로운 해석과 이론화의 가능성을 열어 준다. 질적 방법론의 개념적 기초를 닦은 상징적 상호작용론자 블루머는, 경험과학으로서 사회이론이 발전하기 위해서는 기존 개념에 고착되지 않아야 발견할 수 있는 발현적 개념들과 경험적 근거들에 열려 있어 민감하게 반응하는 개념들을 추구해야 한다고 강조했다.(Blumer, 1953)

질적 면접은 여러 가지로 나눌 수 있는데, 가장 일반적인 구분이 구조화된 면접·반구조화된 면접·비구조화된 면접이다. 이것은 질문의 목록, 즉 면접 지침이 얼마만큼 표준화(구조화)되어 있는가 그리고 연구 참여자의 응대와 이야기가 얼마나 자유롭게 전개되는가에 따른 분류다. 또한 질문이 특정한가 개방적인가에 따라 지시적 면접과 비지시적 면접으로 나누기도 한다.(윤택림, 2004: 77) 한편 비구조화(비표준화)된 면접은 다시 단서제공면접·열린면접·서사면접으로 나뉜다.(글래저·라우텔, 2012: 44~45) 이 중 단서제공면접은 구체화된 질문은 아니라도 연구 주제와 연결된, 즉 단서가 될 만한 질문 항목을 포함하는 면접이다. 그리

감응적 개념

감응적 개념이라는 말을 처음 쓴 블루머는 사회학적 이론화에서 추상적 개념보다는 현실 자료에서 드러나는 개념을 중시했다. 감응적 개념이란, 명백한 속성과 특징으로 구성되는 '고정적 개념'과 대비되는 표현이다. 감응적 개념을 사용하는 연구자들은 연구 주제와 대상에 대한 명백한 개념 정의에서 시작하기가 어렵다. 감응적 개념은 관찰할 핵심 문제를 명시하기보다는 경험 세계에 대한 일반적 수준의 감각만 제공하고 연구자는 이것을 토대로 연구의 어렴풋한 방향을 인도받을 수 있다.(Blumer, 1953: 7) 감응적 개념은 1차적으로 선행 연구 검토를 통해 발견되지만, 연구 과정 중 새로 드러나는 개념인 '발현적 개념'에 그 자리를 물려줄 수 있는 열린 개념이라고 할 수 있다.

고 열린면접은 단서 질문에 굳이 얽매이지 않고 연구자가 관심 있는 주제를 중심으로 자유롭게 하는 질문을 토대로 진행되는 대화다. 마지막으로, 서사면접은 연구 참여자의 독자적인 설명 체계(서사)를 중시하는 방법인데, 연구자의 필요에 따라 면접 내용을 조각내기보다는 화자가 자아의 이미지를 어떻게 구축하려고 하는지, 어떤 논리로 자기 생애의 굴곡과 전환을 설명하려고 하는지에 관심을 두는 것이다.(라이스만, 2004: 5) 질적 연구 방법에 대해 해체적 태도를 보이는 서사면접 연구자들은 서사의 실제성 규명보다는 이야기성에 주요 관심이 있기 때문에, 실제 삶과 독립적으로 존재하는 구성과 스토리 라인을 중시한다.(Denzin, 1989: 41) 한편 최종렬은 서사면접에서 이야기의 중요성과 민주주의 요소를 강조했다. 즉 인간 존재는 신과 같은 영원성이 아닌 시간의 제한성 속에 있기 때문에 면접이 어쩔 수 없이 시간성을 축으로 한 이야기 구조를 갖는다는 점(리쾨르) 그리고 면접 공간 자체가 행위자들이 서로에게 자유인으로 현상하는 폴리스(아렌트)처럼 민주주의의 공론장으로서 작용할 수 있다는 점을 지적해 서사의 민주화를 강조하였다.(최종렬, 2015)

표준화 수준에 따른 면접 방법

면접 지침표 운영 방식 개방성의 정도	질문의 목록과 순서	답변의 폭과 가능성
구조화된 면접	제시되어 있음	제시되어 있음
반구조화된 면접	제시되어 있음	제시되어 있지 않음
비구조화된 면접	제시되어 있지 않음(주제만 제시됨)	

* 출처: 글래저, 요헨·그리트 라우델, 2012,《전문가 인터뷰와 질적 내용 분석》, 우상수·정수정 옮김, 커뮤니케이션북스, 44쪽.

심층면접은 표에 제시한 것 가운데 반구조화된 면접과 비구조화된 면접을 가리킨다. 이 둘을 위해 작성된 질문 목록은 연구 참여자의 특성에 따라 융통성 있게 사용되기 때문에, 질문의 방식과 순서가 미리 작성한 목록과 달라지거나, 적절하지 못하다고 판단된 질문 자체가 수정되기도 한다. 특히 비구조화된 면접은 연구 주제에 대한 입장은 있어도 세부적인 연구 문제와 질문을 미리 정하지 않고 면접을 진행하면서 확정해 가는 것이 특징이다. 질적 면접은 다음 표와 같이 연구 주제에 적합한 주요 질문(큰 질문)을 먼저 만들고 나서 그 하부 질문(작은 질문)을 두는 방식으로 설계된다. 그러나 질문과 연구 문제조차 고착된 것이 아니고, 연구가 진행되면서 새로운 사실들이 발견됨에 따라 끊임없이 수정·변형될 수 있다.

이런 개방적 질문 전략은 한편으로는 연구 주제에 대한 예비지식이

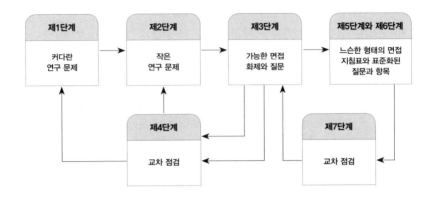

질적 면접을 위한 기획과 준비 과정

제1단계	제2단계	제3단계	제5단계와 제6단계
커다란 연구 문제	작은 연구 문제	가능한 면접 화제와 질문	느슨한 형태의 면접 지침표와 표준화된 질문과 항목

제4단계	제7단계
교차 점검	교차 점검

* 출처: 메이슨, 제니퍼, 2010,《질적 연구방법론》2판, 김두섭 옮김, 나남, 87쪽.

충분하지 않은 경우나 본격적인 심층면접 이전 단계에서 사용되는 예비 면접으로 이해되기도 하나,(Adler · Clark, 1999: 249) 연구 참여자의 경험과 해석의 중요성을 살리려고 할 때 특히 중요한 방법이다. 예컨대 성폭력 관련 연구에서 피해자(생존자)의 목소리를 우선적으로 들으려고 하는 경우 또는 위안부나 성매매 여성에 대한 연구처럼 지배 담론이나 연구자의 편견에 빠지지 않도록 주의해야 하는 경우다. 여성주의적 사회과학 연구자들이 강조하는 '연구자가 아니라 연구 참여자가 이끄는 것이 결국 좋은 연구를 만들어 낼 것'이라는 믿음은 그간 사회과학 연구에서 주체와 객체였던 연구자와 연구 참여자의 관계를 역전하는 데 기여했다.(Reinharz, 1992)

면접 지침표의 중요성과 용도

심층면접은 면접자가 가정하던 세계 너머를 이해시키는 열린 탐사 과정이기 때문에, 질문과 응답의 정해진 구조를 연상시키는 질문지라는 단어보다는 질문거리가 포함된 면접 지침표나 인터뷰 가이드라는 표현이 적절하다. 연구 관심이 진전되고 선행 연구 검토가 쌓이면서 무엇을 주제로 이야기할지 윤곽이 드러나기 시작한다. 즉 연구를 위한 작은 질문거리들이 부상하는 것이다. 잘 준비된 면접일수록 선명한 질문거리로 채워진 소목록들이 만들어지며, 심층면접이라고 해서 면접 지침표 준비를 게을리 할 이유는 전혀 없다. 오히려 면접 지침표는 장시간 진행되는 대화 과정에 연구자가 방향을 잃고 헤매지 않도록 중심을 잡아 주어 긍정적인 기능이 적지 않다.(맥크래켄, 2005: 17~18) 첫째, 연구자가 면접 중에 질문해야 할 영역을 빠뜨림 없이 일관된 순서로 물을 수 있게 한다. 둘째, 순서에 따라 진행되는 면접 지침표상의 항목을 따라가다 보면 연구 참여자는 연구자가 의도한 일종의 '거리 두기'에 동참하게 된다. 즉 자신의 세계를 조직했던 상식적 가정과 범주 들을 잠시 내려 두고 새로운 눈으로 연구 질문을 대하게 된다는 것이다. 셋째, 연구자 스스로도 질문의 내용과 순서에 신경 쓰지 않고 연구 참여자의 이야기에 집중할 수 있도록 돕는다. 그러나 물론 질문지가 질적 면접의 탐색적이고 발견적인 특성을 약화하면 곤란하다. 열린 경청 속에서 우연적인 답변과 이야기 들이 생성될 수 있도록 해야 할 것이다.

특히 다수 면접자가 참여하는 연구일 경우 질문지는 더 표준화·구조화된 방식으로 작성하도록 세심히 준비해야 한다. 필자가 참여한 'IMF 청년 세대'에 대한 연구, 즉 IMF 경제위기가 닥친 직후인 1998년에 대학을 졸업해 고도로 경쟁적인 노동시장에서 첫 직장을 구하는 불운을 겪은 청년들에 대한 연구(김혜경, 2013)를 예로 들어 보자. 전국적으

초점집단면접

심층면접과 관련된 방법론으로 초점집단면접이 있다. 이것은 집단 내 상호작용을 통해 연구자가 정한 주제에 대한 자료를 수집하는 방법이라고 정의할 수 있는데,(Morgan, 1997: 6) 일반 집단과 달리 특정 목적과 주제에 초점을 맞춰 토론을 진행한다는 점에서 초점집단으로 불린다. 이 방법은 여러 장점이 있다. 짧은 기간에 사례 집단에 대한 정보를 주고 한 장소에 모여 토론을 진행하기 때문에 면접 장소로 이동해 다니는 어려움이 줄고, 그에 따라 재정적 부담도 덜 수 있다. 이 방법은 독자적으로 사용하기도 하지만, 심층면접이나 참여관찰과 연계해 사용하는 경우가 많다. 즉 심층면접 전에 실시해 심층면접 참여자의 생각과 경험의 범위를 예측하는 데 도움을 받거나, 심층면접 후에 수행해 면접에서 발견한 이론적 쟁점이나 주요 범주가 타당한지를 확인할 수도 있다.

로 진행한 면접으로 공동 연구자들 외에도 전문 면접자들이 많이 참여해야 했기 때문에 생애 단계에 따른 상세한 면접 지침을 반구조화된 수준으로 작성했다. 가족과 노동의 역사·사회참여·정치의식 등을 주제로 매우 구체적인 질문지 항목을 준비해, 생애사적 순서에 따라 어린 시절부터 청소년기·대학 시절·군대·취업 준비와 직장 생활·연애와 결혼(또는 이혼)에 이르기까지 총 열 가지 영역(단계)을 선정하고 영역별로 주요 경험과 관계·태도에 대한 항목을 작성해 약 90가지 질문 내용을 구성했다. 그러나 표준화된 면접 지침이 모든 연구 참여자에게 그대로 적용되는 일은 현실적으로 드물다. 실제 면접 과정에서는 이 지침과 별도로 연구 참여자들이 스스로 자신의 역사에서 중요하게 여기는 사건에 대해 더 많은 이야기를 풀어놓았다. 따라서 연구자는 질문의 순서를 바꾸거나 항목을 조정했는데, 이런 유연성이 면접을 더 풍부하게 만들었다. 면접 결과가 복합적이 된 만큼, 자료를 해석하는 과정에서도 연구자들과 함께 읽고 토론하는 과정이 필요했다.

심층면접의 준비 과정

연구 참여자의 (예비) 선정

연구 참여자는 연구 목적에 합당한 사례 중에서 선택해야 하는데, 이것은 연구자의 이론적 관심과 직결된 문제다. 그래서 심층면접의 연구 참여자 선정 방법은 통계적 확률 표집과 달리 연구자의 이론적 관심과 부합하는 사례를 선택하는 '이론적 표집'이라고 불린다. 사례의 규모는 참여자가 열 명이 채 되지 않는 소규모 연구부터 200명 정도 되는 대규모 연구까지 매우 다양한데, 질적 자료를 분석하는 다양한 기법과 프로그램이 개발되면서 연구비 지원을 받는 수주 연구인 경우 규모가 커질 수 있다. 그러나 특정 관심에 집중된 이론적 표집도 연구자의 관심 사항을 충족할 만한 범주와 변수의 종류는 결코 적지 않다. 더욱이 연구 진행 과정에 새로운 사항들이 발견되면서 표집의 범위가 늘어나기도 하는데, 이때 기준이 되는 것이 '이론적 포화'라는 개념이다. 이는 연구자가 연구를 설계하는 단계부터 관련 모집단의 특징들을 모두 안다고 가정할 수는 없기 때문에 더는 새로운 사실이 발견되지 않는 시점인 이론적 포화 단계에 이를 때까지 지속적으로 사례를 추가해야 한다는 것으로, 스트라우스의 연구가 대표적인 모범 사례로 알려져 있다. 추가 면접 결과, 그 전에 수집한 자료와 같은 내용이 반복되고 그 전 내용을 재확인시키기만 할 때가 바로 자료 수집을 종료할 단계라는 것이다. 그러나 연구자가 이런 시점에 도달했다는 것을 증명하기가 쉽지 않으

므로, 표본의 크기에 대한 고정된 답은 없다고 할 수 있다.(메이슨, 2010: 150~151)

연구 참여자를 선정할 때 가장 중요한 것은 일단 연구자의 연구 문제와 질문이다. 예컨대 노인 돌봄에 대한 연구(김혜경 외, 2011)는 '노인장기요양보험' 정책이 도입돼 공적 돌봄이 증가하는 상황에서 '좋은 돌봄'에는 과연 어떤 조건이 필요하며 돌봄 이용자와 돌봄 제공자의 관계는 어떠해야 할 것인가라는 연구 질문이 있었다. 이런 연구 질문에서 출발해 연구 참여자를 섭외할 때 1차적으로는 공적 관계(노인 보호시설, 재가 요양보호사)와 사적 관계(가족)를 구분했다. 또한 후자에서는 세대 간, 세대 내(부부) 돌봄을 나누어 접촉했으며 이 또한 돌봄 제공자의 성별, 혈연/비혈연관계에 따라 별도로 연구 참여자를 배정했다. 이렇게 세분화된 선정 원칙은, 돌봄의 의미를 재해석하고 관계별 돌봄의 차별성을 보이려는 연구의 이론적 목적에 따른 것(이론적 표집)이었다. 특히 돌봄 이용자(노인)를 선정하는 기준에는 연구진의 이론적 관점이 강하게 작용했다. 즉 연구진은 노인을 일방적으로 '의존자'로 보는 기존 연구 관점을 지양하려고 했기 때문에 노인들의 목소리가 중요했고 따라서 자신의 상황을 적절하게 설명할 언어 구사 능력과 인지능력이 있는 노인을 선정하려고 했다. 일단 활동력이 있는 노인이 많은 주간 보호시설에서 연구 참여자를 섭외하고, 시설 관리자에게 소개받은 사례자의 가정에 연구자가 직접 방문해 노인을 만나 본 뒤 연구 목적에 합당하지 않은 경우는 참여자 목록에서 제외했다.

연구 참여자를 선정할 때는 앞에서 본 이론적 고려 외에도 특별히 주의를 기울여야 할 것이 있다. 즉 특정한 사회관계나 친분이 있는 사람은 피해야 한다는 점이다. 예컨대 의사와 환자 사이나 친구·친척 사이인 경우 서로에 대해 그리고 연구 문제에 대해 객관적인 거리 두기가 어려워진다. 서로 아는 경우, 불편한 질문은 자세히 다루지 않는 경향이 있다. 또 친구를 면접한다면 이미 서로 상대의 경험과 그 의미를 잘 안다고 생각해서 제대로 묻지 않게 되어 심층적 접근이 어렵다. 사이드만은 교육학 분야를 사례로 들며 연구자를 쉽게 찾으려고 하는 태도의 위험성을 경고했는데, 특히 권위 관계에 놓여 있는 경우가 해당한다. 예컨대 교장이 자신의 학위논문을 작성하면서 자기 학교 교사 집단을 대상으로 연구 참여자를 선정하거나 교사가 자신이 가르치는 학생을 대상으로 연구하는 것은 연구 결과에 부정적인 영향을 끼친다.(사이드만, 2009: 94~101)

연구 참여자에 대한 접근 방법과 준비물

적절한 연구 참여자가 결정되었을 경우, 여러 가지 준비가 필요하다. 먼저, 면접의 시간과 장소를 결정할 때는 연구 참여자의 일정과 선호를 우선적으로 고려하는 것이 바람직하다. 장소는 연구 참여자의 집이나 사무실이 좋은데, 관찰을 통해 추가 정보를 얻을 수 있기 때문이다. 사생활이 너무 노출되는 것을 꺼리는 경우 카페를 선택할 수도 있는데, 면접과 녹음에 지장이 없을 만큼 조용한 곳이 좋다. 연구 참여자에게 제공할 사례비와 영수증은 미리 준비해야 하며 연구비를 지원받는 연구는 연구 취지와 연구 책임자 및 기관명이 기록된 '방문증'과 연구자 자신의 신분증도 지참해야 한다. 이 밖에 기록할 도구도 필요하다.

가장 중요한 것은 장비 점검, 즉 녹음기의 이상 유무를 정확히 확인하는 일이다. 녹음은 사회연구의 새 장을 연 결정적인 도구로서, 오스카 루이스의 《산체스네 아이들Children Of Sanchez Overture》(1961) 같은 역사적인 인류학 연구는 녹음기 없이는 불가능했을 작업이라는 것은 널리 알려진 사실이다. 최근에는 스마트폰의 성능이 좋아져서 충분히 녹음할 수 있지만 충전 상태를 잘 확인하고 여벌 녹음 장치를 갖추는 것이 좋다. 아무리 만족스러운 면접을 했어도 녹음이 잘 안 되었다면 소용없다. 장시간 면접을 마친 연구 참여자에게 같은 작업을 다시 요구하는 것은 경비의 중복 지출만 문제가 아니라 처음과 같은 내용을 결코 확보하기 어려워 면접의 질에 미치는 부정적 영향이 심대하다.

심층면접의 실행 지침

심층면접을 수행하는 날 시간 엄수는 가장 초보적이고 중요한 사항이고, 옷차림처럼 사소하게 보이는 것에도 신경을 써야 한다. 면접 실행 과정에 실수를 피하기 위한 전략을 점검해 보자.

면접 현장에서의 대면

- 연구 목적과 사례 선정 이유에 대한 명확한 전달
  인사를 나누고 나면 연구 목적이 기록된 '방문증'과 자신의 신분증을 제시한다. 흔히 연구 참여자들은 연구에 참여하기로 동의하고도 여전히 왜 꼭 자신이 연구 대상으로 선정되었는지를 다시 확인하려고 하는 경향이 있으니, 이에 대해 설명한다.
- 녹음에 대한 동의 확인
  녹음기 사용이 연구 참여자를 불편하게 한다고 여길 수 있으나 꼭 그렇지는 않다. 오히려 면접의 인위적인 성격을 부상시켜서 연구 참여자들이 자연 상태를 넘어 연구 과정에 참여한다고 의식하게 하는 효과로 면접에 집중하는 결과를 가져올 수 있다. 그러므로 연구자와 연구 참여자가 모두 녹음을 자연스럽게 여길 수 있는 분위기를 만들어야 하며 녹취에 대한 동의와 익명성 보장, 자료 이용 범위의 제한 등이 명시된 '면접 자료 이용 동의서'를 보여 주고 서명을 받는다. 이때 사례비 영수증에도 서명하도록 할 수 있다.

- 면접 일정 안내
  마지막으로, 면접의 주요 내용과 소요 시간에 대해 미리 설명해 연구 참여자가 면접 과정을 어느 정도 예상하고 마음의 준비를 할 수 있도록 한다.

연구자와 연구 참여자의 관계 설정

- 연구자와 연구 참여자의 수평적 관계
  연구자와 연구 참여자 사이에 수평적 권력관계를 만들어 내는 것은 모든 질적 연구의 지향점이다. 연구 참여자와 연구자가 적어도 이념적으로는 '주체 대 객체'가 아닌 '주체 대 주체' 관계를 지향하기 때문에 연구 참여자를 인정하고 존중하는 자세가 선행되어야 한다. 실제로 이들의 해석이 중시되기 때문에 연구 참여자 대신 연구 주체라는 표현도 흔히 쓴다. 그러나 수평적 관계에도 다양한 면이 있다. 예컨대 신분이 불안정한 이주자에 대한 연구처럼 연구 참여자를 인정하는 태도가 중요한 경우가 있고, 젊은 여성 연구자가 나이와 성별 때문에 연구 참여자와 맺는 관계에서 취약한 위치에 처하지 않도록 신경 써야 하는 상황도 있다. 한편 면접 공간도 권력관계에 영향을 미칠 수 있으므로, 연구자보다는 연구 참여자에게 편안한 공간을 선택하는 것이 좋다.
- 공식성과 비공식성의 균형

'공식적인' 복장과 태도와 언어는 연구자가 과학적인 일을 하는 사람으로 여겨지게 한다. 그러나 일정한 비공식성과 친밀성도 편안한 면접 분위기를 만드는 데 필요할 수 있으므로 구체적인 맥락과 상황에 맞는 균형이 필요하다.

- 지나친 라포르의 금지
  '과잉 라포르'를 형성하지 않도록 주의한다. 연구 참여자와 일정한 사회적 거리를 유지하는 것은 매우 사적이거나 정치적이라서 '어렵고 곤란한 질문'을 하는 데 도움이 되며 연구 참여자의 익명성 보장이라는 점에서 신뢰를 낳는다.

면접 진행의 기술과 원칙

면접을 진행하는 기술은 연구 목적에 따라 조금씩 달라질 수 있는데, 여기서는 윤택림(2004) · 맥크래켄(2005) · 보그단과 테일러(1975)의 내용을 중심으로 제시한다.

- 질문 방법
  면접 초기에는 연구 참여자가 어떤 사람이며 어떻게 살았는지를 개략적으로 알 수 있는 개방적 질문이 도움이 될 수 있다. 면접이 진행되면서 점차 구체적인 이야기들이 나올 수 있다. 가장 피해야 할 질문 방법은 바로 '예'나 '아니오'라는 답이 나오는, 즉 '논의를 이끌어 내기 어려운' 경우다.(윤택림, 2004: 78) 설명이 너무 적을 경우에는 구체적인 예를 들어 달라거나 당시 상황을 설명해 달라고 부탁할 수 있다.

- 개입하지 않기
  면접 과정에서 가장 중요한 원칙이다. 연구 참여자가 가지고 있던 논리와 범주를 넘어서는 틀을 발견하려면 연구자의 개입을 줄이고,

'침묵은 연구자가 아니라 연구 참여자가 채우도록' 기다려야 한다. 연구 참여자가 침묵하거나 적당한 말을 찾지 못하거나 목소리가 작아지고 발음이 불분명해진다면, 그것은 그것대로 의미 있는 현상이다. 연구 참여자가 자기 언어로 자기 경험을 설명할 수 있도록 기다리는 인내심이 필요하다. 면접을 녹취할 때도 특정한 반응이나 분위기는 지문으로 표시한다.(한숨을 쉬며, 큰 목소리로, 웃음소리 등)

- 평가적 표현 피하기

  연구 참여자의 행위에 대해 잘잘못을 말하는 태도는 피해야 한다. 공감을 나타내는 태도는 면접에 좋은 효과를 줄 수 있으나, 지나칠 경우 연구 참여자로 하여금 연구자가 원하는 종류의 대답을 더 적극적으로 서술하게 할 위험이 있으므로 주의해야 한다.

- 세부적 탐색

  연구 참여자의 서술 중에 앞에 한 이야기와 모순이 있어 보이는 경우 부드럽게 물어보며 정확하게 확인한다. 상황 설명이 부족하다고 여겨질 때는, 구체적으로 예를 들어 달라거나 당시 장소나 느낌이 어땠는지 말해 달라고 부탁할 수 있다. 사진이나 다른 기록물이 있다면 보여 주겠는지 물어볼 수도 있다. 그러나 연구 참여자가 모순적 지점에 대해 굳이 설명하고 싶어 하지 않을 경우 그것 자체로도 의미 있는 현상이므로 분석 과정의 과제로 남겨 둘 수 있다.

최종 대화 단계

- 감사 인사와 피드백

  면접을 마치기 전에 면접 지침 항목에서 중요한 부분 가운데 빠진 것이 있는지 점검한다. 확인이 끝나면 모든 질문을 했다고 말하고 수고에 대한 고마움을 표현한다. 정리하는 마지막 질문으로 면접에 대한 소감을 물어보는 것도 좋다. 자기 생각을 충분히 이야기한 것 같은지, 아쉬움이 없는지, 연구자에게 꼭 하고 싶은 말이 있는지 등을 물어보면서 연구 참여자 스스로 면접 과정에 대해 느끼고 평가할 기회를 준다. 이런 질문은 장시간 면접 뒤에 제시되기 때문에, 면접에 대한 연구 참여자의 종합적인 의견을 들을 수 있는 계기가 되기도 한다. 좋은 면접이었다면, 연구 참여자가 자기를 노출한 것에 대해 꺼림칙해하지 않고 자기 삶을 돌아볼 기회가 된 주요한 측면을 이야기해 줄 수도 있다.

- 추가 정보의 획득과 추후 면접에 대한 협의

  녹음에 신경 쓰고 있던 연구 참여자는 녹음기를 끄고 나서 긴장이 풀어져 마음속 이야기를 털어놓기도 한다. 면접 과정에 서로 신뢰할 수 있는 분위기가 형성되었다면 이때 중요한 정보가 추가로 제공될 수도 있다. 사진이나 졸업장, 상장 등 부차적인 자료를 소개받거나 다른 면접 대상자를 추천받을 수도 있다. 한편 면접은 보통 2~3회를 하는 것이 바람직하다고 한다. 이것이 어렵다면, 내용 보완이 필요할 경우에 대비해 전화로 하는 보충 질문이나 2차 면접의 가능성을 미리 협의해야 한다.

- 녹취록 확인에 대한 협의

  연구 참여자가 자신이 한 이야기를 확인하고 싶어 하는 경우가 있다. 이 경우 전사한 자료를 보내 줘야 하는데, 그 뒤 연구 참여자가 1차 면접 내용과 모순되는 말을 더하거나 고쳐 오기도 한다. 연구자는 두 가지 자료 중에서 하나를 선택해야 하는 곤란한 상황에 놓이는데, 연구의 최종 책임은 연구자에게 있으므로 해석 권한을 연구 참여자에게 넘겨주는 것은 옳지 않다는 지적이 있다.(사이드만, 2009: 264)

면접 일지 작성

대체로 면접 과정 중에는 기록보다 청취에 집중하며 기록은 녹음기에 맡겨 두는 것이 좋다. 그러나 면접 당시의 특이 사항이라든가 장소적 특성, 연구 참여자의 인상적 행동 등은 잘 기억했다가 면접을 마친 뒤 일지로 정리해 두면 좋다. 면접 횟수가 늘어날수록 정리할 내용이 많아지거나 기억이 줄어들 수 있으니, 가능한 한 미루지 말고 면접 당일에 기록하는 것이 좋다. 일지의 형식은 다양한데, 연구 참여자의 기본 정보가 포함된 '면접 기록 보존부' 같은 표에 정리해 두면 그 뒤 자료를 정리하고 분석할 때 도움이 된다. 다음 표는 지역 청년을 대상으로 한 연구에서 그들의 노동 실태·친밀성과 결혼·정주 의식 및 지역 정체성에 대한 면접을 준비하면서 작성했는데, 연구 관심에 따라 주 성장지·부모에 대한 정보 등을 세분했다.

이런 표의 기본 항목은 면접 시작 단계에 연구 참여자에게 직접 질문하는 방식을 통해 적어 넣을 수도 있다. (물론 이 경우에도 대화 내용이 녹음될 수 있도록 항목들은 소리 내어 읽는다.) 이런 시도는 면접 초반에 연구 참여자에 대한 기본 정보를 얻으면서 어색함을 줄이고 연구 참여자가 면접이라는 인위적인 상황에 자연스럽게 진입하게 하는 방편이 되기도 한다.

심층면접 이후: 녹취 풀기(전사) 그리고 녹취록의 익명화

"전사는 무척이나 어렵고 많은 시간이 필요한 작업이다. 하지만 질적 연구를 위해서는 인터뷰를 녹취하고 그 내용을 온전히 전사하는 것 외에 다른 뾰족한 대안이 없다."(글래저·라우델, 2012: 266)

대체로 면접 시간과 전사 시간의 비율이 1:4나 1:6이라고 할 만큼(글

연구 참여자 개인 기록 보존부		면담자:
		면담 일시:
		면담 장소:

이름	본명: 가명(연구 목적):	생년월일	
		성별	
주소		출생지	
		주 성장지	
전화번호	자택: 직장: 휴대전화:	최종 학력	
		종교	
		경제활동 상태	
가족 관계	가족원(가족원 수)		
주거 형태		현재 동거인	
원가족 계층		본인 계층	

면담자 기록 사항(특이 상황 및 정보의 요약)

래저·라우델, 2012: 267) 녹취에 드는 시간과 노력이 어마어마하다. 두 시간 면접이었다면 전사 시간을 대략 열 시간으로 예상해야 할 것이다. 그러나 이런 대가를 치르고라도, 녹취된 면접은 가능한 한 온전하게 전사해야 한다. 요약하거나 중요 대목만 고르는 전사는 질적 연구의 특성과 장점을 왜곡할 뿐이다. 온전히 전사된 기록을 읽다 보면 연구자가 중요하게 인지하는 대목이 매번 달라지는 것을 알게 된다. 연구자는 그것을 여러 차례 읽으면서 자신이 초기에 가졌던 이론적 조급함이나 편견이 희미해지는 것과 연구 참여자 행위의 의미와 이유를 깨닫고, 점차 연구자의 시선에 갇히지 않은 연구 참여자의 모습을 상상할 수 있게 된다. 온전한 전사의 중요성을 고려한다면 연구 설계 단계부터 전사 작업에 필요한 재원을 마련할 방편을 구축해야 할 것이다.

한편 전사를 마친 뒤에는 바로 연구 대상자의 이름을 가명화하거나 기호화해야 한다. 심층면접 방법론에서 익명성 보장은 다른 무엇보다 주의를 기울여야 하는 문제다. 1970년대 초반 미국 대학생들을 대상으로 진행된 대규모 면접 연구는 1960년대 말 문화적 혁명의 사회 분위기가 대학생의 가치관에 영향을 주었을 것이라고 가정하고, 청년들의 불법적 약물 사용을 포함한 가치관 변화에 대한 연구를 설계했다. 여기에 UC버클리대학의 입학생과 졸업생이 1000명씩 참여하도록 구성되었다. 그러나 불법적 약물 사용 경력이 드러날 것에 대한 참여자들의 우려가 심각함을 예비 면접 과정에서 연구진이 발견하고, 이에 따라 익명을 보장하는 세심한 절차를 마련했다. 우선 연구 참여자를 안심시키기 위해 면접 직후 자료를 밀봉하고 연구 참여자와 함께 직접 우체국에 가서 연구 본부로 우송하게 했다. 전사 과정에서도 일정한 원칙에 따라 2단계 부호화 과정을 거쳐 익명성을 제고했다. 따라서 최종적으로 녹취록을 받은 연구자는 실제 면접 참여자가 누구인지를 절대 확인할 수 없었다.(Somers 외, 1983: 145~148) 이렇게 연구 참여자의 규모가 큰 연구에서는 가명화하는 방법보다 특정 분류 체계를 통해 부호화하는 전략이 유효한데, 연구 참여자의 특성에 따라 적절한 알파벳과 숫자를 결합시켜 부호화할 수도 있을 것이다.(글래저·라우델, 2012 참조) 예컨대 20~30대 청년에 대한 연구에서 성별·연령·직업을 기준으로 표집을 구성했다면, 20대 정규직 여자 중 세 번째 사례에 'F20R3'(Female/20대/Regular Worker/세 번째) 같은 부호를 줄 수도 있다.

읽고 생각하기

- -

- **연구 문제와 연구 방법의 관련성**

  연구하고자 하는 문제가 무엇인지 그리고 연구 분야에서 중요한 주제를 도출하는 최선의 방법이 무엇인지를 명확히 하는 것은, 도대체 무엇을 연구하는 것인지 모호한 연구자들이 직면하게 될 함정을 피하는 길이다. 즉 진공청소기처럼 마구잡이로 모든 데이터를 수집하고 분석에 소요되는 시간을 고려하지 않은 채 정보를 축적하여 결국에는 잘못된 길로 우회함으로써 시간과 선의와 분석의 가능성을 모두 잃어버리는 일을 피하는 길이다.(Miles, Matthew B.·A. Michael Huberman, 1984, *Qualitative Data Analysis*, Thousand Oaks: Sage, p. 37. 글래저, 요헨·그리트 라우델, 2012,《전문가 인터뷰와 질적 내용 분석》, 우상수·정수정 옮김, 커뮤니케이션북스, 91쪽에서 재인용)

- **외부인으로서 연구 참여자의 시선**

  '외부인의 이점stranger's value'이란 타 문화를 연구하는 인류학자들의 천진함과 비슷한 것이다. 인류학자들은 마치 어린이처럼 타 문화에 대해서 너무나 당연한 질문들을 할 수 있다. 즉 외부인들은 내부인들이 할 수 없는 질문들을 할 수 있다. 자문화를 연구하는 경우에는 외부인의 이점을 이용할 수 없다고 생각할 수도 있지만, 외부인과 내부인의 경계는 단순히 타 문화와 자문화 사이에만 있는 것이 아니다. 하나의 문화 내에서도 하부 문화 사이의 경계들이 있다. 따라서 연구자가 직접 속해 있는 집단이나 조직을 연구하는 것이 아닌 이상 어떤 사회적·문화적 경계를 넘어야 하며, 이때 외부인의 이점을 최대한 이용해야 한다.(윤택림, 2004,《문화와 역사 연구를 위한 질적 연구방법론》, 아르케, 75~76쪽.)

1. 무엇을 밝히고 싶은지가 확실한 연구 문제가 있는가? 그것을 알기 위해 꼭 심층 면접 방법을 써야 하는 이유가 무엇인가? 연구자는 이 두 질문에 대해 스스로 답할 수 있어야 한다.

2. 한국 같은 고도의 SNS 사회에서 사람들은 집단화된 사고방식에 길들어 있어서 이방인과 같은 질문을 품기가 쉽지 않다. 우리는 과연 타인과 상식이 당연시하는 관점으로부터 얼마나 자유로운가?

읽을거리

- 메이슨, 제니퍼, 2010, 《질적 연구방법론》 2판, 김두섭 옮김, 나남; Mason, Jennifer, 2002, *Qualitative Researching*(2nd ed.), Sage Publications.
- 윤택림, 2004, 《문화와 역사 연구를 위한 질적 연구방법론》, 아르케.
- 혹실드, 알리 러셀, 2001, 《돈 잘 버는 여자 밥 잘 하는 남자》, 백영미 옮김, 아침이슬; Hochschild, Arlie R., 1989, *The Second Shift: Working Parents and the Revolution at Home*, Viking Adult.

참고 문헌

- 글래저, 요헨·그리트 라우델, 2012, 《전문가 인터뷰와 질적 내용 분석》, 우상수·정수정 옮김, 커뮤니케이션북스; Gläser, J.·G. Laudel, 2009, *Experteninterviews und Qualitative Inhaltsanalyse*(3rd ed.), VS Verlag für Sozialwissenschaften.
- 김혜경, 2013, 〈부계 가족주의의 실패?: IMF 경제위기 세대의 가족주의와 개인화〉, 《한국사회학》 47(2), 101~141쪽.
- 김혜경 외, 2011, 《노인 돌봄: 노인 돌봄의 경험과 윤리》, 양서원.
- 김혜경·남궁명희, 2009, 〈아들 가족에서의 노부(모) 돌봄 연구: 부부와 노인의 생애서사를 중심으로〉, 《한국사회학》 43(4), 180~220쪽.
- 라이스만, 캐서린 콜러, 2004, 《내러티브 분석》, 대한질적연구간호학회 옮김, 군자출판사.
- 맥크래켄, 그란트, 2005, 《장시간 면담》, 대한질적연구간호학회 옮김, 군자출판사; McCraken, Grant, 1988, *The Long Interview*, Sage Publications.
- 메이슨, 제니퍼, 2005, 《질적 연구방법론》, 김두섭 옮김, 나남.
- 모건, 데이비드. 2007, 《질적 연구로서의 포커스 그룹》, 김성재 외 옮김, 군자출판사; Morgan, David L., 1997, *Focus Groups as Qualitative Research*(2nd ed.), Sage Publications.
- 사이드만, 어빙, 2009, 《질적 연구 방법으로서의 면담: 교육학과 사회과학 분야의 연구자들을 위한 안내서》, 박혜준·이승연 옮김, 학지사; Seidman, Irving, 2005,

Interviewing as Qualitative Research: A Guide for Researchers in Education and the Social Sciences(3rd ed.), Teachers College Press.

- 신경아, 2009, 〈노사관계와 노동 의식: 감정노동의 구조적 원인과 결과의 개인화〉, 《산업노동연구》15(2), 223~256쪽.
- 윤택림, 2004,《문화와 역사 연구를 위한 질적 연구방법론》, 아르케.
- 이재인, 2006, 〈서사의 개정과 의식의 변화〉,《한국여성학》22(2), 81~120쪽.
- 최종렬, 2015, 〈베버와 바나나: 한 무슬림 이주자의 이야기에 대한 서사 분석〉,《베버와 바나나: 이야기가 있는 사회학》, 마음의거울.
- 홀스타인·구부리엄, 2005, 《적극 면담》, 대한질적연구간호회 옮김, 군자출판사; Holstein, James A.·Jaber F. Gubrium, 1995, *The Active Interview*, Sage Publications.
- Adler, Emily S.·Roger Clark, 1999, *How it's done: An Invitation to Social Research*, Wadsworth Publishing Company.
- Alvesson, Mats·K. Skoldberg, 2000, *Reflective Methodology: New Vistas for Qualitative Research*, London: Sage Publications.
- Blumer, Herbert, 1953, "What's Wrong with Social Theory?" in *Qualitative Methodology: Firsthand Involvement with the Social World*, Chicago: Markham Publishing Company, 1970, pp. 52~62.
- Bogdan, Robert·Steven Taylor, 1975, *Introduction to Qualitative Research Methods*, NY: Wiley & Sons.
- Denzin, N., 1989, *Interpretive Biography*, London: Sage.
- Reinharz, Shulamit, 1992, *Feminist Methods in Social Research*, NY: Oxford Univ. Press.
- Schwartz, H.·J. Jacobs, 1979, *Qualitative Sociology: A Method to the Madness*, NY: Free Press.
- Somers, Robert et al., 1983, "Stuructured Interviews" in *Handbook of Social Science Methods: Qualitative Methods* v. 2, Harper Collins Distribution Services, pp. 145~161.

제9강

문화기술지와 참여관찰

박소진

- **학습 내용** ────────────────────────────────

문화기술지는 일정 기간 현지조사를 하면서 참여관찰, 면접 등 다양한 기술을 통해 자료를 수집하고 문화를 분석하는 질적 연구방법론의 한 종류다. 또한 현지조사에 맞대어 글로 쓰인 연구 결과물 자체를 의미하기도 한다. 질적 연구방법론의 한 종류로서 문화기술지 연구의 주요한 자료 수집 방법은 참여관찰과 심층면접이 있다. 그중에서도 참여관찰은 연구자가 인위적 연구 세팅 대신 연구참여자의 생활 속에 자연스럽게 접근해 다양한 정보와 자료를 얻는 방법이다.

참여관찰은 연구자가 참여하면서 관찰한다는 일견 모순적이고 이중적인 과정을 내포하기 때문에, 참여와 관찰의 비중이나 무게가 달라질 수 있다. 연구자가 개입하거나 참여하지 않고 '전적인 관찰자'가 되는 경우 또는 이와 반대로 '전적인 참여자'가 되는 경우가 있고, 대부분의 참여관찰은 그 사이에 자리한다. 참여를 최소화하고 관찰을 극대화해 외부자의 관점을 강화하고 내부자의 시선에서 당연하던 것을 낯설게 볼 수 있다. 이와 반대로 전적인 참여자로서 연구하는 경우에는 내부자의 관점을 갖게 되는데, 이 경우 연구 현장의 문화를 당연시하거나 거리감을 두지 못하는 문제가 발생할 수도 있다. 그러나 대부분의 참여관찰은 '전적인 관찰'과 '전적인 참여' 사이에 있다. 그래서 연구 주제나 목적, 연구자의 이론적·정치적 태도, 현지 상황 등에 따라 참여와 관찰의 비중을 적절히 조절하고 연구자의 시선에서 내부자적 관점과 외부자적 관점 간 균형을 잃지 않도록 하는 것이 중요하다.

참여관찰은 연구자가 시간과 노력을 많이 들여야 하지만, 다른 자료 수집 방법에 비해 몇 가지 효용성이 높다. 먼저, 현지의 문화적 맥락을 전반적으로 이해하는 데 매우 유용하다. 둘째, 연구 참여자의 반응성을 줄이고 더 자연스러운 상황에서 자료를 수집할 수 있다. 셋째, 어떤 제도나 조직이 실제로 어떻게 작동하는지를 밝히는 데 유용하다. 마지막으로, 참여관찰을 통해 얻은 자료는 심층면접을 비롯해 다른 자료 조사 방법을 설계하는 데 쓸 수 있으며 다른 자료를 분석하는 데도 유용하다.

참여관찰의 대상을 선정할 때는 단순한 사회적 상황, 접근 용이성, 비노출성, 연구 허락 가능성, 활동 빈도 등이 기준이 될 수 있다. 연구 주제나 현지 상황에 따라 다르지만, 참여관찰을 할 때 다음 다섯 가지를 주목해야 한다. ①중요한 의례와 사건 ②구성원들의 특징과 관계 ③공간구성과 물건 배치 ④시간성 ⑤시각뿐 아니라 후각·청각·촉각 등 다감각적인 측면이다.

참여관찰을 할 때 연구자는 적절한 태도를 취해야 한다. 문화적으로 적합한 일상적인 예의를 지킴으로써 연구 참여자와 신뢰 관계를 쌓아야 하며, 연구 주제와 참여관찰의 분명한 목적의식을 잃지 않도록 노력해야 한다. 연구자는 자신의 편견을 일단 접어 두고, 익숙한 문화를 연구할 때는 특히 거리를 두거나 낯설게 보는 노력을 기울여야 한다. 이런 태도뿐만 아니라 연구 대상 사회의 언어 습득, 기억력·주의력·상황 판단력 같은 연구자의 역량이 참여관찰을 하는 데 도움이 된다.

　참여관찰을 통해 얻은 자료는 다른 자료에 비해 유동적이고 임의적일 수 있기 때문에, 현장 노트·현장 일지·기타 방식을 통한 기록이 매우 중요하다. 기록은 연구자, 연구 주제나 현지 상황에 따라 적절한 방식을 선택하는 것이 바람직하다.

문화기술지와 참여관찰

문화기술지 연구는 19세기 후반에서 20세기 초반 인류학의 전통에서 시작된 장기 현지조사에 기초한 문화 연구 방법이라고 할 수 있다. 현재 인류학 분야뿐만 아니라 사회학, 교육학, 간호학 등 다양한 학문 분과에서 문화기술지 방법론이 사용되고 있다. 다양한 질적 연구의 전통이 발전하기 전에는 문화기술지 연구가 바로 질적 연구와 동일시되기도 했고 문화인류학 분야에서는 아직도 장기 현지조사에 기초한 문화기술지가 학문의 뿌리이자 없어서는 안 될 상징이다. 그러나 엄밀히 말하면, 현장연구에 기초한 문화기술지 연구는 질적 연구 방법의 한 형태라고 볼 수 있다.

　문화기술지를 뜻하는 영어 '에스노그래피ethnography'는 그리스어에서 '민족' 또는 '종족'을 가리키는 '에스노스ethnos'와 '기록'을 뜻하는 '그라피아graphia'가 합해진 말로 '민족지' 또는 '민속지' 등으로 번역되기도 한다.(이용숙 외, 2012) 초기 인류학 전통 속에 비서구 민족과 문화에 대한 현장연구가 주류였기 때문에 한국에서는 '민족지'라는 번역이 먼저 쓰였다. 그러나 인류학 연구가 비서구 민족이나 종족에 한정되지 않고 서구를 포함해 다양한 사회로 점차 확장되었으며 현장연구 대상도 소규모 공동체만이 아니라 학교, 병원 등 현대 도시 공간으로 확장되었다. 다시 말해, 타 문화 또는 타자에 대한 연구가 주를 이루다가 점차 연구자가 속한 자문화 연구를 포괄하는 방향으로 바뀌었다. 따라서 이 장에서는 문화기술지가 소규모 비서구 민족이나 종족 연구에 국한된 연구 방법이 아니라는 점을 환기하면서, 최근 다양한 학문 분과에서 쓰는 '문화기술지'라는 번역어를 쓰려고 한다.

문화기술지는 두 가지 의미로 혼용된다. 먼저 일정 기간 현지조사를 하면서 참여관찰과 면접 등 다양한 기술로 자료를 수집해 문화를 분석하는 질적 연구방법론의 한 종류를 가리키는 말로 쓰인다. 다시 말해, 문화기술지 연구 또는 '방법론으로서 문화기술지'를 의미한다. 문화기술지의 또 다른 의미는 현지조사에 대한 연구 결과물 자체, 곧 글로 쓰인 텍스트로서 결과물을 가리키기도 한다. 특히 1980년대 중반 포스트모더니즘과 탈식민주의의 영향으로 문화기술지 쓰기와 재현의 문제가 화두로 떠오르면서, 다양한 문화기술지 쓰기에 대한 논쟁과 실험이 있었다.(Clifford · Marcus, 1986) 포스트모더니즘의 이런 영향은 기존 사회과학에서 추구하던 객관성 담보라는 실증주의적 패러다임에 대한 도전이었다. 또한 자료 수집 과정으로서 장기 현지조사뿐만 아니라 현지에서 벗어나 연구 결과물을 해석하는 과정과 독자를 향해 재현해 내는 과정에도 주목함으로써, 문화기술지를 통해 일반화된 법칙을 발견하기보다는 인간 행위나 경험의 다중성과 사회 문화적 맥락 등을 상황적으로 재해석하는 경향이 나타났다.

질적 연구방법론의 한 종류로서 문화기술지 연구의 주요한 자료 수집 방법은 참여관찰과 심층면접을 들 수 있다. 질적 연구의 다양한 자료 수집 방법 중에서도 참여관찰은 인위적인 연구 세팅이 아니라 연구 참여자의 생활 속에 연구자가 자연스럽게 접근할 수 있는 방법이다. 문자 그대로, 참여관찰은 연구자가 현장에 직접 가서 연구 참여자의 삶에 함께 참여하고 관찰해서 다양한 정보와 자료를 얻는 방법이다. 연구자가 연구 참여자와 지속적이고 깊이 있는 인간관계를 맺으면서 그들의 삶을 연구하는 현지조사에 기반을 둔 문화기술지 연구에서 참여관찰은 매우 중요한 자료 수집 방법 중 하나다. 그래서 현지조사(또는 현장연구)와 참여관찰이 가끔 동의어로 쓰이기도 한다.(이용숙 외, 2012: 103) 그러나 현지조사에는 참여관찰뿐 아니라 면접과 구술 생애사 등 다양한 자료 수집 방법이 사용될 수 있으므로, 여기서는 자료 수집 방법으로서 참여관찰에 중점을 둘 것이다.

앞에서 논의한 면접 방법과 비교해 보면, 연구자는 참여관찰을 통해 상대적으로 자연스러운 일상적 환경 속에서 연구 참여자들의 행위 · 생활양식 · 상호작용 등에 대한 자료를 수집할 수 있다. 그만큼 비구조화되어 있기 때문에, 연구자의 의도나 개입에 따른 인위적인 상황보다 더 자연스러운 환경에서 자료를 수집할 수 있다. 참여관찰의 이런 특성은 연구자가 자신이 보고 싶은 것만을 보지 않고 연구 참여자와 현장의 다양한 상황을 문화적 맥락에서 이해하게 해, 유연한 문화기술지 연구의 장점을 잘 살릴 수 있다. 그러나 연구자가 무작정 현지에 간다고 해서 참여하고 관찰할 자료가 주어지는 것은 결코 아니다. 만약 연구자가 자신의 연구 주제 · 연구 질문 등에 대해 뚜렷한 인식 없이 참여관찰을 하면, 목적의식을 잃고 낭패를 보며 많은 시간과 노력을 허비할 수도 있다. 따라서 열린 마음으로 참여관찰을 수행하면서도 자신의 연구 주제와 관련된 문제의식을 분명히 해야 한다.

참여관찰은 연구자 자신이 연구의 도구가 되기 때문에, 연구자는 자신에 대해 성찰적이어야 한다. 연구자가 현지의 사회적 상황에서 무엇을 어떻게 보고 듣고 느끼는가는 연구자의 문제의식, 연구 주제, 이론적 관심뿐 아니라 인종, 민족, 성별, 나이, 교육 정도, 사회적 지위 등 다양한 정체성과도 밀접하게 관련된다. 더욱이 연구 참여자와 상호작용하고 관계 맺는 것과 현장의 접근 가능성에도 연구자의 정체성이 다양한 방식으로 영향을 미친다. 따라서 연구자는 무엇을 왜 참여관찰하는가 하는 연구 주제의 선정에서부터 참여관찰한 자료를 어떻게 해석하는가와 관련되는 일련의 연구 과정에서, 연구 도구로서 자신의 존재와 정체성이 어떻게 영향을 미치는지에 대해 성찰적으로 분석할 필요가 있다.

참여와 관찰의 시선과 무게

연구자가 참여하면서 관찰한다는 것은 일견 모순적이고 이중적인 과정을 내포한다. 연구자는 현지의 문화적 상황 속에 현지인처럼 직접 참여해 내부자의 시각을 갖고, 연구 참여자들이 자기 삶과 행위에 부여하는 의미를 파악할 수 있게 된다. 그러나 이런 내부자 자리에 머물러서는 안 된다. 연구자는 어느 정도 거리를 두고 관찰자의 시선, 즉 외부자의 시선을 동시에 추구해 내부자적 관점과 외부자적 관점의 균형을 잡아야 참여관찰을 제대로 수행할 수 있다.

참여관찰에서 참여와 관찰이라는 이중 과정을 수행하는 데 참여와 관찰의 비중이나 무게는 달라질 수 있다. 사실 이론적으로는 연구자가 개입하거나 참여하는 정도가 상반되는 '전적인 관찰자'와 '전적인 참여자'가 모두 가능하고, 대부분의 참여관찰은 그 사이 스펙트럼의 어딘가에 자리한다. 먼저, '전적인 관찰자'로서 연구자는 자신을 드러내지 않고 현장에 거의 참여하지 않으며 개입을 최소화해서 관찰에 집중할 수 있다. 예를 들어, 사회학자 최종렬과 최인영(2012)의 안산 다문화거리에 대한 문화기술지 논문은 소위 '비참여관찰'을 통해 완성되었다. 현지에 중·장기적으로 거주하면서 현지인의 삶에 대한 참여관찰과 심층면접을 실행하는 문화기술지와 달리, 이틀 동안만 '관광객의 시선'으로 안산 다문화거리를 산책하며 탐구한 것을 공공장소 이방인의 사회학과 영상사회학 같은 사회학 이론과 함께 재해석하는 방식으로 독특하게 쓰인 실험적 문화기술지라고 할 수 있다. 어떤 문화인류학자들은 이렇게 특정 장소에 들러 몇 시간 동안 관찰한 내용을 분석하는 피상적인 조사방법은 참여관찰에 포함하지 않을 수도 있다.(이용숙 외, 2012: 105) 그러나 참여관찰을 체계적으로 활용하려고 하는 다양한 학문 분과에서 오히려 참여보다 관찰에 주목하는 경우가 많으며(스프래들리, 2006; Denzin · Lincoln, 1994) 앞에 말한 '안산 다문화거리' 연구는 참여와 관찰의 무게에 따라 다른 시선들을 곱씹어 보기에 좋은 재료를 제공한다. 개입을 최소화하는 비참여관찰을 통해 '관광객의 시선'으로 안산 다문화거리를 탐구한다는 것은 어떤 의미가 있을까?

이 문화기술지는 단 이틀 동안 호기심을 따라 이동하는 관광객의 시선으로 안산 다문화거리를 산보하며 탐구하였다. 관광객의 시선은 '외부자의 관점'을 취하고 있어 지역 거주민의 그것과 달리 진기한 것에 대한 '얕고 분절된 표상'을 추구하며, 이는 보통 무계획적인 잡다한 인상적 사진 찍기로 나타난다. 관광객은 특정 지역의 사람들의 살아가는 방식을 진기할 정도로 유의미한 유형, 즉 특정 문화라 의심하는 '성찰적 태도'를 지닌다. 이는 자신들의 삶의 방식에 대해 의심을 유보하고 '자연적 태도'로 살아가는 지역민과 다른 것이다. 그런 점에서 관광객의 얕은 지식은 지역민이 당연시하는 배경적 지식을 낯설게 하는 데 제격이다. 이러한 연구 목적으로 우리는 보통의 관광객의 시선으로 산책하며 사진을 찍었지만, 동시에 학문적으로 훈련받은 사회학자로서 사회학 이론이라는 개념적 렌즈를 통해 문화기술지적 단상들을 만들어 냈다.(최종렬 · 최인영, 2012: 35)

참여관찰에서 연구자가 참여를 통해 내부자적 관점으로 문화를 이해하게 된다면, 인용문에서 지적하듯 연구자가 '전적인 관찰자'가 돼 참여를 최소화하고 관찰을 극대화할 경우에는 비록 얕고 분절된 '관광객의 시선'이라도 외부자의 관점으로 내부자의 눈에는 당연한 것들에 대한 의심과 낯설게 보기가 가능해진다는 것이다. 물론 이 사회학자들은 단순한 관광객과 다르다. 이들은 연구자의 위치에 대해 성찰하며 연구 목적을 가지고 그곳에 갔기 때문이다. 실제로 그들이 관찰만 하고 전혀 참여하지 않았다고 말하기는 어렵다. 안산 다문화거리에서 보고 듣고 냄새 맡고 먹으며 탐사한 그들이 탈영토화된 공공장소에 놓인 이주민과 한국인 사이 재영토화 전략과 실천을 분석할 때, 그들이 스스로 시인했듯 사실상 '상업 다문화주의를 시찰하면서 위계화된 인종 질서를 재생산하는 관광객의 시선을 **가장**한다는 점에서 적극적인 참여관찰'을 했다고 볼 수도 있다.(최종렬 · 최인영, 2012: 37)

이와 비슷하게, 겉으로 보기에는 순전히 '관찰'로만 된 듯한 상황이라도 실제로는 참여적 요소가 상당히 작용하는 경우가 있다. 예컨대 문화인류학자 한경구가 일본의 기업 문화에 대한 연구에서 노사 협상 과정 중 노사 양측의 대책 회의를 모두 관찰하면서 이를 순수한 관찰로 생각했으나, 연구 참여자들은 이 참관을 그 나름대로 의미 있는 중요한 참여 행위라고 받아들인 것을 깨달았다. 연구자는 노 측 회의에 자리한 대표들이 회의 말미에 연구자가 자신들의 회의를 다 지켜봤기 때문에 자신들은 감출 것이 없다고 하는 이야기를 들었다. 신뢰가 부족한 노사 갈

등 상황에서 연구자가 양측 회의를 모두 참관했다는 사실 자체가 양쪽에 모두 서로 속임수가 없다는 증거로서 중요한 의미를 띠는 것이다.(이용숙 외, 2012: 110~111) 이 밖에 사소하고 의미 없어 보이는 관찰 결과가 지속적인 참여관찰이나 심층면접 등을 통해 새롭게 해석되고 전체적인 맥락 속에서 그 의미가 밝혀지는 경우도 흔하다.(이용숙 외, 2012: 111)

반면에, '전적인 참여자'로서 연구하는 경우는 연구자가 연구 참여자 집단의 일원으로서 소속감을 갖거나 그렇게 받아들여지는 경우다. 소위 '토착적 현장연구' 또는 '원주민 되기'가 이 경우에 해당한다. 다시 말해, 자신의 일상적 경험이나 상황이 연구 대상이 되었거나 이미 연구자가 연구 참여자 집단의 구성원으로 참여하고 있는 경우다. 예를 들어, 종교 단체의 구성원으로 참여하면서 그 단체를 연구하거나 인권운동 단체 회원으로 참여하면서 인권운동을 연구하는 경우도 전적으로 참여하는 경우라고 할 수 있다. 이 경우에 연구자는 이미 내부자라서 연구 참여자처럼 연구 현장이나 문화를 당연시하거나 거리감을 두지 못할 수도 있기 때문에, '내부자의 시선'에서 당연시한 것들에 대해 성찰적인 거리감을 가지고 비판적인 문제 제기와 해석을 할 수 있도록 주의를 기울여야만 한다.

그러나 앞에서 지적했듯이 대부분의 참여관찰은 '전적인 관찰'과 '전적인 참여' 사이 어딘가에 자리한다. 어느 정도의 참여와 관찰이 이상적인가에 대해 정답은 없다. 연구 주제나 목적, 연구자의 이론적 · 정치적 태도, 현지 상황 등에 따라 참여의 비중이 클 수도 있고 관찰의 비중이 클 수도 있다. 같은 연구라도 연구 단계에 따라 참여와 관찰의 비중이 달라질 수도 있다. 연구자는 참여와 관찰의 비중에 따라 연구자의 시선이 달라질 수 있다는 데 주목해, 내부자적 관점과 외부자적 관점 사이에서 균형을 잃지 않도록 노력해야 한다.

이렇게 참여와 관찰의 비중을 적당히 저울질하고 내부자적 관점과 외부자적 관점 간 균형을 잃지 않는 것이 때로는 매우 어려운 일이다. 1980년대 후반부터 사당동 재개발 지역 연구를 시작해 20여 년 동안 그중 한 가족을 지속적으로 참여관찰한 사회학자 조은은 연구 과정에서 '개입'과 '객관적 관찰'의 경계가 항상 숙제였다고 한다.(조은, 2012: 79) 그는 연구자로서 자신이 가난한 사람들이 사는 현장에 있었지만, 1980년대 폭력적인 강제 철거의 위험천만한 상황이 종종 일어날 때 '정말 위험하고 필요한 순간에는' 자신이 그 현장에 부재했다고 시인한다.(조은, 2012: 64) 또한 그는 조교들이 연구 기간 동안 도시빈민운동 참여와 부동산 투기의 유혹을 견뎌 준 것에 고마움을 표시하기도 했다.(조은, 2012: 74~75) 이 연구 사례는 장기간 현지조사에서 참여와 관찰의 적당한 균형을 잡아 가야 하는 연구자의 어려움과 윤리적인 딜레마를 다양한 방식으로 성찰한다.

연구자가 한 명 이상인 경우, 다양한 연구자의 시선에 대해서도 성찰이 필요하다. 공동 연구원뿐 아니라 조교나 보조원이 참여관찰을 하는 경우, 연구자의 나이·젠더·계급·결혼 여부 등 다양한 정체성에 따라 현지에 적응하거나 연구 참여자들과 다른 관계를 형성할 수도 있다.(조은, 2012: 76~79) 앞에서 소개한 조은의 책은 오랜 연구 기간 동안 현장 일지에서 다르게 드러나는 연구 조교들의 성별과 계급 등에 따른 차이를 성찰하면서, 다양한 연구자들의 다중적인 목소리를 그대로 드러냈다.(조은, 2012) 단일하고 총체적인 연구자의 시선에 대한 포스트모더니즘의 도전과 함께 이런 복수 연구자의 시선에 대한 고려는 문화기술지가 더는 총체적 진리가 아닌 '부분적 진실'을 추구한다는 것을 의미하기도 한다.(Clifford, 1986)

참여관찰 방법

연구자가 '무엇을' '왜' 참여관찰할지는 연구 주제, 현지 상황, 접근 용이성과 연구 허락 가능성, 연구 참여자와 형성하는 라포르 등 다양한 문제와 관련된다. 여기서는 먼저 참여관찰의 효용성을 다른 자료 수집 방법과 비교해 알아보고, 참여관찰 대상 목록과 그것을 선정하는 기준을 제시할 것이다. 마지막으로, 참여관찰에 필요한 태도와 기술도 제시한다.

참여관찰의 효용성

참여관찰은 연구자의 시간과 노력이 많이 들지만, 심층면접을 비롯한 다른 자료 수집 방법으로 얻기 힘든 정보와 자료를 수집할 수 있다. 그렇다면 참여관찰의 효용성은 무엇일까?

첫째, 참여관찰은 무엇보다 현지의 문화적 맥락을 전반적으로 이해하는 데 매우 유용하다. 연구자는 특정한 연구 주제와 관심을 가지고 문화기술지 연구를 하지만, 다양한 연구 참여자들의 일상과 행위 및 관계와 사회적 상황 등을 참여관찰하면서 문화적 맥락을 전반적으로 이해하게 된다. 이렇게 광범한 맥락에 대한 통찰은 다시 특정 연구 주제나 연구 참여자가 그 맥락에서 어떤 위치를 차지하고 있는지 파악하게 도와, 연구 주제와 대상을 좀 더 깊이 이해할 수 있게 한다. 예를 들어, 한국 대학에서 공부하는 중국인 유학생들의 학업 성취와 학업에 관한 어려움을 연구한다고 가정해 보자. 연구 주제는 중국인 유학생들의 학업에 초점을 두지만, 연구자는 그들의 다양한 일상생활·여가 문화·교우 관계·아르바이트 경험 등을 참여관찰함으로써 외국인 유학생에게 그리 친절하지 않은 한국 대학을 비롯해 한국 문화의 전반적인 맥락을 이해할 수 있다. 물론 이렇게 문화적 맥락을 이해함으로써 중국인 유학생의 학업 문제를 좀 더 깊이 있게 이해하고 해석할 수 있을 것이다.

둘째, 참여관찰은 연구 참여자의 반응성을 줄이고 좀 더 자연스러운 상황에서 자료를 수집할 수 있는 방법이다. 연구자가 현지에 처음 들어가면 현지인들이 외부인이자 낯선 타자인 연구자에게 경계심을 갖고 평소와 달리 부자연스러운 태도나 행동을 보일 수 있다. 그러나 지속적인 참여관찰은 연구 참여자들의 이런 반응을 줄이기 때문에 더 자연스러운 상황에서 자료를 얻을 수 있게 된다.

셋째, 참여관찰은 어떤 제도나 조직이 실제로 어떻게 작동하는지를 밝히는 데 유용하다. 예컨대 남직원이 대다수고 여직원은 부서당 한 명 정도인 소비자 연구 회사에서 내부자였던 연구자가 여자 화장실을 참여관찰해 보니, 그곳은 소외된 여직원들이 각 부서에서 일어나는 일에 대한 정보를 교환하며 전체 부서가 어떻게 돌아가는지를 파악하는 중요한 의사소통의 공간임을 밝힐 수 있었다.(윤택림, 2004: 56~57)

넷째, 참여관찰을 통해 얻은 자료는 심층면접을 비롯해 다른 자료 조사 방법을 설계하는 데 쓸 수 있으며 다른 자료를 분석하는 데도 유용하다. 특히 문화기술지 연구 초기 단계에는 참여관찰로 전반적인 문화의 맥락과 상황을 이해하는 것이 누구를 만나 어떤 질문으로 심층면접을 할지 설계하는 데 매우 유용하다. 또한 다른 자료 수집 방법을 통해 얻은 자료를 분석하고 이해하는 맥락을 제공하기도 한다.(이용숙 외, 2012: 117)

앞에서 살펴본 대로 참여관찰은 다른 자료 수집 방법으로는 쉽게 얻을 수 없는 자료를 수집할 수 있게 하는 효용성을 가진다.

참여관찰의 대상 선정

인류학자 스프래들리는 연구자가 참여관찰을 수행할 수 있는 곳은 외진 부족 마을에서 뷔페식당, 버스에 이르기까지 아주 다양하지만 모든 참여관찰은 사회적 상황 속에서 이루어진다고 주장한다.(스프래들리, 2006: 49) 그에 따르면, 각 사회적 상황은 장소·행위자·활동 등 세 가지 요소로 규정된다. 쉽게 얘기하자면, 사회적 상황은 누가 어디서 무엇을 하는지에 따라 구성되며 연구자는 그 사회적 상황에 들어가 참여와 관찰을 한다고 할 수 있다. 사회적 상황은 단일하고 단순한 것부터 여러 사회적 상황이 연계되거나 얽혀 복잡한 경우까지 다양하다. 스프래들리는 학부생이나 입문자에게 단일하고 단순한 사회적 상황에서 참여관찰하기를 권하는데, 이를 통해 참여관찰 방법을 좀 더 쉽게 배울 수 있으며 나중에 좀 더 복잡한 사회적 상황을 연구할 능력을 키우는 연습이 된다는 것이다.(스프래들리, 2006: 58) 요즘 한국 대학생들 사이에 혼자 하는 활동이나 문화가 많이 늘어났는데, 대학 식당에서 '혼밥'(혼자 밥 먹기) 하는 학생들에게 초점을 맞춘다면 학부생도 쉽게 접근할 만큼 단순한 사회적 상황이라고 할 수 있을 것이다.

이 밖에 참여관찰 대상을 선정하는 기준으로 접근 용이성, 비노출성, 연구 허락 가능성, 활동의 빈도 등을 꼽을 수 있다.(스프래들리, 2006: 57~65) 지역 놀이터나 학교 식당은 쉽게 들어가서 자유롭게 활동에 참가하고 관찰할 수도 있지만, 기업의 중역 회의나 종합병원의 수술실 같은 곳은 연구자가 접근하는 것이 매우 제한적이거나 불가능할 수도 있다. 물론 연구자의 연구 관심과 주제에 따라 참여관찰 대상을 선정하지만, 일단 접근하기 쉬운 사회적 상황을 선택해야 성공적으로 연구할 수 있다.

둘째, 참여관찰은 연구자가 심하게 드러나는 상황보다는 노출이 심하지 않은 상황에서 진행할 때 이점이 있다. 예를 들어, 남성이 다수인 군대 조직을 여성 연구자가 참여관찰하기는 매우 어렵다.(윤택림, 2004: 58~59) 연구자가 눈에 띄게 드러난다고 해서 참여관찰을 못하는 것은 아니지만, 연구 초보자나 짧은 기간에 참여관찰 방법을 배우려는 연구자는 카페·음식점·버스·도서관 등 연구자가 드러날 가능성이 적은 곳을 선택하는 것이 유리하다.(스프래들리, 2006: 59~60)

셋째, 때로는 참여관찰을 하기 위해 허락을 구해야 한다. 특히 출입이 제한된 사회적 상황에서는 연구 수행 전에 연구 참여자의 허락을 받아야 한다. 예를 들어, 알코올중독 치료소·학교 교실·개인 사무실 등을 참여관찰하려면 그 기관 또는 조직의 책임자와 연구 참여자들에게 허락을 받아야 한다. 그러나 해변이나 거리, 도서관 등 출입이 자유로운 사회적 상황과 공공장소와 같은 곳에서 단순히 익명의 참여자들이 무엇을 하는지 관찰하는 정도라면 허락 없이 연구할 수도 있다.(스프래들리, 2006: 61) 반면에, 범죄에 연루된 조직이나 갱단 등 출입이 규제되는 상황에서는 연구 허락을 받아 내기가 매우 어렵다. 오랜 시간 동안 구성원들의 신뢰를 쌓아 연구 허락을 받아 내는 경우도 없지 않지만, 그렇게 시간과 노력을 들일 만큼 필요한 연구인지를 고려해 연구 허락이 가능한 곳을 선택하는 편이 효율적이다.

마지막으로, 참여관찰의 대상으로는 반복적이거나 빈번하게 발생하는 사회적 상황을 선정하는 것이 좋다. 사람들은 빈번하고 반복적인 사회적 상황이나 활동에 익숙하고 그것을 당연하게 여기는 경향이 있는데, 이런 활동 속에서 연구자는 그 문화의 전제나 규범 등을 찾아낼 수 있다.(윤택림, 2004: 58)

이제 참여관찰의 대상 또는 내용 중에서 특히 주목해야 할 것들을 제시하려고 한다. 참여관찰을 처음 하는 초보 연구자는 다양한 사회적 상황에서 무엇을 중심으로 시작해야 할지 막막하거나 혼란스러울 수 있다. 사실상 참여관찰의 상황은 너무나 다양해서 일률적 방법을 지침으로 제시하기가 쉽지 않다. 그래서 연구 주제나 현지 상황에 따라 달라진다는 전제하에 참여관찰에서 특히 주목해야 할 것에 관해 참고가 될 만한 사항을 제시하려고 한다.

첫째, 중요한 의례와 사건에 주목해야 한다. 문화기술지 방법을 발전시킨 인류학자들은 일찍부터 연구 대상 사회의 중요한 의례에 대한 참여관찰을 했다. 다양한 종교 의례나 공동체 의례, 성인식과 결혼식 같은 통과의례 등은 그 사회의 문화적 가치와 규칙 등을 파악하기에 좋은 재료가 될 수 있다. 특정 의례의 물리적인 특성, 인적 특성, 절차와 과정, 목적과 상징, 평가 등은 참여관찰의 주요 대상이 될 수 있다. 이와 비슷하게 현장에서 일어나는 크고 작은 사건들 역시 참여관찰의 대상이 될 수 있다.(이용숙 외, 2012: 135~136)

둘째, 구성원들의 특징과 관계에 주목할 필요가 있다. 개별 구성원들의 특성과 그들이 속한 집단, 그 집단 내 특정한 위치나 지위, 그들이 다른 구성원과 맺는 사회적 관계 등에 주목함으로써 그 사회가 어떻게 작동하는지를 알 수 있다. 특히 구성원 간의 언어적 상호작용과 태도를 비롯한 비언어적 상호작용의 양상에 주목해 보면, 사람들의 권력관계나 친소 관계 등을 파악하는 데 많은 도움이 될 수 있다.(이용숙 외, 2012: 137~138)

셋째, 공간구성과 물건 배치를 세밀히 살펴야 한다.(이용숙 외, 2012: 138~139) 사람은 공간 속에서 존재하고 움직인다. 장소와 공간의 물리적 특성은 사회적, 문화적 측면에 큰 영향을 미친다. 물리적 공간구성이 사람들의 사회적 관계에도 큰 영향을 미친다. 예를 들어, 대학 강의실에서 전면 중앙의 교단과 학생 좌석의 일률적인 배치가 교수와 학생의 관계를 위계적으로 고정할 수 있다. 하지만 토론 수업에서 학생들과 교수가 평등하게 앉을 수 있도록 물리적 공간을 바꾸면, 교수와 학생 또는 학생과 학생 간 눈맞춤이나 토론의 역동성이 달라지는 것을 쉽게 경험할 수 있다.

넷째, 참여관찰을 할 때 연구자는 '시간성'에 다양한 방식으로 주목할 필요가 있다. 어디서뿐 아니라 언제 참여관찰을 할지는 무엇을 보는가와 직결된다. 단순한 사회적 상황에서 시간의 흐름에 따라 누가, 무엇을 하는가부터 살펴볼 수 있다. 예를 들면, 수업을 관찰하는 교육학자들은 시간별 활동과 활동의 주체 등을 꼼꼼히 관찰하고 기록을 남긴다. 또한 도시의 다양한 공간을 연구한 사회학자 김찬호는 지하철의 문화적 풍경을 연구하면서 첫차에서부터 출근 시간, 늦은 오전, 오후, 퇴근 시간 열차와 막차에 이르기까지 시간에 따라 지하철에서 다수를 차지하는 연령대가 달라지는 것을 분석했다.(김찬호, 2007: 16~18) 이렇게 단순한 사회적 상황에서 비교적 짧은 시간의 흐름에 주목할 수 있고, 긴 시간의 순환에 주목할 수도 있다. 예를 들어, 대형 도심 불교 사찰에 대한 현장연구를 한다면 월 또는 1년 단위로 일어나는 종교 의례나 반복적인 행사에 주목하는 것이다. 이렇게 시간성은 참여관찰의 주요 대상 중 하나다.

다섯째, 참여관찰을 할 때 시각뿐 아니라 후각·청각·촉각·인지 등 다감각적 체험에 주목할 필요가 있다. 연구자나 연구 참여자들의 다감각적인 면을 참여관찰의 대상으로 삼는다면, 시각 중심의 자료를 벗어나 더욱 풍부한 자료를 확보할 수 있다.(Emerson 외, 1995; Stoller, 1995) 예를 들어, 지하철에 대한 참여관찰에서 안내 방송이나 소음 등 청각적인 것과 야간의 술 냄새같이 후각적인 요소도 의미 있는 자료가 될 수 있다.

참여관찰의 태도와 역량

참여관찰을 하는 동안 연구자는 어떤 태도를 취해야 할까? 참여관찰을 할 때 연구자는 무엇보다 문화적으로 적합한 방식의 일상적인 예의를 지키면서 연구 참여자들과 신뢰 관계를 쌓아야 한다. 자료 수집에 너무 집착해 연구 참여자들을 불편하게 만들지 말고, 자연스럽고 편안하게 상호작용을 할 수 있도록 노력해야 한다.(이용숙 외, 2012: 123~125)

둘째, 연구자는 연구 주제와 참여관찰의 분명한 목적의식을 잃지 않도록 노력해야 한다.(이용숙 외, 2012: 125~126; 윤택림, 2004: 60~61) 때로 연구 참여자의 일상을 따라 참여관찰을 하다 보면 연구자가 통제할 수 없는 상황에 처하거나 목적의식을 잃고 막연히 시간을 보내며 방황하게 되기도 한다. 물론 현지 상황에 따라 연구 주제나 초점이 변할 수도 있지만, 연구 계획 단계의 문제의식을 유동적인 연구 상황에서 때때로 점검하면서 연구의 방향과 흐름을 잃지 않도록 노력하는 태도가 꼭 필요하다.

셋째, 연구자는 참여관찰을 할 때 연구 주제나 연구 참여자에 대한 자신의 편견을 일단 접어 두고 대상을 있는 그대로 보려고 노력해야 한다.(윤택림, 2004: 63) 특히 자문화를 연구하는 경우 자신에게 익숙한 상황을 어느 정도 거리를 두고 낯설게 보는 훈련이 필요하다.

참여관찰을 원활히 수행하는 데 도움이 되는 연구자의 역량으로는 연구 대상 사회의 언어 습득, 기억력과 주의력, 상황 판단력과 대처 능력 등이 있다.(이용숙 외, 2012; 윤택림, 2004) 타 문화를 연구하기 위해 참여관찰에서 가장 기본이 되는 역량은 그 사회의 언어를 습득하고 구사하는 능력이다. 이것은 단시간에 갖출 수 없기 때문에, 타 문화를 연구하려고 할 때는 미리 언어를 배우고 익혀 둬야 한다. 자문화를 연구하는 경우에도 집단과 맥락에 따라 같은 언어가 다른 의미로 쓰일 수 있기 때문에, 하위 집단에서 쓰는 어휘와 표현 등을 이해할 수 있어야 한다.

또한 평소에 기억력과 주의력을 향상하기 위해 노력하는 것이 참여관찰에 도움이 된다. 참여관찰을 할 때 사회적 상황에서 일어나는 언어, 행위, 배경 상황 등 다양한 것을 모두 기억하기는 어렵다. 그러나 연구 주제에 관한 주요 사항을 중심으로 기억하려고 노력하거나 간단한 메모를 남기며 기억력을 향상할 수 있다.(이용숙 외, 2012: 131~132; 윤택림, 2004: 61)

마지막으로, 참여관찰은 유동적이고 상황성이 높기 때문에 예기치 못한 상황이 벌어질 수 있다. 연구자가 상황을 판단하고 대처하는 능력은 특정 상황에서 원활하게 참여관찰을 진행하는 데 필요한 역량이다.(이용숙 외, 2012: 132~133)

참여관찰의 기록

참여관찰을 통해 얻은 자료는 상대적으로 유동적이며 임의적일 수 있기 때문에 관찰 기록이 매우 중요하다. 따라서 참여관찰을 할 때는 메모장이나 노트, 녹음기, 사진기 등을 가지고 다닐 필요가 있다. 참여관찰을 포함한 현장연구를 기록하는 방식을 학자들마다 조금씩 다르게 분류하지만, 여기서는 현장 노트 · 현장 일지 · 기타 기록 방식으로 나눠 간략히 살펴보려고 한다.

먼저 현장 노트는 연구 현장에서 바로 작성한 것과 나중에 보완된 형태를 포괄한다. 현장 노트는 핵심 단어나 요점 중심으로 메모만 하거나, 서술적으로 기록하거나, 특별한 양식을 따로 만들어 기록할 수 있다. 이렇게 다양한 기록 방식 중 연구자의 특성, 현장 기록에 대한 인식, 조사 내용, 현장 상황 등에 따라 적절히 선택할 수 있다.(이용숙 외, 2012: 184) 기록이 연구에 방해가 되는 상황에서는 무리하게 기록하기보다 자연스럽게 현장에 어울리는 것이 좋고, 이런 경우 중요한 상황을 기억하려고 노력했다가 형편이 될 때 핵심 단어만이라도 메모하고 그날 중이나 다음 날까지 가능한 한 빨리 기록을 보완하는 것이 바람직하다. 참여관찰 내용은 연구 주제와 관련해 중요한 내용을 중심으로 작성한다. 되도록 들은 것을 '말한 그대로 가능한 한 상세하게' 쓰는 것이 중요하며 연구 참여자의 언어적인 표현뿐 아니라, 표정·말투나 톤·뉘앙스 등을 기록한다.(이용숙 외, 2012: 187) 이 밖에 배경에서 벌어지는 일이나 상황에 대해서도 기록하면 좋다.

현장 노트의 작성은 현장에서 기록한 내용을 보완하고 재구성하는 지속적인 과정을 포함한다. 처음 기록한 내용을 기반으로 관련 내용을 추가하거나 연결하고, 주제별로 묶거나 해석까지 곁들여 볼 수 있다. 기록이 불충분하거나 맥락화가 필요한 경우, 서로 일치하지 않는 자료에 대한 확인이 필요할 때 그리고 미래의 분석을 위해 새롭게 생각나는 내용이 있거나 추후 연구 작업이 필요한 사항이 있을 때는 꼭 현장 노트에도 관련 부분에 대한 사항을 보완하는 것이 바람직하다.(이용숙 외, 2012: 188~190)

다음에 제시한 기록 사례는 현장연구의 주요 내용을 중심으로 작성한 현장 노트와 그것을 나중에 보완한 것이다. 인류학자 이수정이 '한국 이주자 커뮤니티의 초국적 공간과 문화적 지형' 연구 중에 작성한 현장 노트의 일부다. 표의 왼쪽은 현장에서 보고 들은 내용 중심으로 작성되었고, 오른쪽은 나중에 첨가한 주요 사항·참여관찰의 배경·기억해야 할 내용·해석 등이다.

분류 번호: trans20110424

일시: 2011년 4월 24일(일) 4~8시

장소: 안산 고향마을(사할린 '귀환자'들을 위한 임대 아파트 단지)

주요 정보 제공자: ○○○, ○○○, ○○○

현장연구 내용 (현장에서 수첩에 적은 내용을 거의 그대로 옮긴 것)	주요 사항 (추후에 기록한 것)
– 어제 오늘, 할머니들과 전화 연락 되지 않음. 외부 행사가 있거나 할머니 방에 가서 놀고 계신 듯. 아침에 몇 번 연락을 취해 보다 일단 마을로 출발. – 오후 4시경 아파트 단지 도착. 주차장에 차 대자 경비 아저씨 다가와 방문 이유 물음. 설명. "부활절이라 다들 교회 가고 아침저녁으로 교회 가고 노인정에 아무도 없다." 본인은 사할린 교포 아니라고 함. – 서너 명씩 짝지은 할머니, 할아버지 어디론가 가는 모습. 교회로? – 할머니들 여전히 전화 ×. 아파트 전경 촬영. 8개 동과 중앙의 마을 회관 두 채. 한 켠의 상가. 이토록 차가 없는 아파트는 처음. 몇 개 동을 제외하고는 주차장 입구를 바리케이드로 막아 둠. 사진 찍고 주민 회관으로, 의외로 많은 사람들이 노인회 사무실에 있음.(경비 아저씨가 모른 듯?) 회관 사람들 확인하고 동네 빵집 들러서 롤 케이크 2개 사서 다시 회관으로. 아까보다 인원이 많이 줄었음. 노인회 사무실 앞에서 마주친 남성 노인 두 명이 방문 이유를 물음. "고향마을에 대해 알고 싶어서……." 하자 회장실로 안내.	○○○ 4월 27일 5시 연구진과 미팅 확정. 마을 측 회장단+trans 연구팀. 회관에서 간담회 후 Cmak(러시아식 음식점)으로 옮겨 저녁 식사 예정. 내일 중 시청 파견 직원 동석 여부 논의 후 알리기. – 지난 인터뷰 이후 근 한 달 만의 방문. 다음 주 연구진 방문 주선이 주목적. 인터뷰 약속이 없어서 오히려 여유롭게 마을과 주변 지형 등을 살핌. – 환경 관찰+○○○노인회장과 짧은 인터뷰 및 수요일 미팅 일정 확정+○○○ 할머니 댁 방문+○○○, ○○○ 할머니와 저녁 식사 후 귀가. – 가장 흥미로운 점은 역시 텅 빈 주차장과 고향마을이 이주민 마을임을 나타내는 상징(외국어 등)을 단 가게 등이 별로 없다는 것. 마을 주민들의 생활·소비수준과 연령을 나타냄. – 이러한 주변 물리적 환경은 글로벌·초국적 이주민으로서 고향마을 주민들과 초국적 공간으로서 집 안 환경과 대조적.(러시아산 식료품은 어디에서 왔는지, 각국 방송을 보는 시간 비율 등 체크 요.) – 다른 지역에 정착한 사할린 '귀환 동포'와의 네트워크 및 마을 주민들의 국제적 네트워크(사할린+기타) 주목하기.

* 출처: 이영숙 외, 2012, 《인류학 민속지 연구 어떻게 할 것인가》, 일조각, 190~191쪽.

앞의 예가 보여 주듯 현장에서 기록된 현장 노트와 그 뒤 보완된 현장 노트는 기억에서 사라질 수 있는 현장의 상황·언어·행동·느낌 등과 함께 해석의 시도·추후 작업이 필요한 부분까지 기록되어, 나중 연구 과정에 도움이 되고 해석 과정을 거쳐 문화기술지를 쓰는 데 매우 유용한 자료가 된다.

마치 일기처럼 작성하는 현장 일지 또는 현장연구 일기도 중요하다. 현장 일지는 사실 중심으로 기록할 수도 있고, 일기를 쓰듯 그날 있었던 중요한 몇 가지 상황을 중심으로 생각과 느낌을 기록하기도 한다.(이용숙 외 2012: 199) 현장 일지는 연구자가 현장에서 어떻게 받아들여지는지, 현장 상황의 전체적인 맥락 등을 파악하는 데 도움이 될 수 있다. 다음 쪽에는 1980년대 중반 사회학자 조은의 사당동 철거 지역 연구에서 조교가 작성한 현장 일지(조은, 2012: 49~50)가 있다. 당시 철거 재개발이 사회적 쟁점이 되고 대학 운동권의 관심사 중 하나였던 맥락 속에서, 학생이던 연구 조교들이 현장에서 어떻게 주목받고 받아들여지는지 등을 이 현장 일지로 알 수 있다. 조은(2012)은 이 현장 일지의 일부를 단행본으로 출간한 문화기술지에 다양하게 활용하고 있다.

마지막으로, 사진이나 동영상 촬영·지도나 그림 그리기 등을 활용해 참여관찰 내용을 기록하는 것도 유용하다. 특히 물리적인 장소와 물건 배치 등은 간단한 지도나 그림 그리기 등을 활용할 수 있다.

연구 현장에서 참여관찰한 것을 기록하는 방식인 현장 노트, 현장 일지, 기타 기록 등에 대해 살펴보았다. 그러나 연구자에 따라 현장 노트와 현장 일지를 통합해 현장 저널 하나로 쓰기도 하고, 현장 노트를 보완해 현장 일지를 작성하기도 있다. 따라서 기록은 연구 주제와 현지 상황, 연구자의 특성에 맞게 적절한 방식을 선택하는 것이 바람직하다.

현장 일지 기록 사례

당시 통장은 나성시장 내 '원흥'이라는 술집을 하고 있었는데, 통장님을 찾자 금테 안경을 쓴 아저씨가 자기가 통장이라고 했다. 가게 안에는 텔레비전과 라디오(야구 중계)를 동시에 틀어 놓아 말소리가 잘 전달이 안 될 정도였다. '16통 3반에 얼마 전에 이사 온 학생인데, 논문 작성을 위한 조사와 자료 수집을 위해서 이사를 왔다'고 인사드리고 사전에 지도 교수님과 같이 동장님과 파출소 장님에게 인사를 드렸다고 하자, '전입신고를 했느냐' 묻더니 동장보다는 자기에게 와서 전입신고를 해야 하며 그 부분은 자기 권한이지 동장 권한은 아니라고 하며 전입신고를 해야 이곳 주민이 되며 그래야만 협조를 할 수 있다고 몹시 언짢은 듯한 표정을 지었다. 그러고는 아주머니만 남기고 나가 버렸다. 나중에 알게 된 사실인데, 이 집은 아주머니가 반半통장이라고들 했다. 아주머니는 먼저 내 이름과 주소, 가족, 전화번호, 지도 교수님 등을 일일이 수첩에 적고 (마치 경찰관처럼) 몹시 비협조적인 말투로 사당3동에도 서울대 대학원생이 전입 신고까지 하고 살다가 세입자를 선동해서 학생들에게는 방도 계약하지 말라는 지시가 내려왔으며 주민들의 생활이 어렵기 때문에 창피해서 얘기를 해 주겠는가, '동 직원이나 경찰을 동반하고 조사를 해야지 그러지 않으면 대답이 나오지 않는다' 하며 특히 이 부분을 강조했다. 이 마을의 형성 초기의 상황에 대하여 묻자 자기가 20년 동안 여기서 살았는데 처음에는 마을 입구까지 물이 들어와서 배를 타고 다녔는데 그 이후 전기·수도·주택 개량 등으로 국가가 발전하니까 많이 좋아졌다며 도식적이며 틀에 짠 듯한 말투로 대답을 일관하다가 점점 시간이 지나자, 자기도 서울대·고대 다니는 아들이 있는데 자식들과 마찰이 있고 '(자식들이) 집에 들어오기까지는 데모 때문에 걱정을 한다'고도 했다. 인간으로 태어나서 자신의 줏대로 밀고 나가며 사는 것이 한편으로는 옳지만, 나이를 많이 먹고 오랜 경험을 쌓다 보니 안정되고 무난하게 사는 게 옳은 것 같다 등등 모순적인 말을 하면서 나중에는 다소 호의적으로 나왔다. 끝으로, 전입신고를 꼭 하라는 당부. 라포르 형성을 위해 하는 수 없이 통장님이 들어오시거든 아까 '죄송했다'고 잘 몰라서 실수를 했으니 앞으로 잘 부탁드리겠다는 말씀을 전해 달라고 거듭 부탁을 하고 가게를 나왔다.

－ 홍경선, 1986. 7. 17.

- '개입'과 '객관적 관찰'의 경계

  연구 과정에서 '개입'과 '객관적 관찰'의 경계가 어디까지인지도 늘 숙제
  다. 실제로 25년이나 이 가족을 따라다니면서 나는 연구자라는 입장에서
  그들과의 거리 조정을 늘 염두에 두어야 했고 너무 멀지도 너무 가깝지도
  않은 '거리 지키기'가 쉽지 않은 과제로 남아 있다. 이는 가장 큰 방법론적
  숙제이기도 하다. 처음에는 빈곤의 세대 재생산의 문제를 객관적으로 관찰
  만 하고 기록하는 '매우 충실한 연구자의 입장'을 견지하겠다는 '가치중립
  적' 객관성이라는 틀에 갇혀 있었다. 오랫동안 이 가족을 따라다녔지만 이
  들의 삶을 획기적으로 변화시킬 수 있는 어떤 일도 하지 않았다(물론 할 수
  있는 일이 많지 않았지만). 대학교수의 위치를 활용해 이 가족에게 일자리를 소
  개하거나 아주 어려울 때 경제적 지원 같은 것도 좀 할 수 있지 않았느냐는
  힐책 같은 질문을 자주 받고는 했는데 '산타클로스가 가난한 사람 누구에
  게나 나타나는 것은 아니므로'라는 말로 그들의 질문을 피했다.(조은, 2012,
  《사당동 더하기 25: 가난에 대한 스물다섯 해의 기록》, 또하나의문화, 79쪽.)

- 지하철의 풍경과 시간

  지하철의 풍경은 시시각각 바뀌면서 도시인의 일상을 진열한다. 첫차를 타
  보자. 부지런히 새벽일을 나서는 아주머니들, 등산복 차림의 노인들의 정
  정한 낮을 만날 수 있다. 아직 빈자리가 많은 차내에는 억척스럽게 하루를
  시작하는 사람들의 기운으로 가득하다. 7시에서 9시 사이. 직장인과 대학
  생 들의 시간이다. 발걸음이 매우 분주하다. 특히 환승역에서 질주하듯 계

단을 오르내리는 승객들은 '다이나믹 코리아'를 확실하게 입증한다. 그러나 발걸음은 재빠르지만 열차와 역은 조용한 편이다. 출근길 승객들은 거의 다 혼자서 이동하기 때문에 대화 상대가 없다. (······) 오전 10시 무렵. 승객들은 현저히 줄어든다. 삼삼오오 나들이하는 주부들이 여기저기에서 이야기 마당을 열고 있다. 자녀를 어느 정도 키워 놓은 50대 이상의 여성들이 많이 눈에 띈다. 그런가 하면 경로석에서는 무작정 집을 나선 할아버지들이 아득한 하루를 시작하고 있다. 냉난방이 잘되는 지하철은 한겨울과 한여름 시간 때우기에 안성맞춤이다. (······) 저녁 퇴근 시간이 되면서 전철은 다시 만원이 되고 시끌벅적해진다. 출근 시간 때와 달리 동행자가 많기 때문이다. 그래서 신문을 별로 보지 않는다. 밤이 깊어갈수록 열차는 더욱 소란해진다. 11시쯤 지하철을 타 보면, 20대 청춘 남녀들로 가득하다. 이렇게 늦은 시간까지 북적거리는 도시는 다른 나라에 흔치 않고, 그 시공간을 젊은이들이 독점하다시피 하는 것도 특이하다. 그런데 12시가 넘어 심야에 이르면 지하철의 분위기는 또 달라진다. 몸을 가누지 못하는 취객들, 의자에 벌러덩 누워버린 노숙인들이 눈에 띈다.(김찬호, 2007,《문화의 발견: KTX에서 찜질방까지》, 문학과지성사, 16~18쪽)

1. 연구자가 연구 참여자의 삶을 참여관찰하면서 어느 정도 개입하고 어느 정도 거리를 가질 것인지가 왜 중요하고 어려운 문제인지 논의해 보자.

2. 지하철에 대한 참여관찰을 해 보고, 시간에 따른 지하철 풍경에 주목한 김찬호의 글과 비교·토론해 보자.

읽을거리

- 김찬호, 2007,《문화의 발견: KTX에서 찜질방까지》, 문학과지성사.
- 조은, 2012,《사당동 더하기 25: 가난에 대한 스물다섯 해의 기록》, 또하나의문화.
- 최종렬·최인영, 2012, 〈탈영토화된 공공장소에서 에스니시티 전시하기〉,《한국사회학》46(4), 1~44쪽.

참고 문헌

- 김찬호, 2007,《문화의 발견: KTX에서 찜질방까지》, 문학과지성사.
- 스프래들리, 제임스, 2006,《참여관찰법》, 신재영 옮김, 시그마프레스; Spradley, James P., 1980, *Participant Observation*, Belmont: Wadsworth.
- 윤택림, 2004,《문화와 역사 연구를 위한 질적 연구방법론》, 아르케.
- 이용숙·이수정·정진웅·한경구·황익주, 2012,《인류학 민족지 연구 어떻게 할 것인가》, 일조각.
- 조은, 2012,《사당동 더하기 25: 가난에 대한 스물다섯 해의 기록》, 또하나의문화.
- 최종렬·최인영, 2012, 〈탈영토화된 공공장소에서 에스니시티 전시하기〉,《한국사회학》46(4), 1~44쪽.
- Clifford, James, 1986, "Introduction: Partial Truths" in *Writing Culture: The Poetics of Ethnography*, Berkeley: University of California Press, pp. 1~26.
- Clifford, James·George Marcus(eds.), 1986, *Writing Culture: The Poetics of Ethnography*, Berkeley: University of California Press.
- Denzin, Norman K.·Yvonna S. Lincoln, 1994, *Handbook of Qualitative Research*, Thousand Oaks, CA: Sage.
- Emerson, Rovert M.·Rachel Fretz·Linda Shaw, 1995, *Writing Ethnographic Fieldnotes*, Chicago: The University of Chicago Press.
- Stoller, Paul, 1995, *Embodying Colonial Memories: Spirit Possession, Power, and the Hauka in West Africa*, New York: Routledge.

구술사의 이해와 연구 방법

신경아

· 학습 내용

구술사는 과거의 기억을 말로 풀어 내는 방법으로 자료를 얻는 연구 방법이다. 구술 행위를 두고 흔히 '연행演行된다'고 표현하는데, 이는 구술자들이 회고 과정에서 새롭게 채택한 것을 삽입하고 어떤 것들은 삭제한다는 뜻이다. 구술 행위는 면접자의 지식과 구술자의 기억이 말을 매개로 만나 이루어지는 연행이다. 구술사는 문자로 작성되는 공식 역사의 기록에서 배제되거나, 침묵을 강요당한 사람들의 이야기를 드러내는 작업에 자주 사용된다. 이것은 거시적인 사회구조나 인간의 의식과 무의식 같은 미시적인 차원 모두에 관련되어 있다. 또 구술사의 자료인 집합 기억에는 서로 성격이 다른 복수의 목소리가 내포되어 있기도 하다. 따라서 우리는 구술사에서 절대적 사실로서 역사가 아니라 과거의 재현으로서 기억, 기억의 다양한 형태와 기능, 상호 권력관계에 초점을 맞춰야 한다. 한국에서 구술사는 1990년대 초 민주화 운동 과정에서, 과거 권위주의 정권이 은폐한 역사적 사실과 진실을 규명하기 위해 본격적으로 진행되었다. 그 결과로 제주 4·3사건, 광주민주화운동, 일본군 위안부 문제 등이 조명되고 새로운 역사적 의미를 얻게 되었다.

연구 방법으로서 구술사는 구술성, 주관성, 서사성, 공동 연구라는 특징이 있다. 구술은 언어와 비언어적인 발화 행위로 이루어지며 주관적일수록 구술자의 의식과 감정, 행동의 동기가 분명하게 드러나기 때문에 더 큰 가치가 있다. 또 구술은 시간과 구조가 있는 이야기이며 구술자와 연구자 간 상호작용의 산물이다. 구술사의 이런 특징을 정확히 이해하는 것이 자료 수집에서 매우 중요하다. 이런 특징이 구술사 면접만의 방법론적 원칙을 요구하기 때문이다. 구술사 면접의 방법론적 원칙을 제대로 따르지 않을 경우 역사적 사실을 규명하고 구술자의 주관적 의미를 풍부히 드러낼 수 있는 자료를 얻기 어렵다. 따라서 구술사 면접을 수행하기 전에 먼저 구술사 연구방법론을 깊이 이해하기 위해 노력해야 한다. 구술자 선정은 이론적 대표성의 원리에 따른다. 즉 구술자는 연구 문제와 관련해 충분한 경험과 지식이 있고 사회적 조건이 적절한 사람이어야 한다. 구술자는 면접을 수행하기 전에 적절한 자격 조건을 명시해서 찾기도 하고, 면접을 진행하는 과정에 찾아 나서기도 한다. 무엇보다 중요한 것은 구술자와 연구자의 관계로, 일정한 수준의 신뢰와 친밀감이 있어야 한다.

면접 질문지는 빠진 항목이 없도록 구조적이면서도 세밀하게 구성한다. 대개 질문 순서는 과거에서 현재로, 거시적인 것에서 미시적인 것으로 한다. 면접 내용이 어떻든 실제 구술사 면접에서는 질문이 연구자의 머릿속에 들어 있어야 한다. 면접을 시작하기 전에 구술자의 가족 사항, 직업, 거주지 등을 구술 개인 기록부에 담아 기본적인 인적 사항을 확인한다. 구술 면접에서 구술자가 자신의 기억을 떠올리고 스스로 해석해 갈 수 있도록 시간과 여백을 주는 것은 놓치지 말아야 한다. 구술자가 개인적이며 주관적인 기억을 불러 내는 작업을 할 때 회고적 성찰성을 심화하기 위해 연구자의 불필요한 개입을 줄여야 한다는 것이다. 따라서 일반적인 면접과 달리 구술사 면접에서는 연구자가 면접 끝부분에 세부적인 질문을 할 수 있다. 면접 중 특이 사항이 있으면 기록해 두었다가 구술 개인 기록부에 포함하고, 면접이 끝나면 녹취록을 작성한다.

구술사란 무엇인가

구술사의 정의

구술사는 과거의 기억을 말로 회상한 것을 주된 자료로 삼는 연구 방법이다.(한국구술사연구회, 2005: 18) 구술 사료는 역사적으로 중요한 기억이나 개인적 회고 등을 면접을 통해 수집한 결과물이며 구비 전승(구전), 구술 증언, 구술 생애사가 이에 속한다. 구전은 여러 세대에 걸쳐 입에서 입으로 전하는 이야기이고, 구술 증언은 과거의 특정 사건이나 경험을 회고해 기술한 것이며, 구술 생애사는 개인이 태어나 살아온 경험을 현재로 불러 내어 서술하는 것으로 생애 전반에 대한 이야기다.

구술은 과거의 기억을 불러오는 작업이지만 단순한 암송이 아니다. 아프리카의 구전 연구를 수행한 반시나는 구술 행위를 두고 '연행된다'고 표현했는데, 이는 구술자들이 회고 과정에서 개인적인 창의성을 발휘해 새롭게 채택한 것을 삽입하고 어떤 것들은 삭제한다는 뜻이다.(반시나, 2010: 69) 그러므로 구술사는 개인의 생애사적 기억에 대한 의도된 구술 연행이라고 할 수 있다.(김귀옥, 2014: 11) 구술 행위는 구술사가 또는 구술 면접자가 기획과 목적에 따라 하는 연행이며 면접자의 지식과 구술자의 기억이 말을 매개로 만나는 과정이다. 따라서 구술사는 현재와 과거의 대화이자 구술자와 구술사가(면접자)의 상호작용의 결과물이라고 할 수 있다.

구술사의 목적

구술사는 기억을 토대로 한다. 개인이 과거의 기억을 환기하고 기록하려는 노력의 산물이다. "왜 굳이 과거의 기억을 불러오는가?" 하고 물을 수 있다. 이에 대한 답은 문자로 쓰이는 공식 역사에서 배제되거나 침묵을 강요당한 사람들의 이야기를 드러내기 위해서 필요하다는 것이다. 대표적인 예로, 일본군 위안부 역사를 규명하기 위한 구술사 수집 작업이 있다. 일본 제국주의 군대에 강제로 동원된 조선인 위안부들은 당시 식민지 통치 권력의 은폐로 그 존재조차 부인되었다. 그러나 1990년대부터 한국정신대문제대책협의회를 비롯해 한국의 학자들이 위안부로 끌려갔던 여성들을 찾고 그들의 구술사를 수집해 일본군 위안부의 존재가 세상에 알려지게 되었다. 아직도 일본 정부는 강제 동원된 위안부의 존재를 인정하지 않고 있지만, 구술 자료는 아픈 역사적 기억을 생생히 드러낸다. 이렇게 문헌 기록을 남길 수 없는 사람들의 이야기를 재현하고, 공식적인 역사와 비공식적인 역사 사이의 긴장 속에서 평범한 사람들의 세계를 복원하는 작업이 구술사 연구의 목적이라고 할 수 있다.(윤택림, 2004; 2009) 같은 맥락에서 바슈텔은 구술사의 목적 가운데 하나가 '아래로부터의 대항 역사'를 쓰는 것이며, 소수민족·여성·노동자 같은 피지배 집단과 피해자의 역사 해석을 재구성하는 작업이라고 보았다.(바슈텔, 2010) 사회적으로 소수자이거나 주변적 위치에 있는 사람들, 역사적 사건에서 피해자의 위치에 있던 사람들이 자신의 경험을 근거로 역사에 부여하는 의미를 사회 탐구의 자료로 만들어 가려는 것이다. 이런 의미에서 구술사는 '기억의 정치학'이라고 불리며 역사의 민주화를 실현하는 도구로 이해되고 있다.

구술사와 기억

기억은 표현되지 못했거나 의도적으로 표현하지 않은 과거에 관한 것이다. 기억은 또한 거시적인 사회구조나 인간의 의식과 무의식 같은 미시적인 차원에 모두 관련되어 있다.(김귀옥, 2014: 27~28) 기억 속 경험에는 개인이 속한 사회의 구조, 관계, 규범, 의식이 녹아 있다. 기억에는 사회적으로 환원할 수 없는 개인의 욕망이나 감정, 심리도 포함된다. 기억에는 거시사와 당대사, 사건사가 작동하는 동시에 생활 세계와 보편 심성이나 개인 심성이 복합적으로 작동한다. 그러므로 구술사 연구에서는 역사학과 사회학·문화학 등은 물론이고, 심리학과 정신분석학까지 포함한 통섭적 노력을 병행해야 한다.

기억은 또한 다성적이다. 문헌 자료에 포함된 역사적 기억이 역사가들의 단선적인 한 목소리의 서술이라면, 구술사의 자료인 집합 기억은 복수적이며 여러 목소리를 내포한다.(바슈텔, 2010) 따라서 우리는 구술사에서 절대적 사실로서 역사가 아니라, 과거의 재현으로서 기억과 기억의 다양한 형태와 기능 및 상호 권력관계에 초점을 맞춰야 한다. '과거로부터 무엇이 기억되고 무엇이 잊히는가'는 현재의 권력관계에 따라 결정되기 때문이다. 사람들의 기억을 통제하려는 노력은 역사적으로 늘 지속되었고, 잊힌 집단의 기억을 불러오는 작업은 이런 맥락에서 '기억 투쟁'이라고 불리기도 한다. 앞서 본 일본군 위안부 사건을 규명하려는 한국 사회의 노력이나 2차세계대전 당시 홀로코스트 경험과 레지스탕스 역사를 기억해 내려는 서구 사회의 노력이 그 예다. 따라서 이탈리아의 구술사가 포르텔리는 기억이 '수동적인 사실의 보관소가 아니라 의미를 창조해 내는 적극적인 과정'이라고 주장한다.(포르텔리, 2010: 87) 그에 따르면, 연구자에게 구술 자료의 유용성은 과거를 보존하는 능력보다는 바로 과거의 기억이 가져오는 변화에 있다. 즉 기억의 재구성

기억의 유형

인간의 기억은 단일하지 않다. 누구의 어떤 기억인가에 따라 내용과 형식이 달라진다. 구술사에서 활용되는 기억은 개인적 기억, 집합적 기억, 집단 기억, 사회적 기억, 대중 기억 등으로 구분된다.(한국구술사연구회, 2005: 21) 개인적 기억은 개인의 삶과 경험에 대한 기억인데, 가족·마을·일터·종교 집단·국가와 같은 사회적 그물망 안에서 형성되기 때문에 집합 기억의 일종이라고 할 수 있다. 수많은 타인과 맺는 관계 속에서 형성되고 사람들 사이에서 공유되는 기억인 것이다. 또한 계층이나 인종·성·연령·종교·지역 등 개인이 속한 집단에 따라 기억이 달라질 수 있는데, 이를 집단 기억이라고 한다. 이와 반대로 한 사회의 구성원들 사이에 차이가 없는 상태로 존재하는 미분화된 기억도 있는데, 이를 대중 기억이라고 한다. 이 밖에 특정한 시점의 사회 구성원들이 공유하는 기억을 사회적 기억이라고 하며, 이 중 개방적 토론을 통해 형성된 것으로 공적 장소나 공적 현존·공적 토론·공통의 화제와 관련된 것을 공공적 기억이라고 구분하기도 한다.(Casey, 2004; 정근식, 2013: 349)

생애사와 서사 분석

생애사는 개인의 삶의 경험에 대한 주관적 회상을 담은 말이나 기록을 가리킨다. 생애사의 주인공인 화자가 살아온 내력은 사회적 규범과 제도 속에서 개인이 어떻게 대응하며 살았는지, 자신에게 제약으로 주어진 조건에 어떻게 저항하거나 순응했는지를 보여 준다. 그러나 생애사 연구의 목적은 과거의 경험을 밝히는 것뿐만 아니라 화자가 자기 삶을 회고하며 부여하는 의미와 동원하는 상징 그리고 해석 과정에 쓰는 전략과 문화적 자원 들을 드러내는 데 있다. 이렇게 역사적 사실로서 생애사보다 허구적 진실로서 생애사의 특징에 주목하는 입장을 서사 분석이라고 한다. 생애사는 개인의 삶에 관해 유기적으로 구성된, 통합된 이야기로서 개인의 내면세계를 탐색할 수 있는 유용한 자료라는 것이다.(이재인, 2005)

을 통해 과거를 재해석하고 현재의 사회질서와 인간의 의식을 바꿀 수 있다는 것이다.

구술사 연구 동향

서구의 구술사 연구

구술사 연구는 미국과 영국, 독일, 이탈리아 등 서구에서 먼저 발전했다. 미국에서는 1920년대 도시사회학 연구자들이 면접·참여관찰·문헌 연구 등 다양한 방법을 적용하는 과정에 구술 기록을 활용하기 시작했고, 대공황기 실업 문제를 해결하기 위한 사업으로 흑인과 노동자·실업자 등을 대상으로 구술 자료를 수집했다.(한국구술사연구회, 2005: 29~30) '구술사'라는 이름도 미국의 구술사가 네빈스가 처음 썼고, 1948년 컬럼비아대학에 구술사연구소가 설립된 이래 구술 기록과 수집 및 사료 구축 활동을 중심으로 발전해 왔다. 그리고 지배 담론에서 소외된 흑인, 소수민족, 여성, 도시 빈민, 인디언 등 사회적 약자들의 정치적·사회적 권리와 반전·반핵 쟁점 들이 주로 다루어졌다.

영국에서는 노동자계급에 관한 사회사적 연구에서 구술사 방법을 활용해 왔으며, 톰슨의 《영국 노동계급의 형성》(1963)이 대표적인 저작으로 꼽힌다. '아래로부터의 역사' 서술 운동과 함께 영국의 구술사가들은 기록과 수집보다는 새로운 역사 쓰기에 초점을 두는 경향이 있다. 1990년대부터는 버밍엄대학 현대문화연구소의 대중기억연구회를 중심으로 지역공동체 운동과 구술사를 결합시키려는 노력도 이어졌다. 독일에서는 베버의 해석학과 슈츠의 현상학적 전통을 이은 연구와 사회적 행위에 초점을 맞춘 이해사회학 연구가 발전되어 왔다. 전반적으로 유럽에서는 1990년대 이후 탈냉전 시대로 접어들면서 그동안 언어로 표현되지 못한 홀로코스트의 상흔과 냉전 이데올로기, 반파시즘 운동 등에 대한 기억을 재구성하려는 노력이 진행되고 있다.

한국의 구술사 연구

한국에서 구술사는 1990년대 초 사회학과 역사학, 인류학, 여성학 등에서 집중적으로 연구되었다. 이 시기 한국 사회의 민주화와 함께 구술 증언을 통해 정치적인 이유와 계급적인 제약 탓에 자신의 경험을 기록으로 남길 수 없었던 사회집단의 목소리를 채록해 문자화함으로써 현대사의 공백을 메우는 작업이 활발히 전개된 덕분이다.(이희영, 2005: 123)

정근식은 한국에서 사회적 기억에 관한 연구가 1990년대 초반에 부상했다고 지적한다.(정근식, 2013: 353~354) 사회적 기억에 관한 관심은 탈냉전 같은 국제적 맥락과 민주화운동과 기억 투쟁이라는 국내적 맥락에서 형성되었으며 국가권력이 공인한 공식적 역사와 담론에 도전하는 방식을 택했다. 다시 말해, 구술사는 1960~1980년대 말 권위주의 정권이 은폐한 '진실이 무엇인가'를 묻는 데서 시작했고, 민주화의 진전과 더불어 '이제는 말할 수 있다'거나 '이제는 말해야 한다'는 방식으로 전개되었다. 공식적 담론에 대한 도전으로서 구술사는 1980년대 중반 이후 광주민주화운동에 대한 증언을 통해 전면적으로 부상해, '무장한 폭도의 국가 전복 음모'라는 당시 국가의 공식 역사관을 바로잡기 위해 진행되었다. 2000년대 들어 설립된 민주화운동기념사업회, 진실·화해를위한과거사정리위원회, 대일항쟁기강제동원피해조사및국외강제동원희생자등지원위원회 같은 기구에서 실시한 구술사 수집 활동의 결과로 중요한 보고서들이 발간되었다.

최근까지 한국의 구술사 연구는 기존 역사에서 배제된 역사를 복원하기 위한 구술 증언이나 역사적 사실의 수집은 물론이고, 과거의 경험에 대한 재해석을 통해 구술자의 정체성을 재구성하는 창작물로서 생애 이야기(김성례, 1991: 35)까지 폭을 넓혀 왔다. 그 결과, 역사학·사회학·인류학·여성학·교육학·민속학 등 사회과학 전반에서 구술사가 연구되고 있으며 인문학과 간호학을 비롯한 전 학문 영역에서 구술사 방법론이 채택되고 있다. 연구 주제도 정치사를 넘어 문화사와 지방사 등으로 확장되었으며 국가정책과 지배이데올로기, 일상생활, 개인이나 집단의 의식과 정체성 연구로 나아가고 있다.

구술사 방법의 특징

구술성

구술은 '말'로 이루어지는 행위다. 그리고 구술성에는 다음과 같은 의미가 있다.

첫째, 구술은 단순히 '말'이 아니라 음성의 높낮이와 떨림·멈춤과 침묵·어조와 감정·몸짓과 얼굴 표정 등 발화가 이루어지는 과정 전체를 가리킨다. 구술은 언어적인 것과 비언어적인 것을 모두 포함하는 포괄적이고 총체적인 성격이 있다.(남신동, 2006) 따라서 구술 자료의 수집, 즉 구술 면접에서는 구술자의 말과 감정·표정과 몸짓 등 구술 행위와 관련된 모든 것을 세심하게 관찰하고 기록해야 한다.

둘째, 구술은 회고이며 현재에서 시작해 과거로 간다. 그래서 구술은 유동적이며 불안정하다. 구술자는 구술자와 면접자의 현재 맥락에서 과거에 대한 기억을 불러오고 의미를 부여하거나 박탈한다. 기억은 구술자가 보존할 가치가 있다고 생각한 것과 잊어버려야 할 것을 결정하는 어떤 의식의 거름 과정을 거쳐 나온 산물이다.(바슈텔, 2010) 따라서 사실적 자료로서 기억의 내용보다는 기억의 발달단계에 그리고 내용의 신빙성보다는 기억의 작동에 관심을 기울여야 한다. 회상을 과거에 대한 정확한 환기로 다루기보다는 현실의 부분인 재현으로 다뤄야 한다.

주관성

구술자는 자신이 기억하는 형태의 사건에 감정을 부여하며 구술한다.(한국구술사연구회, 2005: 34~35) 구술사의 이런 특징은 다음 문답을 거쳐 '주관적인 자료'로서 가치를 띤다.

첫째, 구술사의 주관성은 '사회과학 방법론으로서 구술사가 신뢰성을 가질 수 있는가' 하는 의심을 불러올 수 있다. 이에 대해 김귀옥은 '모든 역사적 자료에는 처음부터 주관성이 들어가 있으며, 순수한 객관성이란 존재하지 않는다'는 점을 강조한다.(김귀옥, 2014: 116) 왜 어떤 기억은 기록되어 문헌화되는데, 다른 기억은 탈역사화되고 잊히는가? 문헌화되는 기록 또한 사건이 일어난 뒤에, 때로는 그 사건에 직접 참여하지 않은 사람이 작성하고 해석한다. 역사가라는 기록자가 작업한 결과이기 때문이다. 그리고 역사가의 의식 또한 사회와 역사적 맥락에 구속된다. 포르텔리는 오히려 구술 자료는 훨씬 더 밀접하게 개인적으로 연관되어서, 기록이 가진 연대기적 거리감을 보상할 수 있다고 본다.(포르텔리, 2010: 86) 구술자의 경험이 사건의 현장성을 담보해 줄 수 있기 때문이다. 반시나도 구술 자료가 주관적일수록 과거에 대한 기록으로서 가치가 더 높다고 강조한다.

기억에 대한 연구는 모든 역사적 자료들이 시작부터 주관성이 들어가 있다는 것을 가르쳐 준다. 모든 역사 연구는 목격자의 주관성과 역사가의 주관성 사이의 비율로 만들어진 산물이다. 목격자들의 주관성은 과거의 부분이고 조각이어서 일단 설명이 되면 역사가가 그것을 재구성할 때 더 많은 진실성을 담보할 수 있다. 이것이 우리로 하여금 과거를 더 잘 이해하게 하기도 한다. 따라서 자료가 더 주관적일수록 그것은 과거의 현실을 더 잘 반영한다는 역설이 존재한다. (반시나, 2010: 75~76)

따라서 구술 자료의 가치는 주관성과 개인성에서 형성된다. 포르텔리는 '다른 자료들은 비교할 수 없게 구술 자료가 역사가들에게 중요한 이유는 구술자의 주관성에 있다. 구술 자료는 단순히 사람들이 했던 것만이 아니라 그들이 하길 원했던 것, 그들이 하고 있었다고 믿었던 것, 그리고 그들이 했다고 지금 생각하는 것을 말해 준다'고 보았다. (윤택림, 2009: 513) 구술이 주관적일수록 구술자의 의식과 감정과 행동의 동기가 분명하게 드러나, 연구 대상인 사람이나 사건을 더 깊이 이해할 수 있게 해 주리라는 기대다.

둘째, 개인의 경험이 어떻게 사회적 대표성을 가질 수 있는가? 구술사는 개인이나 집단의 행동에 대한 내적 동기와 이유를 해명하는 데 효과적인 방법이다. 그렇다면 이런 개인적 기억을 연구해 사회과학이 얻을 수 있는 것은 무엇인가? 구술사 연구자들은 개인이 경험한 삶은 단순히 사적인 것이 아니며 특정한 역사적 상황과 과정이 그 안에 녹아 있는 것으로 보아야 한다고 주장한다. 개인은 역사적 산물이며 개인의 삶은 사회적 과정과 구조에 따라 구성되지만, 이와 동시에 개인이 삶을 통해 그 구조들을 만들기 때문이다. 따라서 사회과학은 거시적 사회 과정과 개인적 기억의 주재료인 미시적 · 사적 서술들을 연결함으로써 인간의 삶에 대해 훨씬 더 풍부한 설명을 얻을 수 있다. 결국 '개인이라는 창을 통한 구조 읽기'(윤택림, 2009: 518)가 구술사 방법을 통해 가능하다는 것이며, 이때 중요한 것은 양적 대표성이 아니라 질적 전형성이다. 구술사 연구는 개인의 전형적 경험을 통해 사회적 조건과 맥락의 특징을 읽으려는 전략이기 때문이다. 결국 구술사는 구술자의 주관적 이해를 그가 속한 객관적 사회 조건 속에 적절히 자리하게 하고 살피는 것이며, 여기서 이 두 요소 사이의 '거리'를 연구자가 읽어 낼 수 있어야 한다는 점이 중요하다. 이런 이론적 민감성이 있는 연구자의 해석이 함께 제시될 때 구술사는 역사를 이해하는 데 훨씬 더 풍부하고 신뢰할 만한 자료가 될 수 있을 것이다.

셋째, 포르텔리는 구술 자료에는 두 가지 상이한 신뢰성이 있다고 주장한다.(포르텔리, 2010) 사실적 진실(factual truth)과 서사적 진실(narrative truth)이 그것들이다. 사실적 진실은 구술자의 증언 중 이미 정립된 역사적 진실과 부합하는 진술이다. 서사적 진실은 기존 역사적 진실과는 다르지만 구술자가 진실이라고 믿는, 그의 의식에서 진실의 지위에 있는 진술이다. 이런 '틀린' 진술이 구술자에게 심리적으로 계속 '진실'로 여겨진다면, 이것은 사실적 진실과 마찬가지로 중요하게 다뤄져야 한다. 구술자 삶의 궤적을 설명할 수 있는 중요한 실마리가 될 수 있기 때문이다.

서사성

구술사는 서사 형식으로 연행된다. 서사란 시간과 구조가 있는 이야기다. 서사성은 특히 구술 생애사에서 중요하다. 구술 연구의 목적이 어떤 경험적 실체에 대한 사실 확인을 넘어, 경험에 대한 구술자의 해석에 있기 때문이다. 서사 분석은 구술의 내용보다 그것이 이야기되는 방식에 주목함으로써 구술자의 동기와 의식을 이해하는 데 효과적이다. 이 희영은 리쾨르의 서사 이론을 빌려 이야기란 '그렇게 말하게 하는 다양한 요소들의 중재에 의해 걸러지고 선택된 일종의 구성물'이며, 내용을 조직하는 표현 방식에 초점을 맞춰야 한다고 주장한다.(이희영, 2005: 131) 리쾨르는 인간이 지닌 시간 경험의 파편성이나 분산성이 어떻게 '이야기'라는 형식을 통해 한 가지 정체성으로 통합되는가를 규명하기 위해 서사 분석을 제시했다. 구술자는 자기 이야기에 있는 서사성의 구조를 통해 과거를 정리하고 재해석함으로써 일관된 정체성을 획득하게 된다는 것이다. 따라서 각 이야기의 서사 구조를 분석해 구술자의 삶에 대한 인식을 드러냄으로써 구술 생애사의 목적을 이룰 수 있다.

공동 연구

앞서 본 것처럼 구술은 연행이다. 이것은 구술자와 연구자의 상호작용이 낳은 결과이며 구술자와 연구자는 협력 관계에 있다. 구술사는 구술자의 기억이 연구자와 면접하는 과정 속에서 이야기되고 문자화되면서 역사적 자료로서 지위를 부여받는 것이다.(김귀옥, 2014: 106) 따라서 구술 자료는 언제, 어디서, 누구에게, 어떤 목적으로 행해지느냐에 따라 판본이 달라질 수 있고 다양한 해석이 가능해진다.(윤택림, 2009: 514) 구술자의 삶의 내용 자체가 변하지는 않지만, 연구자와 구술자의 상호관계와 상황에 따라 구술자가 풀어 가는 이야기의 구성이 달라지고 다양한 이야기들이 제시될 수 있다는 것이다.

구술사 연구의 진행 절차와 방법

연구 설계

구술사 연구 절차와 방법은 질적 연구 방법의 기본 원칙과 절차를 따르되, 구술 연행의 성격을 충분히 고려해 자료를 수집하고 분석하는 데 특징이 있다. 사회과학 연구에서 '어떤 방법으로 연구를 수행할 것인가'는 연구 결과의 성패를 좌우하는 가장 중요한 결정일 수 있다. 구술사 방법은, 연구 주제가 구술 연구에 적합하고 구술을 제공할 연구 참여자(구술

구술사 연구의 단계별 흐름

① 현지조사 예비단계: 글쓰기의 내용과 형식을 구상하고, 문헌 자료나 관련 정보를 수집·분석하며 조사 대상에 대한 사전 답사가 가능한 경우 만나 인사를 주고받는 단계.

② 문제의식의 구체화: 연구 계획서를 작성하고, 조사 내용과 조사 항목을 정리하며, 조사 일정과 조사 비용 지출을 위한 예산 계획을 수립하고, 조사 비품을 준비하는 단계.

③ 현지조사: 참여관찰과 구술 면접 등을 통해 자료를 수집하고, 현지에서 얻을 수 있는 문헌과 기타 자료를 수집하며, 연구 일지를 작성.

④ 녹취록 작성: 녹음 파일을 문서로 정리하는 녹취와 검독 작업.

⑤ 구술 자료 읽고 분석하기: 녹취록을 여러 차례 읽으면서 연구 주제를 중심으로 분석하고 수집된 자료를 정리, 분석.

⑥ 글쓰기: 논문이나 보고서, 기타 연구 목적에 따라 글쓰기 진행.

⑦ 추가 조사와 보완: 글쓰기 과정에서 보완이 필요한 부분에 대해 추가 자료 조사 시행.

(김귀옥, 2014: 150)

자)를 확보해야 선택할 수 있을 것이다. 앞서 살펴본 것처럼 구술사 연구는 역사적 규명이 필요한 정치적·사회적 사건은 물론, 한 시대의 일상생활사나 특정 집단의 생활문화와 개인의 생애사에 이르기까지 다양한 주제와 대상을 다룰 수 있다. 구술사는 기록을 남기기 어려운 사람들의 경험을 구술이라는 연행을 통해 수집하는 연구이므로, 면접할 때 신중한 접근이 필요하다. 방법론적 특징과 진행상 주의 사항을 미리 숙지해야 하는 것이다.

구술자 선정

구술사는 양적 연구에 비해 상대적으로 소수 인원을 대상으로 면접하기 때문에, '누구와 면접하는가'가 연구의 내용과 결과에 결정적인 영향을 끼친다. 연구 문제가 특정 사건이든 개인의 생애든 구술 면접에 참여하는 사람은 정보 제공자라고 할 수 있다. 따라서 연구 주제에 관해 이론적 대표성이 있어야 한다. 이론적 대표성이란 구술자의 사회적 지위와 역할, 경험이 연구 주제에 타당한 정보와 자료를 제공할 수 있는가에 관한 것이다.(윤택림, 2009: 520) 다시 말해, 연구 문제와 관련해 충분한 경험과 지식이 있고 사회적 조건도 적절해야 한다.

그럼 이런 이론적 자격을 갖춘 구술자를 어떻게 찾을 수 있을까? 이에 관해 두 가지 접근이 가능하다.(윤택림, 2009: 520~521) 첫째, 현지조사와 구술 면접을 시작하기 전에 자격 조건을 규정하고, 이에 맞는 사람들을 찾는 방법이다. 이것은 연구 주제에 관한 이론을 토대로 필요한 요건을 설정해 가는 것으로, '선험적 분석 틀'에 기초한 전략이라고 할 수 있다. 둘째, 현지조사를 진행하는 과정에서 만날 수 있는 적절한 구술자를 선택하는 방법이다. 이는 구술자의 조건을 미리 설정하지 않고 자료를 기반으로 구술자를 찾아 가는 '출현적 분석 틀'을 쓰는 전략이다.

어떤 방법으로 구술자를 선정하는가는 연구 주제와 연구 참여자에 따라 달라진다. '후기 근대 한국 사회에서 진행되는 개인화'를 주제로 연구를 진행한 필자의 연구진은 개인화 현상과 관련된 중요한 세대로 1975년에 출생한 남녀 40명에 대한 면접을 계획했다. 이 세대 전반의 경험을 살펴보기 위해 성, 학력, 출신지, 부모의 계층, 직업 등을 변수로 표본집단을 설정하고 세부 집단별 인원을 배분해 적절한 자격을 갖춘 사람을 찾았다. 구술 참여자가 특정 세부 집단에 집중되면 그 집단의 경험이 지나치게 대표성을 띨 위험이 있기 때문이다. 이와 달리 김귀옥은 월남인 연구를 위해 강원도 속초의 월남인 정착촌 '아바이마을'에 찾아가 일정 기간 머물면서 지역민들을 섭외했다. 월남인들의 거주 공간에서 참여관찰을 수행하면서 마을 유지와 친분을 쌓고 구술 참여자를 소개받았다.

구술자와 연구자의 관계

선험적 방법이든 출현적 방법이든 구술자 선정에서 중요한 요소 중 하나가 구술자와 연구자의 관계다. 구술자는 연구자에게 필요한 정보와 지식을 기꺼이 제공하려는 의사와 태도가 있어야 하고, 둘 사이에는 일정한 신뢰와 친밀감이 필요하다. 질적 연구방법론에서 중요한 라포르가 구술사 연구에서도 충분히 형성되어야 한다. 구술사 연구에서 필요한 라포르는 구술자가 연구자에게 숨김없이 솔직하고 편안하게 자신의 이야기를 할 수 있는 상태를 가리킨다.

그러나 실제 연구 수행 과정에서 라포르의 형성은 간단한 문제가 아니다. 시간과 예산이 넉넉한 조사라면 연구자가 구술자와 서서히 친분과 신뢰를 쌓을 수 있지만, 대개 조사는 시간과 예산이 모두 부족한 상태에서 한다. 사전 조사를 했어도 구술자를 면접 때 처음 만나는 경우도 많다. 이런 조건에서는 면접자의 태도와 역량이 훨씬 더 중요해진다. 면접자의 말과 표정, 행동이 충분히 신뢰할 만해서 구술자의 정보와 구술 내용이 다른 목적으로 이용되지 않을 것이라는 믿음을 줄 수 있어야 한다. 그래서 구술 면접을 앞둔 연구자는 꼼꼼한 사전 준비와 관련 지식의 이해는 물론, 말과 행동에서 진정성과 신뢰를 줄 수 있도록 자기 자신을 점검할 필요가 있다.

　구술자와 연구자의 관계에서 주의해야 할 또 다른 점은 관계의 불균형성이다. 항상은 아니라도, 대개 구술자는 연구자의 태도나 평가에 민감하기 쉽다. 학술 연구를 위해 하는 구술 면접에서 연구자는 지식과 지적 권위가 있는 사람일 때가 많고, 구술자는 비전문가일 가능성이 크다. 또 구술자는 연구자의 마음에 들게 말하려고 하기 쉬워서, 의식하지는 못해도 연구자의 기대에 맞춰 이야기를 전개할 수 있다. 그리고 자기 삶이 연구자에게 평가받는다고 느낄 경우 이야기의 왜곡이 생길 수 있다. 따라서 구술자와 연구자의 불균형한 권력관계가 존재하는지에 대해 깊이 생각하고 세심한 주의를 기울여야 한다.

　'산업화 세대 남성 노동자의 노동 경험에 대한 연구'에서 필자는 50~60대 퇴직 남성들을 만나 구술사를 수집했다. 50대 후반의 대기업 퇴직자를 만나 면접하던 중에 구술 내용에서 이해하기 어려운 점을 발견했다. 1980년대 한국의 대표적 대기업에 취업한 구술자는 면접 내내 '회사 생활을 빨리 그만두는 게 낫다'는 말을 되풀이했다. 구술이 마무리되는 지점에서 연구자가 조심스레 '다른 사람들이 부러워하는 회사에 취업했는데, 왜 그렇게 나오고 싶었는가'를 물어보았다. 잠시 생각에 잠기던 그는 '사실대로 이야기해도 될지' 물으며 연구자의 눈치를 살폈다. (면접을 시작할 때 말했듯이) '학술 연구라서 개인의 비밀은 철저히 보장된다'는 설명을 다시 하자, 구술자는 자신이 회사에서 불법적인 일을 해

불명예 퇴직한 사실을 털어놓았다. 구술사 해석 전체를 바꿔 놓는 사건이었다. 구술자가 자기 삶을 회고하는 과정에 진실을 털어놓으려는 마음이 생기고 연구자를 신뢰하게 된 덕분이었을 것이다. 구술 면접에서는 이런 일이 드물지 않다. 구술자에게 연구자는 진정성과 편안함, 적절한 지적 신뢰를 느낄 수 있는 사람이 되어야 한다.

면접 질문 만들기

구술사 연구에서도 면접 질문지를 만드는데, 심층면접과 비교하면 실제 사용 방법이 다르다. 구술사 연구에서 질문지는 앞으로 진행될 면접의 밑그림이 되어야 하며 연구에서 다룰 질문을 모두 포함해야 한다. 따라서 누락되는 항목이 없을 만큼 구조적이면서도 세밀해야 한다. 구술사 질문지는 거시적인 것에서 미시적인 것으로, 과거에서 현재로, 비지시적인 것에서 지시적인 것으로 구성한다. 구술사는 사건에 대한 증언이나 사건사일 경우와 구술 생애사의 경우 질문의 구성이 달라진다. 구술 증언이나 사건사는 다루려고 하는 사건을 중심으로 질문지를 구성한다. 이에 비해 구술 생애사는 질문지의 내용이 좀 더 포괄적이다. 대체적인 질문 목록은 다음과 같다.

① 출생과 원가족 관계(출생 연도, 출생지, 가족, 친족, 지역사회, 부모의 계층 등)
② 사회화 과정(유년기와 청소년기의 성장 과정, 학교, 또래, 군대, 미디어 경험 등)
③ 취업(졸업 후 현재까지 직장 생활 이력, 일에 관한 경험 등)
④ 결혼(연애, 결혼, 임신, 출산, 이혼, 재혼 등)
⑤ 가족 관계(부부 관계, 자녀 관계, 친족 관계, 양육과 돌봄 등)
⑥ 젠더와 연령 관련 경험과 정체성(섹슈얼리티, 여성·남성 정체성, 연령 변화에 따른 경험과 정체성)

⑦ 연구 주제와 관련된 특정 사건이나 경험

⑧ 주요한 경험이나 전환점

⑨ 자기 삶에 대한 의미화

구술 기록부 만들기

면접 참여자의 인구학적 특성과 사회적 조건에 관한 객관적 사실 파악을 위해 개인 기록부를 작성한다. 연구 주제나 목적에 따라 개인 기록부의 구성이 달라지는데, 기본적으로는 연령·학력·직업·혼인 상태·가족 관계·부모와 형제자매 관계 등 인구학적 특성과 출신지와 거주지·소득·계층 등 사회경제적 특성이 포함된다. 개인 기록부의 끝부분에는 면접 때 특이 사항을 간단히 정리해서 나중에 녹취록 분석 작업에 참고 자료로 쓴다.

면접 진행

구술사 면접을 진행하는 방식은 다른 면접 조사와 공통점이 있으면서도 전체적인 구조가 다르다. 구술사 면접은 3회 정도 실시하는 것이 좋다고 알려져 있다. 첫 면접에서는 구술자의 전체적인 이야기를 듣고, 두 번째 면접에서는 연구자가 충분히 질문하며, 세 번째 면접에서는 면접 내용에 대한 보충 질문·사실 확인·의미 해석에 초점을 둔다. 구술사 면접은 길어도 회당 세 시간을 넘지 않도록 한다. 세 시간이 넘으면 구술자의 집중력이 떨어져 좋은 결과를 얻기 어렵기 때문이다.

조사 시간이 부족해 면접을 2회 이내로 제한할 경우에도 첫 번째 면접에서는 구술자의 이야기를 주로 듣고, 두 번째 면접에서 질문·사실 확인·의미 해석 등을 수행한다. 만약 1회 면접으로 그칠 경우 면접 시간을 3등분해서 같은 방식으로 진행한다.

		면담자: OOO	
구술 참여자 개인 기록 보존부		면담 일시: 2017. 9. 9. 13:00~16:00	
		면담 장소: 구술자 자택 (강원도 춘천시 우두동)	
이름	본명: 김정선 가명(연구 목적): 김유선	**생년월일**	1965. 8. 1.
		성별	여성
주소	강원도 춘천시 우두동	**출생지 (고향)**	강원도 원주시
전화번호	자택: 033-123-1111 직장: 033-345-2222 휴대전화: 010-2000-3000	**최종 학력**	고졸
		혼인 상태	기혼
		종교	없음
		직업	자영업(식당 운영)
결혼 전 가족 관계	가족원(가족원 수): 5	**결혼 후 가족 관계**	가족원(가족 수): 4 자녀: 2(딸 19세, 아들 16세)
주거 형태	단독주택	**현재 동거인**	배우자: 1965년 생 (자영업, 식당 운영) 자녀 2
부모의 직업 (계층)	농업	**본인 직업 (계층)**	음식업(중)

면담자 특이 사항

원주에서 태어나 고등학교를 마치고 사무직으로 일하다가 22세에 중매로 남편을 만나 결혼함.
두 자녀를 낳았고 중소기업에 일하던 남편이 퇴직하자 2년 전부터 닭갈비 판매 음식점을 운영하고 있음.
큰딸은 춘천에서 대학에 다니고 있으며 아들은 고등학생임. 두 자녀의 교육비 부담이 크다고 생각하지만 딸에게 아르바이트를 하지 말고 공부에 전념하라고 이야기함.
과수원을 경영하던 아버지가 오빠의 대학 등록금을 대기 위해 자신은 고등학교만 다니게 한 것에 대해 지금도 섭섭한 마음이 있음. 이것이 딸에게 공부를 강조하는 원인으로 보임.
종업원 세 명을 두고 남편과 자신은 홀 서빙과 계산대 일을 보는데, 최근 육체적으로 힘들다는 생각을 많이 함. 남편은 식당 수입을 모두 혼자 관리하고 술을 자주 마셔 부부 갈등의 원인이 되고 있음. 일상생활에서 가부장적 태도를 보이는 남편 탓에 마음고생을 한다고 이야기함. 살아오면서 이혼을 생각한 계기가 두 차례 있으나, 아이들을 위해서 이혼을 하지는 않음.

면접 장소는 자유롭게 이야기를 나눌 수 있는 조용하고 편안한 곳이 좋다. 대개 구술자의 집이나 사무실 등을 방문해 면접하지만, 비용을 지불하면 대화와 녹음이 편리한 회의실이나 사무 공간을 빌릴 수도 있다. 면접 준비물로 녹음기(최소 두 대 이상), 구술 보존 기록부, 질문지와 구술 자료 사용 및 공개 동의서, 사례비 지급을 위한 영수증 등을 빠뜨리지 않도록 한다.

1차 면접은 녹음에 대한 동의를 구한 뒤 녹음 파일 첫머리에 면접 날짜와 시간, 구술자 이름, 장소, 연구자 이름을 확인하면서 시작한다. 이어 연구자를 소개하고 구술 기록부 작성, 면접 목적에 대해 설명한다. 여기까지는 다른 면접 조사와 거의 같다. 그러나 구술사 면접은 도입부가 마무리되면 연구자가 더는 질문하지 않는다. 구술자가 떠오르는 생각을 편안하게 이야기할 수 있도록 구술자의 이야기를 듣는 데 집중한다.

구술사 면접의 특징은 구술자의 자기 생애에 대한 회고를 가능한 한 있는 그대로 수집하는 데 있다. 구술의 내용뿐만 아니라 형식, 사건이나 경험이 이야기되는 순서와 시간적 배열, 언어와 비언어적 표현이 모두 중요하기 때문에 연구자의 개입은 최소한으로 한다. 특히 2회 이상 면접할 경우 첫 번째 면접은 구술자가 편안하게 기억을 불러 내고 자유롭게 진술할 수 있도록 연구자는 꼭 필요한 경우가 아니면 끼어들지 않도록 주의해야 한다. 1차 면접을 마친 뒤 연구자는 구술 내용을 점검하고 사실 확인이 필요한 것과 질문할 것을 정리해 2차 면접에서 확인한다. 3차 면접은 보충 질문과 전반적인 해석을 다룬다.

심층면접과 달리 구술사 면접에서 연구자는 구체적인 질문을 먼저 제시하지 않는다. 이 점을 지키지 않고 수행하는 구술사 연구가 의외로 적지 않은데, 그런 연구들은 방법론적으로 잘못됐다고 할 수 있다. 구술자가 생애 사건이나 경험을 스스로 회고할 수 있도록 돕는 것이 연구자가 할 일이며, 연구자의 지나친 개입은 구술의 내용이나 방향을 왜곡할 수 있다는 점을 잊지 말아야 한다. 필자는 구술사 질문지를 미리 숙지하고 면접 때는 구술자의 말에 집중한다. 구술자의 이야기에서 의문이 들거나 불확실하다고 생각될 때는 준비한 공책에 번호를 붙여 가며 질문 사항을 적는다. 기록한 질문 내용은, 1차 면접이 끝나고 구술자의 회고가 일단락되면 2차 면접에서 확인한다. 구술자의 이야기를 들을 때는 최대한 편안한 분위기에서 구술자에게 집중해, 구술자가 스스로 자신감을 갖고 자신의 이야기가 중요한 자료임을 깨달을 수 있도록 한다.

시작 이야기

구술사 면접에서는 첫 30분이 대단히 중요하다. 구술자가 높은 집중력으로 이야기를 시작하기 때문이다. 구술사 연구에서는 구술의 내용뿐만 아니라 이야기의 구조와 순서도 적지 않은 비중을 차지한다. '무엇이 이야기되는가'뿐만 아니라 '어떻게 이야기되는가'도 구술자의 경험을 의미화하는 데 중요하기 때문이다. 필자가 만난 많은 구술자들은 자기 삶에서 가장 중요하다고 생각하는 사건이나 경험으로 이야기를 시작하는 경향이 있었다.

예를 들어, 농촌의 여성 노인과 면접할 때는 이야기가 혼인에서 시작되는 경우가 많다. 출가외인이라는 가부장적 사회의 관념을 내면화하고 있기 때문에, 성인으로서 자기 삶의 출발점을 결혼으로 생각하기 쉬운 것이다. 혼인과 함께 며느리로서 겪기 시작한 고달픈 삶이 생애 이야기의 핵심이 될 수도 있다. 가부장적 사회의 가장 주변적인 위치에 놓인 존재로서 어린 나이에 갓 결혼한 여성이 겪는 시집살이가 너무 고된 시련이기 때문이다. 20여 년 전에 만난 어떤 여성 노인은 한국전쟁에서 생애 이야기를 시작했다. 전쟁에서 남편이 인민군에게 끌려간 뒤 그녀는 재혼하지 않고 혼자 외아들을 키우며 살았다. 그녀에게 한국전쟁은 삶을 송두리째 바꾼 사건이고, 그녀의 삶이 다른 사람들의 삶과 다른 의미를 갖게 되는 전환점이었다.

시작 이야기는 전체 구술의 핵심 주제는 물론, 생애 이야기 전체의 구조를 포함하기도 한다. 필자가 노인의 돌봄 경험과 관련된 구술 면접에서 만난 여성 노인은 자신이 아들 집에 가지 않고 혼자 사는 이유와 노령수당, 요양보호사의 이야기로 구술을 시작했다.(노인 돌봄의 탈가족화와 노인의 경험) 그녀의 전체 생애 이야기는 경제적으로 어려운데도 아들들에게 부양받지 못하는 현실에 대한 한탄과 노인 돌봄에 대한 국가의 책임을 중심으로 전개되었다. 시작 이야기의 구조가 되풀이된 것을 알 수 있다.

녹취록 작성

구술 면접이 끝나면 녹취록을 작성한다. 녹취록은 구술자 자신이 만드는 것이 가장 좋지만, 현실적으로 어려울 경우에는 녹취자를 구해 명확한 녹취 원칙을 제시해야 한다. 녹취가 끝나면 검독 작업을 통해 잘못된 부분을 고친다.

녹취 (검독) 원칙

(1) 기본 원칙
– 읽는 사람이 구술자의 구술을 가장 생생하게 느낄 수 있도록 최선을 다한다.
– 녹음 내용을 빠짐없이 있는 그대로 글로 표현하고자 노력한다.
– 구술자의 비언어적 메시지까지 최대한 살려 주도록 한다.
– 들리지 않는 부분은 꼭 (×××) 표기를 해, 면담자 또는 편집자가 해결할 수 있도록 한다.
– 문단과 글꼴: 줄 간격 160, 글자 크기 10, 글자체 신명조.
– 녹취문의 상태와 최종 편집자 및 편집 날짜를 반드시 기입한다.
– 문서 내용 및 문서 상태 관련 기본 포맷은 다음과 같다.

(2) 외부 녹취자용
– 구술자: A로 표기.
– 면담자: B로 표기.
– 큰따옴표(" "): 증언자가 재연하면서 직접 인용한 말.
– 작은따옴표(' '): 증언자가 인용한 타인의 말 또는 간접 인용된 모든 말이나 생각, 기업체나 조직의 이름 등 고유명사.
– 쉼표(,): 말이 잠시 쉬었다가 이어지는 리듬.
– 마침표(.): 말이 완결되면서 끊어짐.
– 줄표 하나(–): 비교적 짧게 말을 끌며 이어 가거나 말을 마침.(강도에 따라 ––, –––까지 사용, 약·중·강.)
– 말줄임표 하나(…): 말끝을 흐리거나 침묵함.(강도에 따라 ……, ………까지 사용, 약·중·강.)
– 느낌표(!): 일반적으로 쓰는 법을 따름.(강도에 따라 !!, !!!까지 사용, 약·중·강.)
– 물음표(?): 일반적으로 쓰는 법을 따름.(강도에 따라 ??, ???까지 사용, 약·중·강.)
  (김귀옥, 2014: 194)

- 증언과 침묵 사이

위안부 생존자의 증언은 이러한 침묵의 카르텔을 뚫고 나오는 혹은 여전히 둘러싸여 있는 투쟁이라고 할 수 있다. 이것은 증언 안에 침묵의 기제가 동시에 함축되어 있다는 것을 의미한다. 다시 말해, 이들의 증언은 이 사건을 침묵시키는 기제들과의 힘겨운 싸움 중에 있는 것이다. 1988년 이후 한국에서 위안부 운동이 전개되고 생존자의 신고를 받아들이기 시작하면서 이 침묵은 깨어지기 시작했다. 1991년 김학순은 한국인 최초 위안부 피해자로서 자발적으로 신고했다. 김학순은 말하였다. "나도 일본에게 억울한 일이 많고 내 인생이 하도 원통해서 어디 이야기라도 하고 싶었던 참이라 내가 군 위안부였다는 사실을 이야기했다. (……) 다시 그 기억들을 되새김질하는 것이 무척 힘이 들어 이젠 더 이상 내 기억을 파헤치고 싶지도 않다. 한국 정부나 일본 정부나 죽어버리면 그만일 나 같은 여자의 비참한 일생에 무슨 관심이 있으랴는 생각이 든다." 김학순은 말하고 싶었고 말하였지만 말하기 힘든 고통을 안고 있었다. 무엇이 그녀의 말하기를 고통스럽게 하였을까. 어떤 이데올로기적 지형 속에 그녀의 말이 놓여 있었을까.(양현아, 2001, 〈증언과 역사 쓰기: 한국인 '군 위안부'의 주체성 재현〉, 《사회와역사》 60, 60~96쪽.)

- 구술자와 연구자의 신뢰는 어떻게 형성될까?

권영경 씨의 경우는 둘째아들 내외와 함께 살고 있고 자신은 성공적인 노년을 보내고 있다고 생각했다. 인터뷰를 위해 권영경 씨의 집을 방문하면서 연구자는 적당한 선물을 고르다가 부근 꽃집에서 작은 화분이 몇 개 들어 있는 바구니를 샀다. 권영경 씨의 집에 처음 들어서서 인사를 하고 바구니를 내밀자 첫마디가 '아이구, 우리 영진 에미(함께 사는 며느리)가 좋아하겠다'는 것이었다. 이어 집안에 들어서자 벽에 걸린 큰 가족사진이 눈에 띄어 연구자가 유심히 바라보자 권영경 씨는 "이 사람이 우리 영진 에미예요." 하며 사진 속의 한 여성을 가리켰다. 사진은 권영경 씨의 두 아들 내외와 손주들, 그리고 딸 내외와 외손녀 등 12명의 식구가 함께 찍은 사진이었다. '영진 에미'라고 불리는 동거하는 둘째며느리에 대한 권영경 씨의 의식을 잘 드러내주는 모습이었다.

연구자가 둘째며느리는 언제 들어오느냐고 묻자, 권영경 씨는 '매일 저녁 아홉 시나 열 시가 넘어야 들어온다'며 얼굴이 어두워졌다. 그러고는 요즘 학위논문(박사 과정)을 쓰느라 그렇다는 설명을 덧붙였다. 그러자 옆에 있던 딸 경하 씨가 늘 그렇지 않느냐며 어머니를 타박했다. 밤늦게 들어오는 며느리(올케)에 대한 시누이 경하 씨의 섭섭함이 읽혔다. 인터뷰 내내 남 앞에서 며느리에 대해 '흉보고 싶지 않은' 시어머니와, 아들 며느리 때문에 속상해하는 어머니를 걱정하는 딸의 긴장이 느껴졌다.(신경아, 2011, 〈여성 노인의 구술 생애사를 통해 본 돌봄 윤리의 재구성〉,《젠더와문화》4(2), 197~226쪽.)

1. "구술사는 '기억의 정치학'이다." 이 말의 의미에 대해 생각해 보자. 구술사는 공식 역사에서 배제되거나 주변화되기 쉬운 개인이나 집단의 역사적 경험을 그들의 목소리로 드러내는 작업이다. 여기서 주변인이나 소수자의 경험을 역사화하는 작업은 단순히 학문적 차원에 국한되지 않고 사회집단들의 정치적·문화적 권력관계와 깊이 관련되어 있다. 소외된 집단의 목소리를 드러내는 작업 자체가 기존의 공식적 역사 해석과 그것을 토대로 정당성을 얻는 다양한 집단들의 권력관계 지평에 균열을 가져올 수 있기 때문이다. 일본군 위안부의 역사를 복원하려는

작업은 그 대표적인 예다. 일본군 위안부 여성들의 구술사 연구가 기억의 투쟁으로서 갖는 의미를 생각해 보자.

2. '구술사는 연행'이라는 방법론의 특징에 대해 생각해 보자. 구술자와 연구자의 신뢰는 어떻게 형성될 수 있으며, 구술자가 자신의 삶에 대한 깊은 성찰에 이를 수 있도록 하기 위해서는 어떤 조건이 필요한지 생각해 보자. 그리고 이런 조건과 환경을 만들기 위해 연구자의 자세는 어때야 하는지 토론해 보자.

읽을거리

- 김귀옥, 2000,《월남인의 생활 경험과 정체성: 밑으로부터의 월남인 연구》, 서울대학교 출판부.
- _____, 2014,《구술사 연구: 방법과 실천》, 한울아카데미.
- 윤택림 편역, 2010,《구술사, 기억으로 쓰는 역사》, 아르케.

참고 문헌

- 김성례, 1991, 〈한국 무속에 나타난 여성 체험: 구술 생애사의 서사 분석〉,《한국여성학》7, 7~43쪽.
- 남신동, 2006, 〈구술사와 기억의 역사사회학〉,《교육비평》20, 292~307쪽.
- 대중기억연구회, 2010, 〈대중 기억의 이론: 정치학과 방법론〉,《구술사, 기억으로 쓰는 역사》, 아르케.
- 바슈텔, 나탕, 2010, 〈기억과 역사 사이에서〉,《구술사, 기억으로 쓰는 역사》, 아르케.
- 반시나, 얀, 2010, 〈기억과 구전〉,《구술사, 기억으로 쓰는 역사》, 아르케.
- 이종구 외, 2005,《1960-70년대 노동자의 작업장 경험과 생활세계》, 한울아카데미.
- 신경아, 2011, 〈노인 돌봄의 탈가족화와 노인의 경험〉,《한국사회학》45(4), 64~96쪽.
- _____, 2011, 〈여성 노인의 구술 생애사를 통해 본 돌봄 윤리의 재구성〉,《젠더와문화》4(2), 197~226쪽.
- _____, 2014, 〈개인화 사회와 지역: 자기 정체성의 자원으로서 지역과 자아의 유형〉,《지역사회학》15(4), 31~62쪽.
- 신진욱, 2008, 〈구조해석학과 의미 구조의 재구성〉,《한국사회학》42(2), 191~230쪽.
- 양현아, 2001, 〈증언과 역사 쓰기: 한국인 '군 위안부'의 주체성 재현〉,《사회와역사》60, 60~96쪽.
- 유철인, 1996, 〈어쩔 수 없이 미군과 결혼하게 되었다: 생애 이야기의 주제와 서술 전략〉,《한국문화인류학》29(2), 397~419쪽.
- 윤택림, 2003,《인류학자의 과거 여행: 한 빨갱이 마을의 역사를 찾아서》, 역사비평사.

- _____, 2004, 《문화와 역사 연구를 위한 질적 연구방법론》, 아르케.

- _____, 2009, 〈구술사 연구방법론〉, 《한국행정학회 학술 대회 발표 논문집》, 511~531쪽.

- _____, 2010, 〈기억과 역사가 만날 때: 구술사〉, 《구술사, 기억으로 쓰는 역사》, 아르케.

- _____, 2011, 〈구술사 인터뷰와 역사적 상흔: 진실 찾기와 치유의 가능성〉, 《인문과학연구》 30, 381~406쪽.

- 이재인, 2005, 〈서사 유형과 내면세계: 기혼 여성들의 생애 이야기에 대한 서사적 접근〉, 《한국사회학》 39(3), 77~119쪽.

- 이희영, 2005, 〈이주 노동자의 생애 체험과 사회운동: 독일로 간 한국인 1세대의 구술 생애사를 중심으로〉, 《사회와역사》 68, 281~316쪽.

- _____, 2005, 〈사회학 방법론으로서의 생애사 재구성: 행위이론의 관점에서 본 이론적 의의와 방법론적 원칙〉, 《한국사회학》 39(3), 120~148쪽.

- _____, 2011, 〈텍스트의 '세계' 해석과 비판사회과학적 함의〉, 《경제와사회》 91, 103~142쪽.

- 전남대5·18연구소, 학술DB 5·18자료실, 5·18 관련 증언 자료.(http://cnu518.jnu.ac.kr/bbs/board.php?bo_table=sub6_03_01)

- 전순옥, 2004, 《끝나지 않은 시다의 노래》, 한겨레신문사.

- 정근식, 2013, 〈한국에서의 사회적 기억 연구의 궤적〉, 《민주주의와인권》 13(2), 347~394쪽.

- 제주4·3연구소, 2002, 《무덤에서 살아 나온 4·3 '수형자'들: 제주 4·3 인권유린의 기록》, 역사비평사.

- _____, 2009, 《그늘 속의 4·3: 사死·삶과 기억》, 선인.

- 최종렬, 2009, 〈탈영토화된 공간에서의 베트남 이주 여성의 행위 전략: 은혜와 홍로안의 사랑 이야기〉, 《한국사회학》 43(4), 107~146쪽.

- 톰슨, E. P., 2000, 《영국 노동계급의 형성》, 나종일 외 옮김, 창작과비평사; Thompson, E. P., 1966, *The Making of the English Working Class*, Vintage.

- 포르텔리, 알렉산드로, 2010, 〈무엇이 구술사를 다르게 하는가?〉, 《구술사: 기억으로 쓰는 역사》, 아르케.

- 한국구술사연구회, 2005, 《구술사: 방법과 사례》, 선인.

- 한국역사연구회, 1996, 《끝나지 않은 여정》, 대동.

- 한국정신대문제대책협의회 · 한국정신대연구소, 2014, 《강제로 끌려간 조선인 군위안부들》1~6, 한울.
- 황석영 · 이재의 · 전용호, 1985, 《죽음을 넘어 시대의 어둠을 넘어》, 풀빛.
- Casey, Edward S., 2004, "Public memory in place and time" in *Framing public memory*, Tuscaloosa: University of Alabama Press.

비언어적 질적 자료:
시청각 자료를 중심으로

김한상

· **학습 내용**

비언어적 질적 자료란, 언어 이외의 정보로 구성된 자료를 아우르는 범주로서 시청각 자료와 함께 공간성이나 물질성이 있는 다양한 형태의 자료 및 컴퓨터 기반 가상현실 기술이 낳은 자료도 포함한다. 비언어적 질적 자료가 언어 이외의 고유한 특성을 지닌 정보로 이루어져 있다는 것은 언어적 자료와는 다른 접근 방법이 필요하다는 뜻이다. 즉 전통적인 연구에서는 가치 있는 자료로 인정받지 못하던 자료를 사회학 영역으로 가져오기 위한 체계적 방법론이 필요하다. 이 장에서 중점적으로 논의할 비언어적 질적 자료인 영화 자료도 비슷한 과제를 안고 있다. 영화를 비롯한 시청각 매체가 근대사회의 성립 및 발전과 맞물려 발전했는데도 '시각적인 것'을 사회학의 대상으로 볼 수 있는가에 대해 오랫동안 불신이 있던 것이 사실이다. 그러나 이런 한계는 시각적인 것이 의사소통 체계에서 하는 구실의 폭발적인 증가와 '과학적'이라는 연구에 대해 성찰하는 사회사상의 발전으로 상당 부분 해소되었다. 사회학에서는 '영상사회학'이라는 형태로 시각적인 것에 대한 접근법을 체계화하려고 노력해 왔다. 이런 노력의 일환으로, 비언어적 질적 자료로서 시청각 자료를 수집하고 분석하는 방법론에 대해 알아볼 것이다.

시청각 자료를 조사하고 수집할 때 가장 먼저 기억해야 할 것은 자료 자체의 특성을 알아야만 그 소재를 파악할 수 있다는 사실이다. 개별 자료는 고유한 방식으로 생산, 유통, 보존 과정을 겪으며 각 과정이 제도화된 수준도 자료마다 다르다. 영화 자료의 경우, 디지털 시대 전에 필름으로 생산된 것의 물질적 특성을 이해해야만 한다. 즉 16밀리 필름과 35밀리 필름의 차이나 상영용 프린트 필름과 원본 네거티브 필름의 차이 같은 필름의 종류에 대한 이해에서부터 필름이라는 물질의 보존성을 최적화하기 위한 물리적 조건에 대한 이해, 영화라는 특수 창작물이 어떤 제도적 장치와 관행 속에서 만들어지고 유통 · 보존되는가에 대한 이해 등이 필요하다. 디지털 기술 출현 이후 시청각 자료와 필름 영화 자료의 차이를 살펴본다면, 개별 자료의 특성이 어떻게 소재지의 차이를 가져오는지 알 수 있다.

수집 또한 자료의 특성을 파악해야 하는 과정이다. 특히 영화 자료가 제작에 많은 자금과 시설이 필요한 고비용 사업에서 나온 결과물이라는 특성을 이해한다면, 이런 사업을 추진하는 과정에 생산된 문서 자료를 추적해 자료의 실체를 파악하고 수집에 필요한 정보를 구할 수 있을 것이다. 또한 영화를 제작하고 유통하는 경로를 추적해서 수집에 필요한 저작권 관련 사항을 파악할 수 있을 것이다.

수집된 자료를 분류하고 기술하는 과정은 비언어적 질적 자료를 언어 기반 연구로 가져오는 첫 관문이다. 여기서는 자료를 보관해 온 원소재지의 분류 체계에 대한 이해와 연구자가 앞으로 연구에 활용하기 위해 구축해야 하는 분류 체계에 대한 구상이 동시에 필요하다. 특히 비언어적 질적 자료를 원소재지의 메타데이터만으로는 재분류할 수 없는 경우가 상당한데, 이 문제를 극복하려면 자료 자체에 있는 정보를 꼼꼼하게 탐색하고 자료 외부에 있는 관련 정보를 긴밀히 조사해야 한다.

분류와 기술이 완료된 비언어적 자료를 사회학의 질적 자료로서 분석할 때는 연구자가 자료를 확보하기까지 거친 사회적 과정을 총체적으로 바라볼 필요가 있다. 영화 자료는 그 제작과 유통 및 소비 일체에 관련된 사회조직에 대한 이해를 비롯해 사회제도로서 영화에 관련된 규범과 지식 체계, 사회적 사건으로서 영화 관람, 사회 집단으로서 영화인·관객·제작자 및 영화 관련 정책 시행자 집단에 대한 이해까지 필요하다. 자료가 생산, 유통된 맥락에 대한 고려 없이 비언어 자료를 단순히 특정 언어적 기술을 위한 '증거'로만 이해하는 접근은 자료에 대한 오독을 가져올 수 있으며 학문적 대상으로서 비언어적 질적 자료의 가치를 언어적 자료에 딸린 것으로 한정하는 태도라고 할 수 있다. 즉 자료가 존재하기까지 사회적 맥락에 대한 이해가 곧 그 자료에 대한 사회학 방법론의 토대가 되는 것이다.

비언어적 질적 자료의 정의 및 종류

비언어적 질적 자료란 무엇인가? 이름에서 드러나듯, 언어 이외의 정보로 구성된 자료를 가리킨다. 다시 말해, 공문서·보고서·논문·책·정기간행물 등 문자언어로 된 문서 자료나 면접·구술사·문화기술지 등과 같이 음성언어로 구성되어 자료로 기능하는 비문서 자료에 포함되지 않는 질적 연구 자료를 통칭하는 것이다.

첫째, 비언어적 질적 자료를 대표하는 것으로 무엇보다 그림·사진·

지도·도면·디자인 등 시각적 표현이 주가 되는 시각 자료를 들 수 있다. 이런 자료의 분석에는 문자언어로 번역할 수 없는 시각적 기호에 대한 해석 방법이 필요하다. 그림처럼 원본의 고유한 가치가 중요한 자료가 있는 한편, 사진같이 기계적 복제 기술을 기반으로 문서화·디지털화 등 재생산을 반복할 수 있는 자료가 있다. 이것은 문자언어와 비언어적 시각 기호의 조합으로 구성되기도 한다.

둘째, 라디오방송물·음악 출판물(LP, CD, 카세트테이프 등)·녹음 기록·음향효과 등 청각적 표현이 중심인 자료가 있다. 청각 자료는 시각 자료와 달리 재생에 시간이 필요한 시간성이 특징이고, 저장·재생·유통을 위한 기계적 매체가 필요하며, 음성언어와 비언어적 소리의 조합으로 구성되기도 한다.

셋째, 시각 자료와 청각 자료의 특성이 혼합된 시청각 자료로서 영화·비디오 출판물 및 녹화물·TV 방송 기록·디지털 영상 등 동영상 자료다. 청각 자료처럼 시간성이 있고, 문자언어와 음성언어가 비언어적 표현과 조합될 수 있다.

넷째, 공간성 또는 물질성이 있는 질적 자료로 일상생활 연구가 점차 그 범위를 확장하면서 사회학에서도 질적 연구 자료의 범주에 포함될 여지가 커지고 있다. 특히 최근 비판이론 및 문화 연구에서 주목받는 사물 이론처럼 인간과 인간이 만들어 낸 사물의 상호 관계에 대한 연구의 관점에서는 각종 공산품, 예술품, 건축물과 의식주에 관계된 사물 일체가 자료로서 가치가 있을 것이다.

비언어적 자료의 범위는 상당히 넓으며 기술의 발전에 따라 확장 가능성이 더 높아지고 있다. 예를 들어, 게임을 비롯한 컴퓨터 기반 가상현실 기술이 낳은 자료를 생각해 보자. 가상현실 차원에서 생성되는 공간성, 이용자의 참여로만 실현할 수 있는 대화형 인터페이스, 인터넷과 디지털 환경의 발달로 보편화된 실시간 다자 참여 같은 특성이 있다. 일반 시청각 자료와 특성을 상당 부분 공유하지만 언어 자료에 대한 접근법으로는 수집과 분석이 어렵기 때문에, 비언어적 자료의 범주가 확장될수록 새로운 연구방법론을 찾아야 한다.

지금까지 살펴본 각 자료의 특성에서 알 수 있듯 이 자료들에 문자·음성언어가 완전히 배제된 것은 아니며, 때때로 언어적 자료만 따로 추출·자료화해서 언어 중심의 질적 연구를 할 수도 있다. 그러나 이 자료들은 언어 이외의 정보가 그 고유의 속성을 통해 또는 언어적 정보와 상호작용하면서 사회과학적 의미를 생산하고, 매개하고, 전달하거나 해석할 수 있게 한다는 점에서 언어적 자료와 구별되는 가치가 있다고 할 수 있다.

이 장에서는 이렇게 다양한 비언어적 질적 자료 중 특히 시청각 자료로서 영화 자료에 논의의 초점을 두려고 한다. 시청각 매체가 의사소통의 수단이자 장으로 기능하면서 그 영향력을 확대한 것이 스마트폰과 유튜브가 지배하는 현시대만의 현상은 아니다. 영화적 매체의 전조가 된 환등기나 파노라마, 조이트로프 같은 마술적 시각 장치들이 도시의 번화가나 시장과 박람회에 나타나기 시작한 18~19세기 그리고 마침내 최초의 영화가 대중 앞에 나타난 19세기 말 이래 '움직이는 이미지'는 문자 매체의 독점을 허물어 가며 그 영역을 확장해 왔다. 문자 해독력이 없어도 쉽게 소비할 수 있는 특성 때문에 영화는 등장할 때부터 '국제적인 대중매체'였고, 이것은 '자본주의의 헤게모니 장악력'과 결합해 할리우드로 대표되는 미국 영화가 20세기 전반기에 전 세계적으로 압도적인 파급력을 갖는 배경이 되었다.(Hobsbawm, 1994: 194~195) 이렇게 시청각 매체의 역사는 도시 문화의 성립, 국민국가와 국가 간 관계의 발달, 시청각 장치의 기반이 되는 광학이나 전기 동력 같은 과학기술의 발전이라는 '근대'의 역사와 맞물려 있다. 이는 경관 앞에 선 개인이라는 주체의 등장, 시각적인 관찰을 통해 대상을 구분하고 분류할 수 있는 과학적 시선의 탄생이라는 근대적 지식 체계와 맞물려 있는 것이기도 하다.(Urry, 2011: 156~157) 따라서 질적 자료로서 시청각 자료는 근대사회의 형성과 변동에 대한 탐구에서 중요한 구실을 할 수 있다.

그러나 시청각 자료는 사회학계 내에서 여전히 그 학술적 효용성을 폭넓게 지지받지 못하고 있다. 언어적인 것 또는 수량적인 것으로 포착할 수 없는 '시각적인 것'에 대한 학문적 접근 가능성을 두고 관점 차이가 있다. 시각적인 것을 비롯한 비언어적 자료를 연구에 활용한다는 것은 언어 체계 바깥의 대상을 언어 체계로 가져온다는 것, 언어로 번역할 수 없는 대상을 해석을 통해 언어화한다는 것을 의미한다. 따라서 1차 자료로서 시청각 자료를 있는 그대로 연구에 인용하고 독자에게 객관적으로 전달하는 것은 본질적으로 불가능하다. 이런 특성은 시청각 자료가 오랫동안 '과학적' 연구의 대상으로서 가치를 인정받지 못한 이유를 설명해 준다. 그러나 이론적 차원에서는 데리다를 비롯한 포스트구조주의가 출현하고 경험적 차원에서는 '시각적인 것'이 의사소통 체계에서 폭발적인 중요성을 획득하면서 비언어적 자료에 대한 불신은 설자리를 잃었다.(Kress 외, 1997: 257~258)

시각적인 것에 대한 사회학적 접근을 학제화하려는 움직임은 '영상사회학'이라는 형태로 존재해 왔다. 세계영상사회학회IVSA 학회지《시각 연구Visual Studies》의 초대 편집장인 하퍼는 '촬영되었거나, 그려졌거나, 그래프로 표현되었거나, 가상적으로 재생산되었거나, 시각적으로 조우하게 된 세계 역시 복잡하고 문제적인 방식으로 존재하며 이는 수량적인 것 이면의 세계에 비해 사회학적 연구의 대상으로 결코 부적합하지 않다'고 말한다.(Harper, 2012: 4) 1970년대 중반 미국 사회학회의 비공식 회의로 시작한 IVSA는 1986년에 학회로 독립해 현재에 이르고 있다.(Harper, 1996) 국내에서는 1990년대 중반 일부 대학 사회학과를 중심으로 영상사회학 강의가 시작되었으며 연구의 지평이 넓어짐에 따라 시각 이미지에 대한 분석에서부터 정책, 산업, 운동 등 영상 관련 사회제도에 대한 연구와 이른바 근대 시각 체제에 대한 이론화 등 다양한 연구가 있었다.(김현숙, 2005: 619~621) 최근에는 영상사회학적 접근을 사회사 연구에 적용하는 연구,(주은우, 2011; 2013) 고프먼의 공공장소 이방인의 사회학을 영상사회학과 결합해 문화기술지적 접근을 모색하는 연구(최종렬·최인영, 2012) 등 새로운 시도도 나타나고 있다.

이런 시도들이 있지만 여전히 실질적인 연구 자료로서 시청각 자료를 조사, 수집하고 분석하는 방법론이 구체화되지 못한 것이 아직 시청각 자료를 이용한 사회학적 연구가 본격화되지 못한 이유다. 시청각 자료를 사회학적으로 연구하려면 연구를 설계하는 단계부터 자료의 특성을 잘 파악하고 있어야 하는데, 특히 자료를 생산·유통·재생산하는 과정이 어떻게 사회적으로 매개되어 제도화되어 있는지를 숙지해야 한다. 이에 대해 국내 학계는 아직 체계적으로 소개하거나 접근하지 않았다고 할 수 있다.

이 장은 영상사회학의 본격적인 방법론에 앞서 시청각 자료의 수집과 분류, 연구를 위한 기술에 이르는 접근법에 중점을 두고 소개하려고 한다. 영상 문화기술지나 다큐멘터리 사진, 사진 유발 기법 등 영상을 매개로 한 자료의 직접적 생성에 관한 접근법과 면접 기법을 비롯해 영상사회학 방법론을 이루는 접근법이 다양하게 존재한다. 이렇게 서로 다른 시작점과 접근 경로를 '영상사회학 방법론'이라는 체계 하나로 종합하는 것은 필자를 비롯한 영상사회학 연구자들 앞에 놓인 과제다.

특성에 따른 자료의 소재 파악

비언어적 질적 자료는 종류가 다양한 만큼 자료에 따라 상이한 방식으로 생산·유통·보존되며, 이런 특성을 잘 파악하는 것이 자료를 수집하는 데 요건이라고 할 수 있다. 문서 자료에 비해 보존·분류 체계의 제도화가 덜 된 자료는 조사자가 그 자료의 성격을 파악한 정도가 수집의 성패를 가르기도 한다.

시청각 자료 중 역사가 가장 긴 (필름) 영화 자료의 보존에서 가장 큰 장애 요소가 자료 자체의 물리적 특성이다. 일반적으로 35밀리 필름으로 제작된 영화 약 20분 분량이 필름 한 릴을 차지하기 때문에, 두 시간짜리 장편영화 한 편은 필름 5~6릴로 되어 있으며 상영용 프린트 필름이 아닌 원본 네거티브 필름은 화면용 필름과 음향용 필름이 따로 있기 때문에 총 10~12릴을 보존할 공간이 필요하다. 또한 필름 자체의 물질적 특성상 특정 온도와 습도를 유지해야 장기간 보존할 수 있으며, 그럼에도 필름은 마모로 수명이 다할 수밖에 없기 때문에 정기적으로 복본을 만들어야 한다. 따라서 필름 영화의 보존은 충분한 공간과 인력이 항시적으로 필요한 고비용 사업인데, 이것이 특히 상업 영화의 저작권 문제와 맞물려 비용상 더 큰 어려움을 만들었다. 이런 특성 탓에 매우 오랫동안 필름 영화는 제도화된 보존의 사각지대에 놓였으며, 대부분의 국가에서 필름 아카이브가 구축되어 운영되는 지금도 많은 영화들이 복구하기 힘든 훼손 상태에 있거나 이미 유실되었다.

한국의 경우 이미 상당히 많은 영화가 유실된 1990년대에 들어서야 필름 영화의 보존에 관한 법제적 조치가 취해졌다. 상업 장편영화는 의무 제출로 한국영상자료원에 보존되고, 법제화 이전 시기 영화도 대부분 이 기관에서 수집·보존한다. 그러나 다른 목적으로 제작된 필름 영화들은 의무 제출에 해당하지 않기 때문에 저마다 다른 기구에서 보존될 가능성이 있다. 예컨대 대한민국 정부가 국정 홍보를 위해 만든 뉴스영화와 문화영화는 과거 공보부라는 행정기관의 산하 기구로 있던 국립영화제작소가 제작·관리했는데, 국정 홍보물을 더는 필름 영화로 만들지 않는 오늘날에는 국립영화제작소의 후신인 한국정책방송KTV이 일괄 관리하고 있다. 비슷한 이유로 군에서 제작한 영화는 국방홍보원이 관리하는데, 이 두 기구가 국가기록원과 협약을 통해 실물 자료를 대전과 성남의 국가기록원 서고에 보존하고 있다.

한편 정부의 관리 바깥에 있는 수많은 필름 영화의 행방은 여전히 개별 조사자가 탐구하고 판별해야 한다. 기업 홍보 영상물이나 개인의 비영리적 영상물 등 다양한 목적으로 만들어진 필름 영화들이 개별 제작 주체의 사적 공간에서 보존되고 있을 가능성이 크다. '장편 상업 영화'라는 의무 제출 규정 바깥의 수많은 단편영화, 실습 영화, 기록영화도 대학이나 관련 단체의 보존 공간에 있을 것이다.

자료의 특성에 따른 소재지의 차이는 디지털 동영상과 전통적인 필름 매체의 대비로 잘 드러난다. 디지털 매체와 필름은 물질적 특성이 극명한 대조를 보인다. 필름은 수명이 있는, 즉 시간의 제약을 받는 물질이지만 손상 정도에 따라 정보의 유실 정도에 신축성이 있다. 1967년에 제작된 한국 최초의 장편 애니메이션 〈홍길동〉의 경우 사운드 이외의 필름이 유실된 상태로 오랫동안 알려져 있었는데, 일본의 한 필름 아카이브가 소장하고 있던 16밀리 필름이 발견되어 2008년에 다시 공개되었다. 일본에서 소장한 필름은 원작과 달리 일본어로 더빙되어 있었으며 보존 상태가 좋은데도 전반적인 색조 변형이 있었다. 이것을 한국영상자료원이 보존하던 사운드 필름과 동기화 작업, 디지털 색 보정 작업을 거친 끝에 원자료에 가깝게 복원할 수 있었다. 이 예는 필름 자료가

'물리적 환경'의 영향을 매우 크게 받는다는 점, 필름이라는 매체와 그 안에 담긴 정보를 명확하게 분리할 수 없으며 '매체의 변형이 곧 정보의 변형'이 될 수 있다는 점, 그러나 자료가 어느 정도 훼손되더라도 그 정도에 따라 일부 정보를 추출할 만큼 '높은 보존성'이 있음을 보여 준다. 필름 자료의 이런 특성 때문에 여전히 많은 연구자들이 새로운 아카이브로 조사를 나서고 있다.

　반면, 디지털 자료는 물리적 실체가 존재하지 않고 2진법 신호로 된 정보다. 따라서 디지털 자료는 원본과 복제본이 근본적으로 동일하고, 자료가 삭제되지 않는 한 마모나 변색 같은 자연적인 훼손과 수명 단축이 없다. 또한 저장 면에서도 획기적으로 적은 공간(저장용 디스크 드라이브)만 필요하며, 같은 이유에서 이동과 유통상 혁명적인 간편성을 보장한다. 그러나 이런 특성이 역설적으로 디지털 자료의 보존성을 위협하는 이유가 되기도 한다. 필름과 달리 디지털 자료는 그 저장 매체와 명확하게 분리되는 정보라고 할 수 있는데, 바로 이 점이 자료의 영구성과 이동성을 보장하는 동시에 유실 가능성을 현저히 높인다. 즉 디지털 자료는 필름과 같은 '유실 정도의 신축성'을 기대할 수가 없다. 디지털 자료는 삭제되고 없거나, 저장되어 남아 있는 두 가지 경우뿐이다. 또한 디지털 자료의 높은 이동성은 별도의 물리적 접근 없이도 인터넷 환경에서 자료에 접근할 수 있는 편리성을 보장하지만, 이런 특성 때문에 인터넷의 넘쳐 나는 정보 속에서 원하는 자료의 위치를 파악하기가 어렵다. 그래도 디지털 자료는 생성 단계부터 컴퓨터의 자료 분류 체계에 예속되고 유통 단계에서도 컴퓨터와 컴퓨터 네트워크를 거쳐야 하기 때문에, 인터넷 데이터베이스를 통한 목록 정리가 필름이나 문서 자료에 비해 잘되어 있는 편이다. 이것은 필름 자료처럼 특정 아카이브에 직접 가서 조사를 통해 디지털 자료를 '발굴'하기는 더 어렵다는 뜻이기도 하다. 2013년에 국내 마지막 필름 현상소가 문을 닫으면서 상영 시설도 한국영상자료원이나 일부 시네마테크를 제외하고는 필름 영사를 중단하게 되었다. 이는 앞으로 생성되는 동영상 자료는 대개 필름이나 비디오 형식의 물리적 매체와 무관한 디지털 자료라는 것을 말해 주며, 따라서 이에 대한 연구 조사 방법의 정교화가 필요하다.

다시 필름으로 돌아가서 실제 조사 사례를 통해 구체적인 자료 소재 파악 방법을 알아보자. 필자는 박사 학위논문 연구에서 냉전기 미국이 한국에서 행한 시각적 선전이 어떤 문화적 정체성 협상을 낳았는가를 탐구하기로 하고, 구체적으로는 주한미국공보원USIS-Korea과 그 선행 기구들이 1945년 해방 이후 한국에서 제작한 선전 영화와 관련 영화인 들에 대해 조사하려고 했다. 당시만 해도 국내 도서관이나 아카이브에서 USIS-Korea의 영화 자료를 수집하지 않았다. 한국영상자료원, 국가기록원, 국립중앙도서관, KTV, KBS 등 영상 자료를 수집, 보존하는 정부 기구에도 해당 자료가 없다는 사실을 확인했다. USIS-Korea에서 일하거나 관계했던 한국 영화인들의 구술사 기록과 신문·잡지 등 문헌 기록에 자료의 향방에 대한 언급이 있는지도 조사했는데, 이 과정에서 USIS-Korea의 경상남도 상남 필름스튜디오가 1967년에 폐쇄되면서 대부분의 자료가 미국으로 이관됐으며 국내 소장처를 찾지 못한 복본 자료는 모두 소각 처리됐다는 구술 기록을 찾을 수 있었다.

USIS-Korea가 미국으로 이관했다는 구술은 자료의 소재를 파악하는 데 핵심 정보라고 할 수 있는데, 미국 정부 기구의 자료 수집·보존 체계에 따라 해당 자료가 이관된 것을 확인할 수 있기 때문이다. 이렇게 자료의 행방을 찾는 데 그 생성 주체와 관리 주체의 신원을 파악하는 것이 1차적인 해법이 되는 경우가 많다. 또한 생성된 자료의 관리, 보존에 관한 법적 규정이 있는지 파악하는 것이 중요하다. 미국 정부 기구가 생성한 자료는 미국의 국가기록원에 해당하는 국립문서기록관리청 NARA에 일괄적으로 수집, 보존된다. 필자는 조사를 떠나기 전에 NARA 외에 미국 영화연구소와 의회도서관 등 시청각 자료를 수집, 보존하는 기구에도 해당 자료를 소장하는지 문의했다. 결국 USIS-Korea와 그 상부 조직 및 선행 기구의 자료가 남았다면 모두 NARA가 관리할 것이라는 답변을 얻고 조사 계획을 확정했다.

자료의 특성에 따른 수집 방법

소재를 파악한 자료는 역시 그 자료의 고유한 특성에 따른 방법으로 수집해야 한다. 그러나 대략적인 소재를 파악한 자료도 성격에 따라 여전히 많은 조사 뒤에야 비로소 연구에 적합한 자료로 판별할 수 있는 경우가 있다. 필자는 USIS-Korea가 한국에서 제작하거나 배포한 영화 자료와 이에 관계된 문서 자료를 찾기 위해 NARA의 제2분관이 있는 미국 메릴랜드 주 칼리지파크를 여러 차례 방문해 조사했다. 필름 영화라는 매체에 대한 예비지식이 있었는데도 첫 방문에서부터 자료를 찾는 데 어려움을 많이 겪었다.

영화는 도서나 신문, 잡지 같은 문서 자료와 달리 완성작의 크레디트에 제작한 시기와 장소를 넣는 관행이 없다. 주로 작품의 첫머리와 끝부분에 나열되는 제작자와 영화인들의 성명 정보 외에는 작품의 구체적인 정체를 규명할 정보를 찾기가 어려운 것이다. 특히 USIS 같은 정부 기구의 예산으로 제작한 영화 자료는 참여자의 성명 정보조차 찾기 어려운 경우가 많은데, 이는 작품 자체가 사적인 저작물이 아니라 정부의 재산이며 참여자는 공무원이거나 정부의 주문을 받은 사람이니 따로 권리를 행사할 수 없다는 인식에서 비롯한 것으로 추정된다. 그러나 이런 관행적 생략이 역설적으로 정부 기구가 영화 자료를 정부 기록으로 수집·분류하는 과정에 장애로 작용하기도 한다. NARA 음향영상자료실의 분류 체계상 USIS-Korea가 한국에서 제작한 영화는 그 상위 조직인 미국해외공보처USIA의 문서군인 RG306으로 분류되어 있었는데, NARA의 기록연구사들이 제작 연도와 장소를 판별하지 못한 영화들을 하위분류 없이 RG306에 함께 넣은 것이다. RG306은 USIA가 설립된 1953년부터 해산된 1999년까지 생산된 모든 기록을 포함한 문서군으로, 미국의 해외 공보 활동 대상이 되는 모든 나라에서 생산된 기록들이 별도의 하위분류 없이 뒤섞여 있었다. 조사 당시 8000편이 넘는 영화 자료가 RG306에 있었고, 그중 생성 장소가 한국으로 목록에 명시된 자료는 극히 적었다.

이런 장벽 앞에서 필자가 취한 방법은 영화라는 매체의 제작과 유통 경로를 추적해 자료의 제목을 찾는 것이었다. 디지털 시대 이전 영화는 촬영에 필요한 장비와 생필름을 비롯해 로케이션·후반 작업 설비 및 비용에 이르기까지 많은 자금과 시설이 필요한 고비용 매체였고, 창작하는 데 감독 한 명이 아니라 촬영·조명·편집·소품 등 다양한 영역의 전문 인력이 필요한 집단적 작업이었다. 정부 기구가 제작한 선전 영화도 고비용 사업인 만큼 추진 과정에 기안된 문서나 선전 효과를 보고하는 문서들이 만들어졌을 가능성이 크다. 또한 영화라는 매체가 기본적으로 많은 관객을 동원해야 지속적인 제작과 보급이 가능하기 때문에 다양한 경로로 상영을 홍보했을 가능성이 크다. 당시 필자는 NARA의 문서자료관에서 RG306으로 분류된 문서 자료, USIA 설립 전까지 USIS-Korea와 그 선행 기구의 상위 조직이던 전쟁부·국방부·국무부의 문서 자료, 국내 온라인 신문 데이터베이스를 통해 해당 시기 국내

신문 등을 조사해서 USIS-Korea의 영화 제작·유통·홍보에 관련된 정보를 찾고 영화 제목을 목록화할 수 있었다. 이 기초 목록을 기반으로 다시 음향영상자료실에서 해당 제목의 영화들을 찾고 비교·대조했다. 결국 필자가 찾은 USIS 한국 관련 자료는 RG306 영화 자료 8211편 중 182편, 미 육군 통신대 사령관실 자료인 RG111 중 네 편이다.

자료의 존재를 확인한 뒤에는 이것들을 구체적으로 어떻게 수집할지 방안을 강구해야 한다. 이 또한 자료의 저장 매체에 대한 예비지식이 있을 때 더 수월하게 진행할 수 있는 절차다. 앞서 살펴본 것처럼 필름은 보존성이 우수한 반면, 비용이 많이 들고 좋은 상태를 유지하기 위한 조건이 까다로운 매체다. 개인 연구자로서는 구입과 복제, 소장이 쉽지 않기 때문에 원자료가 필름이라도 디지털 매체로 변환해 수집하는 편이 유리하다. 물론 개인이 아닌 학교나 연구 기관에서 수집한다면 원자료와 같은 매체로 입수하는 편이 보존성이나 자료의 품질 면에서 우월한 전략일 것이다.

복제와 수집에 들어가는 비용에 더해 고려해야 할 점은 저작권이다. 일반적으로 영화 자료는 제작 당시 재정적으로 가장 크게 기여한 개인이나 회사에 저작권이 귀속하는 경우가 많으나, 제작 당시의 계약 사항이나 제작 뒤 권리 매각 및 양도 등 여러 사유에 따라 저작권이 제3자에게 귀속하는 경우도 있다. 즉 도서와 달리 감독을 비롯한 창작자에게 저작권이 귀속하지 않으며 현 저작권자를 자료의 크레디트 정보로는 파악할 수가 없다. 저작권에 관계된 사항은 해당 자료를 소장하고 있는 기관에 문의하면 대부분 알게 된다. 저작권자의 허용 여부에 따라 자료의 복제와 수집이 불가능하거나 비용이 많이 들기도 하는데, 이런 경우에는 열람을 통해 원하는 정보를 기록하고 필요할 때는 열람을 반복하는 방법이 있다. NARA는 소장 자료 중 생성 기구가 명백하게 미국 정부로 확인된 자료들은 공유 부문으로 지정해서 비영리, 학술 목적으로는 자유롭게 복제, 수집, 활용하게 하고 있다. 그러나 개인 연구자가 아닌 대학이나 단체가 자체 아카이브 구축을 위해 수집할 때는 비용을 청구하기도 한다.

저작권 문제가 해결된 자료를 복제, 수집하는 데 고려해야 할 또 다른 사항은 원자료의 열람용 판본 형식이다. 대개 아카이브들은 소장 자료를 보존용 원본과 열람·활용용 복제본으로 구분해 운용하며, 특히 영화 자료는 필름의 특성상 원본을 바로 열람할 수는 없기 때문에 프린트 필름을 만들어 열람용으로 제공한다. 일부는 프린트 필름 없이 고화질 또는 저화질 비디오테이프로 만들어 제공하기도 한다. 디지털이 보편화되면서부터 DVD나 디지털 파일로 변환해 열람용으로 제공하며, 한국영상자료원처럼 기관 내 스트리밍 비디오 서비스로 온라인 열람이 가능한 경우도 있다. NARA의 열람용 영화 자료는 프린트 필름·U매틱·VHS·DVD 등 네 가지로 제공되는데, 필자는 U매틱·VHS·DVD 형식 자료는 곧바로 DVD로 변환해 수집하고 프린트 필름은 편집기에서 실행되는 동영상을 비디오카메라로 재촬영했다.

자료의 품질(시청각 자료의 화질과 음질)을 수집할 만한 수준으로 맞추려면 비용이 들기도 한다. 2017년 7월 서울시와 서울대학교 인권센터가 수집·공개한 1944년 중국 룽링 지역 한국인 '위안부' 기록 영상은 필자가 진행한 조사를 통해 발굴되었는데, 이 경우 자료 자체는 미 육군 통신대가 만든 것으로서 공유 부문으로 인정되어 무상 수집이 가능했다. 그러나 원자료에 가까운 화질의 영상을 확보하기 위해 NARA의 승인을 받은 영상 제작 업체에 고해상도 디지털화 작업을 의뢰해야 했고, 이 과정에는 비용이 들었다.

수집된 자료의 분류 및 기술

조사를 통해 수집된 자료는 연구자의 목적에 따라 분류하고 기술하는 작업을 거쳐야 한다. 자료의 원소재지가 기록 관리 기관일 경우 고유한 분류 체계가 있는데, 이를 그대로 따를지 여부도 연구자와 수집처가 판단해야 한다. 원소재지의 분류 체계는 소장 자료 전체를 관통하는 논리와 구조에 따라 구축되기 때문에, 그중 일부 자료를 수집하는 경우에는 그와 다른 분류 체계가 필요할 수 있다.

NARA 소장 USIS 영화 자료의 경우, NARA의 분류 체계는 기본적으로 자료의 생성 주체인 미 정부 기구를 기준으로 구축되었다. 앞에서 말했듯이 RG306의 영화 자료는 USIA가 1953년부터 1999년까지 만든 8000여 편이 같은 분류군에 일정한 순서 없이 배정되어 있다. 당시 필자는 그중 한국에서 만들어지거나 한국을 소재로 다룬 자료로 제한해 182편을 수집했으나, 분류 체계를 따로 마련해야 했다. NARA의 기록 연구사로서는 USIA라는 정부 기구의 관할하에 만들거나 확보한 자료들을 분류군 하나로 묶어도 '생성 기관의 기능과 목적에 따른 조직 구조'(Schellenberg, 1956: 55)를 반영하는 완결된 체계였겠지만, 조사 연구자인 필자와 수집처인 국사편찬위원회로서는 조사와 수집의 목적에 따른 재분류가 필요했기 때문이다. 182편 중에는 USIA의 한국 지부였던 USIS-Korea가 한국인을 주 관객으로 설정하고 직접 제작한 영화뿐 아니라, 한국을 소재로 하되 USIS 전체 지부를 대상으로 미국에서 제작한 영화와 USIS가 수집·관리한 북한 제작 영화가 포함되어 있었다. 생산 기관을 USIA로 볼 때는 문제없는 분류 체계지만, 그 조직 하부 단위의 생산 목적과 대상을 고려하면 새 분류가 필요하다. 이 사례에서 우리는 자료를 소장한 측과 그 자료를 역사 집필이나 사회조사를 위해 수집하고 활용하려는 측의 관점 차이가 분류 체계의 차이로 나타나는 것을 볼 수 있다.

　이렇게 비언어적 자료를 수집해 새로운 분류 체계로 조직하고 기술할 때 관건은 그 자료에서 더 세부적이거나 상이한 분류를 위한 근거를 추출해 낼 수 있는가 하는 점이다. 비언어적 자료를 보존 관리해 온 원소재지에서 분류 체계를 갖추고 있어도 자료를 보완하는 별도의 정보, 다시 말해 메타데이터를 충분히 보유하지 않은 경우에는 재분류가 난관에 부딪칠 수 있다. 바로 NARA의 영상 자료가 대표적인 사례다. 미 육군 통신대나 USIA 같은 정부 기구가 제작한 영화는 일반 상업 영화와 달리 연출·촬영 등 제작진의 정보를 필름에 기재하지 않은 경우가 대부분이고, 일반 상영을 위한 편집 작업을 거치지 않은 푸티지 상태로 보존된 경우도 상당하다. 따라서 이 자료들을 처음 수집하고 분류한 NARA의 기록연구사들은 자신이 확인할 수 있는 정보 외의 메타데이터는 빈칸으로 남겨 둬야 했고, 이 때문에 NARA의 음향영상자료실 소장 영상 자료는 대개 제작 연도·제작지·제작진 정보가 없는 것이다.

　원소재지의 메타데이터만으로 재분류할 수 없을 때는 수집된 비언어 자료의 성격에 따라 필요한 정보를 자료 안에서 채집하거나 추정하는 기술 방법을 쓸 수 있다. USIS-Korea 제작 영화는 뉴스와 교육용 다큐멘터리가 대부분이고, 이 조직의 시대별 영화 제작 관행을 문서 자료 같은 것을 통해 파악할 수 있었기 때문에 자료 대부분의 제작 연도를 지정하거나 추정할 수 있었다. 자료의 분류와 기술을 위해 자료 안에서 채집한 정보는 해설 대사·촬영된 행사의 이름이나 장소와 시간·화면 속 인물·시기별 제작 관행을 반영하는 특정 표식(오프닝 로고, 편집 방식, CM송) 등이 있고, 채집한 정보는 신문 기사·NARA의 문서 자료·같은 시기 대한민국 정부 기구가 제작한 영화에 나타난 정보와 대조하며 확인

작업을 거쳤다. 예컨대 USIS-Korea가 제작한 5분 30초 분량의 푸티지 〈체코 사태에 관한 집회Rally for Czecho Situation〉는, 자료의 제목과 화면에 등장하는 팻말에 적힌 "유엔은 응징하라, 소련의 만행을!"이라는 문구를 바탕으로 '체코'·'유엔'·'소련' 같은 주제어를 추출해서 신문 자료를 검색·열람한 결과 1968년 8월 24일에 진행된 '소련 적색 제국주의의 체코 무력 침공 규탄 범국민 궐기대회'를 촬영한 것으로 확인할 수 있었다.(김한상, 2013a: 177~178) 또 화면에 나타난 궐기대회 연사 중 한 명이 영화배우 김승호로 추정되었는데, 1968년에 사망한 그가 1967년에 출연한 영화 〈돌무지〉에 담긴 모습과 푸티지 인물의 외모를 비교해 그의 생전 모습임을 밝혀낼 수 있었다.

한편 메타데이터가 존재하는 경우에도 연구자가 자료의 외부 조사를 통해 확보한 정보로 메타데이터의 한계를 보완할 수 있다. 중국 룽링 지역 한국인 '위안부' 관련 영상의 기술 과정에서도 이런 식으로 메타데이터를 보완했다. 서울대 인권센터 연구진이 2015~2016년 NARA의 사진자료실에서 조사·수집 작업을 하던 중에, 미 육군 164통신대가 1944년 룽링 지역에서 심리전을 위해 사진과 영화를 촬영하고 이 부대 소속 촬영병 페이Edward Fay가 영화 자료를 남겼을 가능성이 제기되었다.(《주간경향》, 2017. 7. 25.) 이것이 이 조사의 후속 작업으로 2017년에 필자가 진행한 영화 자료 조사의 착수 정보가 되어, 미 육군 통신대 사령관실 자료군 RG111의 2차세계대전 관련 자료 시리즈ADC와 작전 보고 시리즈CR 등에서 중국 및 버마(미얀마) 관련 자료 200여 편의 메타데이터를 검토하고 그중 필름 70여 편을 열람했다. '위안부' 관련 기록일 가능성이 높은 영화 자료를 확보한 뒤에는 이 정보를 NARA 측 메타데이터 정보와 결합시켜 자료의 정체를 확증하고 기술하는 데 활용할 수 있었다. 이때 발굴한 자료 중 일본군이 '위안소'로 활용한 것으로 추정되는 여관의 모습을 담은 푸티지는 자료명 〈중국 룽링의 잔해들Lungling Remains, China〉, 자료 중 푸티지별 도입부에 찍힌 클래퍼보드에 나타난 촬영병 페이의 이름(그림 1), 메타데이터에 기록연구사가 기술한 정보 등을 결합시켜서 자료의 성격을 확증했다. NARA가 자료를 처음 수집할 때 기록연구사는 일본군 '위안부'를 출신지와 관계없이 '일본 게이샤 여성들Japanese geisha girls'로 통칭한 것으로 보이는데, 이는 연구진이 2015년에 찾은 사진 자료의 정보에서도 본 표현이다. 이 경우에는 한국인 '위안부'의 출신지를 누락한 것과 전시 성노예제에 동원된 여성들을 '게이샤'로 통칭한 것 등 자료의 원소재지가 만든 메타데이터의 한계가 자료 외부에서 확보한 정보를 통해 보완·수정된 것이다.

이렇게 분류와 기술 과정은 해당 아카이브의 구축 목적을 따라야 한다. NARA라는 아카이브의 분류 체계가 미국 정부가 생성한 자료를 생성 단위별로 그 본래의 기능과 목적에 맞게 목록화하고 보존하는 것을 1차적인 목적으로 한다면, 앞에서 든 사례는 미국 정부 아카이브 속 한국 관련 자료를 국내에서 활용하는 목적에 맞게 재분류하는 과정이라

그림 1. 〈중국 룽링의 잔해들〉 중간 푸티지 도입부 이미지(출처: 미국 NARA)

고 할 수 있다. 이 과정에 원소재지에서는 보지 못했거나 중요하게 생각하지 않은 정보가 새롭게 채집되거나 새로운 의미를 획득하게 되기도 하며, 원소재지가 중요하게 생각한 분류 방식이 새로 구축된 아카이브에서는 중요하지 않은 것으로 평가되어 폐기되기도 한다.

질적 자료로서 시청각 자료 분석 방법론

이제 비언어적 자료의 사회학적 분석 방법에 대해 알아보자. 분석 방법도 비언어 자료 각각의 고유한 기호학적, 매체적 특징에 따라 상이한 접근을 취하게 된다. 여기서는 영화를 포함한 시청각 자료에 한정해 논의해 본다. 시청각 자료도 고유의 특성에 따른 다양한 접근법이 있다. 특히 영화라는, 예술적인 동시에 산업적인 범주로 한정해 봐도 영화학이라는 독립적 분과 학문 체계가 구성될 만큼 깊고 폭넓은 탐구가 이어져 왔다. 접근 방법에 따라 예술 작품으로서 영화 서사의 내적 구조와 영화 이미지의 의미에 대한 탐구부터 창작자의 의도와 일관된 작품 세계를 천착하는 작가론, 연예 산업을 형성한 분야별 특성이나 양식에 대한 분석, 영화적 재현을 이데올로기나 정신분석학으로 해석하는 접근, 매체로서 영화의 기술적 특성과 그 변동 및 확장에 대한 탐구 등 상호 교차하면서도 때로는 양립하기 어려운 방법론들이 다양한 형태로 발전해 왔다고 할 수 있다. 따라서 영화라는 자료의 분석 방법을 확립하려면 이렇게 다양한 접근법부터 이해할 것을 권한다.

영화 자료를 사회학적으로 분석할 때는 영화라는 시청각 기록이 생산되고 유통되고 소비되는 맥락을 항상 염두에 두어야 한다는 것이 가장 중요하다. 물질 또는 예술로서 영화 자료를 완결적인 연구 대상으로 보는 것이 아니라, 연구자가 자료를 확보할 때까지 사회적 과정을 총체적으로 바라볼 필요가 있다. 여기에는 영화의 제작·유통 및 소비 일체에 관련된 사회조직, 사회제도로서 영화에 관련된 규범과 지식 체계, 사회적 사건으로서 영화 관람, 사회적 집단으로서 영화인·관객·제작자·관련 정책 시행자 등에 대한 이해가 포함된다. 이런 요소들에 대한 포괄적인 이해 속에서 영화 자료를 분석할 때 자료에 표면적으로 나타나는 정보를 당대의 사회적 조건 속에 맥락화할 수 있다.

앞에서 언급한 USIS-Korea 영화 자료들에 대해 논하며 구체적인 예를 보자. 첫째, 사회조직의 측면에서 볼 때 이 자료들의 생성과 유통의 배경에는 2차세계대전 승전국과 신생국 그리고 나중에는 냉전기 초강대국 정부의 대외 전략 기구와 그 동맹국 사이 관계에서 특정한 질서와 규칙에 따라 합목적적으로 활동한 다양한 조직들이 있다는 것을 고려해야 한다. 그럼 이 자료들의 생성에 USIS-Korea나 미 육군 통신대 같은 한국 주재 미 정부 선전 기구가 생산자 구실을 했다는 사실에서 분석을 시작할 수 있다. 1945년 해방 뒤에 미 군정청이 들어서면서 시작된 미 육군 통신대 기반의 영화 선전이 1948년 대한민국 정부의 수립과 함께 미국 정부의 민사(민원사무) 부문에 이관되면서 다시 시작된 USIS-Korea의 영화 선전 활동이 이 자료들이 생성된 배경이다. 이 영화들이 미 군정 치하에서는 미 군정의 법규에 따라, 대한민국 정부의 수립 이후에는 대한민국의 법규에 따라 유통을 보장받았으며 주요 유통 창구는 일반 상업 영화의 상영관을 비롯해 각 지방의 문화원, 학교, 사회 기관, 청년 단체 등이었다. 이 영화들은 USIS-Korea가 상위 기구인 USIA나 미 국무부·주한 미국 대사관·주한 미군 등의 정책이나 활동·기여 등에 대한 홍보 과정에 이 기구들과 직간접적으로 협력하며 만들어졌고, 때로는 대한민국의 정부나 사회단체·문화단체 등과 협력하며 제작되기도 했다. 따라서 이런 사회조직들의 목적과 활동 및 그 법리적·경제적 배경을 이해한다면 그 활동 과정에 생성되고 활용된 영화 자료에 대해 알맞은 접근 방향을 찾을 수 있을 것이다.

여기서 간과해서는 안 될 사회학적 사실은, 영화가 점령군 당국이나 해외 주재 외교 기구가 해당국 주민을 대상으로 하는 선전에 적극 활용하는 매체였다는 점이다. 이런 사실은 사회제도로서 영화가 한국 사회에 자리 잡은 방식과 연관된다. 1903년 무렵 처음으로 한국 대중에게 공개된 활동사진은 그 시작부터 전기와 전차를 비롯한 서구의 근대적 삶을 선전하는 도구로 기능했고, 1910년 일제의 강제 병합 뒤로는 조선총독부가 식민지 교화라는 구실로 적극 활용한 선전 매체다. 이것은 영화가 문자 매체보다 관객의 계층과 교육 수준에서 자유롭고 전달력과 호소력이 높다는 점, 무엇보다 영화 자체가 근대의 산물로서 기술이 낳은 경이를 경험시키는 교육적 오락성을 갖추고 있다는 점에 기인한다. 선전용 영화는 보도 형식을 띤 뉴스 영화를 비롯해 선전 당국의 정책을 홍보하는 다큐멘터리, 교육적인 내용을 담는 극영화 등이 있었다. 이 영화들은 영리 목적의 상영관에서 대중 영화 상영에 앞서 의무적으로 상영되거나 좀 더 체계적으로 조직된 상영회에서 목표 관객을 대상으로 상영되었다. 미 군정과 USIS-Korea는 이렇게 선전으로서 영화가 제도로 자리 잡은 20세기 한국에서 조선총독부 자리를 차지하며 활동을 이어 갔다고 볼 수 있다. 대한민국 정부 수립 이후 한미 양국의 선전 기구는 서로 협력하면서도 경쟁적인 관계를 맺었고, 영화 선전 관행은 텔레비전과 비디오 등 새로운 매체가 발달함에 따라 역사 속으로 사라졌다. 사회제도로서 영화에 대한 이런 예비지식은 개별 자료로서 영화가 어떤 관습과 실행 규범 체계 속에 자리했는지를 파악하고 접근하는 데 도움이 될 것이다.

이제 사회적 사건으로서 관람 경험에 대해 논해 보자. 필자는 USIS-Korea 영화 중 1958년에 만들어진 〈한국예술사절단 동남아 방문〉에 대해 분석했는데, 이 영화는 그해 2월부터 4월 사이에 대한민국 정부와 아시아민족반공연맹이 공동 주최한 한국예술사절단의 동남아시아 순회공연을 담고 있다.(김한상, 2013b: 189~191) 이 영화는 촬영과 상영·관람 과정에서 형성되었을 응시 구조가 일종의 문화적 위계를 반영하기 때문에, 사회적 사건으로서 관람에 대해 흥미로운 논의 지점을 제공한다. USIS-Korea와 동남아 현지 USIS의 협력으로 촬영된 이 영화는 한국예술사절단이 태국·베트남·필리핀 등에서 공연하며 현지 관람객과 만나는 모습을 담고 있으며, 이것이 한국 극장 상영용으로 편집되어 다른 USIS-Korea 영화들처럼 한국 관객들에게 상영되었다. 필자는 이런 촬영과 관람 과정에 세 가지 상이한 응시가 교차했을 것으로 분석했다. '첫째는 한국인 사절단의 공연을 관람하고 그들의 고유성을 감상하는 동남아시아인들의 응시이고, 둘째는 이 과정을 촬영하는 미국 공보 기구 USIS의 응시이며, 마지막으로 셋째는 이를 다시 극장에서 관람하는 한국인 관객들의 응시'다.(김한상, 2013b: 193) 이런 응시 구조는 '보는' 행위와 '보여 주는' 행위의 권력에 대한 이해를 통해 접근할 수 있다. '본다'는 행위는 대상을 파악하고 지식으로 습득하며 이를 통해 지배하는 행위로서, 그 기저에 권력이 작동한다고 할 수 있다. 이렇게 볼 때 '보여 준다'는 행위는, 이미 보고 파악하고 지배하는 자가 그렇지 못한 자에게 볼 수 있도록 기회를 주는 동시에 그 자신의 지위나 능력을 전시하는 권력 행위라고 하겠다. 이는 미국의 헤게모니 아래에서 아시아 역내 주도권을 확인하는 방편으로 한국의 고유성을 동남아인들에게 전시하려고 한 이승만 정부의 권력의지(한국문화사절단)와 이런 역내 관계와 권력의지의 발현을 모두 파악하고 기록하면서 이를 다시 역내 시민들에게 보여 주는 헤게모니적 응시 주체로서 미국의 권력(USIS)을 설명해 준다.(김한상, 2013b: 194~195) 이렇게 '관람'이라는 과정은 카메라 뒤에서 피사체를 향해 던지는 응시와 스크린 속에서 오가는 응시, 다시 그 스크린을 향한 관객의 응시가 사회적·정치적 맥락 속에서 복합적으로 교차하고 충돌하는 사건이라고 할 수 있다. 이 과정에서 관객은 '단일'한 응시의 주체가 아니며 각자 사회적 조건에 따라 방향과 성격이 다른 응시를 하게 된다. 따라서 제작 주체의 특정 목표가 있어도 관람 경험은 그것에 수렴되지 않는 다수의 상이한 결과로 이어질 수 있으며 때로는 제작 주체가 결코 의도하지 않은 비판적 각성의 계기가 되기도 한다. 이와 같은 일종의 '대안적 공론장'으로서 관객성에 대한 탐구는 최근 20~30년간 비판적 영화학의 주된 관심사이기도 하다.(Hansen, 1991: 90~125)

사회적 집단으로서 영화인에 대한 고려 또한 자료로서 영화에 접근하는 중요한 방법론이 될 수 있다. 필자는 특히 미국의 한국 현지 선전 기구인 USIS-Korea에 소속되어 영화를 만들었던 한국 영화인들의 복합적인 정체성에 주목했다. 전후 한국에서 가장 풍족한 예산과 설비를 갖추고 활발하게 영화를 제작한 USIS-Korea의 프로덕션은 많은 한국 영화인들에게 기회의 공간이었다. 여기 소속되어 활동한 영화인들은 미국이 주도하는 '자유세계'를 선전하는 선전가이자, 전후 한국 영화 산업의 부흥을 이끌어 가야 할 국가 재건의 주역이었으며, 미국과 세계의 발전된 영화 기술과 담론에 누구보다 먼저 노출됨으로써 예민한 예술적 감각을 익혀 간 작가 지향의 감독이었다.(Kim, 2013: 560) 이렇게 복합적인 정체성과 USIS-Korea의 제작 시설이라는 물질적 조건이 만들어 낸 창작 경향은 NARA에서 수집한 영화 자료들 일부에서 나타나는 독특한 창의적 표현을 설명할 수 있게 했다.(Kim, 2013: 555~557) 필자는 후속 연구를 통해 이런 작가주의적 경향이 냉전과 미국의 헤게모니라는 외적 조건 속에서 구축된 자유주의적 주체성의 한 형태임을 밝히려고 했다.(Kim, 2017) 이는 뚜렷이 구별되는 집단으로서 '한국 영화인들'이 식민지 한국의 영화 산업과 해방 이후 냉전 체제의 성립 속에 겪어야 했던 정치적·경제적 조건들을 통해 산업적으로나 예술적으로 어떻게 살아내고 자기 정체성을 구축했는가라는 문제의 틀에서 한 연구라고 할 수 있다. 미장센, 장르 관습 같은 영화 자료의 표현적 특징이 사회적 집단으로서 창작자에 대한 탐구와 결합되면서 해석 가능성을 얻은 것이다.

앞에서 본 것처럼 비언어적 자료로서 영화는 그것의 생산과 유통, 소비의 과정에 대한 맥락적 이해에 기초한 자료 안팎의 성실한 대화를 통해 사회학적으로 탐구할 수 있다. 부연하자면, 이것은 비언어 자료가 그 자료의 매체적·맥락적 특성과 분리되어 그 자체로 특정 정보원 구실을 할 것으로 기대하는 '증거' 지향적 접근을 지양할 때만 가능한 방법론이다. '증거'에 대한 천착은 비언어적 자료를 언어적 자료에 비해 부차적인 것으로, 비언어적 자료 속 정보를 언어적 자료로 단순 번역할 수 있는 것으로 이해하는 태도에서 나온다. 중국의 한국인 '위안부' 영상을 공개할 때 학계의 일부에서는 '사진 자료가 있는 마당에 영상 자료가 추가적으로 발견되는 것이 무슨 의미가 있느냐'는 의문을 제기하기도 했다.(《주간경향》, 2017. 7. 25.) 이것은 사진 자료가 이미 증거로써 기능했으니 그 뒤에 발견된 영화 자료는 새로운 사실을 알려 주는 증거로는 가치가 없다는 언술이라고 할 수 있다. 그러나 기계장치의 광학 기술이 현실을 그대로 보존할 수 있다는, '증거'에 대한 물신주의는 사진과 영화라는 비언어 매체에 대한 이해를 결여하고 있다. 사회학자이자 영화 이론가였던 크라카우어는 사진과 영화가 비슷한 점이 많은데도 사진에는 없는 영화만의 특징을 '삶의 흐름'에서 찾는다. 영화에서 촬영된 숏의 연

그림 2. 〈2차세계대전 당시 중국World War II in China〉 중 한국인 '위안부' 푸티지 장면(출처: 미국 NARA)

속된 화면은 '삶'이라고 할 현실과 '정신적·물질적 특징을 공유하는 대
응물들의 지속적인 밀려듦'을 가져온다는 점에서 삶의 연속과 '친연성'
이 있다. 그는 '삶의 흐름'이라는 것이 단순한 '정신적 연속체'라기보다
는 철저히 '물질적인 연속체'로서 그 연속이 정신적 차원으로까지 확장
된 것이라고 정의한다.(Kracauer, 1960: 71~72) NARA에서 발견된 '위안부'
영상은 바로 이런 물질적 연속체로서 삶의 흐름을 보여 준다.(그림 2) 환
하게 또는 짓궂게 웃는 중국 군인들 앞에 일렬로 늘어선 여성들은 불안
과 초조를 그대로 드러낸다. 이는 낯선 타국 땅의 전장에 동원된 '위안
부'들이 자신들을 동원한 군대의 적군을 포로로 대면하는 '물질적 상황
과 사건' 그리고 그것들이 시사하는 '감정, 가치, 사고'(Kracauer, 1960: 71)
일체를 담아내는 것이라는 점에서 삶의 흐름과 맞닿아 있다. 다시 말해,

영화 자료는 특정 사실을 증명하는 도구라기보다는 그 사실이 비롯된 물질적 현실을 보여 주는 연속체이며 이 푸티지는 한국인 '위안부'의 존재를 증명하는 증거에 그치는 것이 아니라 그들이 처한 물질적 현실과 그것이 시사하는 그들의 정서와 감정을 보여 준다고 하겠다. 이것은 비언어적 자료로서 영화가 지닌, 언어적 자료에서는 찾을 수 없는 힘이다.

- 기억의 공간으로서 언어와 비언어

문자는 오랫동안 과거의 '정신'을 시공간을 초월하여 손상 없이 간수하는 '투명한' 매체로 여겨졌다. 르네상스 시대 인문주의자들이 칭송했던 문자의 투명성에 반하여 19세기와 20세기에는 명확성을 띤 그림이 문화적 기억 매체로 평가받게 되었다. 그림은 함축성과 이중성이라는 특성 때문에 특히 무의식에 각별히 가까운 것으로 인정되었다. 따라서 사람들은 그림을 통해 이루어진 전승 방식은 텍스트에 기반을 둔 전승 방식과는 달리 불연속성, 통제 불가능성, 격정 그리고 어쩌면 '직접성'의 형태와 같은 특징이 있다고 추측했다. (……) 언어뿐만 아니라 시각적, 음향적 기호들을 코드화하는 기록 시스템이 발전함으로써 기억의 공간들은 전적으로 새로운 방향으로 나아가게 되었다. 서적 문서와 그림 문서들뿐만 아니라 기록물 보관소는 그동안 점차 더 많은 사진과 녹음테이프와 비디오 녹화물을 보관하고 있는데, 이런 비디오 녹화물들은 과거의 현실 기록에서 매우 세분화되었지만, 이와 동시에 장기간 고정불변한 것이라는 면에서는 근본적으로 더 손상되기 쉽다.(아스만, 알라이다, 2003, 《기억의 공간》, 변학수·백설자·채연숙 옮김, 경북대학교출판부, 535~536쪽.)

- 대중매체와 과거

대중 미디어가 과거에 대한 설명을 전달하는 과정에, 다시 말해, 역사에 대한 진지함이 개입하는 과정에 영향을 미치는 형태에는 두 가지가 있다. 첫째로 대중 미디어는 기억의 전달 형태를 결정한다. 이를테면 교과서에서 과거에 대해 읽는 일은 독립기념관 같은 박물관에서 전시물이나 사진, 디오라마를 통해 과거와 마주치는 것과 다르다. 과거에 대해 진지해지고자 한다면 이러한 미디어가 우리의 역사 이해를 형성하는 데 어떠한 역할을 수행하는가를 고찰할 필요가 있다. 둘째로 대중 미디어에는 과거의 사건에 대한 다양한 목소리나 이미지에 폭넓게 접근하게 해 주는 힘이 있다. 다른 사람의 입장에서 생각하는 일, 같은 사건을 다른 각도로 보는 것이 바로 그것이다.(모리스-스즈키, 테사, 2006,《우리 안의 과거: 미디어, 메모리, 히스토리》, 김경원 옮김, 휴머니스트, 49쪽.)

1. 질적 연구의 관점에서 문자, 그림과 각종 비언어적 기록에 관한 관념(투명성, 직접성, 고정불변성 등)에 대해 토론해 보자.

2. 대중매체를 통해 새롭게 결정된 기억의 전달 형태는 질적 연구에 어떤 접근을 요구하는지에 대해 논의해 보자.

읽을거리

- 모리스-스즈키, 테사, 2006,《우리 안의 과거: 미디어, 메모리, 히스토리》, 김경원 옮김, 휴머니스트; Morris-Suzuki, Tessa, 2005, *The Past Within Us: Media, Memory, History*, London · New York, NY: Verso.
- 아감벤, 조르조, 2012,《아우슈비츠의 남은 자들: 문서고와 증인》, 정문영 옮김, 새물결; Agamben, Giorgio, 1998, *Quel che resta di Auschwitz: L'archivio e il testimone*, Torino: Bollati Boringhieri.
- 아스만, 알라이다, 2011,《기억의 공간: 문화적 기억의 형식과 변천》, 채연숙 · 변학수 옮김, 그린비; Assmann, Aleida, 1999, *Erinnerungsräume: Formen und Wandlungen des kulturellen Gedächtnisses*, Munich: C. H. Beck.

참고 문헌

- 김한상, 2013a,《미국 NARA 소장 주한 미국공보원 영상 자료 해제》, 과천: 국사편찬위원회.(http://db.history.go.kr/item/bookViewer.do?levelId=fs_027)
- _____, 2013b. 〈주한미국공보원USIS 영화의 응시 메커니즘: 비가시적인 것의 가시화와 가시화하는 힘의 과시〉,《역사문제연구》30, 167~201쪽.
- 김현숙, 2005, 〈한국에서 영상사회학의 모색과 시도〉,《한국사회학회 사회학대회 논문집》(2005년 6월), 619~624쪽.
- 모리스-스즈키, 테사, 2006,《우리 안의 과거: 미디어, 메모리, 히스토리》, 김경원 옮김, 휴머니스트; Morris-Suzuki, Tessa, 2005, *The Past Within Us: Media, Memory, History*, London · New York, NY: Verso.
- 박은하, 〈'18초 필름'이 보여주는 진실의 힘〉,《주간경향》1236호, 2017. 7. 25.
- 아스만, 알라이다, 2003,《기억의 공간》, 변학수 · 백설자 · 채연숙 옮김, 경북대학교출판부; Assmann, Aleida, 1999, *Erinnerungsräume: Formen und Wandlungen des kulturellen Gedächtnisses*, Munich: C. H. Beck.
- 주은우, 2011, 〈식민지 도시와 근대성의 영화적 재현: 기록영화 〈경성〉과 식민 권력의 자기 재현〉,《사회와역사》92, 39~91쪽.

- _____, 2013, 〈오키나와 전투와 '1피트 운동'의 기억의 정치〉, 《아세아연구》 56(4), 161~203쪽.

- 최종렬·최인영, 2012, 〈탈영토화된 공공장소에서 에스니시티 전시하기: 안산에 대한 관광객의 문화기술지적 단상들〉, 《한국사회학》 46(4), 1~44쪽.

- Hansen, Miriam, 1991, *Babel and Babylon: Spectatorship in American Silent Film*, Cambridge: Harvard University Press.

- Harper, Douglas, 1996, "Seeing Sociology" in *The American Sociologist* 27(3), pp. 69~78.

- _____, 2012, *Visual Sociology*, Abingdon · New York, NY: Routledge.

- Hobsbawm, Eric, 1994, *The Age of Extremes 1914-1991*, London: Abacus.

- Kim, Han Sang, 2013, "Cold War and the Contested Identity Formation of Korean Filmmakers: On Boxes of Death and Kim Ki-yŏng's USIS Films" in *Inter-Asia Cultural Studies* 14(4), pp. 551~563.

- _____, 2017, "Film Auteurism as a Cold War Governmentality: Alternative Knowledge and the Formation of Liberal Subjectivity" in *Journal of Korean Studies* 22(2), pp. 317~342.

- Kracauer, Siegfried, 1960, *Theory of Film: The Redemption of Physical Reality*, New York: Oxford University Press.

- Kress, G. · R. Leite-Garcia · T. Leeuwen, 1997, "Discourse Semiotics" in *Discourse as Structure and Process*, London · Thousand Oaks, CA: Sage, pp. 257~291.

- Schellenberg, T. R., 1956(2003), *Modern Archives: Principles and Techniques*, Chicago: The Society of American Archivists.

- Urry, John · Jonas Larsen, 2011, *The Tourist Gaze 3.0*, London · Thousand Oaks, CA · New Delhi · Singapore: Sage Publications.

사이버 문화기술지

윤명희

매개된 현실 연구의 확장성을 위해서는 문화적 전환이 필요하다. 매개된 현실에 대한 문화 연구는 낙관론과 비관론 같은 이분법이나 매체의 직접적 영향력을 전제하는 효과론의 시각을 벗어나, 매개된 일상의 사회적 삶에 중층화된 경계를 횡단하며 유동적이고 복합적인 정체성을 수행하는 디지털 이용자들의 의미화 과정 및 실천적 행위에 주의를 기울인다. 매개된 현실의 문화 연구는 질적 연구 방법의 지향과 연관성이 많다.

질적 연구 방법으로서 사이버 문화기술지는 매개된 현실에 대한 사회 연구이자 질적 연구 방법으로, 컴퓨터와 인터넷·스마트폰 같은 새로운 기술·매체의 일상적 중요성과 밀접한 관련이 있다. 사이버 문화기술지는 매개된 현실에서 다양한 일상적 사회현상들, 특히 디지털 기술에 기초한 매개적 상호작용에 대한 질적 연구 방법이라고 할 수 있다. 사이버 문화기술지는 디지털 기술과 사람들의 일상적 · 사회적 상호작용이 어떻게 (재)매개되는지에 관심을 기울인다. 또한 사이버 문화기술지는 디지털 매개된 일상적 · 사회적 상호작용에서 사람들이 자신의 상황을 이해하고 헤쳐 나가고 대처하는 데 사용하는 상식과 절차와 고려 사항 같은 방법을 분석한다.

사이버 문화기술지는 디지털 매개된 사회적 행위에서 나타나는 의미화의 과정을 보여 주며 이를 통해 암묵적으로 또는 공공연하게 작동하는 관습적이고 규범적인 맥락을 드러낼 수 있다. 디지털-매개적 상호작용을 분석하려면 이미지와 상징, 기호 등을 통한 유대 및 감정적 차원에 주목할 필요가 있다. 사이버 문화기술지에서 사회적 상황이 벌어지는 현장은 유동적이다. 사이버 문화기술지에서 연구 현장의 유동성은 장소의 다양성과 복수성이라는 의미를 넘어선다. 사이버 공간은 물리적 공간과 다르지만 현실 공간의 반대 개념은 아니다. 연구 현장으로서 사이버 공간은 온 · 오프라인의 상호 연결로서 접근해야 하며, 상상의 공동체가 거주 · 활동하는 일상적 · 사회적 공간으로 이해할 필요가 있다.

사이버 문화기술지와 오프라인-대면적 문화기술지의 관계에 대해 공공연하거나 암묵적인 편향이 있다. 흔히 사이버 문화기술지를 오프라인 문화기술지의 보충으로 여기는데, 이런 관점에서는 대체로 대면적 상호작용을 본질적인 것으로 여기는 경향이 있다. 하지만 사이버 문화기술지는 오프라인 문화기술지의 보완물이 아니다. 현대의 일상적 · 사회적 상호작용에서 매체와 관계를 맺는 것은 보편화되어 있으며 사회관계를 형성하고 그 교류의 범위를 확장하는 데 매체가 다양하게 활용된다. 이런 측면을 고려할 때, 사이버 문화기술지는 디지털 사용이 일상화된 현 상황을 포착하고 기술하고 설명하는 대안적 질적 연구 방법으로 이해할 필요가 있다.

공사公私 영역의 경계가 점점 흐려지고 있다는 점에서 사이버 문화기술지의 실제 진행 과정에 연구 참여자는 물론이고 연구자의 사생활에 관련한 민감한 문제에 직면할 수 있기 때문에, 사적 관계나 개인 정보와 상호 폭로의 적절한 정도와 수위를 늘 염두에 둬야 한다. 그리고 디지털 변화의 속도가 빠른 만큼 다양한 협력 연구를 모색해 사이버 문화기술지 연구 현장의 생생한 이해를 도모하는 것도 필요하다.

매개된 현실, 어떻게 연구할 것인가

파란 모니터 화면을 배경으로 찢어지는 연결음을 내며 접속했던 PC통신이 역사적 뒤안길로 사라진 지 오래다. 한때는 생경하던 인터넷이 이제 생활어가 되었으며, 이동전화는 사람들의 영리한 분신처럼 이용되고 있다. 그리고 이렇게 일상의 디지털화에 따라 변하고 다양해지는 매개된 현실이 사회 연구의 주요 영역으로 여겨지고 있다. 하지만 매개된 현실에 대한 분석적·해석적 관심과 필요 속에서도 연구방법론과 분석 과정에 대한 논의는 그다지 체계화되어 있지 않다. 또한 매개된 현실 연구의 상당 부분이 정량적인 분석에 치중되어 있는 것도 사실이다.

매개된 현실 연구에서 어떤 연구 방법이 적절한가라는 질문에 일률적으로 답하기는 어렵다. 적절한 연구 방법을 취하려면 기본적으로 연구 주제의 특징을 고려해야 하기 때문이다. 한 가지 연구 주제에 양적 연구와 질적 연구를 동시에 사용하면 더 좋은 연구가 될 수 있다고 기대할지도 모른다. 교과서적으로 답하자면 연구 주제에 따라 양적 분석과 질적 분석을 선택적으로 또는 통합해서 사용할 수 있다고 말할 수 있겠지만, 실제 매체 연구에서 양적 연구와 질적 연구를 통합하는 것은 가능하지도 않고 바람직하지도 않다.(젠슨, 2007: 23) 두 가지 연구 방법의 목표, 수단과 분석의 대상이 너무나 다르기 때문이다. 오히려 방법적 전

매개된 현실

매개된 현실은 가상현실과 관련되어 있지만 동일한 용어는 아니다. 흔히 가상 혹은 가상성(virtuality)이라는 용어는 허구 혹은 비현실로 등치되곤 한다. 하지만 가상은 허구나 비현실이 아니라 현실의 또 다른 차원이다.(레비, 2000: 74~75) 즉 가상성은 현실성(reality)이 아닌, 현재성(actuality)에 대립되는 개념이라고 할 수 있다. 매개된 현실은 지난 세기에 등장한 전화, 영화, 라디오, 텔레비전에 이어 최근 컴퓨터와 인터넷, 스마트폰의 일상화에 따라 사람들의 삶과 실질적인 경험이 매개적 상황에 항상적으로 연결되어 있다는 것을 반영한 표현이다. 오프라인과 온라인의 연결은 갈수록 긴밀해지고 있으며 일상적 삶은 물론이고, 사회적·문화적·정치 경제적 영역 모두에서 미디어의 중요성은 점점 더 커지고 있기 때문이다.

통이 상이한 질적 연구와 양적 연구의 구분을 명확히 인식하고 어느 범위까지 화합할 수 있는가를 모색하는 것이 더 현실적이라고 할 수 있다.

그런데 실제 미디어 연구에서 주로 사용된 연구방법론과 분석은 질적 연구에 비해 양적 연구가 압도적이라고 할 만큼 많은 편이다. 이런 경향은 사회조사나 실험실 연구 같은 양적 분석 방법을 표준적이고 과학적인 연구 방법으로 여겨 온 학계의 지배적인 전통과 관련되어 있다. 표준과학으로서 양적 연구의 강조는 질적 연구에 대해 편향된 인식을 형성해 왔다. 질적 연구는 본격적인 사회 연구를 시작하기 전에 시도하는 예비적이고 탐색적인 연구로 이해되기도 했다. 이런 연구 및 인식의 편향은 미디어 연구가 대체로 효과나 영향력 연구에 상당 부분 치중되어 있던 것과 관련이 깊다.(윤명희, 2010: 134~136) 예컨대 양적 연구를 많이 생산해 온 미디어 효과 모델은 대중매체의 설득적 영향력에 주의를 기울인다. 소효과 모델이나 의제 설정 모델은 미디어의 영향력을 오피니언 리더와 맺은 결속 관계나 사회적 이해관계 같은 차원과 연관 지어 설명한다는 점에서 일정 정도 매개적 설명 방식을 취하고 있다. 하지만 전반적으로 볼 때 이런 미디어 연구에서 행위자는 미디어의 직접적 영향력에 사로잡히는 수동적인 소비자로 대상화되는 경향이 있다.

이와 달리 적극적 수용자론은 효과론이나 대상화 논리에서 벗어나, 미디어 수용 과정을 사회적이고 해석적인 맥락이 있는 행위 및 의미화 과정으로 보는 한편 미디어 행위자를 적극적 소비자이자 독자로 설정한다.(정재철, 1997; 박창희, 1998; 크로토·호인스, 2001: 287~295; 윤명희, 2010: 134~139) 홀의 부호화·해독 모델(1973)이나 몰리의 가족 텔레비전 연구(1986), 래드웨이의 여성 독자 연구(1984) 같은 미디어 문화 연구의 전통은 적극적 수용자론과 밀접한 관련이 있다. 이 연구들은 메시지보다 텍스트라는 말을 선호하며 메시지의 효과보다 의미의 생성에 초점을 둔다. 또한 의사소통을 발신자로부터 수신자에게 일방적으로 메시지가 전달되는 것이 아니라 수용 상황과 맥락에 따라 상이한 해석을 포함하는 의미화의 과정으로 본다. 텔레비전이나 비디오, 신문, 소설 같은 대중매체 연구에서 시작된 미디어 문화 연구는 미디어 행위자의 의미 맥락에 대한 분석을 강조한다는 점에서 개인 지향성이 강화되는 최근의 새로운 매체·기술 환경에서도 현재적 의미와 유용성이 있다.

의미 패러다임에 기반을 둔 미디어 문화 연구는 정량화된 분석보다는 텍스트에 대한 담론 분석이나 미디어 수용자 면접이나 참여관찰 같은 정성적인 연구 방법을 택해, 질적인 미디어 연구에 대한 이해나 필요성을 제고하는 중요한 학문적 자극으로 작용해 왔다. 이와 동시에, 매개된 현실 연구에서 질적 분석이 더 체계적이어야 한다는 문제 제기도 내부에서 진행되어 왔다. 럴은 수용자 연구에서 문화기술지가 자료 수집과 보고를 위한 최소한의 기본 요건도 갖추지 못하고 있다고 지적하면서, 일상생활 속 행위의 다양한 맥락을 세밀하게 관찰하고 기록해야 한다는 점을 강조한다.(Lull, 1987: 320; 1988: 242; 몰리·실버스톤, 2007: 204) 이와 더불어 수용자의 실재성에 대한 논쟁적인 질문도 제기되고 있다. 하틀리는 수용자란 수용자에 대해 얘기하고 연구하는 사람·그들의 관심을 끌고자 하는 사람·그들을 규제하고 보호하려는 사람들, 즉 비평가·학자·방송 산업 및 방송 규제 기관 들이 만들어 낸 텍스트이자 구성된 체제라고 주장한다.(Hartley, 1987; 1988; 터너, 2008: 189~193) 다양한 수용자상은 담론의 생산물로서, 여러 집단이 생존 메커니즘을 장악하기 위해 의도적으로 만들어 낸 전략적이고 자기 충족적인 허구라고 본 것이다. 이런 문제 제기와 논쟁은 매개된 현실에 대한 질적 연구의 체계화 및 정당화 과정과 관련한 생산적 논의에 기여한다는 점에서 긍정적이라고 볼 수 있다.

사이버 문화 연구와 질적 분석

매개된 현실 연구의 문화적 전환

매개된 현실 연구의 확장성을 위해서는 문화적 전환(최종렬, 2009)이 필요하다. 매개된 현실에 대한 문화 연구는 낙관론과 비관론 같은 이분법이나 매체의 직접적 영향력을 전제하는 효과론의 시각을 벗어나, 매개된 일상적·사회적 삶의 중층화된 경계를 횡단하며 유동적이고 복합적인 정체성을 수행하는 디지털 이용자들의 의미화 과정과 실천적 행위에 주의를 기울인다.

더 강화된 매개 현실 연구에서 문화적 전환, 즉 사이버 문화 연구는 몇 가지 특징으로 설명할 수 있다.

첫째, 사이버 문화 연구는 미디어와 사회의 관계를 직접적인 것으로 설정하지 않는다. 사회에 대한 미디어의 영향력을 직접적인 것으로 전제하는 대신, 미디어와 연관된 사회적이고 문화적인 차원에 분석의 초점을 맞춘다.

둘째, 사이버 문화 연구는 웹이나 이동전화 같은 디지털 미디어의 특정한 문화 유형을 다루는 것이 아니라 온라인과 오프라인에 모두 연관되어 있는 디지털 미디어에 대한 문화사회학적 연구를 지향한다. 이것은 대다수 이용자가 느끼는 디지털 미디어의 평범함, 다른 미디어 및 사회적·문화적 차원들과 맺는 연관성, 무엇보다 사용자에게 있는 상대적인 특권에 주목한다는 뜻이다.

셋째, 사이버 문화 연구는 디지털 사용자들을 '상호작용하는 행위자'로 보고 접근한다. 상호작용하는 행위자라는 관점은 미디어 메시지와 수용자가 직접 겪는 경험 간에 일정한 차이가 있다는 데서 출발한다. 그리고 미디어 수용자를 진정한 해독력이 있거나 없는 소비자라는 일관된 성향의 소비자 대중으로 일반화하기보다는 유동적이고 복합적인 수용자 정체성에 주목한다. 즉 '상호작용하는 행위자' 관점은 계획되고 의도된 미디어 흐름뿐만 아니라, 수용자들이 이런 미디어를 어떻게 이용하고 해석하는지 그리고 상호작용을 통해 수용자들이 행하는 집합적인 정체성 작업은 무엇인지에 관심을 기울인다.

넷째, 사이버 문화 연구는 이론적 연구와 경험적 분석의 통합 연구를 지향한다. 사이버 문화 연구는 디지털 기술을 사회적 상호작용의 주요 조건 및 맥락으로 이론화하는 한편 이를 바탕으로 실질적인 의미화 과정에 대해 경험적 분석을 수행한다. 이런 사이버 문화 연구는 디지털 이용자들의 행위 및 의미화 과정에 분석의 초점을 두는 사이버 질적 연구와 깊은 친화성이 있다.

사이버 질적 연구와 문화기술지

사이버 문화기술지는 매개된 현실에 대한 사회 연구이자 사이버 질적 연구 방법의 한 형태라고 볼 수 있다. 사이버 문화기술지는 컴퓨터와 인터넷·스마트폰 같은 새로운 기술·매체의 일상적 중요성과 관련되며, 매개된 현실의 다양한 일상적·사회적 현상이 주요 연구 대상이라고 할 수 있다. 특히 사이버 문화기술지는 디지털 기술을 매개로 사람들의 일상적·사회적 상호작용이 어떻게 (재)형성되는지에 관심을 기울인다. 이것은 디지털 매개된 일상적·사회적 상호작용에서 사람들이 자신의 상황을 이해하고 헤쳐 나가고 대처하는 데 사용하는 상식과 절차와 고려 사항 같은 방법에 분석의 초점을 둔다는 뜻이다. 이런 사이버 문화기술지는 디지털 매개된 사회적 행위에서 나타나는 의미화 과정을 보여 줄 수 있으며 이를 통해 암묵적으로 또는 공공연하게 작동하는 관습적이고 규범적인 맥락을 드러낼 수 있다.

사이버 문화 연구이자 질적 연구 방법으로서 사이버 문화기술지는, 인류학적 현지조사나 기존 사회 연구의 문화기술지 같은 오프라인-대면적 문화기술지와 유사점과 차이점·관계성을 비교해 보며 좀 더 개념화할 수 있다. 연구 현장을 고정된 사물로 보지 않는 점에서는 오프라인 문화기술지와 같지만, 사이버 문화기술지에서 사회적 상황이 벌어지는 현장은 훨씬 더 유동적이라고 말할 수 있다. 사이버 문화기술지는 한 장소가 아니라 다양한 현장과 상황을 향해 끊임없이 이동한다는 점에서 다현지 문화기술지이자 이동식 문화기술지의 성격을 띤다.(윤택림, 2013: 231) 그런데 사이버 문화기술지에서 연구 현장의 유동성은 장소의 다양성과 복수성이라는 의미를 넘어선다. 디지털 기술은 물리적 경계로 표상할 수 없는 흐름의 공간이라는 가상의 영역을 형성한다. 사이버 공간이 물리적 공간과는 다르지만 현실 공간의 반대 개념은 아니다. 또한 인터넷이나 스마트폰 속에 별개로 존재하는 디지털 세상만을 가리키지도 않는다. 연구 현장으로서 사이버 공간은 매개된 현실을 살아가는 다양한 문화 집단, 즉 상상의 공동체가 만들고 거주하는 다양한 일상적·사회적 공간이라고 할 수 있다.

기존 문화기술지와 마찬가지로 사이버 문화기술지도 일상적·사회적 상호작용에서 이미지와 상징, 기호의 의미 분석이 매우 중요하다. 그런데 사이버 문화기술지에서는 디지털 참여자들이 기호와 상징을 생산하고 소비하는 과정을 또 다른 문화적 시선으로 받아들일 필요가 있다. 매개된 삶의 공간에서 다양한 문화 집단과 이용자들은 지나칠 만큼 다양한 이미지와 문자 표현을 만들고 소비한다. 이 기호적 과잉은 가벼움과 무절제로 비난할 일이 아니라 중요한 연구 영역으로 이해해야 한다. 디지털 기술을 매개로 형성된 상상의 공동체에서 상호작용 과정은 사회적 소통에서 요구되는 다양한 맥락과 단서가 부족할 가능성이 높다. 따라서 상호작용 참여자들은 서로 사회적 결속과 유대, 정서적 친밀감을 도모하는 것 또한 쉽지 않다고 여기게 된다. 그런데 결핍된 소통 조건과 상황에 대한 참여자들의 인식이 대면 맥락의 결핍을 보완하기 위한 감정적 표현의 과장을 보편화하는 역설을 가져온다. 다시 말해, 사이버 공간에서 지나칠 정도로 넘쳐 나는 이미지와 기호는 결핍된 소통 맥락을 보완하고 정서를 전달하며 감정을 공유하려는 참여자들의 협력이 낳은 과정이자 결과로 보고 접근할 필요가 있다.

한편 사이버 문화기술지와 오프라인-대면적 문화기술지의 관계에 대한 공공연하거나 암묵적인 편향도 생각해 봐야 한다. 사이버 문화기술지를 기존 문화기술지의 보충으로 여기는 경향이 있는데, 이는 대체로 대면적 상호작용을 일상적·사회적 소통의 본질적인 형태로 여기는 시각과 맞닿아 있다. 예컨대 사회학자 콜린스는 의미 있는 상호작용의 필수 전제 조건으로 상호작용에 참여하는 사람들이 같은 물리적·대면적 공간에 있어야 한다는 점을 강조한다.(콜린스, 2009: 94) 그에 따르면, 전화나 텔레비전·인터넷 같은 원격 의사소통이 아무리 생생해도 신체적 공현존共現存에 기초한 상호작용보다는 현저히 약화된 방식이라고 본다. 하지만 매개적 상호작용이 일상적·사회적 소통의 보편적이고 의미 있는 방식으로 활용되고 있다는 것은 엄연한 사실이다.(윤명희, 2013) 현대의 일상적·사회적 상호작용에서 미디어 연관성이 보편화되어 있으며 사회관계를 형성하고 그 교류의 범위를 확장하는 데 미디어가 다양하게 활용된다. 대면적 상호작용과 매개적 상호작용은 대립적이거나 배제적인 관계가 아니라 상호 보완적인 관계를 맺고 있다.

이런 측면을 고려할 때 사이버 문화기술지를 오프라인 문화기술지의 보완물로 보기보다는 디지털 사용이 일상화된 현 상황을 포착하고 기술하고 설명하는 대안적 질적 연구 방법으로 이해할 필요가 있다. 매개된 현실의 질적 연구로서 사이버 문화기술지가 오프라인 기반의 기존 질적 연구 방법과 동일하지 않지만, 이것을 온라인 형태의 분석 방법으로 한정할 이유는 없다. 인터넷이나 스마트폰으로 연결된 사회관계에 대한 질적 연구를 하려면 내용뿐만 아니라 방법 면에서도 온·오프라인을 함께 고려해야 하기 때문이다. 다시 말해, 사이버 질적 연구의 내용과 범위에 따라 온·오프라인의 문화기술지를 모두 사용할지 또는 선택적으로 활용할지를 판단해야 한다. 사이버 문화기술지는 매개된 현실의 질적 연구를 위해 오프라인에서 대면 상호작용을 전제로 한 문화기술지뿐만 아니라 인터넷이나 스마트폰 같은 새로운 기술, 매체 환경을 활용한 연구 방법을 사용할 수도 있다.

어떤 사이버 문화기술지를 선택해야 하는가

실제로 상당수의 사이버 질적 연구가 대면적 상호작용에 기초한 질적 연구 방법을 활용한다. 초점집단면접이나 심층면접 같은 면접 방식이 대표적이다. 초점집단면접은 기술·매체 환경과 관련한 다양한 현상과 상황, 사용자 맥락을 연구하는 데 유용성이 크다. 기술·매체 환경의 변화와 더불어 빠르게 변하는 연구 현장에 익숙하지 않거나 연구 주제의 구체화가 다소 부족한 상황에서도 활용될 수 있기 때문이다. 실제로 기존 문화기술지에서 초점집단면접은 새로운 연구 주제를 개발하고 탐색하는 단계에 주로 소비자 연구나 마케팅 조사에서 많이 활용되었다. 대체로 반구조화된 방식으로 진행되며, 토론 집단을 인위적으로 만들어 연구자가 토의 주제를 제공한 뒤 집단 내 상호작용을 관찰·기록하고 토론 내용을 분석한다. 사이버 질적 연구에서 초점집단면접은 특정 디지털 사용자들의 상호작용 과정을 직접 관찰하고 연구 주제 관련 초점집단을 통해 자료를 수집할 수 있다는 장점이 있다. 하지만 새로운 디지털 분야의 경우 연구 주제와 부합되는 초점집단을 구하는 일 자체가 쉽지 않다. 집단 상호작용과 상이한 개인 행위의 차원은 배제될 수 있다는 점도 고려해야 한다.

심층면접도 사이버 질적 연구에서 많이 활용한다. 인류학에서 심층면접은 현지조사의 일부로 여겨지지만, 사회 연구 및 미디어 문화 연구에서 심층면접은 질적 연구와 거의 동의어로 쓰일 만큼 대표적인 문화기술지다. 심층면접은 초점집단면접과 마찬가지로 대면 상황에서 하지만 집단 대화가 아니라 일대일 관계에 기초해 좀 더 깊이 있는 면접 방식이다. 심층면접은 반구조화 또는 비구조화된 대면 관계에서 자연스러운 대화 형태로 이뤄진다. 일상적인 대화보다는 인위적이지만 목적성이 뚜렷한 기자, 리포터의 구조화된 면접과도 다르다. 심층면접은 연구 참여자와 대화하는 상황을 자연스러운 상태로 유지해, 연구 참여자가 편안한 상태에서 자기 이야기를 이어 갈 수 있도록 노력해야 한다. 이 과정에 연구자가 연구 참여자와 그가 속한 집단의 구성원들이 공유하는 매개된 현실의 언어를 이해하는 것이 매우 중요하다. 면접이 대화로 진행된다는 점에서 자연스러운 상황을 만들고 지속하는 데 언어의 의미가 큰 만큼, 다종다양하고 변화가 빠른 매개적 상호작용의 언어와 그 특성을 이해하는 것 또한 쉽지 않은 일이다.

이 점에서 기존 대면 면접에서 쓰는 대화체를 사이버 문화기술지에서도 쓰는 것이 적절한지에 대해 한번 생각해 볼 필요가 있다. 우리말은 높임말이 있기 때문에, 면접을 진행할 때 연구자와 연구 참여자 그리고 연구 참여자와 연구 참여자가 서로 높임말 사용 여부를 선택해야 한다. 오프라인 면접은 존댓말을 쓰는 경우가 많다. 상대방에 대한 공손함을 유지하기 위한 것이기도 하지만, 익숙하지 않은 타자와 처음 대면하거나 대화하는 상황에서 예사말을 자연스럽게 사용하기는 쉽지 않기 때문이다. 그런데 사이버 문화기술지 면접에서는 연구 참여자와 그 구성원들의 언어 습속을 더 고려해야 한다. 예컨대 사회적 위치에 관계없이 서로 말을 놓는 사이버 커뮤니티의 참여자들과 면접한다면 반말 사용이 자연스러운 대화를 위해 꼭 필요할 수 있다. 한 오프라인 면접에서 20대 초·중반의 여성 연구 참여자들은 자신들의 사이버 커뮤니티에서 평소에 하듯 반말로 대화하고 '닉네임'으로 불리기를 원했다. 이에 따라 면접 초기부터 서로 말을 놓았으며 연구자는 연구 참여자의 닉네임을 부르고 연구 참여자들은 연구자의 이름을 닉네임처럼 불렀는데, 이 덕인지 면접이 친근한 분위기 속에 진행되었다.

한편 웹캠이나 스마트폰·SNS 등을 통해 온라인 면접을 진행하는 경우, 연구자는 오프라인 면접 관련 기본 지침뿐 아니라 온라인 상황에서 발생할 수 있는 다양한 변수를 늘 생각해야 한다. 웹캠을 통한 면접은 매개적 상호작용과 대면적 상호작용을 보완한 것으로, 거리 문제를 비롯해 여러 이유로 직접 대면이 곤란한 연구 참여자와 면접할 수 있다는 점에서 유용하다. 하지만 대면적 상호작용에 비해 면접 환경을 통제하기 어려우며 끊김 없는 안정적인 통신 상태가 지속되어야 한다는 점에서 기술·매체 의존도가 높다.

최근 사이버 질적 연구에서는 SNS를 활용한 온라인 면접도 많이 사용한다. 연구자와 연구 참여자가 모두 일상적으로 이용하는 카카오톡이나 페이스북을 통한 온라인 면접은 쉽게 접근할 수 있는 방법이다. 온라인 면접은 대면 면접에 비해 시간과 장소를 유연하게 선택할 수 있어서 연구 참여자를 배려하기가 편하다. 실제로 연구 참여자의 일과 시간을 고려해 새벽에 카카오톡으로 면접을 진행한 사례도 있다. 온라인 면접을 진행하려면 로그인 시간을 함께 정하고, 연구자가 대화방을 미리 열어 놓는다. 본격적인 면접 전에 개인 소개나 간단한 대화 같은 비공식 면접을 진행하다가 연구 참여자의 상황이 정리되면 공식 면접을 진행한다. 페이스북의 메시지 서비스와 달리 카카오톡을 통한 온라인 면접은 종료 후에 대화록을 그대로 저장해 녹취록으로 활용, 분석할 수 있어서 편하다.

온라인 면접은 대면 면접에 비해 다양한 감각적 단서를 확보하기가 어렵고 대화 상대에 집중하는 데 서로 문제가 생길 수 있으며 연구 참여자가 답변을 쓰기 전에 감정을 숨길 수 있다는 우려와 비판이 있다. 하지만 잘 진행된 온라인 면접은, 감정적 단서나 맥락을 보완하기 위해 다양한 시도들이 오히려 확장되어 나타날 가능성이 높다. 대면 맥락이 부족한 온라인 면접에서 연구 참여자들이 자신의 의사나 감정을 명확하게 전달하고 보완하기 위해 문자나 이모티콘 등을 많이 쓴다. 이런 정서적 표현은 무분별한 '과다' 사용으로 보기보다는 매개적 상호작용을 지속하기 위해 소통의 습속을 드러내는 주요한 자료로 이해할 필요가 있다.

참여관찰은 참여와 관찰이라는 상반된 특징을 동시에 가질 수 있는 연구 방법으로 아주 흔하게 사용되는 사이버 질적 연구 방법 가운데 하나다. 인류학에서 현지조사는 산업화 이전 전통 사회나 부족사회를 연구하는 가장 기본적인 방법으로서, 타자의 문화에 친숙해지는 장기 거주가 필수적인 연구 과정으로 여겨진다. 이에 비해 기존 사회 연구나 매체 연구에서 참여관찰을 활용한 연구는 질적 방법 가운데서도 상대적으로 많지 않은 편이다. 참여관찰을 수행한 경우에도 장기 거주에 기초한 인류학적 현지조사의 관점에서 비교할 때 턱없이 적은 시간을 할애한다는 부정적인 평을 받기도 한다. 하지만 이것은 사회·매체 연구에서 참여관찰의 특성을 이해하면 일면적인 평가일 수 있다. 낯선 현장에 들어가 익숙해지는 절차를 거쳐야 하는 인류학적 현지조사와 달리, 사회 연구와 매체 연구에서 참여관찰은 익숙한 자기 문화와 일상생활에 기초한 '의도하지 않은 참여관찰'이 선행된 경우가 많기 때문에 적응 시간을 생략할 수 있다.

사이버 문화기술지에서도 '의도하지 않은 참여관찰'은 매우 일상적이다. 사이버 문화기술지의 실제 연구 사례를 보면, 디지털 매체와 문화에 익숙한 젊은 연구자들이 문화기술지에 많은 관심을 가지며 매개된 현실과 관련된 연구자 자신의 사적 경험이나 개인 관심사 영역을 연구 주제로 이끌어 낸 경우가 많다. 이렇게 일상화된 '의도하지 않은 참여관찰'에 기초한 사이버 문화기술지를 수행하는 경우, 연구자는 연구 현장에 대한 친숙함과 상황 맥락화된 이해를 도모하는 데 더 유리한 위치를 확보할 수 있다. 사이버 문화기술지의 '의도하지 않은 참여관찰'은 연구 과정에서도 수행될 수 있다. 참여관찰을 연구 방법으로 택하지 않아도, 사례 연구나 온라인 내용 분석 과정 자체가 참여이자 관찰의 과정과 직간접적으로 연결될 수밖에 없다. 연구자가 연구 참여자와 하는 온·오프라인 면접 전후로 온라인 현장을 잠시 방문하는 것도 일시적인 참여관찰을 수행하는 것이라고 할 수 있다.

사이버 문화기술지 하기

매개된 현장, 어떻게 정하나

연구 현장을 정하는 일은 무척 중요하다. 어쩌면 연구자가 사이버 문화기술지를 시작하기 전에 이미 연구 현장에 도착해 있었는지도 모른다. 사이버 문화기술지의 현장에 발을 디디는 과정이 의도적인 선택일 수도 있지만 우연한 도착, 즉 '의도하지 않은 참여관찰'에서 비롯될 가능성이 높다. 사이버 문화기술지 연구자의 취미나 관심사가 본격적인 연구 영역으로 선택된 경우가 적지 않기 때문이다. 예컨대 팬덤 연구자라면, 특정 팬덤의 일원이거나 일원이었던 경우가 적지 않다. 필자도 피겨스케이팅 팬으로서 경험이 중요한 계기가 되어 사이버 팬덤 연구를 시작했다.

이 연구는 일종의 참여관찰로서 2009년 11월경부터 팬덤의 참여자이자 연구자로서 정체성을 오가며 디시인사이드의 피갤(피겨스케이팅 갤러리)을 분석하고 있다. 그리고 피갤에 대한 본격적인 분석에 앞서 피겨 관련 블로그와 포털사이트 다음Daum의 스포츠 일반 토론방 등 피겨 관련 사이트도

참여관찰하였다.(윤명희, 2010: 142)

으레 접속하고 습관처럼 클릭하며 방문하는 여기 또는 여기에서 벌어지는 상황 자체가 연구 현장이 될 수 있다는 것을 늘 기억할 필요가 있다. 사회학적 상상력을 가지고 들여다보면 평범한 일상의 디지털 세계가 자신의 사이버 문화기술지 현장이라는 것을 알 수 있다. 페이스북 같은 SNS를 비롯해 휴대전화 문자메시지, 영상통화, 블로그, 트위터, 인스턴트 메신저, 온라인게임, 채팅 방, 세컨드라이프나 심즈 같은 가상세계, 공개 게시판, 유튜브, 음악 사이트 등 다양한 디지털 환경이 매개된 현장일 수 있다. 이 사이버 문화기술지의 현장을 연구 대상으로 포착하고 이해하려면 유념할 사항들이 있다.

흔히 탈지역적이고 초국가적 공간으로 여기는 매개된 현장은, 인터넷과 스마트폰을 매개로 오프라인의 일상적인 만남과 관계가 여전히 지속되고 연계되는 공간이기도 하다. 즉 온·오프라인의 연결로 매개된 현장은 하이퍼링크로 연결된 탈경계화의 공간이며, 기존 사회관계가 중첩되고 다시 연결되는 재경계화의 공간이기도 하다. 실제로 SNS 이용자가 전 연령대로 확장되면서 기존 관계와 재연결될 가능성이 점점 높아지고, 이에 따라 10대 이용자들이 부모의 간섭을 피해 페이스북을 떠나거나 인간관계에 피로감을 호소하며 인맥 거지를 자처하거나 아예 불필요한 간섭이나 시선을 피해 SNS를 탈퇴하는 경우도 생겨나고 있다.

매개된 현장은 추상적 공간이나 비장소非場所가 아니라, 또 다른 공간이자 구체적인 장소다. 여기에는 일상적·사회적 부딪힘과 만남이 존재하며, 이를 통해 관계의 분리와 연결이 실질적으로 배태된다. 디지털 이용자들이 각자 매개된 현장에서 느끼는 장소감은 서로 같지 않다.

예컨대 매개된 현장에서 여성과 남성이 일상적으로 다니는 공간, 만남의 장소, 외부 연결 등은 다르다. 남성들의 언어와 문화가 일상인 커뮤니티가 있다면, 여성만 입장할 수 있는 커뮤니티도 있다. 포털사이트 다음의 '여성시대'는 1980년부터 1999년까지 출생한 여성만 회원이 될 수 있다.

이동하는 세계의 확장은 매개된 현장의 사회·문화적 조건이자 상황이며, 이는 사람들의 공현존 감각에 중요한 변화를 가져온다.(어리, 2014: 274; 윤명희, 2016: 51~52) 사람들은 인터넷과 스마트폰을 통해 끊임없이 이동한다. 이것은 휴대전화를 손에 들고 움직이는 물리적 이동의 증가뿐만 아니라, '떠나지 않으면서도 움직이는' 이동 감각을 일상적으로 경험한다는 뜻이다. 즉 사람들은 인터넷과 스마트폰을 매개로 움직이지 않으면서 움직이고 만나지 않으면서 만나고 있다. 예전에는 함께 있다는 것이 물리적 장소를 공유하는 것과 대체로 일치했지만, 모바일 세계에서는 반드시 그렇지는 않다. 함께 있다는 공현존의 감각에서 장소의 의미가 디지털 세상에서는 약해지는데, 이는 장소의 의미가 사라진다기보다는 공간 감각이 확장하고 변형하는 것으로 이해할 필요가 있다.

흐름의 공간에 어떻게 접근해야 하나

'두꺼운 기술'은 질적 연구의 장점이자 매력으로 여겨진다. 하지만 장기 거주에 기초한 두꺼운 기술이 흐름의 세계에서는 쉽지 않다. 인터넷과 스마트폰으로 매개된 현장은 분리, 역치, 재결합의 장기-순환성 대신 지속적인 역치-유동성의 과정이 일상적이다. 소셜 네트워크의 타임라인은 한순간에 흘러간다. 매개된 현장에 접속하고 방문하고 거주하는 연구자라도 유동적인 사이버 현장에서 무언가를 포착하기가 쉽지 않다. 웹사이트의 사회·문화적 수명도 짧은 편이라 적응 기간을 확보하기 어려운 경우도 많다. 연구의 주제나 초점에 맞는 매개된 현장을 선택하는 것만큼, 매개된 현장의 상호작용 상황과 변화 속도 등을 고려해 연구 현장에 접근해야 한다.

연구자가 매개된 현장의 문화에 익숙하지 않거나 의도하지 않은 참여관찰을 선행하지 않았다면 선행 연구나 관련 자료만으로 피상적인 이해 수준에 머무를 수 있다. 이런 경우, 연구 대상 웹사이트 이용자나 커뮤니티 참여자와 하는 면접은 매개된 현장의 문화에 대한 체계적이고 심층적인 내용에 효과적으로 접근할 수 있도록 한다. 하지만 국외자인 연구자가 연구 주제에 부합하는 연구 참여자를 직접 확보하기는 쉽지 않다. 실제로 적합한 연구 참여자를 만나는 건 운에 달린 일이기도 하다. 연구 참여자의 공개된 SNS나 메신저·이메일 계정을 통해 접촉을 시도할 수 있는데, 이때 연구 주제와 취지를 예의를 갖춰 제대로 설명해야 한다. 연구자가 연구 참여자를 직접 찾기 어렵다면, 제보자를 통해 섭외하거나 앞서 섭외한 연구 참여자를 통해 또 다른 연구 참여자를 소개받아 눈덩이를 굴리듯 연구 참여자 수를 확보할 수 있다. 사이버 문화 집단의 성격에 따라 사회적 비난에 노출될 가능성이 높은 경우에는 연구 참여자가 대면 면접을 꺼릴 수도 있는데, 무리하게 설득하기보다는 카카오톡 대화방을 활용한 온라인 면접을 할 수 있다.

연구 참여자 면접이 매개된 현장을 이해하는 데 효과적이지만, 연구자 자신이 직접 커뮤니티의 일원이 되어 참여하고 관찰하는 활동 경험은 꼭 필요하다. 연구 참여자 면접만으로 사이버 문화 집단의 시선을 이해하기는 어려울 수 있기 때문이다. 상대적으로 지속성이 높은 동호회나 팬덤 같은 커뮤니티라면 연구자가 직접 참여해 커뮤니티 내부자의 언어와 시선을 경험해 보는 것이 필요하다. 가입형 커뮤니티는 가입 즉시 회원 자격을 주는 것이 아니라서 연구 초기부터 가입을 계획해야 한다. 활동 기록이 일정하게 쌓여야 정회원으로 승인하고, 정회원에게만 콘텐츠를 공개하는 경우가 많기 때문이다. 만일 의도하지 않은 참여관찰을 이미 진행했다면 가입과 적응 과정은 생략되겠지만, 분석적 거리를 두기 위한 노력이 필요하다.

온라인 커뮤니티와 SNS의 상호작용 과정을 자세한 기록으로 남기는 것은 오프라인 문화기술지와 마찬가지로 매우 중요하다. 물론 끊임없이 움직이고 바뀌는 타임라인의 텍스트를 모두 기록하는 것은 불가능에 가깝다. 설령 분초 단위 기록으로 남겨도 그중 필요한 자료를 고르기는 어려운 일이다. 그럼에도 연구 주제와 연관된 자료를 성실히 기록하고 정리하는 과정은 꼭 필요하다. 상황이 벌어지는 매개된 현장이 있다면 그날그날 주요 내용을 연구 노트에 기록해 둔다. 페이스북이나 트위터 같은 SNS라면 연구 주제와 관련된 해시태그나 검색 기능을 활용할 수도 있다. 특히 분석 대상으로서 유용한 내용은 링크 주소를 기록하고 이미지를 미리미리 캡쳐해 둘 필요도 있다. 간혹 텍스트가 삭제되어 메모 내용을 찾을 수 없는 경우가 생길 수 있기 때문이다.

연구자는 누구인가

사회과학 연구자에게 디지털 연구는 회전목마를 타며 롤러코스터의 비명을 지켜보는 상황에 가깝다. 회전목마를 탄 연구자에게 롤러코스터를 휘감는 소리들은 두려움의 자극이거나 미몽迷夢의 잠꼬대일 수 있으며, 혹은 부러움 그 자체일 수 있다. 그런데 롤러코스터 탑승자들의 몰입과 재미는 회전목마의 연구자에게 어떻게 해석되고 있을까? 탑승자들은 회전목마 연구자의 이야기에 얼마만큼 동감할 수 있을까? 연구자로서 나는 회전목마 위에서 롤러코스터를 바라보는 기분을 매번 느낀다.(윤명희, 2009: 108)

사이버 문화기술지에서 연구자는 매개된 현장에 접속하고 방문하고 적응하며 때로는 일상적으로 거주한다. 하지만 설령 오래 머문 사이버 문화기술지 연구자라도 그 정체성은 정주민보다는 낯선 '이방인'에 가깝다. 빠르게 변하는 디지털 기술·매체 환경의 속도와 흐름에서 익숙함은 연구자는 물론, 누구에게도 허락되지 않기 때문이다. 이 항상화된 낯섦이 사이버 문화기술지 연구자에게는 문제라기보다 오히려 새로운 사회·문화적 상황을 대면할 기회라고 할 수 있다. 이런 점에서 매개된 현장을 어슬렁거리며 호기심 어린 시선으로 여기저기 기웃거리는 사이버 문화기술지 연구자는 '산책자'이자 '관광객'이라고 부를 수 있다.(윤명희, 2009: 2012) 즉 이방인·산책자·관광객으로서 사이버 문화기술지 연구자는 무심히, 흘깃, 세밀히 보는 가운데 매개된 현장에 새롭게 가닿는 한편 디지털 현지인과 일상적으로 상호작용하면서도 익숙함 대신 끊임없이 낯설게 보는 시선을 유지하는 존재라고 할 수 있다.

　　매개된 현장에서 사이버 문화기술지 연구자의 정체성은 유동적이기도 하다. 실제 연구 현장의 상황과 맥락에 따라 사이버 문화기술지 연구자는 자신의 정체성을 어느 정도 공개할지, 얼마만큼 참여적 상호작용을 할지 등을 유연하게 판단해야 한다. 예컨대 사이버 문화기술지 연구자는 참여관찰을 수행하는 과정에서 오프라인 참여관찰과 다른 위치성을 선택할 수 있다. 질적 연구에서 참여관찰을 수행하는 연구자의 위치 설정 및 관여 정도에 따라 완전한 참여자, 관찰자로서 참여자, 참여자로서 관찰자, 완전한 관찰자로 나뉠 수 있다. 이 가운데 연구 참여자와 하는 상호작용을 배제한 완전한 관찰자를 기존 참여관찰에서는 실행하기가 쉽지 않지만, 익명성이 보장되는 사이버 공간에서는 자신을 노출하지 않고 관찰만 하는 연구자 정체성을 가질 수 있다. 고정된 개인 계정이 필요한 가입형 커뮤니티인지, 익명 활동이 가능한 웹사이트인지에 따라 연구자 정체성을 언제 어떻게 얼마나 구체적으로 밝힐지에 대한 판단은 달라질 수 있다. 온라인 카페나 동호회 같은 가입형 커뮤니티에서는 가입 절차를 거치고 회원 승인이 나기까지 시간이 소요된다. 반면에, 디시인사이드 갤러리처럼 개인 계정 없이 읽고 쓸 수 있는 웹사이트는 가입 과정 없이 바로 관찰할 수 있다. 가입형도 연구자 신분을 노출하지 않고 관찰 중심으로 연구를 진행할 수 있지만, 커뮤니티 참여자들과 심층면접을 고려한다면 운영진에게 연구 취지와 연구자 소개를 먼저 하고 구성원들에 대한 노출의 시기와 방식을 고려하는 것이 한 방법이다.

사이버 문화기술지 연구자는 '의도하지 않은 참여관찰'과 관련한 의도하지 않은 위치성, 즉 사이버 연구자의 정체성이 내부 참여자에 치우칠 수 있다는 사실도 항상 인식해야 한다. 사이버 문화기술지에서 두드러지는 '의도하지 않은 참여관찰'의 과정은 적응과 익숙해짐을 요구하던 기존 현장 연구와 비교할 때, 거리 두기의 실천이라는 쟁점을 더 부각한다. 참여관찰에서 연구자와 연구 참여자의 라포르를 통한 공감적 이해는 중요한 연구 덕목이지만, 매개된 현장의 참여관찰 과정에서 연구자는 연구 참여자와 친밀감을 마련하는 것보다 분석적 거리를 확보하는 것이 더 어려울 수 있다. 사이버 문화기술지에서는 '의도하지 않는 참여관찰'을 통해 연구자가 이미 연구 참여자 커뮤니티의 내부자인 경우가 빈번하기 때문이다. 연구를 마음먹기 전부터 시작된 '의도하지 않은 참여관찰'은 연구자가 연구 참여자에 대한 분석적 거리를 유지하기 어렵게 만들 수 있는 만큼, 연구자 자신이 내부자 시선에 머무르고 있지는 않은지, 익숙한 것을 낯설게 보는 사회학적 상상력에서 벗어나 있지는 않은지에 대해 끊임없이 자문할 필요가 있다.

익명적 연구 참여자, 누구의 눈으로 볼 것인가

사이버 공간의 연구 참여자는 익명성이 있는 경우가 많다. 이 익명성은 온라인과 연관된 가짜, 속임수, 허구라는 특징과 동일시되곤 한다. 하지만 사이버 공간이 비대면적이라도 반드시 익명적이진 않다. 예를 들어, 페이스북은 대체로 실명을 기반으로 이용하는데도 비대면적인 친구 관계가 적지 않다. 무엇보다 복합적인 역할 수행이 일상적인 오늘날 사회·문화 공간에서 익명성은 정상적이다. 오프라인의 특정한 역할 관계를 벗어난 장소와 영역에서 누군가의 모습은 짐작할 뿐 확실히 알기는 어렵다. 사람들이 자기 자신을 완벽하게 감추지 않지만 완전히 노출하지도 않는다. 매개된 현장과 상황에서 하는 역할 전시도 익명성과 투명성이라는 양극단을 향한 귀결이 아니라, 무엇을 노출하고 무엇을 감출지를 선택하고 조절하고 실행하는 유동적 행위의 과정이다.(윤명희, 2017: 199) 이런 점에서 특정한 맥락과 조건 속에서 사이버 공간의 연구 참여자들이 보여 주는 수행성, 즉 자기 자신을 어떻게 표현하고 전시하는가를 분석적 시선으로 이해할 필요가 있다.

유동적이고 익명화된 사이버 공간에서 연구 참여자는, 취향과 관심사에 따라 보며 움직이는 존재라는 점에서 연구자와 마찬가지로 산책자나 관광객이라는 정체성 특징을 띤다. 하지만 사이버 문화기술지 연구자가 상대적으로 관찰에 주의를 기울이며 기록과 분석에 집중한다면, 연구 참여자에게 관찰과 해석이 목적일 이유는 없다. 텔레비전 시청에 가장 집중하는 사람이 비평가라면, 미디어 수용자에게는 분산 시청이 일반적인 것과 매한가지다. 연구 참여자들은 매개된 현장과 상황을 관찰하고 기록하고 정리하고 분석하는 관조적 행위보다는 체험하고 느끼고 표현하는 놀이 상호작용을 통해 디지털 습속을 (재)형성하는 존재에 가깝다. 연구자는 산책자이자 관광객인 연구 참여자들이 놀이 상호작용을 통해 만들고 유지하고 변형을 시도하는 문화적 관습과 규칙이 무엇인지에 주의를 기울일 필요가 있다.

위치성이 상이한 다양한 연구 참여자들 가운데 누구의 시선과 이야기를 통해 매개된 현장과 상황이라는 사이버 공간을 들여다보고 분석하고 해석해야 하는가 하는 질문이 남는다. 매개된 현장과 상황에 공존하는 다양한 익명의 구성원들, 즉 SNS에서 '열성적 지지자와 열성적인 반대자 · 소극적 참여자 · 무심한 구경꾼' 가운데 누구의 관점에서 보고 해석해야 할지 선택하는 것은 쉽지 않다.(윤명희, 2013) 특정한 상호작용 상황에 대해 적극적으로 동의와 반대를 표명하는 연구 참여자들은 상대적으로 사이버 문화연구의 주된 대상이 되어 왔다. 이에 비해 기껏해야 '좋아요' 버튼을 누르거나 침묵하는 구경꾼은 연구 대상에서 자연스럽게 배제되는 경향이 있다. 하지만 소극적 참여자나 자기 은폐형 참여자는 무심한 지나침과 말-쓰기를 삼가는 침묵을 통해 상호작용의 지속을 가능하게 하는 또 다른 방식의 협력 행위자라는 점에서 또 다른 연구 참여자로 주목할 필요가 있다.(윤명희, 2017: 207)

다양한 연구 참여자들을 고려한다고 해도 연구자의 의도대로 연구 참여자를 특정해 선발할 기회를 실제로 가질 수 있을지는 미지수다. 설령 사전 선별을 통해 적합한 연구 참여자로 판단했어도 질적 연구의 말미에는 생각이 완전히 바뀔 수 있다. 매개된 현장과 상황을 누구의 어떤 이야기를 통해 분석하고 설명할 것인가라는 질문의 실마리는, 연구 참여자의 적합성 여부보다 연구자 자신이 누구의 시선으로 매개된 현장과 상황을 보고 있는지를 명확히 인식하는 데서 찾을 수 있다. 이는 연구자 자신이 누구의 관점에서 주로 해석하고 있는지, 어떤 체계적인 배제가 있는지, 이로부터 발생하는 자료 수집과 분석상 한계점은 무엇인지를 끊임없이 찾고 인식하고 질문하는 과정을 지속하는 것이다.

사이버 문화기술지와 윤리적 문제

사생활 경계 짓기의 불/가능성

디지털 연결 사회에서는 사적 삶과 공적 삶의 경계가 불분명하다. 그래서 사이버 문화기술지에서 연구 참여자의 사생활 존중이 점점 더 중요한 고려 사항이 되고 있다. 그런데 소셜 네트워크 사생활이 쟁점화되는 주요 시점은 가입할 때가 아니라 서비스를 이용하며 상호작용을 지속하는 과정이다. SNS가 단순한 정보 전달 도구가 아니라 일상적·사회적 관계의 한 형식이라는 점에서 사생활과 관련해 민감한 문제는 지속적으로 발생할 여지가 있다. 따라서 연구자는 연구 참여자의 사생활과 개인 정보가 부적절하게 공개되지 않도록 세심히 살펴야 한다. 예컨대 페이스북은 실명 사용자가 많고 온·오프라인의 인맥이 공개되어 있기 때문에, 보고서나 논문을 작성하는 과정뿐 아니라 사후에도 분석 사례의 개인 정보가 드러나지 않도록 조치해야 한다. 온라인 면접 대화록을 인용할 때도 대화명이나 프로필 사진 등으로 불필요하게 개인 정보가 노출되지 않도록 유의해야 한다.

공사 영역의 경계 해체와 관련된 사이버 문화기술지의 사생활 보호 문제가 연구 참여자에게 국한되는 것은 아니다. 연구 참여자뿐만 아니라 연구자도 온라인 커뮤니티나 SNS를 일상적으로 이용하기 때문이다. 연구자가 의도하지 않은 참여관찰에서 목적적인 참여관찰로 전환하는 경우, 연구자는 자신의 사적 관심사나 일상적 사회관계가 공개되는 부담을 느낄 수 있으며 관계의 도구화라는 목적 전치의 감정적 딜레마에 빠질 수도 있다. SNS상 친구나 지인이 연구 사례로 포함된 경우에는 미리 상황을 설명하고 일일이 허락받은 뒤에 보고서나 논문에 싣는 것이 해결 방안일 수 있다.

또한 기존 질적 연구에서는 연구자와 연구 참여자의 상호 폭로가 자연스러운 대화 분위기를 조성한다는 점에서 덕목이었으나, 소셜 네트워크 기반에서는 연구 참여자와 연구자의 사생활 문제를 일으킬 수 있다. 카톡을 이용하는 온라인 면접이라면, 별도의 녹취 자료를 작성할 필요가 없다는 점에서 편리하긴 해도 연구 참여자와 면접 자료를 공유하게 된다. 이런 점을 고려해, 온라인 면접을 시작하기 전에 연구 목적과 용도를 공식적으로 알리는 한편 연구자와 연구 참여자가 서로 오해할 수 있는 표현이나 불필요한 개인 정보 노출에 대해 항상 주의해야 한다.

'제한'과 '개입'의 문제

몇몇 여성 전용 커뮤니티는 남성 연구자는 물론, 특정 연령 이상의 여성 연구자도 참여와 관찰이 불가능하다. '제한'이 있는 집단이나 커뮤니티에 잠입해서 엿들은 내용을 분석 자료로 제시한 연구 사례가 종종 있는데, 불법 또는 일탈 조직으로서 외부와 접촉을 피하는 커뮤니티가 아니라면 연구 윤리와 관련해 비판과 논쟁을 피하기 어렵다. 온라인 커뮤니티나 웹 그룹 등의 내부 운영 원칙에 따른 '제한'은 기본적으로 존중해야 한다. 무리하게 변칙적으로 진입하려고 하기보다는 그 구성원과 면접을 시도하는 것이 대안이 될 수 있다.

특정한 기준에 따른 공식적 제한도 있지만, 변화의 속도 자체가 원천적인 제한으로 작용할 수 있다. 의도적으로 낯설게 보기와는 무관하게, 매개된 현장의 문화적 조건과 상황이 급속하고도 낯설게 변해 연구자가 익숙해질 시간을 전혀 확보할 수 없는 경우가 흔하기 때문이다. 속도 문제에 관한 대안적 방법으로 세대 경계를 넘나드는 협업 연구를 시도할 필요가 있다. 사이버 문화 연구의 실제 사례에서 세대 간 공동 연구가 심심찮게 등장하는데, 이것이 비단 연구자의 나이라는 물리적 제한을 해결하기 위한 방편만은 아니다. 세대 간 공동 연구는 매개된 현장의 문화적 구체성을 획득하는 실질적 노력이며 연구자와 연구 참여자의 협력적 상호작용을 실천하는 과정 자체라고 할 수 있다. 필자도 트위터 봇 연구를 20대 공동 연구자와 진행한 예가 있다.

이 연구는 트위터봇 사용이 제한적이고 외부자에 가까운 연구자 A와 트 위터봇 사용이 일상적이고 내부자에 가까운 연구자 B의 협업을 통해 이뤄 진 것이다. (……) 트위터봇을 대하는 이러한 두 연구자 사이의 차이, 즉 '낯 섦'과 '익숙함'은 SNS를 대면하는 두 사람 간의 상이한 '아비투스'를 명백 하게 현상한다. 그런데 이 분명한 차이가 오히려 공동의 연구를 시도하고 가능하게 한 중요한 요인이라고 볼 수 있다. 예컨대 이 연구의 과정은 두 연구자에게 정반대의 압력을 가하는 과정이었다. 연구자 A가 경험적 거리 감이 아닌 '익숙함에 기초한 해석적 언어'로 다가가는 과정이었다면, 연구 자 B는 익숙함에서 '거리 두기의 언어'를 찾는 과정이었기 때문이다.(윤명 희 · 손수빈, 2015: 297~298)

나이 어린 디지털 이용자가 매우 많다는 사실도 또 다른 윤리적 쟁점 을 야기할 수 있다. 전통적인 문화기술지에서 연구자는 연구 참여자를 동등한 지위에 두거나 적어도 그렇게 대해야 하는 것으로 여긴다. 하지 만 연구 참여자가 신체적 · 정신적 발달 과정에 있는 아동 · 청소년이라 면 이런 원칙을 기계적으로 적용하기가 어렵다. 이 경우 연구자는 자신 의 구실을 감독자, 지도자, 관찰자, 친구 가운데 어떤 것으로 할지 그리 고 연구 참여자인 아동 · 청소년에게 연구 목적을 완전히 또는 부분적으 로 알리거나 알리지 않을지에 대해서도 적절하게 선택해야 한다.(Fine · Sandstrom, 1988: 14~21) 또한 어른으로서 연구자가 직면하는 질문도 있다.

연구 과정에서 때로 연구자는, 성인 연구 참여자보다 문제 상황에 처한 아동·청소년 연구 참여자에 대해 윤리적 책임감과 개입 필요성을 느낄 수 있다. 이 경우 연구자가 연구 참여자의 문제 상황을 개선할 적절한 사회적 도움을 꾀할 수 있는지 모색하는 한편 섣부른 개입이 되지 않도록 신중할 필요가 있다.

- 과정으로서 미디어

  미디어는 과정이다. 진행 중이거나 끝나 버린, 그래서 결과로 드러나는 과정으로서 미디어. 사람들이 모이는 곳, 사람들이 커뮤니케이션하는 곳, 설득과 정보·지식을 구하고 즐거움을 구하는 곳, 성공 여부와 관계없이 다양한 방식으로 다른 사람들과 관계 맺기를 원하는 곳이라면, 그것이 실제 공간이든 사이버공간이든 그 다양한 행위가 이루어지는 모든 단계에서 미디어를 과정으로 면밀하게 관찰해야 한다. 미디어를 과정으로 이해하기 위해서는, 또 그 과정이 근본적으로 또 영원히 사회적인 것임을 인식하기 위해서는 미디어에 역사적 특수성을 부여해야 할 필요가 있다. 미디어는 극적으로 변화해 왔고 현재도 계속 변화하고 있다. 또한 미디어를 과정으로 이해하기 위해서는 그 과정이 근본적으로 정치적, 아니, 더 정확하게는 정치경제적이라는 인식을 분명히 할 필요가 있다. 우리의 일상생활에 넘쳐 나는 다양한 커뮤니케이션에 의해 제공되고 만들어지는 의미가 점점 더 세계화되어 가는 미디어 기업으로부터 생겨나면서, 그 도달 범위뿐 아니라 감수성 혹은 둔감성조차 세계화되어 가고 있다.(실버스톤, 로저, 2009, 《왜 미디어를 연구하는가》, 김세은 옮김, 커뮤니케이션북스, 6~7쪽.)

- 익명성과 투명성 사이에서 살기

  강화된 익명성에 기반을 둔 사이버 상호작용은 각 개인들의 선별적 자기 전시의 변주를 더욱 복잡하게 한다. 디지털 익명성은 우선 '노출주의'와 '고립주의'라는 상반된 경향을 동시에 강화한다. 사이버 상호작용은 대면접촉 대신 비대면적 거리를 기술적으로 확보함으로써 네트워크 연결의 복잡한 밀착에도 불구하고 상대적인 안도감을 제공하는 한편, 시선의 비동시적 교환을 효과적으로 연결함으로써 노출주의를 보편화한다. 또 다른 한편으로 디지털 익명성은 보이지 않는 시선의 편재성을 일상화하고 익명적 감시 체계로서 전자적 파놉티콘을 구축하는데, 이는 분리된 개인들을 감시하는 효과적인 도구이자 불안에 찬 개인들의 고립주의를 강화하는 요인으로 작용할 수 있다. 그런데 디지털 익명성의 강화는 노출주의와 고립주의라는 양극화된 자기 전시로 귀결되지 않는 복잡한 사이 역시 형성한다. 소셜 네트워크에서 일상적 상호작용은 다양한 상황 맥락화된 조정 과정을 통해 이뤄진다. 소셜 네트워크의 사용자 정체성은 오프라인과 온라인 그리고 기존의 것과 새로운 것 사이에서 재맥락화되며, 가시성과 비가시성 사이를 오가는 다면적이고 복합적 과정을 통해 형성된다. 자기 전시의 과정 역시 노출과 숨김이라는 상반된 형식들의 변주로 나타나는데, 자기 과시와 자기 기만 그리고 자기 은폐 등이 그러한 형태라고 할 수 있다.(윤명희, 2017, 〈디지털 연결 사회에서 사생활은 소멸하는가: 네트워크화된 사생활과 선별적 자기 전시〉,《문화와 사회》24, 200쪽.)

1. 사이버 연구에 적합한 주제는 무엇인가? 각자 연구 주제를 설정하고 이에 맞는 연구 방법을 선택해 연구 계획서를 작성해 보라.

2. 사이버 문화기술지에서 익명성의 특징이 연구자와 연구 참여자에게 어떤 이점과 문제점을 불러올 수 있는지 토론해 보라.

읽을거리

- 실버스톤, 로저, 2009, 《왜 미디어를 연구하는가》, 김세은 옮김, 커뮤니케이션북스.
- 윤명희, 2016, 《중독은 없다: 섣부른 편견으로 외면해 온 디지털 아이들의 일상과 문화》, 율리시즈.

참고 문헌

- 레비, 피에르, 2000, 《사이버 문화》, 김동윤 외 옮김, 문예출판사.
- 몰리, 데이비드·로저 실버스톤, 2007, 〈커뮤니케이션과 맥락: 미디어 수용자에 대한 에쓰노그라피적 관점들〉, 《미디어 연구의 질적 방법론》, 김승현 외 옮김, 일신사.
- 박창희, 1998, 〈수용자 연구의 질적 접근 방법〉, 《언론학연구》 2, 45~70쪽.
- 어리, 존, 2014, 《모빌리티》, 강현수 외 옮김, 아카넷.
- 오영범·김영천, 2013, 〈인터넷 문화기술지의 방법적 특징 및 연구 절차 탐색〉, 《교육인류학연구》 16(2), 83~120쪽.
- 윤명희, 2009, 〈디지털 스펙터클과 산책자〉, 《담론 201》 12(2), 107~135쪽.
- _____, 2010, 〈네트워크 시대 하위문화의 '애매한' 경계, 그리고 흐름〉, 《사이버커뮤니케이션학보》 27(4), 125~162쪽.
- _____, 2012, 〈이동하는 세계에서 관광-하기〉, 《미디어, 젠더 & 문화》 23, 111~142쪽.
- _____, 2013, 〈소셜 네트워크에서 상호작용 의례의 복합성〉, 《한국사회학》 47(4), 139~170쪽.
- _____, 2016 《중독은 없다》, 율리시즈.
- _____, 2017, 〈디지털 연결 사회에서 사생활은 소멸하는가: 네트워크화된 사생활과 선별적 자기 전시〉, 《문화와사회》 24, 183~217쪽.
- 윤명희·손수빈, 2015, 소셜 네트워크와 정체성 놀이, 《문화와사회》 18, 287~328쪽.
- 윤택림, 2013, 《문화와 역사 연구를 위한 질적 연구방법론》, 아르케.
- 정재철, 1997, 〈민속지학적 수용자 연구의 방법론적 과제와 전망: 문화 연구에서의 연구 전통을 중심으로〉, 《한국방송학보》 9, 103~144쪽.
- 젠슨, 클라우스 브룬 외, 2007, 〈질적 분석으로의 전환〉, 《미디어 연구의 질적 방법

론》, 김승현 외 옮김, 일신사.

- 최종렬, 2009,《사회학의 문화적 전환》, 살림.
- 콜린스, 랜들, 2009,《사회적 삶의 에너지: 상호작용 의례의 사슬》, 진수미 옮김, 한울 아카데미.
- 크로토, 데이비드 · 윌리엄 호인스, 2001,《미디어 소사이어티: 산업 · 이미지 · 수용 자》, 전석호 옮김, 사계절.
- 터너, 그레임, 2008,《문화 연구 입문》, 김연종 옮김, 한나래.
- Fine, Gary Alan · Kent L. Sandstrom, 1988, *Knowing Children: Participant Observation with Minors*, Sage Publications.
- Hall, Stuart, 1973, "Encoding and Decoding in the Television Discourse", *CCCS Stencilled Occasional papers*, University of Birmingham.
- Hartley, John, 1987, "Invisible Fiction: Television Audience, Paedocracy, Pleasure", *Texual Practice* 1(2), pp. 121~138.
- _____, 1988, "Critical Response: The real World of Audiences", *Critical Studies in Mass Communication*, Sept, pp. 234~238.
- Lull, James, 1987, "Critical Response: Audience Texts and Contexts", *Critical Studies in Mass Communication*, Sept, pp. 318~322.
- _____, 1988, "Critical Response: The Audience as Nuisance", *Critical Studies in Mass Communication*, Sept, pp. 239~243.
- Morley, David, 1986, *Family Television*, London: Comedia.
- Radway, Janice, 1984, *Reading the Romance: Women, Patriarchy, and Popular Literature*, London: Verso.

IV

분석과 글쓰기

자료 해석

신지은

질적 연구는 인터뷰, 직접 관찰, 개인 경험 등을 통해 자료를 수집하는 것으로 시작된다. 수집된 자료를 해석하는 것은 분석 및 글쓰기 과정에 선행하는 단계로, 자료들을 면밀하게 읽고 숙고하고 반성하면서 해석을 위한 분절 단위로 만드는 과정이 필요하다. 해석 단계가 중요한 이유는 아무리 훌륭한 경험적 자료를 많이 수집한다고 해도 그것이 곧바로 연구 결과를 보장해 주지는 않기 때문이다. 즉 동일한 자료를 사용한다고 해도 연구자의 선행 지식이나 관점, 해석 방법 등에 따라 자료 해석의 결과가 달라질 수 있는 것이다.

질적 연구자들은 많은 자료를 수집한 후에 이 자료들을 해석하기 위해 노력한다. 하지만 질적 연구에서 자료 해석은 정해진 절차나 법칙이 없기 때문에 해석 과정이 어렵게 느껴질 수 있다. 질적 연구 자료 해석 과정을 대체할 다른 방법은 존재하지 않으며, 이 해석 과정에는 독특한 기회와 제약이 상존한다. 방법론적으로나 이론적으로 올바른 자료 해석을 위해서는 우선 연구자의 연구 목표와 의지, 주제, 장르 등에 관한 '생각하기' 과정을 거쳐야 한다. 이 과정은 연구자의 주관이 개입하기 쉬운 단계이기 때문에 자료의 해석이 자유롭고 창조적이며 주관적인 것처럼 보일 수 있다. 하지만 여기서 '주관적'이라는 말은 자료 해석이 연구자의 개인적이고 사적인 것임을 의미하지는 않는다. 질적 연구의 자료 해석 단계에 정해진 절차가 없다고 해서 해석 방법이 비체계적이거나 부정확해도 된다는 것은 아니다. 누구나 연구자의 해석을 평가하고 이해할 수 있도록 질적 연구자는 자신의 연구 관점과 이론에 근거해 끊임없이 해석학적 순환을 거치며 해석의 타당성을 확보하기 위해 노력해야 한다.

질적 연구라고 알려진 다양한 연구 방법들이 각각 어떤 배경에서 등장하게 되었고 무엇을 대상으로 삼고 있는지 등을 인식하면서 자신의 연구 주제에 적합한 방법을 선택해야 한다. 왜냐하면 질적 연구자가 선호하는 방법론의 패러다임에 따라 질적 연구 자료의 해석 과정 및 해석의 타당도 검증 과정도 달라질 수밖에 없기 때문이다. 또한 사회과학적 사실에 대한 기준과 문학적 기준 혹은 자료의 신빙성과 서사적 진실성 사이에서 어떤 것이 질적 연구의 타당성을 검토하는 기준이 되는지는 연구자마다 이해가 다르기도 하다. 따라서 해석 과정에는 모든 질적 연구에 공통적으로 적용할 만한 표준적인 해석 기법이 존재할 수 없다고 할 수 있다. 하지만 이런 질적 연구의 해석 과정에 잠재하는 문제들을 해결하기 위해 연구자들은 과학적인 해석 절차를 고민하고 고안해 내기도 한다. 질적 연구자들은 끊임없이 연구 문제와 논점을 검토하면서 자신의 연구에 사용할 자료를 전략적으로 선택하고 절차를 확인할 필요가 있다. 또한 부정적 사례 샘플링이나 반성, 자신의 해석을 읽게 될 독자 및 연구 참여자의 관점을 활용하는 방법 등을 사용할 수도 있다. 이렇게 다양한 과학적 해석 방법과 절차를 검토하고 자료 해석의 타당도를 확보하기 위한 논의를 발전시키는 과정을 거치면서 질적 연구의 자료 해석 방법상 문제점과 편견을 극복해 나갈 수 있을 것이다. 이렇게 했을 때 자료의 해석은 질적 연구의 가장 주관적인 영역이면서 가장 객관적인 영역이 되기도 한다.

문화 연구의 해석

브라헤는 중세의 유명한 천문학자지만, 현대인들은 그를 케플러에게 자료를 넘겨준 스승 정도로만 기억한다. 그는 망원경이 없는 시대에 대단히 정밀하고 방대한 관측 자료를 남겼고, 이 자료는 그가 죽은 뒤 케플러에게 넘겨졌다. 케플러는 이 자료로 행성의 운동 법칙을 세웠는데, 브라헤는 오랫동안 직접 자료를 수집하고도 왜 그렇게 못 했을까? 이는 자료 해석 과정의 중요성을 알려 주는 좋은 예라고 할 수 있다.

우리는 텔레비전의 뉴스, 일기도, 다양한 텍스트와 사진, 인터뷰 등을 쉽게 접하면서 자료를 끊임없이 해석한다. 별다른 설명 없이 해석이라는 단어를 쓸 때는 주로 해석解釋을 의미하지만, 분석의 사고 범주까지 포함하는 해석解析(또는 해석적 분석)을 의미하는 경우도 많다. 하지만 이 장에서 다루는 해석解釋은 분석과 글쓰기 과정에 선행하는 단계로 한정한다. 즉 이 장에서 해석이란, 수집된 자료의 의미를 이해할 수 없는 상태에서 출발해 이해의 상태에 이르는 과정과 방법이다. 해석이 이해의 전 단계라면, 분석은 해석을 통한 이해를 바탕으로 이루어진다.

다양한 자료를 연구 대상으로 삼는 질적 연구자들도 자신이 관찰하고 수집한 자료를 해석함으로써 자기주장을 검토하거나 새로운 학술적 발견을 이뤄 낸다. 문제는 브라헤와 케플러처럼 동일한 자료를 사용해도 연구자의 선행 지식이나 관점, 해석 방법 등에 따라 연구의 결과가 달라질 수 있다는 사실이다. 특히 질적 연구에서 자료 해석은 정해진 절차가 없기 때문에 상당히 어렵게 느껴질 수 있다. 하지만 정해진 절차가 없다고 해서 해석 방법이 비체계적이거나 부정확해도 된다는 것은 아니다. 누구나 평가하고 이해할 수 있도록, 질적 연구자는 자신의 연구 관점과 이론에 근거해 끊임없이 자신의 해석을 검토하면서 타당성을 확보하려고 노력해야 한다.

기어츠는 인류학적 문화 연구에서 해석의 의미와 중요성, 해석의 타당성 등과 관련해 대단히 중요한 업적을 남긴 인류학자다. 그는 구조기능주의적 분석이 인류학적 문화 해석에 적절하지 않다고 생각하면서 '두꺼운 기술'이라는 것을 해석의 방법으로 제시했다. 그에게 해석이란 사회적 대화의 흐름이 소멸되어 버리지 않도록 그중 '말해진 부분'을 구출해서 해독할 수 있는 형태로 고정하는 것이다. 인류학자는 각 행위가 자리한 의미의 구조를 발견하고, 그것을 해석해야 한다. 예컨대 현상적 차원에서 볼 때 눈에 경련을 일으키는 자, 윙크하는 자, 윙크를 흉내 내는 자, 그 흉내 내는 것을 연습하는 자가 모두 동일하게 보여도 선재하는 의미 구조에 따라 각 행위는 상이하게 해석된다. 한쪽 눈을 깜박이는 것이 상대방에게 무언가를 암시하는 것으로 간주되는 공적 상징체계가 존재할 때 이것은 윙크로 해석된다. 이런 공적 상징체계가 없다면 눈을 깜빡이는 것은 단순히 눈의 경련에 불과한 것으로 간주될 것이다.

즉 사람들의 행위를 해석하게 해 주는 의미 구조가 없다면 인간의 행위는 문화적 범주로 존재한다고 볼 수 없는 것이다. 기어츠는 베버와 유사하게 인간을 자신이 뿜어낸 의미의 그물 가운데 고정되어 있는 거미와 같은 존재로 가정하고, 문화를 그 그물로 보았다. 따라서 문화 연구의 핵심은 문화라는 의미 구조 속에서 각 행위와 사건의 의미를 해석하는 것이랄 수 있겠다.

문화 연구는 의미를 추구하는 해석적 과학이다. 설탕이 달다는 것은 설탕에 내재하는 본성으로서 있는 그대로의 사실이다. 기어츠는 이렇게 있는 그대로의 사실에 대한 연구는 법칙성을 추구하는 실험과학에 해당하고, 이와 달리 문화 연구는 의미를 추구하는 해석적 과학이 되어야 한다고 보았다. 발리에서 "닭은 남성이다."라고 할 때 닭이라는 상징에 남성이라는 의미가 내적 필연성으로 결합되어 있지는 않다. 다만 발리 사람들이 닭에 그 의미를 부여한 것이다. 따라서 문화를 해석한다는 것은 한 사회에서 의미를 띤 상징적인 것들에 대해 그 사회 구성원들이 어떤 의미를 부여하고 있는지, 어떤 의미를 공유하고 있는지를 이해하는 것이다. 기어츠의 문화 해석은 바르트의 코노테이션을 연상시킨다. 바르트는 각 사회의 구성원들이 공유하는 신념과 가치 체계를 '신화'라고 표현하고, 이를 기호학적으로 분석한다. 소쉬르가 기호를 기표와 기의라는 두 가지 차원으로 나눠 설명했는데, 바르트는 기의를 다시 두 가지 차원으로 나눈다. 디노테이션과 코노테이션이다. 디노테이션이란 기표의 직접적인 의미고, 코노테이션은 동일한 기표가 내포하는 간접적이고 포괄적이며 상징적인 의미다. 바르트는 대중잡지《파리 마치Paris-Match》에 실린 프랑스 군복을 입은 한 흑인 젊은이가 3색기를 바라보며 거수경례를 하고 있는 사진으로 신화적 의미 작용 과정을 설명한다. 이 사진 이미지의 1차적이고 분명한 의미(디노테이션)는 한 흑인 병사가 프랑스 국기에 경례한다는 것이다. 그리고 이 이미지의 코노테이션은 프랑스는 위대한 제국이라는 의미다. 식민주의를 비방하는 이들에게는 압제자에게 충성을 표하는 이 흑인의 열정보다 더 훌륭한 답이 있을 수 없을 것이다. 이로써 이 사진은 박애와 평등이라는 프랑스의 정체성을 창출하고, 마침내 프랑스라는 국가에 대한 사회의 보편적 믿음(바르트식으로는 신화)이 발생한다.

기어츠에 따르면, 문화의 해석은 마치 고고학자가 유적지를 파헤쳐 그 밑에 묻혀 있는 유물을 찾아내듯 암호 속에 숨겨진 고정된 의미를 찾아내는 것이 아니라, 텍스트를 읽고 이해하듯 역동적으로 생성되는 의미를 재구성하는 것이다. 발리인들이 자신의 경험과 선재하는 지식을 통해 닭싸움에 의미를 부여하고 그것을 해석한다면, 인류학자는 닭싸움에 대한 발리인들의 이해를 이해하고 해석을 해석하는 것이다. 따라서 기어츠의 문화 해석은 이해를 이해하고 해석을 해석하는 2차적 또는 3차적 해석이라고 할 수 있다.

이렇게 볼 때 인류학의 연구 대상에 대한 첫 번째 해석은 오직 원주민만 할 수 있는데, 그것은 그들의 문화이기 때문이다. 그렇다면 인류학적 자료 해석의 결과란 어떤 의미에서 허구라고 할 수 있을 것이다. 물론 이 말이 인류학자들이 제공하는 이야기가 사실이 아니라거나 틀린 것이라는 뜻은 아니다. '무엇인가 만들어진' 또는 '무엇인가 형태 지어진'이라는 의미(라틴어 '픽티오fictio')에서 허구라는 말이다.(기어츠, 2009: 27~28) 이런 식으로 인류학적 대상이 사회적 실체 자체가 아니라 학문적 인공물인지도 모른다는 사실이 인류학적 지식의 객관성 자체를 위협하는 것처럼 보일 수도 있는데, 기어츠는 이 위협이 대수롭지 않다고 했다. 그가 보기에는 인류학자가 멀리 떨어진 곳에서 미개인에 관한 사실을 포착하고 마치 탈이나 조각물을 집으로 가져오듯 그 사실을 있는 그대로 옮겨 오는 것은 중요하지 않기 때문이다. 그가 보기에 문화 분석에서 치명적인 것은 오히려 완전하고 흠 없는 공식적 질서 체계로 그려내는 것이다.(기어츠, 2009: 28~32)

현실에서 질적 연구자들은 참여관찰이나 심층면접이나 또 다른 다양한 방식으로 귀중하고 흥미로운 자료를 수집한 다음에 "이 많은 자료들을 다 어떻게 해야 하는가?" 하는 어려움에 봉착한다. 사실 연구자들이 연구 현장에서 엄청나게 많은 경험적 자료를 수집했다고 해서 그것을 곧바로 이해하고 연구 결과를 서술할 수 있는 것은 아니다. 질적 자료에 대한 해석이 필요하다. 질적 연구 자료에 대한 해석 과정을 대신할 것은 없으며, 이 과정에는 독특한 기회뿐 아니라 제약이 상존한다. 엘링슨은 방법론적으로나 이론적으로 올바른 자료 해석을 위해서는 '생각하기' 과정을 통해 목표를 탐구하는 것이 필요하다고 강조하면서, 생각해야 할 질문들을 경험적 자료와 분석·주제·관객·연구자 의지·장르 등으로 구분해서 제시한다.(덴진·링컨, 2014: 878~879) 그중 자료 해석 과정에 관련된 질문은 "내 자료나 다른 경험적 자료에 대해 생각할 때 어떠한 사례, 사건, 이야기나 세부적인 내용이 바로 머리에 떠오르는가?", "모순이나 불일치 또는 예외적인 것들이 내 경험 자료 안에 있는가?", "내 작업에 대한 나의 정체성은 무엇인가? 내 나이, 성별, 인종, 국적, 능력과 무능함, 재능, 형성적 경험 등이 내 참여자들을 이해하는 방식을 어떻게 만들어 가는가?", "내 연구 참여자들은 그들의 세계를 어떻게 이해시켰는가? 나의 세계는 어떤가?", "내가 작업한 예비 분석과 자료에서 빠져 있는 진실은 무엇인가?", "내가 가진 경험적 자료 중에 가장 마음에 드는 것은 무엇인가?", "내 경험적 자료 중에 가장 자랑스럽게 생각하는 것은 무엇인가?", "어떤 이슈나 아이디어들이 흥미로운가?", "어떤 내용을 쓰고 싶은가?" 등이다. 이와 같은 '생각하기' 과정을 거치면서 연구자들은 전략적으로 자료를 선택하게 된다. 즉 경험 자료를 충분히 확보한 다음 어떤 이론과 연구를 인용할지, 분석을 위해 어떤 사례를 선택할지, 내러티브를 구성하기 위해 어떤 사례를 골라낼지 등을 결정하게 된다.(덴진·링컨, 2014: 879) 이때 연구 문제와 논점, 연구에서 사용할 장르, 내러티브를 더욱 풍부하게 해 줄 특별히 중요한 순간과 인용, 사례 선택 등을 고려해야 한다.

기어츠도 이런 생각하기 과정을 거치면서 자신의 발리 연구에서 닭싸움을 중요한 주제로 선택할 수 있었을 것이다. 그가 발리에 도착한 무렵 발리에 관한 연구는 이미 상당히 진척되어 있었다. 기어츠는 앞선 발리 연구자들과 마찬가지로 발리의 신화나 의례·사회조직·카스트·결혼·법체계 등에 대해서도 조사했지만 '감정적 발산, 지위를 둘러싸고 진행되는 싸움들 그리고 그 사회에서 있어서 핵심적 의미를 지니는 철학적 드라마'(기어츠, 2009: 488)를 이해하고 싶었고, 닭싸움이라는 자료를 수집하고 검토하고 해석하면서 그럴 수 있었다. 다소 우발적인 사건을 거친 뒤 발리 내부인으로 받아들여진 그는 '얼마간이나마 발리에서 산 사람들은 누구나, 발리 사람들이 가지는 수탉에 대한 깊은 심리적 일체감'을 그리고 '수탉이 전적으로 남성적 상징들이라는 사실은 의심할 여지가 없으며, 이것은 물이 아래로 흐르는 사실처럼 발리인들에게 분명한 것'(기어츠, 2009: 489)임을 깨닫게 되었다. 자료를 수집하고, 수집된 많은 자료들 속에서 특정 자료를 선택하고 해석하는 과정에는 우연한 사건이나 연구자의 직관이 개입할 수도 있다. 하지만 더욱 중요한 것은 내부인과 연구자의 관점을 교차하며 생각하는 과정을 거치면서 연구 주제를 분명히 하고 수집한 자료를 제대로 해석할 수 있게 된다는 사실이다.

'자유롭게 그러나 인내심을 가지고' 해석하기

월코트에 따르면, 해석이란 '연구자가 이해한 방식으로 독자가 이해하게 하는 일'이고 해석은 '자유롭게 그러나 인내심을 가지고 한 문제를 숙고하는' 자세를 요청한다.(조용환, 1999: 32) 질적 연구의 전 과정, 즉 기술·분석·해석 등의 모든 과정에 연구자가 개입할 여지가 있지만 해석 단계는 특히 주관적 이해와 판단이 개입될 여지가 크다. 물론 '주관적'이라는 표현이 곧 연구자의 '개인적'이고 '사적'인 해석을 의미하지는 않는다. 질적 연구에서 자료 해석은 표준적인 기법이 없기 때문에 대단히 자유롭고 창조적인 과정처럼 보이지만, 이 해석이 사회적으로 공유되고 의미의 적합성을 갖게 하려면 인내심을 가지고 해석학적 순환을 거쳐야 한다.

전통적으로 해석학적 순환은 텍스트의 부분과 전체 사이의 순환을 통해 텍스트의 의미를 해석하는 방법론적 원리를 뜻한다. 간단히 말해, 텍스트 전체의 의미는 부분을 해석하면서 이해할 수 있게 되고 텍스트 부분의 의미는 전체의 의미로부터 이해된다는 것이다. 하지만 더 넓은 의미에서 해석학적 순환은 한 텍스트 전체의 의미에 대한 선이해와 그 부분들 간 해석의 상호 규정 또는 텍스트와 그 텍스트가 담긴 콘텍스트 간 해석의 상호 규정으로 볼 수도 있다. 어떤 텍스트에 대한 선이해는 이미 형성되어 있지만, 해석학적 순환을 거치면서 이 선이해가 강화되거나 수정되기도 한다. 이런 의미에서 텍스트를 이해한다는 것은 끝없이 다른 방식으로 이해하는 것이며, 텍스트와 끝없이 대화하는 것이라고 할 수 있다.

연구자는 현장 노트와 문서로 구성된 현장 텍스트를 먼저 만든다. 수집된 자료와 기타 경험적 내용을 해석하는 것은, 구두·문자·시각 자료 등으로 된 자료들을 면밀히 숙고하고 반성하며 해석을 위해 분리하는 과정을 포함한다. 즉 자료를 해석하려면 신뢰할 만한 자료를 모았는지부터 숙고한 다음 주제나 유형에 따라 자료를 분류하고, 내용을 서술하고 순서를 정하며, 특정한 이론적 관점으로 특징을 기술하는 등 분석 대상을 설명할 수 있는 속성으로 나타낸다. 물론 이때 해석 과정은 분석

해석학적 순환

해석학의 전통에서 '해석학적 순환'은 부분과 전체의 순환 관계를 통해 텍스트의 의미를 해석하는 방법론적 원리를 뜻한다. 1차적으로는 텍스트 자체의 부분과 전체 사이 순환 관계를 의미하지만, 넓은 의미에서는 삶과 사회의 연관 속에서 개별적인 사건·체험·상징과 이들 간 관계의 의미를 해석하는 것도 포함한다. 하이데거는 근대 해석학의 해석학적 순환을 '이해'와 '해석'의 관계에 관한 것으로 재해석했다. 다시 말해, 텍스트와 그 텍스트의 해석자 이전에 이미 존재하는 '선이해'와 해석자의 '해석' 사이의 순환으로 보는 것이다. 이 순환 속에서 한 요소가 변증법적으로 다른 요소를 규정하면서 이해가 더욱 풍부해지고 깊어진다. 즉 어떤 텍스트에 대한 선이해는, 언제나 이미 형성되어 있으면서도 역사적 현재에 따라 수정되어 가는 것이다. 따라서 텍스트에 대한 의미를 이해하는 해석학적 순환 과정은 완결되지 않고 끊임없는 '대화'의 과정이라고 할 수 있다.

및 표현과 분명하게 분리되지 않고 동시에 수행되기도 한다. 예를 들어, 문화기술지 연구에서 연구 노트를 제작하는 것은 경험 및 분석 내용을 기재하는 것일 뿐 아니라 이 내용을 자기 식으로 표현하는 것도 포함한다.(덴진·링컨, 2014: 871) 이 과정을 거치면서 연구자들은 내용, 서술, 기호화 전략을 포함한 면접이나 문화 텍스트를 읽고 해석하는 등 다양한 방법을 쓰게 된다.

많은 질적 자료를 관리하고 해석하기 위해 연구자가 자료 관리 방법 또는 컴퓨터를 활용한 분석 방법의 도움을 받을 수도 있다. 최근 질적 연구 방법론에 대한 논의가 심화되면서 질적 자료 분석에 대한 관심도 높아져, 질적 자료 분석 프로그램이 개발되기도 했다. 이렇게 질적 자료 분석에 대한 관심이 커진 것은, 그동안 연구자의 주관성에 지나치게 의존한 질적 자료 분석 과정을 좀 더 체계적인 관점에서 논의하려고 노력한 결과라고 할 수 있을 것이다. 그러나 다른 한편에서는 질적 연구 자료 해석의 주관성에 대한 염려를 자료의 순수한 힘으로 극복할 수 있다는 생각이, 진리처럼 보이는 외관을 얻기 위해 문화적 세부 사항들을 나열하는 방식으로 발전하거나 극단적 경험주의와 저자의 부재 같은 결과를 낳기도 했다. 일반적으로 질적 연구는 독자가 품을 수 있는 타당성에 대한 의심을 없애기 위해 원자료, 즉 해석되지 않은 상태의 자료(지극히 현상적인 기술)를 퍼붓는 방식(기어츠, 2009: 13, 20, 29)을 쓰지는 않는다. 질적 자료 해석에 대한 논의 역시 기존의 포괄적이고 일반적인 수준에서 벗어나 좀 더 깊어지고 세분화될 필요가 있다.

질적 연구에서 자료를 해석하려면, 앞서 살펴본 것처럼 연구자 자신의 문제의식과 이론적 관점을 명확히 하고 연구 주제와 연구 대상 또는 연구 참여자와 연구자의 특성을 고려해서 적합한 패러다임과 연구 방법을 밝혀야 한다. 문화기술지, 해석학, 상징적 상호작용론, 근거 이론, 현상학, 민속방법론, 내러티브 탐구, 생애사 등 질적 연구 방법으로 알려진 것들은 공통적으로 사전에 기획된 설문이나 조작된 실험이 아니라 자연적인 상황에서 관찰이나 면담 같은 기법으로 자료를 수집한다. 바로 이 점 때문에 이 연구 방법들은 모두 질적 연구라고 보는 것이다. 그러나 각 연구 방법이 등장하게 된 배경, 대상으로 삼는 것, 제기하는 질문에 주목하면 연구 방법들 사이에 분명한 차이가 있다. 따라서 질적 연구 수행의 의미를 파악하는 데 자료 수집 기법의 유사성에만 주목하기보다는 각 질적 연구 방법의 등장 배경, 연구 대상, 연구 질문도 검토해야 한다.

연구자들은 저마다 연구 목적에 따라 알맞은 연구방법론을 선택하고 질적 연구를 수행하는데, 사실 질적 연구 내에서도 실증주의 패러다임에 근거한 방법론과 창조적이고 예술적인 패러다임에 따른 방법론 사이에는 큰 차이가 있다. 질적 연구방법론 중 실증주의 패러다임에 기반을 둔 관점은, 지식을 습득하는 과정에서 주관적이고 복잡하며 일반화하기 어려운 질적 연구 방법을 우려하며 '유연한' 것보다 '엄격한' 지식이 우수하다고 보고 권위적 전통에 호소한다. 이를 대표하는 것이 근거 이론이나 미디어 내용 분석이다.

한편 창조적 접근을 통한 분석과 표현을 선호하면서 전통적 사회과학자들을 객관주의, 타당성, 신뢰성의 신화에 파묻힌 실증주의자로 비판하는 관점도 있다. 실증주의 패러다임과 달리 창조적이고 예술적인 면을 중시하는 참여연구 패러다임에 근거한 질적 연구자들은 이야기, 시, 사진, 그림 등에 체화된 인간적이고 주관적인 지식의 가치를 존중한다. 이들은 자기 자신을 비롯해 친구, 주변 사람 또는 낯선 사람을 연구 대상으로 삼을 수도 있다.

최종렬·최인영(2008)은 결혼 이주 여성 두 명을 심층면접하면서 이주 여성에 대한 전형화된 담론들을 비판하고, 결혼 이주 여성들이 들려주는 사랑과 결혼에 대한 이야기를 들으며 그들이 쓰는 '사랑'이라는 단어의 의미를 그들의 시각에서 해석하려고 노력했다. 우리가 사랑이라고 여기지 않는 것이 그들에게는 사랑을 의미하는 것일 수 있기 때문이다. 연구자들은 결혼 이주 여성들이 어떤 문화적 도구로 결혼 생활을 이어 나가며 그것을 의미 있게 만드는지 살펴보고, 그들이 들려준 이야기를 그 이야기가 자리하는 더 큰 문화 구조에 준거해서 해석했다. 연구자들은 '두꺼운 기술'을 사용해 결혼 이주 여성들이 이해하는 사랑과 결혼, 이주라는 실천의 의미를 적극적으로 해석할 수 있었다. 최종렬은 이 연구 과정을 설명하면서, 베트남 이주 여성들과 심층면접할 때 이들이 자주 쓴 '공부'라는 단어의 의미를 해석한 경험에 대해 말했다. 이 단어를 정확하게 이해하고 해석하려면 베트남의 문화 구조부터 이해해야 한다. 유교 사회인 베트남에서 공부란 더 나은 인간이 되는 길이고, 출세와 신분 상승 및 효도를 할 수 있게 해 주는 길이다. 한국으로 이주해 온 여성들도 공부를 통해 출세하고 부모에게 효도하고 싶었지만, 그것이 불가능하다는 것을 깨달았을 때 한국 남성과 결혼을 선택했다. 즉 결혼해서 한국에 가면 더 나은 삶을 살고 부모에게 용돈을 보낼 수 있을 거라고 생각했다. 최종렬은 베트남 여성들이 쓰는 '공부'라는 단어를 이렇게 선재하는 베트남의 문화 구조 및 다양한 공적 코드와 연결하면서 해석학적으로 재구성했을 때 '공부'는 곧 '효도'라는 것을 해석해 낼 수 있었다고 한다.

이 연구에서 흥미로운 것은 연구자들이 심층면접 과정에 부딪친 어려움을 서술하는 대목이다. "우리의 문제들을 완전히 답변할 수 있을 때까지 심층면접을 지속하려고 했다. 우리는 이 과정에서 이는 단순히 이론적 포화 상태에 이르기 위한 문제에 그치지 않는다는 것을 알게 되었다. 상대방에 대해 알아 가면 갈수록 연구자로서 우리의 존재가 뒤흔들린다는 것을 느꼈기 때문이다. 우리는 심층면접이 연구자와 연구 참여자 사이의 관계를 외면적인 사물들의 관계로 만드는 실증주의에 대한 결정적인 반격이라는 점을 다시금 알게 되었다. 잘 알다시피 서베이로 대표되는 실증주의적 리서치는 연구자와 연구 참여자 사이의 내면적인 체험의 관계를 허락하지 않는다. 우리는 심층면접하는 과정에서, 질적 연구는 이렇게 박탈된 내면적인 체험의 관계를 회복하고자 하는 노력이라는 점을 알게 되었다."(최종렬·최인영, 2008: 188) 질적 연구에서 타 문화 또는 타자에 대한 해석은, 단순히 인식론이나 방법론 차원에서 낯섦을 체험하고 미지의 것에 대한 정보를 확장하는 과정에 그치지 않는다. 질적 연구에서 해석이란 연구자와 연구 참여자 사이의 극복할 수 없는 차이, 역사적이고 사회적인 간극에 따라 생긴 차이를 드러내고 대화하는 것이다. 질적 연구에서 자료 해석의 불가능성을 인식하며 인내심을 가지고 해석학적 순환 과정을 실행한다면, 질적 연구가 지나치게 연구자의 직관에 의존한다거나 너무 자유롭다는 비판에서 벗어날 수 있을 것이다.

이 밖에 실증주의 패러다임과 참여연구 패러다임, 과학적 접근과 예술적 접근의 혼합에 기초한 연구 방법도 있다. 혼합적 방법에는 귀납적 근거 이론 분석을 다른 방법과 통합하는 방식이 있고, 학문적 산문·내러티브·시의 사이를 왕복하며 사회과학과 예술적 앎의 방법을 병치해 구성된 본질을 드러내려고 하는 다층 설명 방식도 있다. 전통적으로 연구자들은 사회현상을 좀 더 효과적으로 인식하기 위해 양적·질적 방법론을 복수로 채택해 삼각 기법을 수행해 왔다. 실증주의와 일부 후기실증주의 연구에서 삼각 기법이나 복수의 연구 방법 설계는 자료를 다양하게 해석하고 분석해 현상을 좀 더 명확하고 풍부하게 이해하며 진실에 다가가려는 시도다.

이 다양한 방법들은 모두 장단점이 있으며 배타적이지 않고, 그 사이에 명확한 경계도 존재하지 않는다. 적지 않은 질적 연구자들이 자신의 연구가 과학적 접근과 예술적 접근 사이에 있다고 본다. 따라서 예술적 접근은 '비과학적'이고 실증과학은 '비예술적'이라는 정의를 넘어서는 사고가 필요하다.

해석의 타당성

양적 연구는 자료의 수집과 해석을 위한 도구와 기법이 상세하게 설정되어 있으며 사전에 설정한 연구 방법을 얼마나 충실하게 잘 수행했는가에 따라 해석의 신뢰도와 타당성이 결정된다. 실증주의적 패러다임과 양적 연구를 활용하는 질적 연구자들도 가설 검증을 통한 일반화를 위해 실험 연구와 통계적 측정을 채택하는 경향이 있으며, 변인들 간의 인과관계 분석과 측정에 주목한다. 실증주의 패러다임에 근거한 질적 내용 분석에서 자료 수집과 해석의 절차를 고려하는 것이 연구의 타당성을 확보하는 데 효과적이다. 질적 내용 분석의 타당성과 관련해 연구자의 주관성이 종종 논란을 빚었지만, 내용 분석 절차를 세밀하게 숙지하고 따르면 타당성을 확보할 수 있을 것이다. 물론 이 절차를 정형화된 규칙으로 수용해야 하는 것은 아니기 때문에, 연구자들은 질적 내용 분석의 개념과 방법론적 특징을 이해하고 이를 자신의 자료 해석에서 어떻게 구현할지에 대해 고민해야 할 것이다.(최성호 외, 2016: 149~150)

타당성 또는 신뢰도에 대한 실증주의적 관점은, 다양한 견해가 없거나 계속 변함없이 반복되는 현상을 보여 주는 대상을 연구할 경우에 잘 작동한다. 그러나 그것은 보통 질적 연구자들이 관심을 기울이는 사회적 세계가 아니다. 질적 연구자들의 관심사는 사회적 세계와 그 속에 있는 사람들이 사회적 현실을 구성하고 구체화하는 과정, 이에 저항하는 데 기여하는 상호작용 과정, 그 속에서 만들어지는 의미를 해석하는 데 있다. 이 세계가 이상적인 모형 하나에 순응해야 한다고 주장하는 것은, 과학적 신뢰도는 높일 수 있어도 연구의 타당성을 확보하는 데는 실패할 수밖에 없다. 1990년대 이후 우리나라에서도 질적 연구에 대한 관심이 꾸준히 고조되고 있으나, 질적 연구의 타당도에 대해서는 여전히 합

신뢰도와 타당성

과학적 연구는 객관성을 중요시하는데, 이때 객관성은 신뢰도와 타당성으로 평가할 수 있다. 질적 연구 방법을 사용하는 경우에도 객관성은 결코 포기할 수 없는 것이다. 신뢰도는 연구 상황과 무관하게 반복적으로 동일한 결과를 도출해 내는 정도를 의미한다. 즉 측정치의 안정성, 동일한 측정 결과를 얻는 역량, 측정 도구의 정밀함 등이 신뢰도를 나타낸다. 이와 달리 타당성은 연구 결과가 정확하게 해석되었는가를 보여 주는 지표다. 즉 연구자가 의도한 것을 제대로 잘 측정하고 있는가, 얼마나 정확하게 측정했는가를 측정의 타당도라고 한다. 그런데 양적 연구에서는 신뢰도와 타당성을 통계적으로 설정되어 엄격하고 통제된 것으로 보는 반면, 질적 연구에서는 신뢰도와 타당성을 연구자의 해석에 근거해 결정한다. 즉 연구자 스스로가 자료 해석의 도구가 되는 질적 연구에서는 연구자의 교육과 훈련, 주관적 관점에 따라 해석이 달라질 수 있기 때문에 신뢰도와 타당성을 객관적으로 검증하기가 쉽지 않다. 양적 연구의 신뢰도와 타당성 개념을 그대로 적용할 수 없는 질적 연구는, 고유한 연구 방법과 타당성 확보를 위한 방법을 구상해 해석의 객관성을 추구한다.

의되지 않은 다양한 정의와 관점이 존재해 혼란과 어려움이 있는 것이 사실이다. 연구 영역에 따라 그리고 연구 목적에 따라 연구의 타당성에 대한 이상이 다르다. 예컨대 임상 연구나 정책 연구에 타당한 방법이 문화기술지에는 적합하지 않을 수도 있다.

덴진이 말했듯 "해석은 예술이지, 형식적이거나 기계적인 일이 아니다." 해석하는 사람은 각자 자기 자리에서 자기 언어와 스타일로 해석에 임하기 때문에, 모든 질적 연구에 공통적으로 활용할 수 있는 표준적인 해석 기법은 있을 수 없고 있어야 할 필요도 없다. 하지만 창조적이거나 연구 영역이 모호한 연구라도 연구 방법이 비체계적이거나 부정확해서는 안 되고, 누구나 평가할 수 있도록 기준을 제공해야 한다. 그리고 해석이 개인적인 차원에 머무르지 않고 사회적으로 공유되게 하려면 '과학적인 해석 절차'를 어느 정도 따를 필요가 있다. 따라서 질적 연구자들은 양적 연구의 신뢰도나 타당성 개념을 그대로 질적 연구에 적용하지는 않고, 자신의 연구에 적합한 타당성을 확보하는 방법을 구상하며 나름대로 엄격성을 추구한다.

질적 연구에서 해석의 타당성을 확보하는 1차적인 방법은 자료를 수집하고 해석하는 과정을 공유하는 것이다. 자료 해석 과정을 명확하게 설명하면 불명확한 표현에 대한 의심과 오해를 줄일 수 있다. 그리고 해석 과정의 각 요소를 설명하는 것은 방법론을 체계화하는 데 매우 중요하다. 일부 연구자들은 실제 연구에서 실수하거나 올바른 방향을 잡지 못한 것에 대해 표현하지 않거나 못하는 경향이 있는데, 이런 점은 고칠 필요가 있다. 이런 과정을 거치면서 해석은 질적 연구의 가장 '주관적인' 영역인 동시에 가장 '객관적인' 영역이 되기도 한다. 다만 질적 연구의 '객관성'이란 '누가 봐도 그렇게 볼 수밖에 없는 것'이 아니라, '내가 본 것'을 그들도 보고 공감할 수 있는 형태로 구성해 표현한다는 것을 의미한다. 즉 질적 연구를 위한 타당성의 유형과 타당도 확보 기법 등은, 양적 연구와 비교해 가며 연구자 렌즈와 연구자 패러다임에 따라 검토해야 한다.

질적 연구에도 자료 수집이나 해석에 관해 어느 정도 표준화된 절차가 있지만, 질적 연구는 본질적으로 연구자 자신이 도구가 된다는 특징이 있다. 질적 연구에서는 연구자 자신이 연구 참여자가 생활하는 현지에서 그들과 관계를 맺으며 자료를 생산하거나 수집한다. 그리고 이때 자료 수집 방법, 수집된 자료에 대한 해석 방법 등은 연구자 자신이 결정해야 한다. 바로 여기에 질적 연구의 장점과 단점이 존재한다. 즉 질적 연구는 연구자를 도구로 활용해서 심층적인 자료와 자료 해석의 근거를 제공하는 데 도움이 되지만, 양적 연구자의 눈에는 이것이 타당도에 대한 과학적 검증을 수반하지 않기 때문에 연구자의 편견이 끼어들 위험에 노출된 것으로 보일 수 있다. 질적 연구의 타당성을 저해하는 위험 요인으로서 질적 연구자들의 부단한 주의를 요하는 것이 바로 이 연구자의 편견이다.(나장함, 2006: 274) 양적 연구와 달리 비구조화되어 있는 질적 연구는 연구자가 보고 싶은 것을 보고 듣고 싶은 것만 정리해서 연구하는 문제가 생긴다는 지적을 받게 된다. 궁극적으로 질적 연구에서 연구자 편견은 연구자의 선별적인 관찰과 기록 및 연구자 개인의 관점이 연구 수행과 자료 분석 과정에 영향을 받도록 내버려 두는 데서 기인한다.

이런 연구자 편견을 극복하기 위한 대표적인 방안으로 부정적 사례 샘플링과 반성이 있다.(나장함, 2006: 275) 첫째, 부정적 사례 샘플링은 연구자의 기대나 설명과 일치하지 않는 부정적인 사례를 의도적으로 면밀히 검토하는 것이다. 이 전략을 활용하면 연구자가 자신의 기대나 설명과 일치하지 않는 중요한 정보를 쉽게 무시하지 못한다. 따라서 불일치를 지속적으로 검토하고 해석해, 더 신뢰성 있고 근거 있는 연구 결과를 도출하는 데 기여하게 된다. 둘째, 반성은 더 복잡한 과정이다. 이는 연구자가 자신의 잠재적 편견과 성향에 대해 비판적으로 사고하는 것이다. 이 과정을 거치면서 연구자는 자신이 가질 수 있는 편견을 감시하고 통제하게 될 것이다. 연구자가 자신의 배경·관점·약점 등을 소개하며 이를 해결하기 위해 스스로 설정한 전략에 관해 알려 주는 것은, 연구자 자신의 렌즈가 어떤 색이며 어떤 상태에 있는가를 밝히고 그 렌즈에 묻은 때를 제거하기 위해 어떤 노력을 기울였는지 제시해서 독자에게 판단의 준거를 준다.

실제로 혼자 현지조사를 수행할 때 나오는 문화기술지적 자료의 타당성은 검증하기가 쉽지 않다. 그렇지만 "현지조사 시 인류학자는 중립적인 관찰자가 아니다. 현지 상황을 잘 파악하고 현지민과의 관계를 자기 성찰적으로 분석했다면 문화기술지적 신뢰도를 보장할 수 있다. 그리고 문화기술지적 신뢰도는 현지조사 노트로 측정될 수 있다."(윤택림, 2004: 214) 이렇게 문화기술지 연구의 결과물뿐 아니라, 문화기술지적 자료의 생산 맥락을 분석하면서 연구 기록의 신뢰성을 담보할 수 있다. 이와 비슷한 관점에 근거해 기록관리학 영역에서는 연구 기록 관리에 관한 체계적인 연구와 검토의 필요성을 주장하기도 한다. 연구 기록 관리에 관해 기존 연구들이 표준 작동 절차의 확립과 진본성에 관심을 기울였다면, 최근에는 연구 기록의 신뢰성에 관심을 두는 경향이 있다. 이 사실은 연구 활동의 생산물인 연구 노트가 특정 기관이나 연구실에서 일어난 과학적 활동의 문화적 특징을 반영한다는 인식을 보여 주고, 따라서 연구 노트를 생산한 '지식 실행 공동체'와 그 생산 맥락 등을 더욱 중요하게 간주한다는 것을 알 수 있다.(윤택림·최정은, 2012: 77~78)

이와 같이 자료의 신뢰성을 확보하고 자료 해석의 타당도를 높이는 방법에는 반성과 부정적 사례 샘플링 같은 연구자 개인의 노력뿐 아니라, 연구 참여자와 연구 결과를 읽게 될 독자의 관점을 활용하는 것도 있다. 질적 연구자들은 흔히 실재는 사회적으로 생성된 것이며 그 실재는 연구 참여자가 그럴 것이라고 지각하고 있는 것이라고 가정한다. 이는 연구 참여자들이 인식하고 있는 실재가 최종 기술·설명에 얼마나 정확하게 반영되었는지를 검사하는 것이 중요함을 시사한다. 이런 연구 참여자 관점을 사용한 연구자는 수집된 자료나 연구 결과에 대한 해석이 연구 참여자들을 제대로 재현하고 있는지를 평가하기 위해 적극적으로 연구 참여자들과 소통하게 된다. 또한 연구와 직접적인 관련이 없는 외부 평가자의 검증은 연구자가 제시하는 기술·설명에 신뢰성을 더해 질적 연구의 타당도를 제고하는 데 기여할 수 있다. 물론 연구 참여자나 제보자에게 연구 결과물을 보이고 검토받는 과정은 상당히 복잡한 문제를 불러올 수 있다. 각 사회마다 있기 마련인 예민한 문제를 연구에서 다룰 경우, 연구 참여자가 반발하기도 한다. 예컨대 구술 과정에서 제보자의 허락하에 학력이나 가족 내력 등을 공개했는데도, 발표된 연구 결과물에 제보자가 심각하게 반응한 경우가 있다.(김귀옥, 2014: 130~134)

그리고 구술 자료를 활용하는 질적 연구는, 사실과 구술 자료의 간극이 생길 위험이 늘 있다. 선별적 기억, 망각과 기억 변형, 허위 진술 등이 문제다. 실증주의 패러다임에 근거한 연구자들은 구술 자료가 이런 불확실한 개인의 기억에 기초하기 때문에 개별적이고 주관적이며 부정확하다는 한계가 있고, 따라서 학술 자료로서 가치가 부족하다고 인식했다. 하지만 최근에는 구술 자료의 풍부한 해석 가능성에 주목하는 경향이 뚜렷해지고 있다. 구술사가인 포르텔리는 기록 문헌이 사실적 신뢰성을 독점하고 있다는 생각을 '편견'으로 보고, 기록 문헌도 종종 출처를 알 수 없는 구술 자료가 전승된 것이라는 사실을 강조한다. 즉 기록 문헌은 구술의 초기 자료가 종종 과학적 신뢰성이 없고 계급적 편견이 가득 들어간 채 전승된 결과물이라는 것이다.(포르텔리, 2010: 85~86) 물론 그렇다고 해도 구술 자료의 신뢰성을 해치는 오류 및 사실과 구술의 간극을 줄이기 위한 작업은 철저하게 수행해야 한다. 구술 준비 과정이나 구술 과정 중에 구술자에게 구술 내용과 관련된 다양한 기초 정보를 제공해 구술자의 착오를 줄이거나 망각된 기억을 회상하게 할 수 있을 것이다. 그리고 구술된 자료를 해석하는 과정 중에 구술 자료의 빈칸이나 오류를 문서 자료로 보완하거나 교차 검토로 줄일 수 있을 것이다.

다른 참여자들의 구술 자료나 외부 평가자들의 자료 해석을 활용하는 것도 효과적일 수 있다.

마지막으로, 질적 연구자들은 실증주의적 연구가 추구하는 타당성과는 다른 방식으로 해석의 타당성 문제를 고민하는 경우가 많다. 물론 질적 연구에서도 실증주의적 패러다임을 따르는 연구자들은 연구의 절차적 엄격성과 연구 결과의 일반화 범위 확대에 관심을 기울이기도 한다. 하지만 구성주의적이고 해석적이며 참여연구의 패러다임에 기초하는 질적 연구자들은 양적 연구의 타당성을 그대로 쓰는 대신 서사적 진실성, 증거의 문제, 핍진성 등을 다루면서 연구의 타당성을 확보하기 위해 노력한다. 대부분의 사람들은 사실, 즉 '돌이 솜사탕보다 단단하다' 같은 사실에는 쉽게 동의한다. 그런데 질적 연구는 이런 '사실' 그 자체보다는 '증거'에 대한 이해를 자료로 삼는다. 증거는 사실과 비슷하지만 똑같지 않다. 증거는 어떤 사실 자체에 관한 것이라기보다는 논점에 관한 것이다. 이와 마찬가지로 문화기술지 연구자들에게는 스토리텔링의 진실성에 대한 문학적 기준이 사회과학의 사실에 대한 기준만큼 의미 있는 것으로 수용되기도 한다. 질적 연구에서는 연구를 위해 수집한 자료의 정확성과 진본성, 즉 '사실적 진실' 그 자체에 관심을 갖기보다는 그것이 어떻게 재구성되었으며 그렇게 재구성된 자료의 '서사적 진실'(김성례, 2002: 52)이 어떤가에 더 큰 관심을 두기도 한다. 구술 생애사도 구술자가 자신이 체험한 '객관적인' 과거 사실을 단순 모사하거나 재현하는 것을 있는 그대로 수집하기보다는 내용과 주제를 선택하고 그에 따라 특별한 방식으로 재구성한다는 점이 중요하다. 따라서 구술 자료에는 과거에 일어난 사건들에 대한 진술뿐 아니라, 일어났다고 믿은 것과 일어나길 바란 것, 그 사건에 대한 당시 또는 현재의 평가와 해석이 혼합되어 나타난다.

포르텔리는 주관적 기억을 역사적 사실로 다뤄 구술사에 새로운 의미를 부여했는데, 그중 특히 '틀린' 자료의 의의와 그것을 해석하는 방법에 대한 그의 논의는 질적 연구 자료 해석의 타당성에 대한 고민에 중요한 시사점을 준다. 즉 구술 자료는 실제 사건보다는 그 사건들의 의미에 대해 더 많은 것을 말해 주고, 실제 사건에 대한 '틀린' 진술이라도 심리적으로 계속 '진실'이며 이런 '진실'은 '사실적으로 믿을 수 있는 설명'과 마찬가지로 중요하다는 것이다. 그래서 그에게는 틀린 믿음이라 해도 그 자체가 역사적 사실의 일부로서 신빙성을 지닐 수 있다.(포르텔리, 2010: 83~85) 물론 그렇다고 해서 구술 자료 속에서 오류를 찾아내고 교정하는 작업이 필요 없다는 말은 아니다. 반복 구술과 문서 자료 검토를 통해 오류를 교정할 수도 있고, 그래야 한다. 그러나 왜곡된 기억이 반드시 오류로 그치는 것이 아니라, 새로운 사실로서 다뤄져야 할 경우도 있다. 예컨대 어떤 사람들은 자신들이 과거에 한 불법적인 투쟁에 대해 기술할 때 말이 적어지는데, 이것은 반드시 그들이 그 사실을 명확하게 기억하지 못한다는 것을 의미하지는 않는다. 오히려 그들의 정치적 의견과 개인적 상황 또는 정치적 노선에 변화가 있었다는 것을 말해 주기도 한다. 따라서 '이러한 경우에 가장 귀중한 정보는 제보자들이 말하는 것이 아니라, 그들이 숨기는 것 그리고 그들이 그것을 숨긴다는 사실'에 있다.(포르텔리, 2010: 88)

그리고 객관적 사실과 동떨어진 '나쁜' 구술 자료는 비가시적인 것을 드러내기 위해 '징후적 방식으로 독해'되어야 한다. 역사학자 소퍼는 '이란-미국 외교 관계 프로젝트'의 구술 자료를 분석하면서 잘못된 인식에 어떤 의미가 있는지를 설득력 있게 보여 주었다. 1970년대 초 이란 군사 지원 임무 책임을 맡은 국방성 소속 장성 윌리엄슨은, 구술 중에 이란 왕정의 상층 5~6퍼센트는 최고의 교육을 받은 교양 있는 사람들이었지만 나머지 대다수 대중은 어린아이와 같고 자극을 갈망하는 존재이며 어떤 자극을 받을 경우 위험한 존재가 된다고 묘사했다. 소퍼는 이 구술 자료를 통해 1차적으로는 윌리엄슨이 이란인에 대해 서구적 편견이 있다고 해석했다. 또한 소퍼는 윌리엄슨이 다른 (외교 관료) 구술자들과 전혀 다른 의견을 보이는 데 주목하면서, 그 이유를 윌리엄슨이 속해 있는 군사 관료와 외교 관료 사이의 이데올로기적 균열로 해석했다. 즉 당시 이란에 파견된 미국 관료들 사이에 서로 다른 집단적 사고가 있었다는 것이다. 마지막으로, 소퍼는 윌리엄슨 같은 군부 관료들이 자유민주주의 원리를 따르는 대다수 미국인들과 비민주적인 이란 왕정을 지지하는 미국 정부 사이 간극을 메우기 위해 이란의 대다수 대중은 유아적이고 위험하다는 이데올로기적 추정을 이용한 것으로 해석했다. 소퍼는 이렇게 객관적 사실과 동떨어진 '나쁜' 구술 자료조차 역사적 현실을 구성하는 자료로 해석할 수 있다고 주장하면서, 구술 자료는 비가시적인 것을 드러내기 위해 징후적 방식으로 독해될 수 있다고 보았다.(Soffer, 1995: 610~612) 어떤 가시적인 사실에 대해 거짓 인식을 보여 주는 구술 자료는 사실적 유용성이 없는 것처럼 보일 수 있다. 하지만 내러티브를 구성하는 데 사용된 이데올로기나 한 사회의 집합적 심성을 드러내는 징후적 독해를 거치면 미처 연구되지 못한 영역에 관한 새로운 정보를 주는 자료가 될 수 있는 것이다. 따라서 질적 연구에서 자료 해석의 타당성을 고려할 때 실증주의적 연구가 요구하는 타당성의 기준을 그대로 적용한다면 놓치는 점들이 분명히 존재한다는 것을 인정하고, 질적 연구의 섬세한 해석 방법과 해석의 타당성을 확보할 수 있는 이론적·방법론적·윤리적 절차를 고안해야 할 것이다.

- 질적 자료 해석의 타당성

구술 자료는 믿을 만하지만 다른 종류의 신빙성을 가지고 있다. 구술 증언의 중요성은 사실에 대한 집착에 있기보다는 상상, 상징 그리고 욕망이 출현하면서 사실로부터 떠나는 데 있다. 기존 언어학적 비평과 모든 종류의 자료에서 필요한 사실적 증명의 모든 범주를 가지고 구술 자료의 사실적 신빙성을 검사한다면, 구술사의 다양성은 '틀린' 진술이 심리적으로 계속 '진실'이고, 이러한 진실은 사실적으로 믿을 수 있는 설명과 동일하게 중요하다는 사실에 있다.(포르텔리, 알레산드로, 2010, 〈무엇이 구술사를 다르게 하는가〉, 《구술사, 기억으로 쓰는 역사》, 아르케, 85쪽.)

- 인류학적 글쓰기

그저 변덕이나 습관 때문에, 아니면 (요즘 선호하는 설명인) 편견이나 정치적 욕구 때문에 어떤 사람의 말은 듣고 어떤 사람의 말은 무시한다면 ─물론 그 기준은 상대적일 터이다─ 물의를 일으키게 될 것이다. 하지만 먼 곳의 삶을 가까이서 겪고 그 인상을 산문으로 전달하는 능력이 훨씬 더 뛰어나다는 이유로 몇몇 민족지학자에게 주목하더라도 그리 큰 문제가 되지는 않는다. 이런저런 논문이나 기사를 통해 그러한 인상이 어떻게 만들어지는지 찾아가는 과정에서 그것들을 판단할 기준도 동시에 발견하게 될 것이다. (……) (엄밀한 의미에서는 과학도 문학도 아니고, 넓은 의미에서는 과학이기도 하고 문학이기도 한) 인류학적 글쓰기에 대한 비평도 민족지가 과학으로서의 자격을 얻으려면 어떤 모습을 갖추어야 하는지에 대한 선입견에 사로잡힐 것이 아니

라, 문학비평과 마찬가지로 인류학적 글쓰기 자체에 참여하면서 발전해 나

가야 한다.(기어츠, 클리포드, 2014,《저자로서의 인류학자》, 김병화 옮김, 문학동네, 16~17

쪽.)

1. 질적 연구에서 자료 해석의 장단점을 양적 연구와 비교해 논의해 보자.

2. 질적 연구에서는 자료를 계량화할 수 없고 연구자의 해석에 의존하게 되는데, 좋
   은 해석을 가능하게 하는 조건이 무엇인지 논의해 보자.

읽을거리

- 기어츠, 클리포드, 2009,《문화의 해석》, 문옥표 옮김, 까치.
- 김귀옥, 2014,《구술사 연구: 방법과 실천》, 한울아카데미.
- 윤택림 편역, 2010,《구술사, 기억으로 쓰는 역사》, 아르케.

참고 문헌

- 기어츠, 클리포드, 2009,《문화의 해석》, 문옥표 옮김, 까치; Geertz, Clifford, 1973, Interpretaion of cultures, New York: Basic Books.
- 기어츠, 클리포드, 2014,《저자로서의 인류학자》, 김병화 옮김, 문학동네; Geertz, Clifford, 1988, Works and Lives: The Anthropologist as Author, Stanford University Press.
- 김귀옥, 2014,《구술사 연구: 방법과 실천》, 한울아카데미.
- 김성례, 2002, 〈여성주의 구술사의 방법론적 성찰〉,《한국문화인류학》35(2), 31~64쪽.
- 나장함, 2006, 〈질적 연구의 다양한 타당성에 대한 비교 분석 연구〉,《교육평가연구》19(1), 265~283쪽.
- 덴진, N. K.·Y. S. 링컨, 2014,《질적 연구 핸드북》, 아카데미프레스.
- 서근원, 2008, 〈질적 연구 수행의 의미〉,《교육학연구》46(3), 133~161쪽.
- 신진욱, 2009, 〈해석학의 존재론적 전환과 '정당한 이해'의 이상〉,《한국사회학》43(1), 23~55쪽.
- 윤택림, 2004,《문화와 역사 연구를 위한 질적 연구방법론》, 아르케.
- 윤택림·최정은, 2012, 〈문화기술지적 자료의 연구 기록 관리 방안 연구: '부엌의 문화사' 연구 프로젝트 자료의 분류 및 기술을 중심으로〉,《한국기록관리학회지》12(2), 71~91쪽.
- 조용환, 1999, 〈질적 기술, 분석, 해석〉,《교육인류학연구》2(2), 27~63쪽.
- 최성호·정정훈·정상원, 2016, 〈질적 내용 분석의 개념과 절차〉,《질적탐구》2(1), 127~155쪽.

- 최종렬 · 최인영, 2008, 〈국제결혼 이주 여성에 대한 문화사회학적 접근〉, 《문화와사회》 4, 147~205쪽.
- 포르텔리, 알레산드로, 2010, 〈무엇이 구술사를 다르게 하는가〉, 《구술사, 기억으로 쓰는 역사》, 아르케; Portelli, Alessandro, 2003, "What makes oral history different", *The Oral history reader*, London · New York: Routledge.
- Soffer, Jonathan, 1995, "Oral History and the History of American Foreign Relations", *The Journal of American History* 82(2), pp. 607~616.

질적 자료를 활용한 창조적 글쓰기

정수복

・ 학습 내용

글쓰기는 세계를 종이 위에 담아내려는 저자의 필사적 시도다.

― 클리포드 기어츠

공중이 없다면 공공 철학으로서 사회과학은 고사枯死할 수밖에 없을 것이다.

― 로버트 벨라

인간은 언어를 통해 소통하는 존재다. 소통은 듣기, 말하기, 읽기, 쓰기를 통해 이루어진다. 학문 세계의 소통도 이 네 가지 요소로 이루어진다. 네 가지 요소가 다 중요하지만 학문 활동은 결국 글쓰기로 마감된다. 말하고 듣고 읽은 내용을 바탕으로 스스로 사고하며 수집한 자료를 활용해 자기주장을 글로 표현하는 활동이야말로 공부하는 사람의 가장 주체적이고 창조적인 활동이다. 모든 글은 읽는 사람을 상정한다. 그래서 글쓰기는 항상 두렵고 부담스럽다. 이 책의 마지막인 이 장에서는 각자 지금까지 해 온 글쓰기 체험을 반추하면서 질적 연구 방법을 활용하는 사회학도로서 좋은 글을 쓰려면 어떻게 해야 하는가를 생각해 본다. 독자를 염두에 두고, 어떻게 하면 논리적이면서 감동적인 글을 쓸 수 있는가를 고민해 본다. 삶의 경험과 절연된 건조하고 차가운 글쓰기가 아니라, 사회에서 살아가는 사람들의 의미 세계를 파고드는 성찰적 글쓰기 방법을 모색해 본다.

질적 자료를 활용한 글쓰기는 양적 자료를 사용하는 글쓰기와 달라야 한다. 양적 자료를 사용하는 글쓰기가 숫자로 제시된 자료를 활용해 논리적으로 설득하는 글쓰기라면, 질적 자료를 활용하는 글쓰기는 논리적 일관성과 함께 감정이입을 일으키는 글쓰기라야 한다. 독자에게 저자의 문제의식을 효과적으로 전달하고 감수성을 공유시킬 수 있는 글쓰기가 필요하다. 아무리 논문이라도 틀에 박힌 상투적인 글쓰기를 벗어나 자기 나름대로 독창적인 글쓰기를 시도해야 한다. 그러려면 글쓴이가 자기를 드러내는 것도 한 방법이다. 가능한 한 이해하기 쉽게 쓰고 번역 투 문장을 벗어나 아름다운 우리말을 살리면 좋다. 여러 방법으로 자료를 수집하는 과정 자체가 글쓰기와 이어져 있으며 자료를 해석하는 과정에서 발견과 분석이 이루어지기도 한다. 사회학도의 글쓰기가 꼭 논문에 한정될 필요는 없다. 연구 결과를 효과적으로 전달하기 위해 시, 소설, 희곡 같은 문학을 활용할 수도 있다. 사회학도의 공허한 독백이 아니라 동료 학자는 물론이고 동료 시민에게도 널리 읽혀 메아리가 되어 돌아오는 글쓰기, 좋은 삶은 무엇이며 그런 삶이 가능한 좋은 사회는 무엇인지를 생각해 보게 하는 의미 있는 글쓰기는 어떻게 가능한가를 함께 생각해 본다.

사회학도의 글쓰기 훈련

사회학과에 진학해 공부하다 보면 여러 과목의 교재와 참고 도서 들을 읽게 되고 시험 답안지나 짧은 보고서를 써내기도 한다. 이런 과정을 거치면서 알게 모르게 사회학도로서 글쓰기를 훈련한다. 사회학도로서 글쓰기에 대한 의식적인 관심은 대학원에 진학하면서 시작된다. 대학원생들은 국내외 사회학자들이 쓴 책과 논문을 읽으면서 사회학 공동체의 글쓰기 규범을 배운다. 그리고 각 학기마다 수강한 과목별로 기말 보고서를 쓴다. 원고지 50매 분량으로 기말 보고서를 쓰려면 그 내용과 형식을 고민하지 않을 수 없다. 이런 과정을 거쳐 석사 학위논문을 쓰게 된다. 학위논문은 자기 이름을 건 본격적인 글쓰기이며 일종의 통과의례다. 이때 지도 교수나 선배 학자들의 논문을 본보기 삼아 '학문적' 글쓰기를 훈련한다. 그런데 객관성·논리성·검증 가능성·정확성을 원칙으로 삼는 학술 논문을 모방하다 보면, 개성 있는 글쓰기로부터 점점 멀어진다. 아니, 개성을 추구하지 않게 된다. 양적 방법론을 사용해 논문을 쓴다면 특별히 자기 나름의 글쓰기 방식을 추구할 필요가 없을 수도 있다. 자기를 드러낼 필요 없이 연구 결과를 독자가 잘 알아들을 수 있게 논리적으로 서술할 뿐이다. 논문은, 주관적 감정을 배제한 채 이론적 틀과 가설을 제시하고 자료를 통해 가설을 검증하면서 이론적 논의의 적합성이나 유용성 여부를 판단하는 방식으로 쓴다. 논문의 힘은 기본적으로 이론과 개념과 자료에 기초한 논리적 설득력에서 나온다. 논문에서 필자의 개성적 표현은 논지를 흐리는 방해 요소나 잡음으로 여겨진다. 석사 학위논문에 이어 박사 학위논문을 마치고 나면 등록된 학술지에 논문을 싣기 위해 노력해야 한다. 학문의 길에 들어서 이렇게 10여 년 세월을 지내다 보면 논문 형식에서 벗어난 글을 쓰기가 어려워진다.

풋풋하던 감수성이 메마르고 정서적으로 무뎌지면서 자유로운 상상력이 죽어 버린다. 판박이 논문 쓰기에는 점점 익숙해지면서 논문 이외의 글을 쓸 능력은 점점 줄어든다. 많은 사회학자들이 이걸 당연하게 여긴다. 그러나 이 장은 질적 자료를 활용해 글을 쓸 경우 지금까지 글을 쓴 방식과는 조금 다르게 쓸 수 있다는 생각에서 출발한다. 질적 방법을 사용했어도 논문 형식을 고수한다면, 전형적인 논문 작성 기준을 따르지 않을 수 없다. 그러나 현장을 찾아다니고 구술을 채록하고 연구 참여자들을 만나 면접하는 등 질적 연구 방법을 사용했다면, 양적 연구 방법을 활용한 연구의 글쓰기와 구별되는 글쓰기를 고민하지 않을 수 없다.

질적 연구 방법을 사용하는 사회학도들 가운데 중·고등학교 때부터 문학과 예술에 관심을 가진 사람들이 많다. 시나 소설을 발표하기도 하고 교지나 학교신문 편집에 관여하면서 일반 독자를 상대로 하는 글쓰기 감각을 익힌 경험이 있다. 사회학자로서 개성 있는 글쓰기를 하는 사람들은, 사회학이라는 학문 세계 안에서 그런 글쓰기를 배운 것이 아니라 문학예술 분야에 관심을 기울인 경우가 많다. 김경동, 조은, 김성국, 송호근, 김종엽, 전상인, 김호기, 최종렬, 김홍중, 전상진, 노명우, 서동진, 심보선 등을 그 보기로 들 수 있을 것이다. 그 가운데 한국 사회학을 대표하는 원로 학자 김경동은 중·고등학교 시절에 문예반 활동을 하면서 백일장에 나가 여러 번 수상한 경력이 있다. 그는 수많은 사회학 저서와 논문 외에 시집을 두 권 펴냈고, 신문을 비롯해 대중을 상대로 하는 지면에 글을 많이 썼다. 그럼에도 그는 내면세계의 흐름이나 사적인 감정을 드러내는 글은 쓴 적이 없고, 독자가 정서적 반응을 일으킬 만한 글을 써 본 적이 없다고 회고했다. 그는 현실로부터 한발 물러서서 사회 현상을 객관적으로 바라보고 사회학 이론과 수집한 자료를 활용해 설득력 있는 논리적 글쓰기를 하려고 노력했다.(김경동, 2009: 245~248) 그러다가 만년에 이르러 자문했다. "왜 그런 글만 써 왔는가?" 그리고 이렇게 자답한다.

아마 무엇보다도 사회과학적 훈련과 습성이 주요인일 것이다. 아무리 수사로 재주를 부려도 사회과학의 글은 부드럽기보다는 딱딱해야 하고 감성보다는 이성이 앞서야 하며 함부로 과장이나 풍자를 할 수가 없고 사회라는 거창한 주제를 취급하지만 깊은 철학적 천착과는 거리가 있는 사실적 수준에 머물러야 하는 제약 아래 쓰게 된다. 과학적 탐구를 염두에 두는한, 학문적 규준에 따라야 하기 때문이다. 더구나 사회과학적 사유는 순간적으로 번득이는 창의력보다는 기존의 이론과 방법론의 틀 안에서 차분하게 무언가 새로운 것을 추구하는 정도에 머물지, 무한정 상상력을 발휘하는 자유도가 비교적 낮은 것이 특징이다. 마음 내키는 대로, 감성이 이끄는 대로, 붓 가는 대로, 멋들어진 문장을 마음껏 구사하면서 인생을 논하고 자연을 노래하고, 자신의 속내를 서슴없이 드러내며, 울다가 웃다가 종횡무진 글을 써 내려가는 자유재량에 한계가 있다. 나는 칼럼류의 글을 쓸때라도 가능하면 이런 사회과학의 속박에서 탈피하여 그런대로 비교적 부드러운 글을 쓰려고 애를 쓰는 편인데도 평생 습관으로 자리 잡아 마음대로 벗어나기가 어렵게 굳어 버린 패턴에 따라 글쓰기를 하고 있는 게다.(김경동, 2009: 248~249)

인용한 대목에서 김경동은 사회학을 전공하다 보니 문학적 상상력과 부드러운 글쓰기 능력을 상실하게 되었다고 고백한다. 사회학자의 글이 문학적 분위기를 풍기면 안 된다는 보이지 않는 규율에 속박당한 것을 알 수 있다. 일반적으로 사회학자들에게 '문학적'이라는 수식어는 '과학적'이지 못하다는 비방으로 들린다. 반면에, '과학적'이란 수식어는 칭찬이 된다. 전문가적 사회학자들이 애호하는 '과학적'이란 수식어는 자료로 뒷받침된 '검증된' 진리라는 뜻을 담고 있다. '과학적'이라는 수식어를 쓰면서 사회학자는 진리의 담당자가 되는 것이다. 그러나 시민들과 함께 사회적 진실을 추구하는 공공 사회학이나 인문학적 사회학에서는 진리의 독점권을 주장하지 않는다. 공공의 지식으로서 사회학자는 대화와 소통을 목적으로 한다. 그런 글에는 문학적 글쓰기와 과학적 글쓰기가 자연스럽게 결합할 수 있다. 사회학적인 요소와 문학적인 요소가 상호 배타적인 관계가 아니라 상호 보완적인 관계가 되는 글쓰기가 가능할 수 있다. 지성과 감성이 어우러지고 정서적 울림과 논리적 설득력을 함께 갖춘 글을 쓸 수 있다. 특히 문화사회학 분야에서 질적 연구 방법을 활용하는 사회학도라면 각자 그런 글쓰기를 실험하여 자기만의 글쓰기 방식을 개발해야 한다. 그러기 위해서는 사회학자라고 해서 사회학 저서나 논문만 읽을 것이 아니라 평소에 시와 소설을 읽고 그림과 사진, 음악과 건축에도 관심을 갖고 인문 교양과 상상력을 풍부하게 할 필요가 있다.(정수복, 2015: 29~92)

질적 자료를 활용한 글쓰기

연구의 주체와 객체를 분리하고 실험과 관찰을 통해 연구의 대상이 되는 현상의 인과관계를 수량으로 표현하는 양적 방법론을 진실에 도달하는 유일한 통로로 여기는 '자연과학-사회과학 일원론자'들은 다른 사람들과 상호작용하는 속에서 의미를 구성하고 관계를 형성하는 사회현상을 연구 대상에서 배제했다. 한국 사회학도 1950년대 중반 이후 양적 연구 방법이 주류를 이루면서 사회학을 법칙을 추구하는 과학으로 보는 관점이 대세를 형성했다. 1970년대 중반 이후 문과대학이나 인문대학에 속해 있던 사회학과가 사회과학대학으로 옮겨 가면서 이런 경향은 더욱 강화되었다. "이제 방법은 양적인 것과 동의어가 되었으며 수학, 통계학의 주요 개념과 용어 들은 사회과학에도 점점 필수가 되어 갔다. 연구 문제보다도 방법론이 더 중요하게 논의되는 것도 흔한 일이 되었다."(조항제 외, 2015: 12) 그 결과, 사회학 논문은 통계표와 그래프를 제시하고 그에 대해 간명한 설명을 덧붙이는 글쓰기로 졸아들었다. 그러나 의식을 갖고 의미를 추구하는 인간의 내면을 연구하는 문화사회학의 글쓰기는 그렇게 될 수 없다. 자연과학이나 수리경제학의 논문 쓰기와 문화사회학의 글쓰기는 다를 수밖에 없다. 의식과 의미의 차원을 포함하는 사회·문화 현상을 연구하려면 질적 연구 방법이 필요하다.

이 글의 목표는 양적 연구 방법을 사용한 연구의 글쓰기와 구별되는, 질적 자료를 활용하는 창조적 글쓰기 방식은 무엇인가라는 물음에 답하는 것이다.

교감하는 글쓰기

모든 글쓰기는 독자를 염두에 둔다. 질적 연구 방법을 활용한 학위논문의 1차적 독자는 지도 교수와 심사 위원이다. 자기보다 연구 경력이 많고 평가하는 자리에 있는 사람들을 1차적 독자로 하는 학위논문을 쓰는 일은 두렵고 부담스럽다. 그럼에도 자신의 연구 결과를 겸손한 태도와 함께 효과적으로 설득력 있게 전달하겠다는 마음가짐으로 출발하면 누구든 좋은 논문을 쓸 수 있다. 지도 교수의 격려와 지지·비판과 지도를 받으면서 한 단계 한 단계 충실하게 나아가다 보면, 결국 시간이 흐르면서 논문은 완성되기 마련이다. 논문의 1차적 독자가 지도 교수와 심사 위원이라도 질적 연구 방법을 사용할 경우에는 연구 참여자들과 그들이 속한 사회적 범주의 사람들은 물론, 선후배와 동료 및 그 주제에 관심 있는 모든 사람을 '상상의 독자'로 상정하고 글을 써야 한다.

학위논문이라면 연구 방법과 상관없이 서론, 본론, 결론이나 기승전결 구조를 갖추어야 한다. 문제 제기, 연구의 목적, 연구의 범위, 연구의 초점, 기존 연구 성과 검토와 그 안에서 자신의 연구가 차지하는 위치, 문제 해결을 위한 이론적 논의, 연구 방법, 자료 수집 과정, 수집된 자료의 내용과 분류, 자료의 분석과 해석 및 이에 대한 논의와 결론, 논문의 의의와 한계, 추후 연구를 위한 제안, 참고 문헌 제시 등이 논문의 골격을 이룬다.

그러나 양적 방법을 활용한 연구와 질적 방법을 사용한 연구는 글쓰기 방식에서 커다란 차이가 있다. 양적 연구가 숫자의 세계에 있다면 질적 연구는 이야기의 세계를 구성한다. 이야기의 세계에는 숫자의 세계에서 감지하기 어려운 미묘한 감정과 의미, 가치와 해석, 직관과 통찰의 영역이 있다. 수치를 사용해 빈도수, 분포, 시간에 따른 변화, 변수들의 상관관계나 인과관계를 찾는 양적 연구는 통계표, 도표, 그래프 등을 통해 연구의 주요 결과를 제시하고 중립적이고 객관적인 문체로 설명을 더하는 방식으로 글쓰기를 한다. 여기서 중요한 것은 논리적 일관성이다. 물론 질적 연구에 맞는 글쓰기에도 논리적 일관성이 중요하지만, 그보다는 연구자의 문제의식과 연구 참여자의 세계를 독자에게 재구성해 보여 줌으로써 이해와 공감을 불러일으키는 일이 더 중요하다. 연구자와 연구 참여자, 독자 사이에 공감과 이해의 의미 세계를 구성하는 일이다. 질적 연구 방법을 활용하는 경우에도 현상학적 접근, 근거 이론, 사례 연구, 문화기술지, 참여연구, 심층면접, 구술사, 생애사 연구 등 연구자의 이론적 관점이나 접근 방법에 따라 글쓰기가 달라진다. 하지만 일반적으로 질적 글쓰기는 공감을 불러일으키고 상호 이해의 증진에 기여한다는 점에서, 논증 중심으로 양적 자료를 활용한 글쓰기와 구별된다.

독창적인 글쓰기

질적 연구 방법을 활용해 독창적인 글을 쓰려면 어떻게 해야 하는가? 주어진 자료를 논리적 순서에 따라 사실적으로 나열하는 글쓰기는 의식적인 집중을 요구한다. 그러나 이야기 형식의 글쓰기는 작가적 상상력이 필요하다. 질적 연구의 글쓰기는 마치 소설처럼 구성이 필요하고 인물이나 장면 묘사도 중요하다. 이론적·방법론적 논의, 현장에서 만난 연구 참여자에 대한 소개, 연구 참여자가 들려준 이야기를 자료화하는 과정, 수집된 자료의 해석과 분석, 자료의 적절한 인용 등을 이야기로 구성하는 과정은 일종의 창작 행위다. 물론 논문이라는 기본 형식을 지켜야 하지만, 그 틀 안에서 저마다 개성과 창의성을 최대한 살려 자기만의 분위기가 묻어나는 독창적인 글쓰기를 할 수 있다. 영국의 역사학자 젤딘은 젊은 학자들이 선배 학자들의 글쓰기를 따르지 말고 자기 나름의 새로운 글쓰기를 하라고 다음과 같이 권고하는데, 이는 역사학도만이 아니라 질적 연구를 하는 사회학자에게도 고스란히 해당되는 말이다.

나는 어떤 사람에게도 특정한 방식으로 역사를 기술하라고 촉구하고 싶지 않다. 나는 당신이 쓰는 역사서가 당신의 개성의 표현임을 믿는다. 나는 우리가 사람들에게 역사 쓰기를 가르칠 수 없다는 몸젠의 말에 동의한다. 용기 있는 젊은 역사가들에게 뒤따라갈 선례를 제시하기보다는 그들 자신의 개성과 자신의 견해와 그 자신만의 기발함을 개발하도록 고무함으로써 더 많은 것을 얻을 수 있다고 믿는다. 독창적인 역사학은 독창적인 정신의 반영물이며 따라서 그것을 낳을 수 있는 어떤 표준적인 처방이 있는 것은

아니다.(이영석, 2006: 124에서 재인용)

질적 연구 방법을 활용해 논문을 쓸 경우에는 권위주의적 전문가의 태도를 버리고 열린 마음으로 겸손하게 자신의 연구 결과를 독자에게 전달하려는 자세로 진솔한 글쓰기에 임하는 편이 좋다. 연구하면서 알게 된 것들을 친구에게 술술 풀어놓는다는 생각으로 글을 써 나가면 된다. 선행 연구의 글쓰기를 모방하기보다는 부족해도 자기 나름대로 글을 쓰다 보면 독창적인 글쓰기 방식이 만들어질 것이다.

감동적인 글쓰기

질적 방법론의 글쓰기는 새로운 발견이나 이론적 기여도 중요하지만 일단 글을 읽는 사람들에게 특별한 경험을 제공해야 한다. 최소한 지금 여기의 독자가 자신의 한정된 경험 세계를 벗어나 다른 세계를 경험하는 느낌을 주어야 하고, 심미적이고 예술적인 체험까지 할 수 있으면 더욱 좋을 것이다. 질적 자료를 활용한 글쓰기에서는 연구 참여자들의 감각적, 정서적, 미학적, 가치론적 가치를 지닌 '살아 있는 경험'을 재창조하면서 독자들을 울고 웃게 만들고 때로 분노하고 깊게 성찰하도록 만들어야 한다.(최종렬, 2012: 123, 161) 그러기 위해서는 독자의 마음을 열고 감정이입과 해석적 반응을 유도할 수 있는 글쓰기가 필요하다. 공감과 성찰을 유도하기 위해 적절한 문체에 대해서도 생각해 봐야 한다.

질적 연구의 글쓰기에서 연구자는, 전지적 관점을 취하며 객관적 진리의 담지자로서 '이것이 진리'라고 주장하지 않는다. 질적 연구자는 특정 시간과 공간이라는 맥락 속에 자리한 연구 참여자들의 의식과 생활 세계, 사건과 현상 등을 연구 참여자와 상호작용하면서 상호 주관적으로 이해한 결과를 독자에게 전달하는 '메신저'라고 할 수 있다. 연구자는 독자를 능동적 의미 구성 능력과 주체적 해석 능력을 갖춘 대화 상대자로 상정해야 한다. 이런 태도를 유지하면서 연구 참여자와 독자라는 두 섬을 이어 주는 다리 구실을 한다. 글을 쓰다 보면 연구 과정에서 겪은 체험이 글에 녹아들 수밖에 없다. 연구자가 연구 과정에 감동받고 개안開眼하고 몰랐던 것을 알게 되는 체험이 있어야 감동적이고 통찰력 있는 글을 쓸 수 있다. 이런 경험 없이 감동적인 글을 썼다면, 그건 글재주의 표현이지 좋은 연구 결과의 제시가 아니다. 질적 연구의 글쓰기는 기본적으로 수집된 자료에 근거한 논리적 글쓰기여야 하지만, 거기에 문학작품 창작과 같은 차원이 있다. 독자의 상상력을 자극하면서 이론적 관점과 수집한 자료에 입각해 그럴듯한 이야기를 그럼직하게 전개해야 한다.

재미있는 글쓰기

글을 쓴다는 것은 연구자가 현장 체험과 수집한 자료에 근거해 재미있는 이야기를 만들어 내는 창의적이고 창조적인 활동이다. 그렇다면 어떻게 해야 재미있고 논리적이면서도 미학적으로도 수려한 글을 쓸 수 있을까? 이야기를 잘하려면 무엇보다 전체 이야기 구도를 염두에 두고 이야기 전개를 통제해야 한다. 이야기꾼은 자기가 할 이야기가 무엇인지 잘 알기 때문에 곁가지로 나갔다가도 곧 본래 줄기로 돌아온다. 이야기하는 사람은 듣는 사람에게 꼭 하고 싶은 말이 무엇인지를 분명히 의식하고 자기 이야기를 효과적으로 전달하기 위해 이야기의 내용, 순서, 속도의 완급을 조절할 수 있어야 한다. 다시 말해 이야기를 어떻게 구성하고 전달할 것인가를 고민해야 한다. 긴장과 갈등, 우여곡절과 극적인 반전의 서사구조가 있어야 재미있는 이야기가 된다. 그렇게 이야기하듯 글을 써 나가야 재미있는 글이 된다.

말이 쉽지, 정작 이야기하듯 글을 시작하기는 쉽지 않다. 어떻게 시작할 것인가? 일단 논문을 쓰기 시작하면, 연구자는 자신이 제기하는 문제의 적합성과 중요성이 독자들에게 공감될 수 있도록 써야 한다. 당연의 세계를 낯설게 보는 비판적 문제의식을 독자들과 공유하기 위해 자신의 개인적 경험을 소개할 수 있다. 연구 초기에 겪은 어려움, 딜레마, 시행착오, 기대하지 않은 사건의 돌출 등을 솔직하게 이야기해서 독자들을 이야기 속으로 끌어들일 수 있다. 이어지는 이론적 논의는 자기 지식을 과시할 기회가 아니라 자신이 제기한 문제를 잘 드러나게 하는 이론적 관점을 제시하는 자리다. 여러 이론적 관점 가운데 자신이 선택한 것이 자신의 문제를 가장 잘 밝혀 줄 수 있음을 설득력 있게 드러내야 한다. 이 부분에는 간결하고 명확한 문장이 필요하다. 연구 방법과 자료 수집 과정에 대한 논의도 분명하고 알기 쉽게 제시하되 자료 수집 과정에서 특별한 경험을 했다면 그것을 적절하게 소개할 수도 있다. 그러나 수집된 자료를 분석하고 해석해 논문의 본론을 쓸 때는 독자의 감정이입을 유도할 수 있도록 써야 한다.

인간이 사회생활 속에서 경험하는 의미의 세계를 잘 드러내려면 '두꺼운 기술'이 필요하다. 사회적 행위가 일어나는 문맥을 드러내고 그 안에서 사회적 행위가 일어나는 과정을 자세하게 심층적으로 충분히 기술할 필요가 있다. 연구 참여자들의 특징을 잘 소개하고 그들의 진술 가운데 적절한 부분을 적절한 자리에 배치하는 일이 중요하다. 두껍게 기술한다고 너무 길거나 많은 인용문이 들어가면 오히려 지루한 느낌을 줄 수도 있으므로 문맥에 따라 적절한 분량을 재치 있게 인용할 필요가 있다. 줌인을 할 때는 실감 나는 세부 묘사를 하고, 줌아웃을 할 때는 통찰력을 제시할 수 있는 단정한 문장을 구사해야 한다. 길게 설명하기보다는 적절한 자료를 제시해 독자 스스로 알아차리게 하는 글쓰기가 바람직하다. 인상적인 사건이나 장면을 소개하면서 독자의 관심을 불러일으킬 수도 있다. 독자가 궁금해할 질문을 던지고 그에 답하는 방식으로 글을 써 나가면 독자의 관심을 유지할 수 있다. 자신감을 가지고 때로는 빠르게 글을 전개하다가 필요할 때는 속도를 늦춰 자세하게 묘사하면서 독자를 글쓴이가 원하는 방향으로 이끌어야 한다. 이렇게 글의 전개에 리듬이 있고 고저장단이 있을 때 독자는 끝까지 읽게 된다. 글의 결론 부분에서 연구자는 자기 의견을 강요하지 말고 독자가 스스로 성찰할 수 있도록 마무리한다. 닫힌 단정적 결론보다는 열린 잠정적 결론이 질적 방법론에 더 잘 어울리기 때문이다.

자기를 드러내는 글쓰기

양적 연구 방법을 사용한 연구 논문에서는 저자가 전면에 드러나지 않는다. 양적 연구 결과를 발표하는 저자는 대체로 객관성을 내세우고 가치판단을 유보하며 전문가로서 권위를 유지하는 가운데 논의를 전개한다. 자신을 드러내지 않고 객관적이고 중립적이며 건조한 3인칭의 문체를 구사하는 것이 일반적이다. 이때 독자는 교육과 계몽의 대상이다. 연구 대상인 사회와 인간을 객체화하지 않는 질적 연구 방법의 글쓰기에서는 연구자와 독자가 대등하게 소통하고 교감하는 상호작용의 주체다. 연구자는 이런 관계를 만들기 위해 자신의 사회적 위치와 경험을 드러낼 필요가 있다. 연구자의 출신 계급·젠더·인종·성장 과정·문화자본·정치적 관점 등이 연구 문제·연구 대상·연구 방법·자료 수집과정·자료 해석에 일정하게 관여하기 때문에, 연구자의 특성을 밝히는 것이 연구 결과를 상대화하며 독자들과 하는 소통과 상호 이해를 촉진한다. 독자는, 어떤 사람인지 알 수 있는 저자의 의도를 더욱 쉽게 파악하며 감정이입도 잘 한다. 연구자는 자신의 문제의식, 자료 수집 과정,

분석과 해석의 과정에서 느낀 점과 체험한 것 등을 솔직하게 독자와 나누면서 독자와 상호주관적 세계를 만들고, 결국에는 독자가 스스로 생각하고 판단할 기회를 제공할 수 있다.

발견과 분석을 위한 글쓰기

질적 연구 방법을 소개하는 사회학, 교육학, 사회복지학, 간호학, 인류학, 문화 연구, 미디어 연구 분야의 책은 마지막에 질적 연구의 글쓰기라는 장이 마련되어 있다. 그래서 글쓰기 작업은 연구를 끝내고 난 다음에 마지막으로 정리하는 단계라고 생각하게 만든다. 그러나 실제로 질적 연구를 하다 보면 꼭 그렇지는 않다는 것을 알게 된다. 질적 연구 방법에 맞는 글쓰기는 질적 연구 방법 자체에 있으며 연구의 설계와 자료 수집, 해석과 분석을 포함한 전 과정이 글쓰기와 연관되어 있다. 질적 연구 방법으로 자료를 수집하는 순간부터 그 자료를 어떻게 해석하고 분석하며 어떻게 글로 표현할지를 고민해야 하기 때문이다. 질적 자료를 활용하는 글쓰기는 단순히 글쓰기의 기술적인 문제가 아니라, 자료에 감춰진 의미를 찾아내고 글쓴이 '자신의 숨겨진 감성과 창의성을 찾아 가는 의미 창조의 과정'이다.(김영천, 2016: iv)

　연구자는 수집한 자료들을 검토하면서 연구를 시작할 때 가졌던 이론적 문제의식과 연구 참여자들과 함께 만든 연구 자료 사이에 접점을 만들고, 그것을 바탕으로 글을 쓰기 시작한다. 양적 연구 방법으로 얻은 양적 자료를 분석해서 글을 쓰는 경우와 달리 질적 자료를 활용해서 글을 쓰는 과정은 그 자체가 발견과 분석의 과정이다. 분석 결과가 이미 다 나와서 글을 쓰는 것이 아니라, 글을 쓰면서도 분석이 일어난다. 일반적인 글쓰기도 머릿속에 생각이 완전히 정리되어서 글을 쓰기 시작하는 것이 아니라, 글을 쓰면서 생각이 정리된다. 질적 자료를 활용한 글쓰기는 상식과 관습적 사고의 틀을 깨고 자료 안에 숨겨진 심층적 의미를 발견하는 과정이다. 글을 쓰다 보면 연관이 없던 사실들 사이에 관련이 생기고 새로운 사실이 발견되고 미처 깨닫지 못했던 통찰력이 생긴다. 그래서 질적 자료를 활용한 글쓰기는 발견한 것을 쓰는 것이 아니라, 발견하기 위해 쓰는 것이라고 말할 수 있다. "저자가 글을 쓰는 이유는 무언가를 발견하기 위해서다. 저자는 자신이 글쓰기 전까지는 몰랐던 것을 배우기 위해서 글을 쓴다."(최종렬·최인영, 2006: 197) 질적 연구 방법의 글쓰기는 연구 참여자에게 얻은 질적 자료를 있는 그대로 받아들이지 않고 '의미의 혁신'을 이루는 과정이다.(최종렬, 2012: 157) 글을 쓰다 보면 연구 참여자의 이야기를 처음 들었을 때와는 다르게 기존 자료를 심층적으로 해석하게 되고, 이 과정에서 글을 쓰고 있는 자기 자신의 삶도 성찰하게 된다. 연구자는 글을 써 내려가면서 자기 삶을 성찰적으로 들여다보고, 이런 과정에서 자료를 새로운 눈으로 분석할 수 있게 되기도 한다. 질적 연구 방법을 활용한 글쓰기는 이렇게 연구자가 내면적으로 성숙하는 과정이기도 하다. 최근에는 질적 연구를 하면서 일어나는 자아의 변화를 성찰적으로 기술하는 자아문화기술지도 나오고 있다.(최인영, 2015) 연구자가 연구 과정에서 경험하는 자아의 변화 과정 자체가 연구 대상이 되고 있는 것이다.

효과적인 글쓰기

사람에 따라 글을 쓰는 습관이 다르다. 수집한 자료를 검토하면서 오랫동안 숙고해 기본 줄거리가 잡혔을 때 글을 쓰기 시작하는 것이 이상적이다. 하지만 많은 사람들이 자기가 쓰려고 하는 줄거리를 머릿속에 명확하게 정리하는 데 어려움을 느낀다. 이럴 때는 무엇을 어떻게 써야 할지 분명하지 않아도 일단 글을 쓰기 시작해야 한다. 글을 쓰다 보면 형클어진 생각이 정리된다. 누구나 글을 쓰는 데 두려움을 느낀다. 그래서 글쓰기를 자꾸만 뒤로 미룬다. 이럴수록 불안감은 더 커진다. 그러나 일단 쓰기 시작하면 마음이 조금씩 안정된다. 글을 시작한 다음에는 매일 시간을 정해 놓고 마칠 때까지 끈기 있게 계속 써야 한다. 글쓰기에 시동을 걸기가 어려운 사람일수록 한번 시작한 글을 중간에 그만두지 말고 끝까지 밀고 나가는 노력을 해야 한다. 흐름이 끊기면 다시 시작하기 어렵기 때문이다. 글을 쓰기 시작하면서 일단 논문의 전체 제목과 각 단락에 어울리는 중간 제목, 소제목을 만들면 글의 전개에 방향이 생기고 속도가 붙는다. 형식적이고 고답적인 제목보다는 일상의 언어나 내용을 드러내는 상징적인 단어를 제목으로 써야 독자의 관심을 불러일으킬 수 있다. 글을 시작하기 전에 글 전체를 아우르는 키워드를 생각해 보는 것도 글을 쓸 때 도움이 된다. 이렇게 해서 완성된 초고를 다시 읽다 보면 부족한 점이 눈에 들어온다. 문제의식과 자료의 해석이 어긋나 있을 수도 있고 수집한 자료를 밋밋하게 늘어놓아서 무엇을 주장하는지 분명하게 드러나지 않을 수도 있다. 이미 누구나 다 아는 사실을 두고 장황하게 자료를 제시해 지루한 부분도 보인다. 초고를 읽으면서 이런 점들이 눈에 들어오면 부족한 점을 개선할 수 있는 방법을 찾게 된다. 글의 전개 순서를 바꿔 논리적 일관성을 만들고, 문장을 고치면서 글의 분위기를 다르게 할 수도 있으며 자기주장을 지지하는 적절한 인용문을 집어넣기도 하고, 그림이나 도표 같은 보조 자료를 만들어 적절한 자리에 넣으면서 글의 완성도를 높여 나간다. 초고를 고치면서 연구를 시작할 때 가진 문제의식, 이론적 관점, 연구 주제와 연구 문제 등을 되새기고 수집한 자료들을 재음미하는 노력이 지속적으로 필요하다. 이렇게 하다 보면 기존 자료에 대해 내린 처음 해석과 다른 해석이 새로 떠오르기도 하고 무관하게 보이던 사실들이 서로 연관되기도 한다. 근거가 약하거나 무리한 해석을 조정할 수도 있고 불필요한 논의를 삭제할 수도 있다. 자신의 연구 주제와 연구 문제를 수집한 자료와 연결하면서 이런 재해석을 많이 경험할수록 해석의 수준이 깊어지고 통찰력 있는 글이 나온다. 이런 글이라야 독자가 읽으면서 "아하!" 탄성을 낼 것이다. 글을 읽고 나면 안갯속을 헤치고 나와 푸른 하늘을 본 것 같은 느낌을 주는 글은 이런 과정을 통해 탄생한다.

만족할 만한 글을 썼어도 연구자는 '최악의 비평가'가 되어 자기 글을 여러 번 퇴고해야 한다. 자꾸 읽고 수정하는 퇴고 과정에 자기만의 문체를 만들게 되고 글의 흐름을 부드럽게 만들 수 있다. 자기만의 문체는 끈질긴 노력의 결과다. 문장 하나하나, 문장과 문장, 문단과 문단의 흐르는 듯한 연결은 여러 번 퇴고한 뒤에야 얻을 수 있는 노고의 산물이다. 이렇게 완성한 글을 연구 참여자, 선배, 동료, 후배 등 주위 사람들에게 읽혀서 그 반응을 보고 적절하게 보완, 수정, 재구성하면 글의 짜임새가 좋아지고 유연해진다. 다양한 독자에게 읽히면 그만큼 가독성이 높아진다. 이렇게 완성한 글을 지도 교수의 의견을 받아 수정하고 논문 심사 위원들의 논평에 따라 한 번 더 고치면 최종 논문이 탄생한다.

질적 글쓰기의 본보기

조은의 《사당동 더하기 25》는 '가난에 대한 스물다섯 해의 기록'이라는 부제가 말해 주듯 한 사회학자가 오랜 세월 한 가난한 가족의 생활을 밀착 관찰한 결과를 담은 책이다. 이 작업은 녹화도 해서, 다큐멘터리영화로 편집한 DVD가 있다. 똑같은 이야기를 영상과 글로 보여 주는 이중 작업이다. 조은은 오랜 기간에 걸쳐 참여관찰한 결과를 '문화기술지'

형식으로 기술하면서 이렇게 썼다.

> 이 연구는 문화기술지의 여러 계기와 단계를 모두 압축적으로 거치거나
> 실험해야 했다. 외래 수입 학문의 모든 연구 방법처럼 문화기술지라는 연
> 구 방법을 압축해 수입하고 실험했다기보다는 현장 속에 너무 오래 있다
> 보니 자연스럽게 실증주의적, 객관적, 근대적 문화기술지 쓰기의 한계에
> 부딪히면서 실험적 글쓰기를 모색했다고 할 수 있다. 탈식민주의 문화기
> 술지, 포스트콜로니얼 문화기술지 또는 자기 성찰 문화기술지. 어떤 이름
> 으로 불려도 상관없지만 그런 이름을 빌리기 위해 또는 그런 이름에 걸맞
> 기 위해 작업을 하거나 글쓰기를 한 건 아니다. 그러나 '현실의 재현'이라
> 는 문제와 '두꺼운 기술'을 구체적으로 고민하고 실험하려 했다.(조은, 2012:
> 36)

오랫동안 참여관찰한 결과를 독창적으로 재현한 《사당동 더하기 25》
에 실린 '그들의 연애 각본'이라는 글은 〈우묵배미의 사랑〉(1990)이라는
영화를 연상시키면서 한 편의 사회학적 소설로 읽힌다. 한 중년 여성과
동네 총각들의 사랑 이야기를 다루는 이 글은 이렇게 시작한다. "빈곤
층 여성에게 가난한 가족으로부터의 피난처는 사랑이다. 그리고 그 사
랑은 다시 가난의 덫이 된다. (……) 이들의 연애 각본은 곧 이들의 빈곤
회로의 일부이다."(조은, 2012: 293) 중간에 연애편지도 삽입되면서 진행
되는 사랑 이야기는 우여곡절을 거쳐 마무리된다. "금희 엄마가 특별히
예쁘거나 돈이 많은 것도 아닌데 유부녀인 금희 엄마가 계속 총각들과
사귀는 것도 불가사의하다고 생각했는데 나중에야 알게 되었다. 이들
계층에서 장가 못 간 총각들이 넘친다는 것을. 금희 엄마는 한 가지만은
분명하다. 돈을 받고 몸을 팔지는 않는다. 적어도 좋아해야 같이 나가고

같이 자는 것이지 돈 때문에 그러지는 않는다는 것이다. 자기 주변 친구들이 다치니까 '정은 주지 말고 몸만 줘라'고 금희 엄마에게 자주 충고를 하는데도 그것만은 안 된다. 금희 엄마의 마지막 자존심이다. 로맨스 각본을 마지막 보루처럼 안고 있다."(조은, 2012: 302)

조은은 소설적 구성을 살린 글쓰기로 빈곤층 여성들의 생활을 실감나게 재현하면서 전형적인 논문 형식의 글을 벗어났다. 이렇게 새로운 글쓰기를 실험하면서 학계의 동료 연구자와 일반 교양 독자가 공유할 수 있는 글쓰기가 가능하다는 것을 보여 주었다. 책을 끝내면서 조은은 이렇게 썼다. "빈곤 현장에 대한 문화기술지를 쓰는 일은 쉽지 않았다. 무엇을 보았느냐가 아니라 무엇을 쓸 것인가를 고민했고 무엇보다도 어떻게 쓸 것인가를 고민했다. 연구자와 연구 대상 간의 경계를 넘나드는 해석적·성찰적 기술지를 쓰고 싶었고, 어떤 사람들에게는 너무나 낯익은 가난을 낯설게 읽고, 어떤 사람들에는 너무나 낯선 가난을 낯익게 읽어 보려고 했다."(조은, 2012: 315)

쉽고 아름다운 우리말 살리기

질적 연구자는 독자가 쉽게 읽을 수 있도록 글을 써야 한다. 자기가 쓰고 싶은 것을 일방적으로 쓰지 말고 독자가 지루함을 느끼지 않고 읽을지를 항상 염두에 둬야 한다. 글쓴이는 독자와 하는 소통을 중시해야 한다. 그렇다면 글 전체의 구성만이 아니라 어휘 선택, 문장구조, 문단의 연결에도 세심하게 신경 쓸 필요가 있다. 그러나 앞서 말했듯이 초고에서부터 이런 부분에 지나치게 신경 쓰면 글쓰기의 속도가 느려지기 쉽다. 초고는 하고 싶은 이야기, 쓰고 싶은 내용을 마음대로, 생각나는 대로 일단 빨리 다 써야 한다. 그다음에 다시 읽으면서 구성을 다르게 하고 어휘를 바꾸고 문장을 다듬고 문단의 이음새를 조정하는 퇴고 작업을 하면 된다. 글은 여러 번 읽고 고칠수록 점점 더 유연해지고 가독성이 커진다.

요즈음 영어로 쓴 논문을 공인된 해외 학술지에 싣는 것이 학문 능력을 증명하는 수단이 되었지만, 한국 사회학자라면 모어인 한국어로 훌륭한 글쓰기 능력을 갖추는 것이 우선이다. 좋은 번역자가 되려면 외국어만이 아니라 모국어를 잘해야 하듯, 외국어로 좋은 글을 쓰려면 먼저 쉽고 아름다운 우리말로 좋은 글을 쓸 수 있어야 한다. 학자들은 일상생활에서 쓰는 표현을 글쓰기에 활용하면 논문의 가치가 떨어진다고 생각하기 쉽다. 그래서 일부러 어렵게 쓰고 무거운 단어를 고른다. 하지만 질적 글쓰기는 사회학 책에 나오는 낯설고 어려운 단어를 무리하게 많이 쓰지 말고 우리말의 일상 어휘를 풍부하게 써서 독자에게 친근감을 주는 것이 중요하다. 녹취 자료에서 참여자들의 대화체, 일상 언어 중 필요한 부분을 인용하다 보면 우리말의 느낌이 자연스럽게 전달될 것이다.

질적 연구 방법에 맞는 글을 쓰려면 학자, 작가, 기자의 글쓰기를 적절하게 배합하는 능력이 필요하다. 기자처럼 정황과 사실을 정확하게 전달하기도 하고, 학자처럼 적절한 개념을 구사하면서 이론적으로 논의하는가 하면, 작가처럼 이야기를 구성하면서 감동을 주는 글쓰기 능력도 필요하다. 질적 연구의 결과는 결국 글로 표현된다. 훌륭한 질적 연구자는 자기 나름의 글쓰기를 보여 준다. 이런 단계에 이르기 위해 연구자는 글쓰기에 대해 고민하고, 노력하고, 새로운 발상과 실험을 계속해야 한다. 진부하고, 낡고, 상투적인 표현을 피하고 참신하고, 생생하고, 신중하게 고려한 살아 있는 언어를 사용하도록 힘쓴다. 유명 학자의 글을 많이 읽되 모방하지는 말고 오로지 자신의 연구 체험과 연구 결과를 독자와 공유하고 싶다는 절실한 욕구로 글을 쓰다 보면 독창적인 글이 나올 것이다. 연구 과정에서 느끼고 깨달은 점은 자신만의 것이기 때문에, 그것을 전달하려고 애쓰다 보면 자기만의 글쓰기가 나온다. 좋은 글은 독자가 인간과 사회를 다르게 보게 하는 힘이 있다. 성공적인 글쓰기는 독자를 혼돈과 애매모호에서 벗어나게 하며 강력하고 충격적인 통찰력을 제공해 인지적 해방감을 느끼게 한다.

질적 연구 방법의 문학적 전환

사회학자의 주된 글쓰기는 학술 논문이라는 분야에 국한되어 있다. 그러나 질적 자료를 활용한 글쓰기는 연구자가 자신의 자료를 바탕으로 이야기를 전개하는 창작 과정이기도 하다. 창작에는 과감한 실험과 혁신이 필요하다. 따라서 전체적으로 논문의 틀을 유지하면서도 수사법을 자유롭게 쓸 수 있고, 시·그림·사진을 넣을 수도 있으며, 일화를 소설적으로 구성할 수도 있을 것이다. 연구를 통해 발견하고 깨달은 내용을 아예 시, 소설, 희곡, 자문화기술지 형식으로 쓸 수도 있다. 이런 글쓰기 실험을 질적 연구에서 일어나는 '문학적 전환'이라고 부를 수 있을 것이다. 의미의 탐구와 전달이라는 질적 연구의 장점을 잘 보여 줄 수 있다면 형식에 얽매이지 말고 다양한 글쓰기를 적극적으로 시도할 수 있다. 질적 연구는 눈에 잘 보이지 않는 사회적 삶과 의미의 문제를 다루기 때문에, 그것을 잘 전달하기 위해 형식 실험을 감행할 수 있다. 중요한 것은 연구 결과를 독자에게 효과적으로 전달하는 데 있지, 논문 형식을 고수해 학자의 권위를 유지하는 데 있지 않다. 연구자의 관심과 능력, 학문적 배경이나 연구 대상에 따라 다양한 형식의 글쓰기를 실험할 필요가 있다. 사회학자라도 논문이라는 글쓰기 분야를 벗어나 때로 소설가나 시인, 극작가나 수필가가 되어 자신의 연구 결과를 자유롭게 표현하는 사람들이 나오고 있다. 연구와 창작이 합쳐지면서 연구 결과가 독자에게 감동적으로 전달될 수 있다면 그야말로 이상적인 글쓰기가 될 것이다.

시는 우리가 당연하게 여기며 살아가는 세상을 새로운 눈으로 바라보게 한다. 사회학 연구도 당연한 세계에 의문을 제시하고 그것을 다르게 보려는 노력이라면 시적 표현을 활용할 수 있다. 은유와 직유, 운율과 리듬, 특정 구절의 반복, 함축적 어휘, 이미지의 형상화 등 다양한 시적 표현 방법을 통해 독자의 마음에 커다란 울림을 불러일으킬 수 있다. 문학작품은 독자에게 공감과 상상력을 불러일으키며 세상과 그 속에서 사는 자기 삶을 성찰할 기회를 준다. 그렇다면 질적 방법론의 글쓰기에서도 문학의 분야와 표현을 적극적으로 활용해 볼 수 있다. 글을 쓰다가 생각을 시로 표현할 수도 있고, 자기 생각을 잘 대변해 주는 시를 적절하게 인용할 수도 있을 것이다. 질적 자료를 활용해 글을 쓰면서 소설의 기법을 활용할 수도 있다. 소설에서 사용되는 장면이나 상황에 대한 자세한 묘사, 주인공의 특성과 이야기의 전개 방식을 차용해 전달력과 설득력을 높일 수 있을 것이다. 개념이나 이론적 진술로 환원할 수 없는 연구자와 연구 참여자의 경험 세계를 소설적 기법으로 독자에게 효과적으로 전달하면서 미적 감동을 줄 수도 있다. 연구 결과를 희곡으로 쓰고, 그것을 무대에 올릴 수도 있다. 무대장치, 조명, 음향, 배우들의 목소리와 표정과 몸짓을 통해 연구 결과를 관객에게 전달하는 것이다. 연구 결과를 등장인물들이 나누는 대화에 담을 수 있다면, 이 또한 질적 연구의 결과를 전달하는 대안적 글쓰기가 될 것이다. 질적 자료를 활용한 창조적 글쓰기는 새로운 시도에 열려 있다. 물론 학자가 되려면 학계에서 공인되고 통용된 단어와 개념 들을 정확하게 쓰며 논문을 작성하는 능력을 갖춰야 한다. 이것이 학계의 구성원이 되는 기본 요건이다. 누구에게나 마찬가지다. 그러나 감수성과 창조성이 아예 굳어 버리기 전에 때로 기존 이론과 개념, 논문 형식에서 벗어나는 자유를 누릴 필요가 있다. '새로운 표현의 언어와 방식은 기존에 다루지 못한 현상, 개념, 그리고 다양한 상황에 대하여 독자들에게 또 다른 관점과 느낌, 아이디어를 제공해 줄 것'이기 때문이다.(김영천, 2013: 714)

동료 시민을 위한 글쓰기

사회학자라면, 게다가 공공 사회학을 지향하며 질적 연구 방법을 사용하는 문화사회학자라면 어떤 이론적 패러다임을 활용하건 간에 학술적 깊이와 대중적 공감을 자아내는 글을 써야 한다. 이를 위해서는 사회적 관계 속에서 하루하루를 살아가는 동료 시민들의 삶에 관심을 기울여야 한다. 사회학자들이 현실을 살아가는 사람들의 일상에 관심을 기울이지 않을 때 사회학자의 글은 보통 사람들이 알아들을 수 없는 권위주의적이고 답답한 글이 된다. 사회학자는 개인의 의식 너머에 존재하는 구조적인 문제가 일상에 어떻게 연결되는지 그리고 보통 사람들이 이 구조적 문제가 자아내는 일상의 문제를 어떻게 처리하며 살아가는지를 연구한다. 사회적 행위자는 자신의 행위를 정당화하기 위해 특정 상황 속에서 규범과 도덕과 정의에 대한 나름의 생각을 활용한다. 사회적 행위를 하는 순간 사회적 행위자는 다른 사람을 의식하며 자신의 행위가 남들에게 어떻게 받아들여질지를 생각하고 자신의 행위가 자신뿐 아니라 타인에게 이해받을 수 있도록 만들기 위해 노력한다. 문화사회학은 사람들이 사회 속에서 관계를 맺으며 자신들의 사회적 행위에 어떤 문화적·도덕적·규범적 의미를 부여하는가를 연구한다. 이런 연구의 결과가 사람들의 관심을 끌지 못한다면, 참 이상한 일이다. 사회학자가 쓴 글이 지루하고 재미가 없다면, 연구의 실패다. 사회적 삶 속의 의미 세계를 다루는 문화사회학자는 일상을 살아가는 동료 시민들을 염두에 두고, 그들이 자신의 삶과 그 삶이 이루어지는 사회 세계에 대해 거리를 두고 성찰하고 이해하고 깨달음을 얻고 지금까지와는 조금 다른 삶을 사는 데 기여하는 사회학적 지식을 추구한다. 이런 지식을 관습과 상식이 지배하는 일상의 세계를 살아가는 동료 시민들에게 어떻게 효과적으로 전달할 것인가를 질문해야 한다. 이것은 연구의 마지막 단계에 도달해서 던지는 질문이 아니라, 늘 마음에 담아 두어야 하는 핵심적인 질문이 되어야 한다. 좋은 사회를 꿈꾸는 사회학자라면 독자의 마음에 공명을 일으켜 그들 스스로 좋은 사회를 만들기 위한 공론장에 참여할 수 있도록 글을 써야 한다.(최종렬, 2012: 161) 동료 시민들이 '좋은 삶'이 가능한 '좋은 사회'를 만드는 일에 도움이 되는 글을 쓸 때 사회학자는 자신의 임무를 완수한다.

- 사회학자와 작가

엄밀히 말하자면 연구자와 작가는 서로 겹칠 수 없는 두 개의 다른 활동의 주체이다. 경험과학으로서 사회학의 주체는 작가가 아니다. 좋은 사회학자가 되기 위해서 작가가 될 필요는 전혀 없으며, 반대로 좋은 사회학자가 되기 위해서, 좋은 경험 연구자가 되기 위해서라면, 작가적 주체성을 억압하거나 삭제할 필요가 있는 경우도 존재하기도 하는 것이다. 그러나 사회학자와 작가가 서로의 역량을 강화할 수 있는 가능성을 품고 있는 혹은 그런 가능성이 오히려 요청되는 영역이 있다. 그것이 바로 문화사회학이다. 의미와 상징을 중시하는 문화사회학의 작업들은 작품의 세계 쪽으로, 미학적 차원으로 스스로를 이동시킬 유연성과 잠재력을 품고 있다. 문화는 사실들로 구성된 세계일 뿐 아니라 사실이 새로운 사실로 해석되고, 상상되고, 파상되고, 변형되는 공간이기 때문이다. (……) 사실이 아니라 의미를 탐구하는 한, 그 탐구의 형식 자체는 생동감 있는 커뮤니케이션의 가능성을 보유하고 있어야 한다. 문화사회학적 작업이 작품을 지향해야 하는 이유가 거기에 있다.(김홍중, 2016, 《사회학적 파상력》, 문학동네, 413~414쪽.)

- 사회학자와 독자

마지막으로 우리들 자신, 우리의 선조들 그리고 수백 명의 동료 시민들과 나눈 대화에 기초한 이 책은 이제 동료 시민들과 더욱 광범한 대화의 문을 열어 공동의 대화 마당을 마련하려는 의도를 가지고 있다. 우리는 이 책이 대학이라는 '학문 공동체'의 평가 대상이 될 것임을 안다. 그러나 우리는 독자들이 이 책이 사용한 자료와 연구 방법에 대한 학술 전문가들의 판단을 기다리며 수동적으로 반응하지 않기를 바란다. 미국 사회에서 일생을 보낸 사람이라면 누구라도 이 책에서 다루는 주제들에 대해서 많은 것을 알고 있다. 사회과학자들도 학술적인 연구 서적보다는 미국 사회에서 살았다는 공통의 경험으로부터 미국 사회에 대해 더 많은 지식을 얻는지도 모른다. 우리 저자들은 독자들이 자신의 경험에 비추어 이 책에서 우리가 말한 것에 대해 찬반 의견을 표명해 주기를 바란다. 우리가 말한 것이 잘 들어맞지 않는다면 우리에게 그것을 알려 주기를 바라며 무엇보다도 우리가 내린 해석보다 더 좋은 해석을 제공하면서 공적인 토론에 참여해 주기를 기대한다. 우리는 이런 방식으로 토론이 계속 이어져 나가길 기대한다. 공중이 없다면 공공 철학으로서의 사회과학이 고사枯死할 수밖에 없음이 분명하다. 우리는 이 책이 시민단체에서, 교회에서, 나아가서는 정치 논쟁에서 동료 시민들에 의해 토론될 가치가 있기를 기대한다. 자유로운 사회는 현재의 상황을 과거의 전통과 앞으로 나아가고 싶은 방향에 비추어 지속적으로 심사숙고하고 토론할 것을 요구한다. 이 책이 그런 토론에 조금이라도 기여할 수 있다면 우리 저자들은 행복할 것이다.(Bellah, Robert et al., 1985, ⟨Social Science as Public Philosophy⟩ in *Habits of the Heart*, New York: Harper & Row Publishers, p. 307. 정수복 옮김)

1. 사회학 논문을 작품으로 만들 수 있을까? 그렇게 하려면 어떤 글쓰기가 필요할까?

2. 사회학자가 쓴 글의 독자는 사회학을 공부하는 사람로 한정되는 경우가 많다. 동료 사회학자만이 아니라 일반 시민을 위한 글쓰기를 하려면 어떤 방식으로 글을 써야 할까?

읽을거리

- 김영천, 2013,《질적 연구방법론 3: Writing》(제2판), 아카데미프레스.
- 베커, 하워드, 1999,《사회과학자의 글쓰기》, 이성룡·이철우 옮김, 일신사.
- 조은, 2012,《사당동 더하기 25: 가난에 대한 스물다섯 해의 기록》, 또하나의문화.

참고 문헌

- 김경동, 2009, 〈수필 같지 않은 글쓰기〉,《저녁 놀 느린 걸음》, 푸른사상, 243~251쪽.
- 김영천, 2016,《질적 연구방법론 1: Bricoleur》(제3판), 아카데미프레스.
- 김홍중, 2016,《사회학적 파상력》, 문학동네.
- 벨라, R.·R. 매드슨·W. 설리반·A. 스위들러·S. 팁튼, 2001,《미국인의 사고와 관습: 개인주의와 책임감》, 김명숙·김정숙·이재협 옮김. 나남; Bellah, R.·R. Madsen·W. Sullivan·A. Swidler·S. Tipton, 1985, *Habits of the Heart: Individualism and Commitment in American Life*, New York: Harper & Row Publishers.
- 이영석, 2006,《다시 역사학의 길을 찾다》, 푸른역사.
- 정수복, 2015,《응답하는 사회학》, 문학과지성사.
- 조항제 외, 2015,《미디어 문화 연구의 질적 방법론》, 컬처룩.
- 최인영, 2015, 〈탁월성과 친밀성의 경계 가로지르기〉,《베버와 바나나: 이야기가 있는 사회학》, 180~226쪽.
- 최종렬, 2012, 〈사회학, 서사를 어떻게 할 것인가?〉,《사회이론》41권, 121~165쪽.
- 최종렬·최인영, 2006, 〈국제결혼 이주 여성에 대한 문화사회학적 접근: 방법론적·윤리적 문제를 중심으로〉,《문화와사회》4권, 147~205쪽.
- 최종렬·최인영·김영은·김예슬, 2015,《베버와 바나나: 이야기가 있는 사회학》, 마음의거울.

찾아보기

김홍중 381, 402

ㄴ
네빈스, 앨런Nevins, Allan 262

ㄷ
데리다, 자크Derrida, Jacques 291
듀이, 존John Dewey 80
딜타이, 빌헬름Dilthey, Wilhelm 74, 82

ㄹ
라인하르츠, 슐라미트Reinharz, Shulamit 107
래드웨이, 제니스Radway, Janice 321
럴, 제임스Lull, James 322
로버, 주디스Lorber, Judith 104
루이스, 오스카Lewis, Oscar 217
루크만, 토마스Luckman, Thomas 78
리쾨르, 폴Ricoeur, Paul 211, 268

ㅁ
메를로 퐁티, 모리스Merleau Ponty, Maurice 78
몰리, 데이비드Morley, David 321, 322
무스타카스, 클라크Moustakas, Clark 79, 82, 84
미드, 조지 허버트Mead, George Herbert 80

ㅂ
박소진 231
반시나, 얀Vansina, Jan 258, 265, 266
밴매넌, 막스Van Manen, Max 83, 84
버거, 피터Berger, Peter 78

베버, 막스Weber, Max 74, 75, 78, 82, 206, 262, 354
블루머, 허버트Herbert, Blumer 80, 209, 210

ㅅ
소쉬르, 페르디낭 드Saussure, Ferdinand de 22, 355
소퍼, 조너선Soffer, Jonathan 372, 373
슈츠, 알프레드Schutz, Alfred 78, 79, 262
슐라이어마허, 프리드리히Schleiermacher, Friedrich 82
스콧, 조앤Scott, Joan W. 107
스트라우스, 안젤름Strauss, Anselm L. 45~49, 51, 52, 54, 55, 62, 63, 66, 215
스프래들리, 제임스Spradley, James P. 186, 237, 243, 244
신경아 208, 256, 281
신지은 351
신진욱 87

ㅇ
아렌트, 한나Arendt, Hannah 211
염미경 151, 164
올랭프 드 구주Olympe de Gouges 104
울스턴크래프트, 메리Wollstonecraft, Mary 104
월코트, 해리Wolcott, Harry 358
윤명희 317, 320, 321, 326, 332, 333, 335, 338, 339, 345
이나영 95, 99~101, 107, 110~114
이재성 72
이희영 74, 87, 88, 105, 263, 268

저자소개

최종렬은 계명대학교 사회학과 교수이며 주된 관심 분야는 문화사회학, 사회/문화 이론, 질적 방법론이다. 저서로《다문화주의의 사용: 문화사회학의 관점》(2016) ·《지구화의 이방인들: 섹슈얼리티 · 노동 · 탈영토화》(2013) ·《사회학의 문화적 전환: 과학에서 미학으로, 되살아난 고전사회학》(2009) 등이 있고, 공저로는《베버와 바나나: 이야기가 있는 사회학》(2015) ·《한국사회의 문화풍경》(2013) ·《문화사회학》(2012) ·《한국의 사회자본: 역사와 현실》(2008) ·《뒤르케임주의 문화사회학: 이론과 방법론》(2007) 등이 있다.

김성경은 북한대학원대학교 교수이며 주된 관심 분야는 문화사회학, 이주사회학, 북한 사회와 문화, 질적 연구방법론 등이다.《한국사회학》·《문화와 사회》·《경제와 사회》·《Inter-Asia Cultural Studies》·《Asian Anthropology》등에 논문을 실었고, 공저로《탈북의 경험과 표상》(2013) ·《북한의 청년은 '새'세대인가?》(2015) ·《분단된 마음 잇기》(2016) ·《분단된 마음의 지도》(2017) 등이 있다.

김귀옥은 한성대학교 교양학부(사회학) 교수이며 주된 관심 분야는 역사사회학, 분단과 전쟁, 평화와 통일 문제, 구술사 방법론과 참여관찰 방법론이다. 저서로《구술사 연구: 방법과 실천》(2014) ·《우리가 큰바위얼굴이다》(2014) ·《이산가족, '반공전사'도, '빨갱이'도 아닌: 이산가족 문제를 보는 새로운 시각》(2004) ·《월남민의 생활 경험과 정체성: 밑으로부터의 월남민 연구》(1999) 등이 있고, 공저로는《식민주의, 전쟁, 군 '위안부'》(2017) ·《디아스포라 지형학》(2016) ·《교동도: 인천섬 연구총서》(2015) ·《한국 문화 · 문학과 구술 연구방법론》2014) ·《여성(들)이 기억하는 전쟁과 분단》(2014) 등 다수가 있다.

김은정은 덕성여자대학교 사회학과 교수이며 주된 관심 분야는 가족사회학, 생애 발달, 질적 방법론이다. 주요 논문으로 〈저소득층 십대 여성의 성매매 유입/재유입을 통한 사회화 과정 분석: '구조'와 '행위' 간 이중적 관계를 중심으로〉(2013), 〈20대 청년층의 새로운 생애 발달 단계로서 '성인 모색기'(Emerging Adulthood)에 관한 탐색 연구〉(2014), 〈부모 자녀 관계를 통해서 본 20대 청년층의 성인기 이행 과정 연구〉(2015), 〈성인 모색기 20대 여성의 이성 교제 및 성행동을 통한 자아 정체성 형성에 관한 일 연구〉(2016), 〈한국의 사회학 연구 영역에서의 근거 이론의 활용 방법과 전개, 그리고 향후 방향의 모색:《한국사회학》게재 논문을 중심으로〉(2017) 등이 있다.

김한상은 아주대학교 사회학과 조교수이며 시각성과 이동성의 문화/역사사회학, 냉전 체제의 시각 문화와 문화 정체성에 대해 탐구해 왔으며《Journal of Asian Studies, Journal of Korean Studies》,《사회와역사》,《역사비평》,《Inter-Asia Cultural Studies》등에 관련 논문을 기고했다. 저서로는《조국 근대화를 유람하기: 박정희 정권 홍보 드라이브 〈팔도강산〉 10년》,《고속도로의 인문》(공저) 등이 있다. 서울대학교 사회학과에서 주한 미 군정 및 주한미국공보원USIS의 영화 선전과 문화 정체성에 관한 논문으로 박사 학위를 받았고, 미국 캘리포니아 주립대학교 샌디에이고, 라이스대학교 등에서 박사 후 연구원으로 일하며 강의와 연구를 해 왔다.

김혜경은 전북대학교 사회학과 교수이며 가족과 젠더를 주요 연구 영역으로 한다.《가족과 친밀성의 사회학》(2014)을 비롯해 다수의 가족사회학 교재의 출간에 참여했다. 가족과 노동의 접합 및 돌봄 노동을 주제로《노인 돌봄: 노인 돌봄의 경험과 윤리》(2011, 공저),《일 · 가족 · 젠더: 한국의 산업화와 일-가족 딜레마》(2009, 공저)를 펴내며 심층면접과 서사 분석 방법론을 사용했다. 또한 한국 근대 가족의 형성사에 관심을 가지고 역사적 작업들을 수행해 왔으며《식민지 하 근대 가족의 형성과 젠더》(2006)를 펴냈다. 최근에는 청년, 지역, 공동체를 주제로 연구하고 있다.

박소진은 신한대학교 교양학부 조교수이며 주된 관심 분야는 도시인류학, 교육인류학, 가족 및 젠더 인류학, 질적 방법론이다. 저서로《신자유주의 시대의 교육 풍경: 가족, 계급, 그리고 전지구화》(2017)가 있다. 공저는《No Alternative? Experiments in South Korean Education》(2013),《한국 사회의 문화 풍경》(2013),《교육 불가능의 시대》(2011) 등이 있으며 논문은 〈마음의 학문적 재발견: 개인과 집단의 마음, 그리고 한마음〉 등이 있다.

신경아는 한림대학교 사회학과 교수이며 주된 관심 분야는 젠더사회학, 여성노동, 가족사회학이다. 논문으로는 〈시간선택제 여성 노동자의 조직 내 주변화에 관한 연구〉(2016), 〈신자유주의시대 남성 생계 부양자 의식의 균열과 젠더 관계의 변화〉(2014), 〈시장화된 개인화와 복지 욕구〉(2012), 〈노인 돌봄의 탈가족화와 노인의 경험〉(2011) 등이 있다. 공저로는《감정노동의 시대, 누구를 위한 감정인가?》(2017),《여성과 일》(2015),《젠더와 사회》(2014),《가족과 친밀성의 사회학》(2014),《사회학: 비판적 사회 읽기》(2012) 등이 있다.

신지은은 부산대학교 사회학과에 재직 중이며 주된 관심 분야는 문화사회학, 일상생활의 사회학이다. 문화, 공공성, 일상생활, 상식학, 공간 같은 주제에 관심이 있다. 저서로《Le flâneur postmoderne》(2014), 역서로《영원한 순간》(2010)·《복잡성 사고 입문》(2012)이 있다.

염미경은 제주대학교 사회교육과 교수이며 주된 관심 분야는 도시/지역사회학, 문화사회학, 구술사 방법론이다. 저서로 《일본의 철강도시: 성장정치와 도시체제의 변화》(2001), 《제주옹기와 사람들: 소멸과 재현의 지역사》(2012)가 있으며 공저로 《전쟁과 사람들: 아래로부터의 한국전쟁연구》(2003), 《전쟁과 기억: 마을 공동체의 생애사》(2005), 《제주 사회의 여성결혼이민자들: 선택과 딜레마 그리고 적응》(2008), 《韓國の少子高齢化と格差社會》(2011), 《다문화사회, 이주와 트랜스내셔널리즘》(2012), 《제주 전통 옹기의 복원과 전승 및 문화 유산화 과정 연구》(2015) 등이 있다.

윤명희는 블로그 연구로 박사 학위를 받았고 국가청소년위원회·보건복지가족부 전문위원, 한겨레신문사 선임연구원, 이화여대·한림대 연구교수 등을 역임했으며 청소년·세대 및 디지털 문화 관련 강의와 연구를 하고 있다. 논문 〈디지털연결사회에서 사생활은 소멸하는가: 네트워크화된 사생활과 선별적 자기 전시〉(2017)와 저서 《중독은 없다: 섣부른 편견으로 외면해 온 디지털 아이들의 일상과 문화》(2016), 공저 《일상생활의 사회학적 이해》(2009)·《문화사회학》(2012) 등이 있다.

이나영은 중앙대학교 사회학과 교수이며 주된 이론적 관심 분야는 페미니즘, 섹슈얼리티, 민족주의, 포스트식민주의, 구술사다. 일본군 '위안부', 미군 기지촌, 성매매, 성폭력과 관련해 현장연구를 오랫동안 진행해 왔다. 한국어, 영어, 일본어로 활발한 연구 작업을 하고 있으며 최근 주요 저작으로 〈The Korean Women's Movement of Japanese Military 'Comfort Women': Navigating between Nationalism and Feminism〉(2014), 〈민족주의와 젠더: 도전과 변형을 위한 이론적 지형도 그리기〉(2015), 〈성매매는 '죄'인가? '여성 혐오'에 기반한 구조적 폭력인가?〉(2016), 《미디어와 젠더》(2013, 공저), 《젠더와 사회》(2014, 공저),

《'조국 근대화'의 젠더 정치: 가족, 노동, 섹슈얼리티》(2015, 공저),《2015 '위안
부' 합의, 이대로는 안 된다》(2016, 공저),《Women's Activism and 'Second Wave'
Feminism》(2017, 공저) 등이 있다.

이재성은 성공회대학교 사회문화연구원 연구위원이며 서울대학교 기초교육원
에서 사회과학 글쓰기 강좌를 맡고 있다. 주요 연구 분야는 노동운동, 지역운동,
문화운동 등이다. 지역과 노조 수준의 미시적 노동사를 지향하며 노동자 글쓰
기와 아카이빙 등 기록 문화의 인프라를 구축하는 일을 하고 있다. 저서로《지
역사회운동과 로컬리티: 1980년대 인천의 노동운동과 문화운동》(2014), 공저로
《수원 노동자의 노동세계와 노동문화》(2014) ·《디지털 시대의 구로 지역》(2016)
·《민주노조, 노학연대 그리고 변혁》(2017) 등이 있다.

정수복은 사회학자이며 작가다. 연세대학교 정치외교학과를 졸업하고 같은 학
교 대학원 사회학과에서 석사 학위를 받았으며 프랑스 파리 사회과학고등연구
원에서 사회학 박사 학위를 받았다. 시민환경연구소 부소장, 크리스챤아카데미
기획연구실장, 사회운동연구소장, 파리 '사회과학고등연구원' 객원교수를 역임
했다. 저서로《의미세계와 사회운동》,《시민의식과 시민참여》,《한국인의 문화
적 문법》,《응답하는 사회학》등 사회학 책과《파리를 생각한다: 도시 걷기의 인
문학》,《파리의 장소들: 기억과 풍경의 도시미학》,《프로방스에서의 완전한 휴
식》,《삶을 긍정하는 허무주의》,《책에 대해 던지는 7가지 질문》 등이 있다. 논
문으로 〈La place de l'individu dans la tradition confucéenne- Autocritique de la
modernité en Extrême-Orient: Corée, Chine, Japon〉(2012), 〈Crise et pérénité du
modèle cofucéen en Corée du Sud〉(2005) 등이 있다.

문화사회학의 관점으로 본 **질적 연구방법론**

엮은이 | 최종렬·김성경·김귀옥·김은정
기획 | 한국문화사회학회

1판 1쇄 발행일 2018년 3월 19일

발행인 | 김학원
편집주간 | 김민기 황서현
기획 | 문성환 박상경 임은선 김보희 최윤영 전두현 최인영 이보람 정민애 임재희 이효온
디자인 | 김태형 유주현 구현석 박인규 한예슬
마케팅 | 이한주 김창규 김한밀 윤민영 김규빈 송희진
저자·독자서비스 | 조다영 윤경희 이현주(humanist@humanistbooks.com)
조판 | 이희수 com.
용지 | 화인페이퍼
인쇄 | 청아문화사
제본 | 정민문화사

발행처 | (주) 휴머니스트 출판그룹
출판등록 | 제313-2007-000007호(2007년 1월 5일)
주소 | (03991) 서울시 마포구 동교로23길 76(연남동)
전화 | 02-335-4422 팩스 | 02-334-3427
홈페이지 | www.humanistbooks.com

ⓒ 한국문화사회학회, 2018

ISBN 979-11-6080-127-9 03330

* 이 도서의 국립중앙도서관 출판시도서목록(CIP)은 e-CIP홈페이지(http://www.nl.go.kr/ecip)와 국가자
  료공동목록시스템(http://www.nl.go.kr/kolisnet)에서 이용하실 수 있습니다.(CIP제어번호: 2018006820)

만든 사람들

편집주간 | 황서현
기획 | 박상경(psk2001@humanistbooks.com) 전두현 이효온
편집 | 김정민
디자인 | 한예슬